フォロワーが語るリーダーシップ

認められるリーダーの研究

小野善生 著

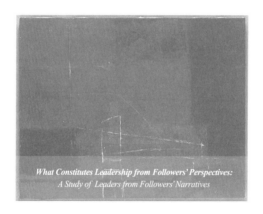

What Constitutes Leadership from Followers' Perspectives:
A Study of Leaders from Followers' Narratives

有斐閣

序　文

「組織の盛衰は，最終的にはリーダーのリーダーシップの善し悪しで決まる」。これは，筆者がリーダーシップの研究をするにあたって当初から持ち続けている信念であり，今もそれは変わらない。

しかし，「リーダーシップの善し悪し」は何で決まるのだろうか。はじめは，リーダーシップといえば中心にあるのはリーダーの存在であり，リーダーの思考および言動によって決まるものと考えていたが，研究を進めるうちに，そう言い切ってよいものかわからなくなってきたのである。

さらに，「そもそもリーダーとは誰なのか」という，より根本的な問いも頭をもたげてきた。リーダーと聞いてすぐに思い浮かぶのは，典型的にはマネジャーという役職にある人たちのことであろう。リーダーシップの発揮を期待される役割を担っているのだから，リーダーだというわけである。だが，公式的な役割などなくても，自然発生的にリーダーシップが生成する場合もある。たとえば，友人同士で旅行しようとしたときに，計画を立てたり旅程を提案したりしてくれる「リーダー」がいたとして，その人は何か公式の役職に就いているわけではない。そう考えると，リーダーがリーダーの役職に就いた人物であるというのは，1つのパターンにすぎないことがわかる。反対に，役職に就いてはいても，何も成果を残すことができなければ，名ばかりのリーダーだということになりかねない。

では，何をもってリーダーシップおよびリーダーを特定すればよいのだろうか。そこで筆者の注目したのが，リーダーシップを受けいれてリーダーについていく，フォロワーである。フォロワーにリーダーシップを発揮したと認められるリーダーこそ，実際にリーダーシップを発揮していると捉えるのが，自然であろうと考えたのである。そうだとすると，マネジャーに代表されるようなリーダーシップの発揮が要求される役職に就いている人たちだけが，その役割を求められるのではなく，組織のメンバーである以上，役職に関係なくすべてのメンバーに，リーダーシップの発揮が求められる可能性があることになる。逆からいうと，どのメンバーにも，フォロワーになる可能性がまたあるのである。

こうしてフォロワーの重要性は認識したものの，今度は，単にリーダーとフォロワーの良好な人間関係があれば，リーダーシップが発揮されるものと考えてよいのかという疑問に行きあたった。リーダーシップを考察する際には，往々にして，フォロワーが喜んでリーダーについていくと想定されている。しかし，上述のように，すべてのメンバーがリーダーシップという社会的な現象に対して何らかの役割を有するのだとすれば，リーダーであれフォロワーであれ，リーダーシップの発揮にはかかわりを持たなければならない。そこにおいてはフォロワーも，リーダーに喜んでついていくだけの存在でいることはできない。そうであるならば，リーダーシップとは，組織として目指すべきものへフォロワーがより積極的にかかわっていくよう意識の変化を促す行為であると考えるべきではないかと思うに至った。

とはいえ，このようにあれこれと考えばかりをめぐらせても，実際の組織で活動する現場において，リーダーシップがどのように捉えられているかを明らかにしないことには，何も始まらない。そこで，リーダーシップの求められる現場で活躍するフォロワーが，リーダーのどのような行為をリーダーシップの発揮と認識しているのかについて，フィールド調査を行うことにした。リーダーシップをより深く理解するには，実際の行為者の声を虚心坦懐に聞くことが何よりであると考えたのである。こうして実施した「フォロワーの視点に立ったリーダーシップのフィールド調査」は，聞き慣れないコンセプトにもかかわらず，さまざまな協力者を得ることができ，貴重なデータを手にすることができた。

これらのフィールド調査の結果は，一部をすでに論文として発表してきた。それらをまとめて，博士論文として提出することもできた。だが，その後もフィールド調査は続けており，思索を深めてきたつもりである。この間リーダーシップ研究も発展を遂げ，とりわけ筆者が注目していたフォロワーの視点に基づくアプローチが重視されるようになってきている。そこで，一度この視点からリーダーシップ研究を体系的に渉猟し，それを踏まえて，これまでのフィールド調査の結果を比較事例分析によって精査し，研究をまとめ上げようと決意したのである。

ところが，その道は容易ならぬものであった。原稿の完成に向かって，フォロワー視点からのリーダーシップ先行研究の渉猟，フィールド調査の定性的研究の検討，調査結果の比較事例分析を，一歩ずつ進めていくしかなかった。気がつけ

ば博士論文の提出からは13年の月日が流れている。もともと器用ではなく，ただ愚直なだけが取り柄な性分ゆえ，これほどまでに時間がかかったのかもしれない。それでも，まだまだ取り組むべきことは多いものの，本書によって1つの到達点を示すことはできるのではないかと考えている。

＊

ここに至ることができたのは，多くの人々の協力と支えあってのことである。何よりもまず，神戸大学大学院経営学研究科において金井壽宏先生から，滋賀大学経済学部において太田肇先生から賜った学恩，数々のご指導・ご助言がなければ，筆者は研究者としての道を歩むことができなかった。両恩師からは現在もさまざまな形で薫陶を受けており，感謝の念を禁じえない。また，本書のベースとなった博士論文については，神戸大学大学院において坂下昭宣先生と石井淳蔵先生から貴重なご指導を賜った。加えて，鈴木竜太先生（神戸大学）には，原稿に何度も目を通していただき，たいへん参考になるご意見を頂戴した。

これまで共同研究でご一緒した先生方との交流によって得たものも大きかった。とりわけ高橋潔先生（神戸大学）から数々の研究プロジェクトへお声がけをいただいたことで，貴重な共同研究の経験を得た。同様に，西尾久美子先生（京都女子大学），坂本理郎先生（大手前大学），服部泰宏先生（横浜国立大学）からも，共同研究の機会を通じて多くのことを学んだ。

筆者が所属する滋賀大学経済学部の研究環境は素晴らしく，中でも先輩の，村松郁夫先生，伊藤博之先生，澤木聖子先生，弘中史子先生，宗野隆俊先生からは，いつも知的刺激を受けている。研究者のネットワークからは，同じリーダーシップの研究者である日野健太先生（駒澤大学）に，いつもインスピレーションを与えてもらっている。大川良文先生（京都産業大学）と柴山桂太先生（京都大学）との交流からも，研究領域がまったく異なるにもかかわらず，いつも貴重な知見を得ている。

本書はフィールドワークによる3つの事例研究からなっているが，このような貴重な調査を実現できたのは，山縣康浩氏，野林晴彦氏，栗林宏行氏による尽力の賜物である。そして，守秘義務の関係ですべての協力者の名前をあげることは

できないが，杉本八郎氏，斉藤定一氏をはじめとする調査協力者のみなさまに，厚く御礼申し上げたい。株式会社有斐閣の藤田裕子氏と得地道代氏には，出版のチャンスおよび校正のご支援をいただいた。なお，刊行に際して，「滋賀大学経済学部出版助成」より出版助成金を受けている。記して謝意を申し上げたい。最後に，筆者の生活面で多大なるサポートをしてくれた家族に感謝する。

　これら多くの人々のご支援のもとで，本書を公刊することができた。だが，本書は協力者のみなさまのご期待に十分に応えるものにはなっていないかもしれない。今後も研究者としてさらに研鑽を積み，協力者のみなさまのご期待に応えるよう，さらには，ささやかながらも社会に貢献し続けられるよう，精進していく所存である。

　2016 年 11 月　雪化粧前の彦根城を望む研究室にて

小 野　善 生

目　次

序章　リーダーシップ研究の新機軸を目指して ——— 1

1. 開題——主たる研究関心と問題意識 ………… 2
2. 本書における研究方法 ………… 5
3. 本書におけるリーダーシップの位置づけとアプローチ …… 6
   - 3-1 権限受容説および無関心圏とリーダーシップの関係　6
   - 3-2 リーダーとフォロワーの相互作用としてのリーダーシップ　7
4. 本書の構成 ………… 11
5. 本書が対象とする読者層 ………… 14

第I部　先行研究レビュー

第1章　リーダーシップとは何か ——— 19

1. リーダーシップに関する諸定義の検討 ………… 20
   - 1-1 リーダーシップの代表的定義　20
   - 1-2 リーダーシップとパワー　21
2. 初期リーダーシップ研究におけるフォロワーの位置づけ …… 22
   - 2-1 資質アプローチにおけるフォロワー　23
   - 2-2 行動アプローチにおけるフォロワー　23
   - 2-3 状況アプローチにおけるフォロワー　27
   - 2-4 フォロワーが受動的存在である理由　28
3. フォロワーがリーダーシップを受けいれる態度 ………… 29
   - 3-1 能動的なフォロワーと消極的なフォロワー　29
   - 3-2 フォロワーの積極的適応を促すリーダーシップ　31
4. 本書におけるリーダーシップの定義 ………… 35

第2章 カリスマ的・変革型リーダーシップにおける フォロワー ── 37

1 カリスマとは ………………………………………… 38

2 萌芽期のカリスマ的・変革型リーダーシップ ……… 39
    2−1 カリスマからカリスマ的リーダーシップへ　40
    2−2 変革型リーダーシップ論の生成　42

3 発展期のカリスマ的・変革型リーダーシップ ……… 45
    3−1 Conger & Kanungo のカリスマ的リーダーシップ研究　45
        3−1−1 カリスマ的リーダーの特性（45）
        3−1−2 カリスマ的リーダーシップの行動測定尺度の開発（48）
        3−1−3 カリスマ的リーダーシップとフォロワーのパフォーマンスとの関係（50）
    3−2 カリスマ的リーダーシップとフォロワーのモチベーション　51
        3−2−1 カリスマ的リーダーシップとフォロワーの自己概念（51）
        3−2−2 カリスマ的リーダーシップとフォロワーの自己概念の実証研究（55）
    3−3 フルレンジ・リーダーシップ　58
        3−3−1 フルレンジ・リーダーシップとは（58）
        3−3−2 フルレンジ・リーダーシップの構成要素（58）
        3−3−3 フルレンジ・リーダーシップのメタ分析（62）
    3−4 フルレンジ・リーダーシップに関する諸研究　64
        3−4−1 変革型リーダーシップがフォロワーへもたらす二重レベルの効果（64）
        3−4−2 変革型リーダーシップのプロセスを探求する諸研究（67）

4 カリスマ的・変革型リーダーシップ研究の成果と課題 …… 74

第3章 相互作用アプローチにおけるフォロワー ── 77

1 社会的交換とリーダーシップ ………………………… 78

2 特異性―信頼理論 ……………………………………… 80

3 LMX におけるフォロワー ………………………………… 81
    3−1 LMX とは　81
    3−2 リーダーシップ形成モデルの展開　83

3–3 個別リーダーシップの展開　86
4 リーダーシップ論における相互作用アプローチからの知見 …… 89

第**4**章　フォロワーが抱く
　　　　暗黙のリーダーシップ論とは何か ─── 91

1 フォロワーのリーダーシップ原因帰属 ……………… 92
2 暗黙のリーダーシップ論に関する諸研究の検討 ……… 94
　　2–1 暗黙のリーダーシップ論とは　94
　　2–2 暗黙のリーダーシップ論の展開　95
　　　　2–2–1　因子分析法に基づくアプローチ（96）
　　　　2–2–2　情報処理に注目したアプローチ（97）
　　　　2–2–3　理論の内容に注目したアプローチ（100）
　　　　2–2–4　暗黙のリーダーシップ論の一般化（102）
　　　　2–2–5　暗黙のリーダーシップ論の予測可能性（104）
3 暗黙のリーダーシップ論の課題と展望 ……………… 105

第**5**章　フォロワーによって構成される
　　　　リーダーシップの幻想とは何か ─── 107

1 リーダーシップの幻想とは ……………… 108
2 リーダーシップの幻想に関する研究の展開 ……… 109
　　2–1 リーダーシップの原因帰属におけるフォロワーの先入観
　　　　110
　　2–2 フォロワー主体のアプローチ　111
　　　　2–2–1　リーダーシップの幻想尺度の開発（111）
　　　　2–2–2　リーダーシップの幻想尺度とカリスマ的・変革型リーダーシップの関係（113）
　　2–3 リーダーシップの社会的構成　114
　　　　2–3–1　フォロワーによって社会的に構成されるリーダーシップ（114）
　　　　2–3–2　社会的伝染プロセスとしてのカリスマ的リーダーシップ（115）
　　　　2–3–3　リーダーシップの社会的構成とメディアの関係（117）
3 リーダーシップの幻想からの知見 ……………… 118

第6章 フォロワーシップ論の発展プロセス —————— 121

1 フォロワーシップとは …………………………………… 122
- 1–1 フォロワーのルーツ　122
- 1–2 フォロワーシップの定義　124

2 フォロワーシップに関する諸研究の検討 ………………… 125
- 2–1 ボス・マネジメント　125
- 2–2 模範的フォロワー　127
- 2–3 勇敢なフォロワー　129
- 2–4 フォロワーシップの定性的研究　132
- 2–5 フォロワーシップの定量的研究　134

3 フォロワーシップ論からの知見 …………………………… 137

第 II 部　事 例 研 究

第7章 事例研究の概要 —————————————————— 141

1 本書における調査の方針 ………………………………… 142
2 リーダーシップの定性的研究 …………………………… 144
3 分析の枠組みと調査手順 ………………………………… 147
4 対象事例 ………………………………………………… 150

第8章 日常業務で語られるリーダーシップ ——————— 155

1 調査概要 ………………………………………………… 156
2 事例の背景 ……………………………………………… 157
3 事例分析 ………………………………………………… 158
- 3–1 語りの類型化　158
- 3–2 開眼の語り　160
  - 3–2–1 「関連会社の視察」にまつわるフォロワーの語り　(160)
  - 3–2–2 「関連会社の立て直し」にまつわる語り　(167)
  - 3–2–3 「日常業務での問いかけ」にまつわる語り　(171)

3-3 共鳴の語り　178
　　3-3-1 「部署内の組織再編」にまつわる語り（178）
　　3-3-2 「人事業務の体系化」にまつわる語り（183）
3-4 リーダーの語り　193
　　3-4-1 ディビジョン・マネジャーとしての自己実現（193）
　　3-4-2 「実証主義」が持論（194）
　　3-4-3 若手時代の仕事経験（196）

4 事例の考察　198

4-1 開眼の語りとリーダーシップ　199
　　4-1-1 開眼の語りの特徴（199）
　　4-1-2 開眼の語りの成立条件（200）
　　4-1-3 開眼の語りとリーダーの行為（201）
　　4-1-4 開眼の語りの論理（202）
4-2 共鳴の語りとリーダーシップ　203
　　4-2-1 共鳴の語りの特徴（203）
　　4-2-2 共鳴の語りの成立条件（204）
　　4-2-3 共鳴の語りとリーダーの行為（205）
　　4-2-4 共鳴の語りの論理（206）
4-3 リーダーの語りとリーダーシップ　207
　　4-3-1 リーダーの行為と意図（207）
　　4-3-2 仕事経験からの教訓（207）
　　4-3-3 個々のフォロワーの特性を把握（208）

第9章　プロジェクト・チームで語られるリーダーシップ　211

1 調査概要　212

1-1 調査対象の選定理由　212
1-2 調査方法　214

2 事例の背景　215

2-1 「アリセプト®」とは　215
2-2 探索研究の体制とプロセス　216

3 事例分析　221

3-1 語りの類型化　221
3-2 感謝と共鳴の語り　224
　　3-2-1 「対外交渉力」にまつわる語り（224）

3-3 感謝の語り　236
　　3-3-1 「自由闊達に議論できる場づくり」にまつわる語り（236）
　　3-3-2 「自由裁量の余地を与えられる」にまつわる語り（245）
3-4 「リーダーシップの役割分担」の語り　251
　　3-4-1 合成グループにおける「リーダーシップの役割分担」にまつわる語り（251）
　　3-4-2 評価グループにおける「リーダーシップの役割分担」にまつわる語り（255）
　　3-4-3 「リーダーシップの役割分担」にまつわる語りのまとめ（259）
3-5 リーダーの語り　262
　　3-5-1 矢面に立って戦う姿を見せる（262）

4 事例の考察 ……………………………………………… 263

4-1 感謝の語りとリーダーシップ　263
　　4-1-1 感謝の語りの特徴（263）
　　4-1-2 感謝の語りの成立条件（265）
　　4-1-3 感謝の語りとリーダーの行為（266）
　　4-1-4 感謝の語りの論理（267）
4-2 共鳴の語りとリーダーシップ　267
　　4-2-1 共鳴の語りの特徴（267）
　　4-2-2 共鳴の語りの成立条件（268）
　　4-2-3 共鳴の語りとリーダーの行為（269）
　　4-2-4 共鳴の語りの論理（269）
4-3 「リーダーシップの役割分担」にまつわる語りとリーダーシップ　270
　　4-3-1 「リーダーシップの役割分担」にまつわる語りの特徴（270）
　　4-3-2 「リーダーシップの役割分担」にまつわる語りの成立条件（271）
　　4-3-3 「リーダーシップの役割分担」にまつわる語りとリーダーの行為（272）
4-4 リーダーの語りとリーダーシップ　272
　　4-4-1 リーダーの行為と意図（272）
　　4-4-2 チーム・リーダーとしての責任感（273）
　　4-4-3 リーダーシップとマネジメント（273）

第10章　企業再建プロセスで語られるリーダーシップ ── 275

1 調査概要 ……………………………………………… 276

        1-1 調査対象の選定理由　276
        1-2 調査方法　277
    2 事例の背景 …………………………………………… 278
    3 事例分析 ……………………………………………… 281
        3-1 語りの類型化　281
        3-2 開眼の語り　284
            3-2-1 「組織の立て直し」にまつわる語り（284）
            3-2-2 「中期経営計画の策定」にまつわる語り（293）
            3-2-3 「主力製品の変更」にまつわる語り（300）
            3-2-4 「生産ラインの公開」にまつわる語り（312）
        3-3 「創業者のカリスマ的リーダーシップ」にまつわる語り　317
            3-3-1 創業者のカリスマ的リーダーシップ（317）
            3-3-2 カリスマ的リーダーシップの挫折（319）
            3-3-3 「創業者のカリスマ的リーダーシップ」にまつわる語りのまとめ（321）
        3-4 リーダーの語り　322
            3-4-1 バイク事業での経験（322）
            3-4-2 薫陶を受けた上司の存在（324）
            3-4-3 経験からの学び（325）
    4 事例の考察 …………………………………………… 326
        4-1 開眼の語りとリーダーシップ　327
            4-1-1 開眼の語りの特徴（327）
            4-1-2 開眼の語りの成立条件（329）
            4-1-3 開眼の語りとリーダーの行為（330）
            4-1-4 開眼の語りの論理（330）
        4-2 創業者のリーダーシップ　330
            4-2-1 創業者の行為と意図（330）
            4-2-2 カリスマ経営者とワンマン経営者（331）
        4-3 リーダーの語りとリーダーシップ　332
            4-3-1 リーダーの行為と意図（332）
            4-3-2 仕事経験からの教訓（333）

第11章　フォロワーはリーダーシップについて何を語ったのか ── 335

1 リーダーシップにまつわる語りの類型化 …………… 336
    1-1 フォロワーの語りから導き出された3つのカテゴリー　336

1-2　語りの類型化に影響する諸要因の事例間比較　337
　2　リーダーシップにまつわる語りの再構成 ……………………… 339
　　　2-1　開眼の語りの再構成　339
　　　2-2　共鳴の語りの再構成　341
　　　2-3　感謝の語りの再構成　342
　3　フォロワーの視点からのリーダーシップ ……………………… 344
　　　3-1　フォロワーがリーダーシップを認知する論理　344
　　　3-2　リーダーシップを認知するフォロワーの状態　345
　　　3-3　フォロワーのリーダーシップ認知とリーダーの意図　346

結章　本書の結論と含意，そして展望 ──── 349

　1　本研究の結論 ………………………………………………… 350
　　　1-1　フォロワーがリーダーシップを認知する3要因　350
　　　1-2　行為者の意図とリーダーシップ　351
　　　1-3　予想外の語りの存在　352
　　　　　1-3-1　「アリセプト®」探索研究チームにおけるリーダーシップの役割分担（353）
　　　　　1-3-2　フェニックス電機の現場リーダーの語り（353）
　2　理論的含意 …………………………………………………… 354
　　　2-1　フォロワーがリーダーシップを認知する要因　355
　　　2-2　リーダーシップにまつわる行為者の意図　355
　　　2-3　複合的視点からリーダーシップを捉える重要性　356
　　　2-4　リーダーシップを認知するフォロワーとしないフォロワー　356
　3　実践的含意 …………………………………………………… 357
　　　3-1　フォロワーがリーダーシップを認知する要因についての理解　357
　　　3-2　リーダーシップの発揮にまつわる行為者の意図に対する自覚　358
　　　3-3　フォロワーの特性と直面する状況の把握　359
　4　今後の課題と展望 …………………………………………… 360

参 考 文 献　363

索　　引　389
　　　事項索引（389）
　　　人名等索引（395）

本書のコピー，スキャン，デジタル化等の無断複製は著作権法上での例外を除き禁じられています。本書を代行業者等の第三者に依頼してスキャンやデジタル化することは，たとえ個人や家庭内での利用でも著作権法違反です。

序章

リーダーシップ研究の新機軸を目指して

1　開題——主たる研究関心と問題意識

「リーダーシップは，リーダーの行動によって決まる」。この命題は，長らくリーダーシップ研究において強く支持されてきた。リーダーシップに関して，リーダーの存在が議論の中心になるのは当然のことである。だが，果たして，本当にリーダーの行動でリーダーシップは成立するのだろうか。もちろん，リーダーの行動なしではリーダーシップは生成しないが，リーダーシップが発生することと結実することは別の話ではないだろうか。なぜなら，リーダーシップとは，それを受けいれるフォロワーの意向がその成否を左右するからである。つまり，リーダーシップが結実するためにはフォロワーが主体とならなければならないので，リーダーが必ずしもコントロールできるわけではない。よって，本書では，「リーダーシップは，リーダーの行動で決まる」という命題ではなく，「リーダーシップは，フォロワーの自発的な意識の変化によって決まる」というフォロワーの視点に基づいて，リーダーシップを研究する。

もちろん，リーダーシップにまつわる膨大な研究蓄積には，フォロワーの視点に基づいた研究も存在する。たとえば，リーダーシップはフォロワーがリーダーの行動を観察した結果として生成するのではなくフォロワー自身が個別に有するリーダーシップに対するイメージに基づいて判断されるという見解に立つ暗黙のリーダーシップ論（implicit theory of leadership）や，リーダーシップという現象自体がフォロワーの間主観的な認識によって構成されるという見解に立つリーダーシップの幻想（romance of leadership）に代表される，フォロワー主体アプローチ（follower-centric approach）が存在する。このようなフォロワー主体アプローチでもこれまでに相当の研究蓄積がなされてきているが，リーダーシップ研究においては，依然としてリーダーの行動を重視するリーダー主体アプローチ（leader-centric approach）が主流である。

リーダーシップの成否においてフォロワーは決定的に重要な存在であるにもかかわらず，また，フォロワーを主体とした研究の蓄積もあるにもかかわらず，なぜ，フォロワーを軸とした見方が中心的にならないのだろうか。その理由として

考えられるのは，これまではリーダーが特定の行動をとればリーダーシップを発揮できる状況が成立していたということである．

1950年代の初期のリーダーシップ研究の主たる関心事は，リーダーの指示や命令に対して，フォロワーが適切に行動するかどうかであった．当時は，現在と比べれば環境変化の度合いが緩やかで，リーダーは解決すべき問題に対して答えを持ちうる状況にあったといえるであろう．それゆえ，リーダーが適切な指示や命令を出し，さらには，フォロワーに対して良好な人間関係を構築するような配慮を示すことによって，フォロワーは適切に行動すると考えられてきた．一方，これをフォロワーの側から見ると，リーダーシップを受けいれる代わりにリーダーからしかるべき報酬を得るという社会的交換が成立すれば適切に行動するものと考えられてきた．リーダーが解決すべき問題に対して適切な指示が出せて，その指示通りにフォロワーが動いて成果が出て，その結果として報酬が得られる．これが機能するからこそ，リーダーが特定の行動をとればリーダーシップの発揮につながるという論理が成立するのである．

ちなみに，リーダーとフォロワーとの円滑な社会的交換は，必ずしもリーダーシップだけで成立するものではない．両者の関係は，たとえば，リーダーが適切な報酬を提供することに対してフォロワーが服従していると捉えることも可能である．この場合，報酬的パワーを有するリーダーがフォロワーから服従を引き出している．すなわち，フォロワーはパワーによって動いているということになる．ここからいえるのは，単にリーダーとフォロワーによる社会的交換という観点のみでは，リーダーシップとパワーのような社会的影響力とは区別がつかなくなるということである．

この点については，Heifetz（1994）によって，フォロワーのリーダーについていく意思のあり方を問う，ある意味でリーダーシップの本質的な側面を考察する議論がもたらされた．Heifetzは，リーダーシップをフォロワーの積極的適応を促すリーダーの行為と捉え，フォロワーにもフォロワーとしてリーダーについていく責任が伴うと指摘する．Heifetzが主張するフォロワーの積極的適応を促すリーダーシップは，リーダーシップの成否を決定づける存在としてのフォロワーの位置づけを，より明確にしたものである．このように，1990年頃以降のリーダーシップ研究においては，フォロワーの存在に注目することによって他の影響

力と区別してより本質的な議論が展開されつつあるが，リーダーシップの発揮をめぐるフォロワーの意思については，Heifetzを中心とするグループ以外に目立った研究蓄積はない。したがって，議論の余地は存在すると考えられる。

　そこで本書は，既存のリーダーシップ研究において議論の余地が残されている，リーダーシップを受けいれる際のフォロワーの自発性という観点に取り組むこととした。具体的には，フォロワーが自発的に意識を変えるきっかけとなるリーダーの働きかけを，リーダーシップとして考察するということである。

　ただし，フォロワーの視点から捉え直すとしても，すでに述べたように，リーダーシップがリーダーとフォロワーの相互作用であることに変わりはないので，リーダーの視点をどのように捉えるのかという問題は残る。この点に関して本書は，フォロワーがリーダーシップを受けいれた出来事に注目する。フォロワーがリーダーシップの発揮であると見なした出来事に注目し，リーダーがいかなる意図でそれを働きかけたのかという行為者の意図を明確にするのである。このような視点でリーダーを捉えることは，フォロワーの視点からリーダーシップを捉え直すことと同様に，「リーダーシップは，リーダーが意図すれば発揮できる」という既存のリーダーシップ研究に見られた暗黙的な前提に対し，一石を投じるものである。果たして，フォロワーがリーダーシップの発揮であると指摘したすべての出来事に対して，リーダーはリーダーシップを発揮する意図を持っていたのであろうか。これはすなわち，フォロワーがついていく意思を示したリーダーの行為に対してリーダーはいかなる意思を持っていたのか，つまりリーダーシップをめぐるリーダーとフォロワーという行為者双方の意図を解明しようということである。このような側面からのリーダーシップ研究は，いまだ本格的な議論がなされていない。

　以上をまとめると，本書においては，リーダーシップとはフォロワーの自発的な意識の変化を促すものであるということを前提に，フォロワーがリーダーシップを受けいれた出来事を対象にして，フォロワーとリーダー双方の意図を解明するというアプローチで，研究を進めていくということになる。

2　本書における研究方法

　行為者の意図という側面からリーダーシップを論じる本格的な研究がなされてこなかった背景には，既存のリーダーシップ研究における方法論上の特徴がある。その特徴とは，定量的方法に基づく研究が中心だったということである。その一方で，フォロワーからの視点と同様に，これまでのリーダーシップ研究において重要でありながらも大きく注目されてこなかったのが，フィールドワークによる定性的方法なのである。

　たしかに，定量的研究による成果は，既存のリーダーシップ論に多大なる貢献を果たしてきた。昨今では高度な統計処理方法が次々と開発され，ますます優れた研究が展開されている。しかしながら，定量的方法によってリーダーシップのすべてが明らかになるとは必ずしもいえまい。

　本来，定性的研究と定量的研究は補完的な関係にあり，調査方法に偏りが生じることは望ましくない。定量的研究は事前に設定された仮説を検証するという視点で実践される調査に基づくものであり，これによってさまざまな理論が確立された。だが，定量的調査は，新たな仮説を導き出したり詳細なコンテキストを反映したりすることには十分に対応できない。これらの問題点を克服するのに有効な調査方法が定性的研究であり，その特徴である，事象にまつわる詳細な記述，すなわち文化人類学者のGeertz（1973）がいうところの「厚い記述」がもたらす知見も，大きな役割を果たすと考えられるのである。リーダーシップでいえば，リーダーとフォロワーの相互作用およびそれに関連するコンテキストに関する厚い記述は，定量的研究では十分に明らかにできない要因を明らかにできる可能性を秘めている。

　なお，フォロワーの観点を重視した研究と同様に，定性的方法に基づくリーダーシップ研究に関しても蓄積はすでにあり，とりわけ昨今ではMcCall（1998）を中心とするリーダーシップ開発論が注目されるところである[1]。ただし，そういっ

---

[1]　日本においてもリーダーシップ開発論は注目されており，リーダーの「一皮むけた」経験という形で調査研究がなされている（金井・古野，2001；金井，2002a；古野・リクルートワークス研

た定性的研究に基づくリーダーシップ研究の代表的なパターンは，経営者に対するインタビュー調査によって，リーダーの視点からリーダーシップの持論を引き出すというものであった。このアプローチにはフォロワーの視点が十分に反映されていない。リーダーの物語る持論が実際にリーダーシップの発揮として機能しているかどうかを，リーダーの語りのみから判断することはできないであろう。だからこそ，リーダーシップをより深く捉えるために，フォロワーの語りを起点としてリーダーシップを捉え，そこで示されたリーダーシップに対してリーダーはいかなる見解を持っていたのかも明らかにしていくというような，フォロワーとリーダー双方の視点を重視するアプローチが必要であり，さらなる発展の余地を大いに残していることも事実である。

このように，既存の主なリーダーシップ研究においては，フォロワーの自発性やリーダーシップに関係する行為者の意図といった視点に加え，方法論的にも定性的方法が重要であると考えられるにもかかわらず十分に考慮されてこなかった。本書は，これらを着眼点として，従来とは異なる視点でリーダーシップを描き出すことを，ねらいとしているのである。

3　本書におけるリーダーシップの位置づけとアプローチ

3-1　権限受容説および無関心圏とリーダーシップの関係

上述のように，本書は，リーダーシップを，フォロワーに認められる自発的な意識の変化を促すリーダーの行為であると考える。したがって，本書の研究は，従来のリーダーシップ研究の主流であるリーダーの存在を中心に捉えるリーダー主体アプローチではなく，リーダーシップを受容する側のフォロワーの視点に立ったフォロワー主体アプローチと呼ばれる範疇に属する。このような，組織における成員間でやりとりされる影響力を，受容する側に注目して考察するアプローチは，Barnard（1938）の近代組織論における権限受容説に遡る。

究所，2005；谷口，2006）。

権限受容説は，組織において管理者の指示や命令を成立させているのは管理者に備わっている権限であるとする公式権限説に対し，それは権限を部下が受容するか否かにかかっているとする考え方である。本書における，リーダーシップの成否をめぐるリーダーとフォロワーの関係への視点は，権限受容説に通じるものである。ただし，権限受容説は，直接リーダーシップを論じているわけではなく，あくまでも組織内における管理者と部下のコミュニケーションの成立条件が論じられているにすぎない。

また，権限受容説に関連して，部下が無条件に管理者の指示あるいは命令に従う無関心圏という概念があるが，フォロワーのリーダーシップ受容にも，フォロワーが無条件でリーダーシップを受容するという側面はありうる。とりわけ，初期のカリスマ的リーダーシップ研究においてはそういった側面に焦点が当てられている傾向が認められる（House, 1977）。だが，前出の Heifetz の見解にあったように，フォロワーがリーダーシップを積極的に受容するという側面にこそリーダーシップの本質を認めるのであれば，無関心圏の議論は，フォロワーの積極的なリーダーシップ受容という観点が包含されていない点で不十分であると考えられる。

近代組織論におけるリーダーシップに関して最も注目すべきは，リーダーシップが，フォロワーに行動の信頼性および決断力を与え，目的に先見性と理想を与える道徳的創造をもたらすとしている点である。この組織道徳の創造をもたらすリーダーシップは，リーダーとフォロワーがさまざまな利害の対立を抱えながらも，すべての成員が共通目的を達成すべく当事者意識を有して各々の役割に取り組むことを促すものであると，解することができる。この視点は，本書におけるリーダーシップが前提として依拠するところと共通のものである。

3–2　リーダーとフォロワーの相互作用としてのリーダーシップ

本格的に研究され始めた当初，リーダーシップはリーダーの資質に求められていたが，その後それは行動特性に変わっていった。特定の行動特性を満たすことにリーダーシップを求めた行動アプローチは，以後の諸研究に多大な影響を及ぼしたものの，そこにおいてフォロワーは，あくまでリーダーシップという影響力

を受けいれる受け身の存在として位置づけられてきた。

　リーダーの存在が中心となっていた中で，フォロワーの存在を重視し，その後の研究にも影響をもたらしたのが，特異性―信頼（idiosyncrasy-credit）理論を基礎にした，Hollander（1974）の交流型リーダーシップ（transactional leadership）である[2]。交流型リーダーシップとは，リーダーシップを，リーダーがフォロワーとの相互作用を通じて獲得した信頼の蓄積に基づいて組織の変革を試みる行動であるとした，Hollanderによる考え方である。このリーダーとフォロワーの相互作用にリーダーシップを求めるという考え方は，それ以後のリーダーシップ研究において主要なものになったと考えられる（淵上，2002）。

　本書においても，リーダーシップはリーダーとフォロワーの相互作用によって生成されるものとする。ただし，相互作用ということについては，より詳細な前提を置く必要がある。大規模な企業組織の場合，トップである経営者と現場で働く一般社員との間に，仕事をともにしたり頻繁にコミュニケーションをとったりといった直接的な相互作用は，皆無に等しい。むしろ，文書や映像を通じた間接的な相互作用がほとんどであろう。その一方，企業組織であっても職場レベルにおいては，管理者と部下の相互作用は，間接的なものよりも直接的なものが主となる。このように，相互作用は直接的なものと間接的なものに類型化でき，いずれもリーダーシップ研究に不可欠な視点ではあるが，本書においては直接的な相互作用を前提として議論を進めることとする。

　リーダーとフォロワーの直接的な相互作用を前提としたリーダーシップを考察対象とすることについて，1つには以下のような理由がある。初期のリーダーシップ研究として代表的なミシガン研究でLikert（1961）が主張しているように，組織が大企業のように大規模であれば，それは複数の集団の階層的な連鎖によって成り立っている多元的重複集団であり，そこでは各階層の管理者が「連結ピン機能」（linking pin function）という各集団を結びつける機能を果たしている。Likertの議論に則れば，リーダーシップは，経営者のようなトップの管理者はもち

2　transactional leadershipは，通常，交換型リーダーシップと訳される。Burns（1978）においては，変革型リーダーシップの対概念として交換型リーダーシップという表現が用いられている。だが，Hollanderアプローチにおける概念は交換型リーダーシップとは異なったものであるため，ここでは，Chemers（1997）の邦訳書の表現に従って，transactional leadershipを交流型リーダーシップと表記した。

ろんのこと，各職場を率いるミドル・マネジャーやロワー・マネジャーにも求められるということになる。言い換えると，リーダーシップは，トップの地位にある人物の独占物ではなく，集団を率いて「連結ピン」の役割を果たすあらゆる階層の管理者に求められるものなのである。ゆえに本書では，管理者であるリーダーと部下のフォロワーとの間の直接的な相互作用を考察することがリーダーシップの考察に必要不可欠であるという認識に基づいて，直接的な相互作用を対象にした。

　このように企業組織を構成する集団におけるリーダーとフォロワーの相互作用を対象にするとはいえ，そういった集団には，一般的な職場もあれば，プロジェクト・チーム，さらにはトップ・マネジメントのチームといったように，さまざまなタイプがあるが，本書においては異なるタイプの集団を対象とした。具体的には，「特定の上司を信奉する部下からなる職場」「成果を上げたプロジェクト・チーム」「企業再建に取り組む再建請負人と残留した経営陣」という，異なる状況下にある３つの集団を調査対象として，そこにおけるリーダーシップを，リーダーとフォロワーの直接的な相互作用に着目して明らかにしていく。

　リーダーとフォロワーの直接的な相互作用に着目するもう１つの理由は，フォロワーの語りからリーダーシップを明らかにしていくという本書の目的によるものである。フォロワーの語りには，組織に伝わる「神話」や「武勇伝」などというようなリーダーとフォロワーの間接的な相互作用によって得られるものもあるが，本書は，リーダーとフォロワーの直接的な相互作用をフォロワーの実体験に基づく語りを通じてより詳細に明らかにしていくことを主眼とする。この観点に立つと，研究の対象は，トップと一般社員のような間接的な相互作用ではなく，一定期間をともに過ごして経験を共有するような直接的な相互作用からなる集団でなければならない。したがって本書では，リーダーとフォロワーの直接的な相互作用に基づいたリーダーシップにまつわる諸経験を，上述の３事例を対象にフォロワーの語りから解き明かしていくこととした。

　以上のように，リーダーとフォロワーの直接的な相互作用に着目するとして，次に問題となるのは，何をもってしてリーダーシップを特定するのかということである。この問題に対して本書は，フォロワーのリーダーシップ認知に注目した。フォロワーのリーダーシップ認知とは，フォロワーがリーダーとの相互作用を通

じて，このリーダーはリーダーシップを発揮したと原因帰属することである。本書においては，とりわけ，フォロワーが目標の達成に対してより積極的に貢献しようと自発的に意識を変化させたリーダーとの相互作用によって，フォロワーのリーダーシップ認知が生成するものと考えた。その理由は，すでに述べたように，リーダーシップの成否を決定づけるのは，フォロワーがリーダーについていく意思を示すかどうかという点にあるからである。いくらリーダーがフォロワーにさまざまな働きかけをしたとしても，フォロワーについていく意思がない，あるいは，ついていったとしてもその目的が目標の達成ではなかったとすれば，果たしてそれはリーダーシップといえるだろうか。したがって，リーダーシップの成立を確認したいのであれば，むしろフォロワーに対して，いかなるリーダーとのやりとりをリーダーシップと認知したのかを問うべきだといえるのである。そして，この場合，フォロワーが提供できる情報は自ずと，リーダーとのやりとりがあった具体的な出来事に関するものとなる。それゆえに本書では，フォロワーの視点からリーダーとの具体的なやりとりがあった出来事を，考察の対象としているのである。

では，どのようにしてフォロワーがリーダーシップを認識した出来事を把握すればよいのだろうか。そこで本書が注目したのが，フォロワーの語りである。上述の考察のためにフォロワーから情報を得るのには，さまざまな手段が考えられるが，特定の出来事について，なおかつそこからリーダーとのやりとりに関する詳細なデータを得ようとするならば，フォロワーに出来事を物語ってもらうことが最も有効である。なぜなら，人は過去にあった出来事に関する情報を，そのときの模様を物語ることによって伝えてきたからである。したがって，フォロワーの語りに注目すれば，最も自然な形で内部者の視点からリーダーシップにまつわる認識を知ることができるのである。

そもそも物語るという行為は，語り手の解釈によって展開される一連の流れを持った特定の事象に対する意味付与（sense making）行為と見なされる。語りという，出来事への意味付与行為に注目することで，フォロワーがリーダーとの相互作用の中でいかなるリーダーの行為にリーダーシップという意味付与を行ったのかが明らかになり，ひいては，フォロワーの意識の変化をも明らかにすることができよう。

本書では，特定の出来事におけるフォロワーとリーダーとの相互作用によるフォロワーのリーダーシップ認知を，それにまつわるフォロワーの語りから明らかにしていく。また，リーダーシップをリーダーとフォロワーの相互作用と捉える以上，フォロワーの視点を起点としつつ，そこから導き出された相互作用に対してリーダーがいかなる見解あるいは意図を有していたのかを明確にすることなしには，現象としてリーダーシップを特定したことにならない。一方，相互作用の観点からリーダーシップを捉える従来のアプローチではリーダーの行動が起点となっていたが，この場合はフォロワーに対してリーダーシップが行使されたかどうかが明らかではなかった。そこで本書では，フォロワーの語りを通じてフォロワーのリーダーシップ認知から特定されたリーダーとの直接的相互作用をリーダーシップとし，また，それに対するリーダーの見解を踏まえてそれを考察する。

　改めて，本書におけるリーダーシップの位置づけについて整理しておこう。本書では，企業組織を構成する集団での，リーダーとフォロワーの直接的な相互作用において，フォロワーによってリーダーシップとして認知された現象を，リーダーシップとする。具体的には，「特定の上司を信奉する部下からなる職場」「成果を上げたプロジェクト・チーム」「企業再建に取り組む再建請負人と経営陣」という，3つの事例におけるリーダーとフォロワーの直接的な相互作用から，フォロワーの語りを通じてリーダーシップとして認知された出来事を特定して考察の対象とし，その出来事に対するリーダーの語りも踏まえて，リーダーとフォロワー双方の視点からリーダーシップが成立に至るまでの内実を明らかにする。

4　本書の構成

　本書は，この序章と，結章を含めて，全13章からなっている。第1〜11章は，前半の第1〜6章を第Ⅰ部，後半の第7〜11章を第Ⅱ部としている。
　第Ⅰ部においては，先行研究のレビューを行う。
　第1章と第2章では，リーダーシップの基本概念および古典的研究を検討し，カリスマ的・変革型リーダーシップからなる主要研究をフォロワーの視点から渉猟する。

まず第1章において，リーダーシップの定義について考察する。リーダーシップは，これまでさまざまな研究者に定義されてきているが，統一的な見解はない。とはいえ，主要な定義には共通項も存在する。この章では，リーダーシップに関する主要な定義を，同じく社会的影響力を示すパワーの概念と比較検討して，本書におけるリーダーシップの定義を行う。また，初期リーダーシップ研究におけるフォロワーという観点から，資質アプローチ，行動アプローチ，状況アプローチという主要なアプローチを考察する。

第2章では，現在のリーダーシップ研究において主流のアプローチである，カリスマ的・変革型リーダーシップ研究の蓄積を，フォロワーの視点に基づいて渉猟していく。厳密にいえばカリスマ的リーダーシップと変革型リーダーシップの研究蓄積は異なるものであるが，両者には共通点もあり，また研究者が共通している研究も多いことから，この章では両アプローチの先行研究について，端緒となったカリスマ研究から最新の諸研究まで検討する。

第3章から第6章においては，リーダーシップの相互作用アプローチ，フォロワー主体アプローチとフォロワーシップの先行研究の検討を通じて，フォロワーの存在についてより深く考察する。

第3章は，リーダーとフォロワーの相互作用に注目した相互作用アプローチの検討を行う。相互作用アプローチは，リーダーシップにおいてフォロワーの存在を積極的に重視した本格的なアプローチであるといえ，現在においてもLMX (leader member exchange) 理論として発展している。この章では，このアプローチの初期の研究から現在の主要な成果までを，フォロワーの観点から検討していく。

第4章では，フォロワーがリーダーシップを認知する際に影響を及ぼすとされる，暗黙のリーダーシップ論にまつわる諸研究を渉猟する。そもそも暗黙のリーダーシップ論とは，フォロワーがリーダーシップに対して抱く理想像を意味する。これがいかなる要因から成り立ち，いかなる影響を及ぼすのかに関する研究蓄積を検討する。

第5章は，リーダーシップをフォロワー間で社会的に構築された構成物だと考える，リーダーシップの幻想にまつわる諸研究を検討する。リーダーシップの幻想とは，Meindlを中心として発展してきた概念で，フォロワーが組織で発生す

る現象の原因帰属先をリーダーのリーダーシップに求める傾向の強さを意味している。これはとりわけカリスマ現象において生成されるとされる。カリスマ的リーダーの行動特性に重きを置く従来のカリスマ的リーダーシップ論に対するアンチテーゼの意味合いで登場した議論であり，ある意味，最もフォロワーを主体としたアプローチであるといえる。

第6章では，そもそもフォロワーとはいかなる存在で，組織のパフォーマンスに貢献する思考や行動とは何なのかを論じた，フォロワーシップに関する諸研究を渉猟する。フォロワーシップ研究は，比較的歴史が浅いが，昨今徐々に研究成果が発表されるようになってきた分野である。リーダーシップに隣接し，互いに密接な関係にある分野であることには間違いがないので，現段階に至るまでの研究の流れを確認しておく。

第7章からの第Ⅱ部では，特定の集団を対象にフォロワーの語りに着目したフィールドワークに基づく3つの事例研究を展開する。

まず第7章で，事例研究に先立って研究方法を議論する。本書におけるリーダーシップの分析枠組みを提示して，分析対象としての語りについて説明し，具体的な事例研究の調査方法についても述べる。

第8章以降が，事例研究および事例間の比較分析である。

第8章では，第1の事例として，大手電機メーカーD社の電機部門人事部のE部長と，彼を信奉する6人の部下によって構成された集団を取り上げる。この事例は，フォロワーが体験した出来事の中から，どのようなやりとりを通じてリーダーシップを認めるようになったのかをフォロワーの語りを通じて明らかにし，その見解に対してリーダーはいかなる意図を持っていたのかという分析枠組みに従って実施された，はじめての調査である。事例の特徴としては，フォロワー全員が，リーダーであるE部長をリーダーシップを発揮できる人物と認めているという条件のもとで実施されたことがある。フォロワーがリーダーシップをどのように認識するのかという問題意識を探究する目的から，E部長がリーダーシップを発揮していた人物であると認識するフォロワーに絞って調査したものである。

第9章は，エーザイ株式会社が開発したアルツハイマー型認知症治療薬「アリセプト®」の探索研究チームの事例研究である。ここでは，チーム・リーダーであった杉本八郎氏と探索研究チーム・メンバーの間のリーダーシップについて考

える。この事例の特徴は，イノベーションを追求する専門家集団を対象としていることである。専門家集団は，リーダーもフォロワーも専門家によって構成されているのみならず，専門領域によってはフォロワーのほうがリーダーよりも専門知識や経験が上回るという状況にある。それゆえ，フォロワー全員が必ずしもリーダーシップを認識していたとは限らない。こういった特徴を備えたフォロワーとリーダーの間で，化合物の発見に至るまでの過程はどのような相互作用で展開して，リーダーシップが認識され，また場合によっては認識されないのかについて議論する。

第10章は，ハロゲン・ランプの開発および製造のメーカーとして倒産するも，プロジェクター用ランプを主力製品とするメーカーとして復活して7年で再上場を果たした，フェニックス電機株式会社の企業再建の事例研究である。再建請負人としてフェニックス電機株式会社社長に着任した斉藤定一氏の企業再建におけるリーダーシップについて考察した。再建請負人と事業再建という抜本的な意識変革を求められる経営幹部との間にどのような相互作用があり，リーダーシップが認知されて意識が変化し，事業再建へとつながっていったのかについて議論していく。

第11章では，事例研究によって得られた，リーダーとフォロワーのリーダーシップにまつわる語りから得られたストーリーを，比較分析する。各事例から得られたストーリーから導かれるリーダーシップを比較検討することによって類型化を行う。

そして結章では，本書の要約と事例研究の比較検討から導かれた結論を述べる。また，理論的貢献および実践的含意を指摘し，合わせて今後の課題も指摘する。

5 本書が対象とする読者層

リーダーシップは，そもそも本格的に研究がスタートしたのが20世紀初頭であるとはいえ，およそ1世紀にわたってさまざまなアプローチの研究が展開されてきた。その研究蓄積はすでに膨大であり，現在もなお発展している。

ところが，とりわけ昨今，日本の経営学分野におけるリーダーシップ研究の論

文や研究書は，他の研究分野に比べて数が少なくなっている。しかし，研究が伸び悩んでいる一方で，リーダーシップにまつわる一般向けのビジネス書は次々と出版されている。それらは主に，現役の経営者やプロジェクト・リーダーあるいはその経験者らによる回顧録や彼（女）らの持論をまとめたもの，または，経営コンサルタントによるリーダーシップの実践法といった内容のものである。リーダーシップにまつわるビジネス書の出版が続いていることは，リーダーシップに対する社会的関心が持続しているということを意味するだろう。このように社会的関心が依然として高い中，なぜリーダーシップにまつわる学問的発信は伸び悩んでいるのだろうか。さまざまな理由が考えられるが，その1つに，リーダーシップ研究が確立されたものと見なされるという傾向をあげることができる。この背景には，MLQ（Multifactor Leadership Questionnaire）と呼ばれる多次元的リーダーシップ尺度が開発されて，その尺度に基づいた調査がリーダーシップ研究の主流となっていることがある。[3] このことによって，リーダーシップが成熟した学問的領域であると見なされていることが，大きな原因であると思われるのである。しかし，たしかにMLQはリーダーシップを測定する1つの確立された尺度ではあるけれども，それですべてが議論しつくされたわけではない。現に，リーダーシップ研究を専門に扱う学術誌である *The Leadership Quarterly* 誌においては，さまざまなアプローチからのリーダーシップ研究が展開されている。一見すると確立されたように見えるリーダーシップ研究は，まだまだ発展の余地を残している学問的分野なのである。

　こうした中，本書が読者にもたらす貢献は，大きく分けて2つあると考える。1つは，リーダーシップおよびフォロワーシップの諸研究を体系的に渉猟した研究書であることによる，学術的貢献である。もう1つは，フィールドワークによる3つの事例研究から導き出された発見事実および結論がもたらす，実践的含意による実務的貢献である。

　3　MLQは，Bass（1985）によって開発されたリーダーシップ測定尺度で，変革型リーダーシップ（transformational leadership），古典的なリーダーシップの特性に基づく交換型リーダーシップ（transactional leadership），およびリーダーシップを発揮していない状態を意味する自由放任型（laissez-faire）という，3つの構成要素からなる。すでに複数回の改訂がなされており，現在はMLQ（Form5X）が最新バージョンとなっている。ちなみにMLQ（Form5X）は，Mind Garden Inc.（www.mindgarden.com）より購入することができる。

このことから，読者層として，学術的貢献から想定されるのは，リーダーシップやフォロワーシップの研究者はもちろんのこと，これらに深く関係する組織行動論・経営管理論・組織論の研究者および研究者を志す大学院生ということになろう。また，リーダーシップのような組織の中の人間行動に関心を持ち，より深いレベルの学びを志している大学生にも，ぜひ手にとって読んでもらいたい。

　一方，実務的貢献から想定される読者層として，企業組織で活躍するビジネスパーソンに対しては，実際にリーダーシップやフォロワーシップが求められる立場であることから，その行動あるいは思考に知見をもたらすことを期待している。また，リーダーシップやフォロワーシップの研修を担当する人事部門担当者やコンサルタントには，実践的な知見の提供はもちろんのこと，学術的な貢献面によっても理論的な背景の把握に有効に活用してもらえるであろう。このような実務的な貢献の対象は，企業組織だけに限られるわけではない。NPO・病院・学校組織といった非営利組織，さらには学校におけるクラブやサークル活動においても，集団やチームで活動する限り，リーダーシップおよびフォロワーシップは必要不可欠である。こうした企業組織以外の組織で活躍する人々に対しても，本書のリーダーシップ研究がもたらす知見が，普段の組織活動をより有益にすることに貢献できるのを期待している。

　このように，本書は研究書ではあるが，組織に携わる人間であれば誰しもが直面する，リーダーシップおよびフォロワーシップに関する研究であるので，体系的な知識の提供にとどまらず，実証研究によってもたらされた知見が普段の活動を見直したり内省する機会をもたらしたりすることを，期待するものである。

第 I 部

先行研究レビュー

第 1 章

リーダーシップとは何か

本章では，本書におけるリーダーシップの基本的な定義を，既存のリーダーシップの定義および関連する諸概念より明確にする。さらに，初期のリーダーシップ研究におけるフォロワーの位置づけの変遷を検討する。これら一連の考察を通じ，本書においてリーダーシップの前提としているフォロワーの自発的な意識の変化の意義ならびに必要性を確認して，本書におけるリーダーシップを定義する。

1　リーダーシップに関する諸定義の検討

　フォロワーの自発的な意識の変化を促すリーダーシップを論じるにあたり，ここではまず，リーダーシップに関する基本的な定義を明確にする。しかしながら，リーダーシップには，共通した定義がない。そこで，本書では，リーダーシップの主要テキストである Yukl（2013）の定義に依拠して議論を進めていく。また，リーダーシップの定義の検討と合わせて，リーダーシップと最も関連のある影響力であるパワーについても検討する。2つの概念の比較を通じ，本書が前提としているフォロワーの自発的な意識の変化を促すリーダーシップを研究する意義を論じることとする。

1-1　リーダーシップの代表的定義

　Yukl（2013）は，「リーダーシップとは，他者たちに何が必要なのか，どのようにしてそれを効率的に遂行するのかについて理解と合意を得るために影響を及ぼす過程であり，共有された目的を達成するために個人を動かし，彼らの努力を結集する過程である」と，定義している（p.23）。

　この定義から，リーダーシップの要点として，第1に目的を達成するためのリーダーによる働きかけであること，第2にリーダーとフォロワーの相互作用の過程であること，第3にフォロワーの積極的な意識の変化を促すという，3点が導き出される。これらの要点をまとめると，リーダーシップとは，「特定の目的を達成するためのリーダーとフォロワーとの相互作用の中で展開される社会的影響力」であると考えられる。

この定義の中には，本書が前提としているフォロワーの自発性を促すという意味が，すでに包含されているといえる。なぜならば，組織目的の達成のためにフォロワーを動かすにあたってリーダーの行為に対する理解と合意を得る必要があるとき，フォロワーの前向きな意識の変化なくしては，リーダーの行為を理解してなおかつ合意するには至らないからである。すなわち，フォロワーの積極的な意識の変化を促し，前向きに意識が変化したフォロワーの努力を結集する行為がリーダーシップであると，Yukl の定義を解釈することができるのである。

1–2　リーダーシップとパワー

　しかし，社会的影響力ということに関していえば，リーダーシップのみがそれに該当するわけではなく，ほかにも厳密な区別がつきにくい概念がある。リーダーシップと近い関係にある社会的影響力としては，パワーをあげることができるであろう。Weber (1921) は，パワーを「或る社会関係の内部で抵抗を排除してまで自己の意思を貫徹するすべての可能性」[1]と定義している。言い換えると，他者の意向にかかわらず自らの意思を他者に強いることであるといえる。
　パワーについての代表的な研究である French & Raven (1959) は，パワーには，報酬を提供することによって人を動かす報酬的パワー，権力によって人を動かす強制的パワー，専門的知識によって人を動かす専門的パワー，個人的魅力によって人を動かす同一的パワー，地位や立場の正統性によって人を動かす正統的パワーという，5つがあると指摘している。
　各パワーの源泉をリーダーとフォロワーの関係に置き換えて考えてみると，報酬的パワーは，リーダーの影響力をフォロワーが受けいれる代わりに，リーダーはフォロワーに報酬を提供するというものである。強制的パワーは，他者を強制的に服従させるという点で，Weber の定義しているパワーの概念に近い。これらに対して，専門的パワーは専門性に対する信頼，同一的パワーは特定人物に対する属人的要素に対する信頼，正統的パワーは伝統ないしは慣習に対する信頼であるとされ，いずれも信頼に裏づけられた積極的な服従であるといえる。リーダ

1　野中ほか（1978）182 頁より引用。

第1章 リーダーシップとは何か

表1-1 French & Raven のパワーの分類

報酬的パワー	リーダーが給与や賞与または昇進といったような報酬を通じてフォロワーから服従を引き出す
強制的パワー	リーダーが組織階層上の特権に基づいて発揮する影響力であり、遵守されないときは罰則を適用するなどしてフォロワーから服従を引き出す
専門的パワー	リーダーが有する職務および組織運営に関する知識によってフォロワーから服従を引き出す
同一的パワー	フォロワーにリーダーの個人的魅力を感じさせることでフォロワーから服従を引き出す
正統的パワー	リーダーの指示や命令に服従するのは当然であるとフォロワーに認識させることでフォロワーから服従を引き出す

（出所） French & Raven（1959）より筆者作成。

ーシップの観点から考えると、報酬的・強制的パワーに関しては、リーダーがこれらのパワーを行使した場合、フォロワーは打算的に従うか納得することなく従わざるをえないということになる。一方、専門的・同一的・正統的パワーに関しては、リーダーの行為に対する理解と合意および努力の傾倒という、Yuklによるリーダーシップの定義と合致する点が多く、差別化するのが難しい。

このように、パワーはリーダーシップと類似する部分が多いが、リーダーシップと異なるところは、パワーを受けいれる側、リーダーシップでいうならばフォロワーが、パワーを行使する人物の影響力に服従することである。これに対し、リーダーシップにおいては、Yuklの定義にあるように、リーダーの説得を通じてフォロワーは自発的な意思で影響力を受けいれるのである。後述する変革型リーダーシップ論でも、リーダーは自らが率いる組織が有するアイデアや意思決定のあり方の変化をフォロワーに促すものであり、リーダーシップの発揮とはフォロワーの意識の変化を促すことであるとされる。つまり、フォロワーの自発性と意識変革を促すという点で、リーダーシップは、パワーに代表される社会的影響力とは異なっているのである。

2 初期リーダーシップ研究におけるフォロワーの位置づけ

前節で、リーダーシップの定義、および関連する社会的影響力であるパワーに

ついて検討したが，実際のリーダーシップ研究にはどのような議論の変遷が見られるのであろうか。ここでは，資質アプローチ・行動アプローチ・状況アプローチという，初期リーダーシップ研究の主要アプローチにおけるフォロワーの位置づけについて検討する。

2-1 資質アプローチにおけるフォロワー

リーダーシップについて，はじめて本格的な研究がなされたのは20世紀初頭のことであり，それ以前は，哲学者のCarlyleが主張したようなリーダーシップ「偉人説」が支配的であった（Chemers, 1997）。すなわち，特定の才能を持った偉大な人物のみがリーダーシップを発揮すると目されてきたのである。

萌芽期におけるリーダーシップ研究もこの影響を受けて，リーダーシップを発揮するために必要不可欠な資質，たとえば身体的特徴やIQまたは性格が探索された。ところが，Stogdill（1948）が関連する諸研究を検討した結果，資質だけではリーダーシップを説明できる十分な根拠にならないと結論づけられた。

この段階においては，リーダーシップという概念の捉え方は，あくまでリーダーの存在にのみ帰結しており，フォロワーという存在はリーダーシップ論の表舞台には登場していない。よって，フォロワーの位置づけを論じる前段階ということになる。ただ，あえて資質アプローチの中にフォロワーの存在を見出すとすれば，そこにはリーダーが特定の資質を身につけていればフォロワーは自ずとついてくるという暗黙の仮説が存在していたということを指摘することができる。

2-2 行動アプローチにおけるフォロワー

オハイオ州立大学の研究者たちは，リーダー行動記述12次元質問票（Leader Behavior Description Questionnaire: LBDQ, Form XII）を開発し，行動の面からリーダーシップを特定しようと試みた（オハイオ州立研究）。この結果明らかになったのが，「構造づくり」（initiating structure）と「配慮」（consideration）という，2次元のリーダーシップ行動特性である（Halpin & Winer, 1957）。「構造づくり」とは課題の達成に向けてフォロワーに働きかけるリーダー行動であり，「配慮」とは

フォロワーと良好な人間関係を構築するためのリーダー行動である。これらの行動特性については,「低配慮」で「高構造づくり」の場合にフォロワーの不満足が最も高くなり,「高配慮」に限り「高構造づくり」を補うことができるという関係も明らかになった (Fleishman & Harris, 1962)。また Stogdill (1974) は, オハイオ州立研究の諸結果を検討した上で,「構造づくり」と「配慮」両方の行動次元において高いスコアを上げることが, 有効なリーダーシップ (Hi-Hi 型リーダーシップ・スタイル) であると結論づけた。

一方, 日本発のリーダーシップ論である PM 理論によると, リーダーシップ行動は, 課題解決の方向を示すことやそれに向けてメンバーに圧力をかける行動である P (performance) 行動と, メンバーの間に生じる緊張を緩和して良好な人間関係を促進させる M (maintenance) 行動からなるとされる (三隅, 1966；1978)。P 行動と M 行動は, オハイオ州立研究における「構造づくり」および「配慮」と概念的に近い関係にあり, P 行動と M 行動双方のスコアが高い PM 型のリーダーシップ行動が最も高い成果を記録することが実証されている。

オハイオ州立研究と PM 理論の基本的仮説は, リーダーが特定のリーダーシップ行動をとることでフォロワーに影響を与え, その結果として成果が向上するというものである。具体的にこれらの研究がどのような成果を想定したのかというと, オハイオ州立研究では, 代表的なものに業績, 満足度, 集団の和, 離職率の低さなどがあり, PM 理論では, 職務満足, チームワーク, コミュニケーションの良好さ, 職場の精神衛生といったものであった。それぞれの研究で想定された成果に共通していたのは, いずれもフォロワーのモチベーションが向上したことによる結果だということである。そこで暗黙に仮定されていたのは, リーダーシップとはフォロワーのモチベーションを向上させるものであり, フォロワーのモチベーションが向上することによって組織内の諸要因が改善し, 最終的には目標の達成につながるという関係である。これをフォロワーの視点から考えると, モチベーションとはリーダーとフォロワーの間に社会的交換が成立することで向上するものといえる。すなわちこれは, フォロワーが, リーダーシップを受けい

---

2 Burns (1978) は後に, このような社会的交換に基づくリーダーシップを交換型リーダーシップ, 現状の変革を促すリーダーシップを変革型リーダーシップとして, 類型化した (序章脚注 2 も参照)。

れる代わりにリーダーから何らかの報酬を得ることによって，成立する関係なのである。フォロワーがリーダーシップを受けいれることで何らかのメリットがあると判断すればモチベーションは向上し，結果としてリーダーシップが成立するのである。こう考えると，オハイオ州立研究とPM理論におけるフォロワーは，功利的な判断によってリーダーシップを受けいれているということになる。

　ミシガン研究は，行動アプローチを代表するもう1つの研究である。ミシガン研究とは，1940年代から50年代にミシガン大学の研究者らによって実施された，一連のリーダーシップに関する調査研究である。その中心的人物の1人であったLikert（1961）による高業績部門のリーダー行動と低業績部門のリーダー行動の比較からは，以下の3つの特徴が明らかになった。第1に，低業績部門のリーダーには，決められた方法，決められた時間，決められた作業手順通りにフォロワーをコントロールしようとする，職務中心的監督（job-centered supervision）行動が顕著に見受けられた。これに対して高業績部門のリーダーは，フォロワーの人間的問題を第一に考えており，フォロワーの自主性に任せるという従業員中心的監督（employee-centered supervision）行動をとっていた。第2に，低業績部門のリーダーは，フォロワーに対して詳細な指示を出し，接触する時間の多い，詳細な監督方式（close supervision）をとっていた。これに対して高業績部門のリーダーは，目標と達成すべき用件を明らかにした上で具体的なやり方はフォロワーの裁量に任せるという，全般的な監督方式（general supervision）をとっていた[3]。第3に，フォロワーの誤りに対するリーダーの態度が，高業績部門のリーダーと低業績部門のリーダーとで異なっていた。低業績部門のリーダーは，フォロワーがまずい仕事をしたときに，処罰的，批判的であった。これに対して高業績部門のリーダーは，フォロワーがまずい仕事をしても，経験から学ぶことが多いと考え，支援的に振る舞い，誤りに対して理解を示していた。

　Likert（1967）は，初期のミシガン研究による一連の調査結果から，システム4と呼ばれる3つの原則から成り立つ経営管理のシステムを提唱した。第1の原則である支持関係の原理とは，各成員が組織の人間関係の中で支持されていると実感するということである。第2の原則である集団的意思決定と管理は，集団が

3　このような結果が出た要因として，調査対象が定常的業務中心の現場であったことが考えられる。

重複した構造を持つ組織形態を前提としたとき，各集団が連結ピンと呼ばれる複数の集団に属してその要と目されている特定の成員（管理者や監督者）を通じて連結された中で，メンバー間およびリーダーとフォロワーの間に相互作用が起こる。この方式が適切に用いられれば，コミュニケーションが活性化して問題が適切に処理され，高い生産性や高度の品質および低原価を強調する有意義な雰囲気が醸成される。また，決定は迅速に行われ，責任は明確化され，仕事は迅速かつ生産的に行われるとされる。第3の原則は，高い業績への期待である。この原則は，支持関係および集団的意思決定と管理という2つの原則が有効に機能することによって生成するとされる。支持関係の原理によって，雇用の安定，昇進の機会，満足のいく報酬に関する欲求が満たされる。そして，集団的意思決定と管理によって，このような意識が組織全般に行きわたるメカニズムが提供される。その結果として，高い業績への期待が形成されるというのである。

　ミシガン研究におけるフォロワーは，組織に積極的に関与する点を重視していると解釈できることから，単に報酬によってモチベーションを向上させる存在とは位置づけられていない。むしろ，リーダーが組織の目的とフォロワーの目的との統合を促すことで，フォロワーがリーダーから何らかの報酬を得ることで喚起される外発的なモチベーションではなく，組織で活動すること自体にモチベーションが喚起される内発的なモチベーションを涵養することを念頭に置いている点で，これまでの行動アプローチとは異なっているのである。

　フォロワーのモチベーションを向上させるリーダーの行動特性にリーダーシップを求めた，行動アプローチの諸研究は，リーダーシップ研究の発展に多大なる貢献を果たした。とりわけミシガン研究はフォロワーに組織への積極的な関与を促している点で，リーダーシップにおけるフォロワーの位置づけは，その重要度がより一歩踏み込んだものになったといえよう。

　ただ，行動アプローチにおいても，フォロワーは，リーダーシップという影響力を受けいれる受動的な存在として位置づけられている。そこでは，あくまでリーダーの存在が主体であり，どのようなリーダーの行為によってフォロワーの意識の変化が促されたのか，あるいは，意識の変化がもたらされたプロセスはいかなるものかといった，フォロワーの視点に関しては，理論的な課題を残していた。

2-3 状況アプローチにおけるフォロワー

状況アプローチの嚆矢となった研究が,リーダーシップのコンティンジェンシー理論である (Fiedler, 1967)。Fiedler によれば,集団の業績を最大化するためのリーダーシップは,課業の状況好意性 (situational favorableness) に依存する。状況好意性を構成する要因は,リーダーとフォロワーの関係の良好さの程度,課業が構造化されている程度,リーダーの権限や職位に基づくパワーの程度という,3つである。また,リーダー行動の組み合わせを意味するリーダーシップ・スタイル (金井, 1991, 57頁) が,LPC (least preferred coworker) 尺度に基づいて測定される。LPC 尺度とは,最も好ましくない仕事仲間に対する意識を測定するもので,高 LPC のリーダーは苦手な人とも仕事ができるので人間関係志向的 (relationship-oriented) リーダーシップ・スタイルをとる傾向にあると考えられ,低 LPC のリーダーは人間関係よりも課業遂行を重視する課業関係指向的 (task-oriented) リーダーシップ・スタイルをとる傾向にあるとされる。LPC 尺度によって導かれたリーダーシップ・スタイルの傾向と状況要因との分析の結果,好ましいあるいは好ましくないという両極端な状況においては課業関係志向的リーダーシップ・スタイルが有効であり,中程度の状況においては人間関係志向的リーダーシップ・スタイルが有効であることがわかった。

リーダーシップのコンティンジェンシー理論において,フォロワーは,基本的にはオハイオ州立研究や PM 理論におけるフォロワー像と同様に,リーダーシップという影響力を受けいれる存在として位置づけられている。リーダーシップのコンティンジェンシー理論がこれらと異なるのは,状況好意性の構成要素としてリーダーとフォロワーとの間の人間関係の良し悪しが,リーダーシップ・スタイルに影響を及ぼすとされているところである。社会的交換に基づいたギブ・アンド・テイクによる関係にとどまらず,フォロワーのリーダーに対する好意も,リーダーシップに影響を与えることが明らかになったのである。

状況アプローチを代表するもう1つの研究が,Evans (1970) や House (1971) によって提唱された,いわゆる経路—目標理論である。経路—目標理論においては,フォロワーが直面する課業の不確実性のいかんによってリーダーのとりうる

行動は異なるとされる。具体的には，課業の不確実性が高ければ高いほど，構造づくりのリーダーシップ行動がフォロワーのモチベーション向上およびその結果としての業績の向上に寄与する。逆に，課業の不確実性が低ければ低いほど，構造づくりのリーダーシップ行動はあまり効果がなくなり，むしろフォロワーの満足を低下させてしまう。また，課業遂行自体から得られる満足が低ければ低いほど，配慮のリーダーシップ行動がフォロワーのモチベーション向上およびその結果としての業績の向上に寄与する。また逆に，課業遂行自体から得られる満足が高ければ高いほど，配慮のリーダーシップ行動はあまり効果がなくなる。

このように，経路―目標理論においては課業の不確実性が状況要因として考慮されているが，課業遂行に際してそれが不確実かどうかを認識する観点として，それがフォロワーの有する知識やスキルのレベルに依存するとされているということに注意が必要である。ここから，経路―目標理論には，フォロワーを多元的に捉えようとする視点が窺える。しかしながら，経路―目標理論もまた，課業関連と人間関係関連という2次元のリーダーシップ行動に基づいて議論がなされているので，基本的には行動アプローチの枠組みに包含されたものであるといえる。

2-4 フォロワーが受動的存在である理由

以上の通り，初期リーダーシップ研究におけるフォロワーの位置づけについて考察してきた。リーダーシップ研究の萌芽期においては，リーダーの資質のみが注目されていたので，そもそもフォロワーの出る幕はなかった。しかし，続く行動アプローチおよび状況アプローチには，リーダー行動によって動かされる存在としてフォロワーが登場した。中にはミシガン研究のようにフォロワーに対する人間的な配慮を指摘した研究もあったが，基本的にフォロワーはリーダーから影響を受ける受動的な存在として位置づけられてきた。そこでは，本書が前提とするような，自発的な意識の変化といった能動的な側面は議論されていない。

受動的なフォロワーという位置づけについては，初期リーダーシップ研究が展開された状況から，以下のような解釈が可能であろう。当時は，環境の変化に適応するために組織変革を行ったり，現場の知識も含め組織のありとあらゆる知識や情報を駆使してイノベーションを起こしたりしている現在と比較すると，環境

の変化は激しくない。ゆえに，組織として求められる情報処理能力は，現場の監督者あるいは管理者の能力で十分に賄えたのである。またフォロワーの側も，リーダーの意向に従って行動していれば，パフォーマンスを上げ報酬を得ることができたという事情があった。

　それゆえに，初期リーダーシップ研究は，後に Burns（1978）が交換型リーダーシップと呼んだように，リーダーとフォロワーの社会的交換によって成立するものと見なされ，その結果としてフォロワーが，権限に服従する代わりに報酬を得る受動的な存在として位置づけられたと考えられるのである。

3　フォロワーがリーダーシップを受けいれる態度

　ここまで，リーダーシップの定義および関連する概念であるパワーとの相違点，さらには，初期リーダーシップ研究におけるフォロワーの位置づけに関して検討してきた。フォロワーの観点から見ると，リーダーシップの定義には，本書が前提とするフォロワーの自発的な意識の変化という側面を読み取ることができる。また，パワーに代表されるリーダーシップに関係のある概念とも，フォロワーの意識の変化という観点から弁別することができる。

3-1　能動的なフォロワーと消極的なフォロワー

　リーダーシップの定義および初期のリーダーシップ研究をめぐる議論をフォロワーの観点から検討してきた中で，中心的な問題は，リーダーシップと他の社会的影響力をどのように区別するかという点にあった。そこで得られたリーダーシップと他の社会的影響力との違いは，以下の3点に集約できよう。

（1）リーダーは，フォロワーに何らかの意識の変化を促す
（2）フォロワーは，リーダーの働きかけを積極的に受けいれる
（3）リーダーの働きかけを受けいれた結果，フォロワーの行動に変化が起こる

　これらに共通するのは，フォロワーがリーダーシップを受けいれる際に伴う意

表 1-2　Heifetz が主張するリーダーシップの 2 つのモード

		リーダー	フォロワー
モード P	受動的なフォロワーを想定してしまう従来の支配的な定義	ビジョンやミッションにフォロワーをついてこさせる	そのビジョンに，やや無批判的に受動的についていってしまう
モード A	能動的なフォロワーに注目するHeifetz 自身の定義	フォロワーがそれを自分のビジョンだと思うようにお膳立てする	自分なりの考えで選び取り，能動的にビジョン実現の輪に加わる

（出所）金井（2005）79頁より，一部改訂して作成。

識の高さである。これまで，この点に関して詳細な議論を展開したのは，Heifetz を中心とする研究グループだけである（Heifetz, 1994；Heifetz & Laurie, 1997；Heifetz & Linsky, 2002）。Heifetz（1994）では，リーダーシップを「人を動かして難しい問題に取り組ませる」ことであると捉えた上で，以下のような 2 つの定義をさらに提示している（邦訳 20 頁）。

(1) リーダーシップとは，コミュニティがリーダーのビジョンに従うように影響力を及ぼすこと
(2) リーダーシップとは，コミュニティが自分たちの問題に取り組むよう影響力を及ぼすこと

Heifetz によれば，前者の定義では，リーダーはフォロワーに自分のビジョンを受けいれさせて，フォロワーはリーダーに頼りながら問題に立ち向かうということになる。仮に失敗すれば，責任はリーダーに帰せられるとしている。後者の定義では，リーダーはフォロワーを動かして問題に挑戦させ，フォロワーはリーダーから助力を得て組織を前進させていくとされる。失敗した場合の責任は，リーダーとフォロワーの両方に帰せられるとしている。Heifetz が考える理想的なリーダーシップは後者にあたり，リーダーシップはリーダーだけの問題ではなくフォロワーが自発的に意識を変えていくことにあると捉えられている。フォロワーが能動的にリーダーについていくからこそ，問題に立ち向かう意思が生成し，失敗した場合の責任を共有する態度も生まれると考えられているのである。

金井（2005）は，Heifetz のフォロワーがリーダーシップを受けいれる態度を，受動的なフォロワー（モード P〔passive〕のフォロワー）と能動的なフォロワー（モード A〔active〕のフォロワー）という 2 つの概念を用いて解説した（表 1-2）。

表1-3 適応的挑戦と技術的挑戦の違い

	どのような仕事か	誰が行うのか
技術的挑戦	現状のノウハウをあてはめる	権限を持った人物
適応的挑戦	新たな方法を学ぶ	問題にかかわるすべての人々

(出所) Heifetz & Linsky (2002) p.14 より，改訂して作成。

　モードPのフォロワーは，結果としてリーダーのビジョンを受けいれさせられた形になり，リーダーに頼りながら問題に立ち向かう。モードAのフォロワーは，自ら動いて問題に挑戦し，リーダーからの助力を受けて前進する。ここでは，ビジョンの浸透および共有の側面から，フォロワーがリーダーシップを受けいれる態度について論じられているのである。

　Heifetz & Laurie (1997) および Heifetz & Linsky (2002) では，リーダーシップの発揮が必要な状況が議論されている。リーダーシップの発揮が必要な状況とは，具体的には，これまで持ちえた環境に適応するための考え方を見直さざるをえない事態になったときである。Heifetz & Linsky は，リーダーシップを考えるにあたって2つの状況を設定し，1つを技術的挑戦 (technical challenge)，もう1つを適応的挑戦 (adaptive challenge) と呼んだ。技術的挑戦とは，組織において解決すべき問題が発生したとき，その問題解決にあたってリーダーはしかるべき解決法をすでに有しており，それをフォロワーに与えることによって対処することを意味する。このような状況では，リーダーは，リーダーシップを発揮する必要はなく，フォロワーに対して適切に指示ないし命令を下すことによって問題解決を図ることができる。すなわち，いわばマネジメントの範疇に包含されるものである。しかしながら，すべての組織活動における問題が，マネジメントの範疇に収まるわけではない。組織にはむしろこれまでの解決法ではどうにもならない問題が生じるときがある。これを打開する取り組みが，適応的挑戦と呼ばれるものである（表1-3）。

3-2　フォロワーの積極的適応を促すリーダーシップ

　このように Heifetz は，リーダーシップを受けいれるにあたってのフォロワーの能動的な態度，および，それが求められる状況としての適応的挑戦という，2

つの要素が，リーダーシップの発揮に必要であると指摘した。それでは，実際にリーダーシップを発揮するにあたっては，本質的に何が求められるのであろうか。この点に関して Heifetz & Laurie (1997) は，適応的挑戦の状況でフォロワーに積極的適応を促すリーダーシップに関して，以下の6つの法則を提示している。

(1) バルコニーに上がる
(2) 適応への挑戦を見極める
(3) メンバーの苦痛・苦悩を調整する
(4) 鍛錬された注意力を持ち続ける
(5) 仕事の責任を人々のもとに戻す
(6) 組織の中からやがて聞こえてくるリーダーシップの産声を守り育てる

「バルコニーに上がる」が意味するのは，全体像を見極める視点を持たなければならないということである。舞踏会の会場でバルコニーに上がると，ダンスを踊っているフロア全体の様子を見ることができる。逆に，フロアで踊っている人々は，個々の状況は理解できるがフロア全体の様子については知る由もない。バルコニーに上がってダンスフロアの全体を見渡しているのがリーダーで，踊っているのがフォロワーである。リーダーは，あたかもバルコニーからダンスフロア全体を見渡すような視点を持つことで，フォロワーが把握できない組織全体に関する状況を見極めることができる。当然，リーダーはバルコニーに上がりっぱなしではなく，フロアに降りて現場の状況を逐一見極めることもしなければならない。組織全体を見渡す目と現場の様子を見極める目という双方の視点を持ち合わせないと，状況を正確に把握することはできないからである。あたかもバルコニーとフロアを行き来するように，組織全体の状況と現場の状況の把握に努めるというのが，第1の法則である「バルコニーに上がる」の意味するところなのである。

リーダーはバルコニーとフロアを行き来するがごとくに組織を取り巻く状況と組織内の状況を見極めなければならないが，ここで大事なのは，リーダーが状況を見極めてそれが適応的挑戦に値するものであるのかどうかを判断することである。これが第2の法則である「適応への挑戦を見極める」ということである。Heifetz & Laurie (1997)・Heifetz & Linsky (2002) は，適応への挑戦には，環境の変化に対して適応していくという側面と，変化をつくり出して適応するという

側面があるとしている。一般に適応というと何らかの変化に受動的に対応するという意味合いが強いが，ここでは，状況を見極めた上で自発的に変化をつくり出してそこに適応していくという能動的な意味合いも含まれている。

　フォロワーの視点から，意識の変化についてもう一歩踏み込んで考えてみよう。課題を示して新たな価値観へフォロワーを積極的に適応させるということは，何らかの意識の変化を促すことである。意識を改めるということは，これまで正しいと思っていたことを全体的または部分的に否定することである。すなわち，意識の変化には自己否定を伴う。程度の差こそあれ自己を否定することは，あらゆる人にとって苦痛を伴うものである。これはリーダーシップの発揮においても同様であり，それゆえにリーダーはフォロワーの苦痛のレベルを調節しなければならない。これが，第3の法則「メンバーの苦痛・苦悩を調整する」の意味するところである。フォロワーの意識の変化を促すべく適応への課題を一気に推し進めると，フォロワーに耐えきれないレベルの苦痛を与えることになる。そのような場合フォロワーは，新たな価値観への積極的な適応をやめてしまうだろう。一方で，適応への課題を示しながら，それをあまりに緩やかなペースで進めてしまっても，フォロワーは意識を変える必要があるのかどうか疑問に思ってしまうだろう。リーダーは，フォロワーに対し，苦痛のレベルを絶えず調整しながら意識の変化を促していかなければならないのである。

　フォロワーが新たな価値観に対して積極的に適応しようとするとき，フォロワー間にさまざまなコンフリクトが生じる可能性がある。なぜなら，積極的に適応しようとするペースが各フォロワーによってそれぞれ異なり，価値観の解釈にも多少のずれが生じるからである。こういった状況に陥ったときに，リーダーはフォロワー間のコンフリクトを解消し，新たな価値観に向けて組織の一体感を促していかなければならない。そのためにリーダーは，なぜ適応しなければならないのかという本質的な側面に絶えず注意を払う必要がある。これが，第4の法則である「鍛錬された注意力を持ち続ける」ということである。仮にフォロワーの意識が分裂するような事態に至ったとしても，鍛錬された注意力を持ち続けているリーダーは，適応の本質的な課題をフォロワーに問いかけることによって，分裂した意識が再び1つにまとまるように促すのである。

　フォロワーが適応に向けての本質的な課題へ注意力を持ち続けることができれ

ば，各々与えられた役割を遂行することが期待される。役割の遂行にあたってリーダーは，ただ単にフォロワーに割り当てた役割を通じて適応させるのではなく，それぞれの役割に応じた責任を持たせるようにしなければならない。それが，第5の法則である「仕事の責任を人々のもとに戻す」ということである。いくらリーダーがフォロワーに新たな価値観への積極的適応を促したとしても，責任の伴わない役割を与えていてはフォロワーの積極性を促すことにはならない。フォロワーとしてはむしろ，自らの役割に責任が伴うことになったほうが，積極的適応への意欲がより喚起されるというものであろう。

　フォロワーが新たな価値観に対して積極的適応を示すようになってくると，フォロワーがリーダーに対して自らのアイデアを提案したりして，フォロワーの中にも積極的適応を促すリーダーシップが生まれてくる。これが，第6の法則である「組織の中からやがて聞こえてくるリーダーシップの産声を守り育てる」ということである。このようなリーダーシップは必ずしもすべてのフォロワーから生まれてくるのではなく，こういった動きは往々にして，組織の中でもむしろ周縁的な立ち位置を占めるアウトサイダーのフォロワーから生じる。アウトサイダーのフォロワーの動きゆえに黙殺されてもおかしくないとはいえ，リーダーはこうした動きに目を配り，フォロワーから生まれるリーダーシップの芽を育てていかなければならないのである。

　このように，Heifetzを中心としたグループで論じられたフォロワーは，これまでの価値観を根本的に見直さなければならない状況にあって，リーダーの意向に従順に従うだけではなく，自らの意思で新たな状況へ積極的に適応する存在であった。フォロワーの能動性を喚起するためにリーダーは，フォロワーとの相互作用を通じて適応への調整課題を与え，周辺の環境を整備し，適応のプロセスを支援することを通じて，リーダーシップを発揮していくのだと主張されている。Heifetzらの主張は，リーダーシップを受容するフォロワーの態度によって，リーダーシップを他の社会的影響力と区別しており，フォロワーの視点を重視する本書の目的に通じるものである。

4 本書におけるリーダーシップの定義

　本章では，フォロワーの視点から，リーダーシップの定義，および初期リーダーシップ研究，さらにはフォロワーの積極的適応を促すリーダーシップに関する議論を考察し，フォロワーの自発的な意識の変化を促すリーダーシップという，本書が前提とするリーダーシップの捉え方が，リーダーシップの定義および昨今におけるリーダーシップの捉え方を反映したものであるということを，明らかにしてきた。これらの結果から，本書はリーダーシップを以下のように定義する。

> 「リーダーシップとは，共有された目的を達成するためにフォロワーが積極的に目的に関与するようにリーダーが働きかけ，それに対してフォロワーが目的の達成のために自発的に意識を変えて行動するという，相互作用プロセスである。」

　この定義のポイントは，まずリーダーとフォロワーとの間には共有された目的があり，リーダーにはそれを成し遂げたいという意図があり，リーダーはその目的の達成に向けてフォロワーを巻き込んでいくという働きかけを行うということである。
　リーダーの働きかけに対し，フォロワーには何らかの意識の変化が要求される。その意識の変化とは，単にリーダーの意向に従うという消極的なものではなく，それを進んで受けいれることが要求されている。消極的な受けいれはリーダーの意向に沿うだけの服従であり，それはリーダーシップではなくパワーによる影響力である。フォロワーがリーダーの働きかけを受けいれ，目的の達成をわがことと捉えるような自発的な意識の変化があってはじめて，リーダーシップは成立するのである。また，リーダーシップとは，リーダーの働きかけとフォロワーがその意向を受けいれる相互作用の中に生成するものと捉えられる。本書では，この定義に基づいてリーダーシップを考察していく。

第2章

カリスマ的・変革型リーダーシップにおけるフォロワー

初期のリーダーシップ研究は，定型的業務における生産性や能率の向上をフォロワーに促すものであった。ところが，経済や社会の変化のスピードが増し，企業をはじめとする組織の経営活動も，環境の変化に対する柔軟な対応が求められるようになってきた。こういったことを背景に，従来のような定型的業務におけるリーダーシップから，非定型的業務におけるリーダーシップへと，研究の焦点がシフトしてきたのである。このような非定型的業務におけるリーダーシップについての代表的なアプローチが，カリスマ的リーダーシップ（charismatic leadership）と，変革型リーダーシップ（transformational leadership）である。本章では，カリスマ的リーダーシップと変革型リーダーシップの研究をフォロワーの観点から検討し，そこにおいてフォロワーの位置づけがどのように展開してきたのかを考察する。

1　カリスマとは

　カリスマ的リーダーシップおよび変革型リーダーシップを論じるにあたり，まず本節で，その議論の発端となったカリスマという概念を検討しておこう。この概念を社会科学の分野へ本格的に導入したWeber（1921）によれば，カリスマとは，特定の人物が有する非日常的なものと見なされた資質であるとされている。すなわち，ある人物は，カリスマという資質を身につけているがゆえに，周囲の人間たちから特殊な力を発揮すると見なされて，カリスマ的リーダーになっていくというわけである。

　この定義で注目すべきは，カリスマという資質に関する客観的な基準や評価が存在しないことである。むしろ，その成立条件は，カリスマ性を有した特定の人物に従う被支配者，すなわちフォロワーが，その人物に対してカリスマ性があると原因帰属することとされている。ただし，カリスマとして周囲から承認される決定的な条件は，カリスマである証，すなわち奇跡を起こす人物であると認知されることにある。仮に，この証が長期にわたって現れない，あるいは，組織や集団に対して幸福をもたらさないとフォロワーが原因帰属すれば，カリスマは消滅することになると考えられてきた。

そもそもカリスマの概念が登場したのは，Weber の支配の 3 類型の議論からであった。Weber は，社会を支配する類型として，合法的，伝統的，カリスマ的という 3 つを指摘した。これらをリーダーの観点から見ると，合法的支配とは，形式的に正しい手続きによって定められた規則に基づいて選ばれたリーダーによる支配である。伝統的支配とは，昔から存在している秩序と神聖性に基づいたリーダーによる支配である。そして，カリスマ的支配とは，スター性や高貴さといったカリスマ性に裏づけられたリーダーによって成り立つ支配である。

このカリスマ的支配の特徴は，それが非日常的な状況において生成するということである。既存の状態に変化が起こる，あるいは，それを見直さざるをえない状況において，カリスマ的支配は成り立つとされる。合法的支配あるいは伝統的支配が成り立つのが日常的な状況であり，そのような日常的な状況から変化しなければならないときに有効であるのがカリスマ的支配であるということもできる。また，既存の状況を打破するにはカリスマ的支配が有効であるが，変化は一度成し遂げられれば，新たな体制のもとでは再び日常化が始まる。つまり，非日常的な状況で機能したカリスマ的支配は，やがて状況が安定するとその効力を減退させる。このことを，Weber はカリスマの日常化と呼んだ。カリスマの日常化からいえることは，カリスマ性を有する人物が独裁的に振る舞えるのはあくまで非日常的な状態のときだけであり，状況が安定するにつれて支配の形式を合法的あるいは伝統的な形にシフトしないと，長期的な組織の存続はありえないということである。

2　萌芽期のカリスマ的・変革型リーダーシップ

上記のようなカリスマの概念は，リーダーシップの領域において，カリスマ的リーダーシップとして発展した。この概念はまた，変革型リーダーシップにおいても展開していく。本節では，萌芽期のカリスマ的・変革型リーダーシップの研究において，フォロワーがどのように論じられてきたのかについて検討しよう。

2-1 カリスマからカリスマ的リーダーシップへ

 カリスマ的・変革型リーダーシップが本格的に研究として取り上げられたのは，1970年代のことである。この頃以降，とりわけアメリカの企業経営が過渡期を迎え，生産性や効率性を重視するマネジメントだけでなく，事業環境の変化を見極めて組織を柔軟に環境適応させられるような，組織変革を導くリーダーシップが求められるようになっていったのである。

 Downton (1973) は，政治的な反逆のリーダーシップ (rebel leadership) という観点から，Weberのカリスマの概念を発展させて，交換型 (transactional)，カリスマ型 (charismatic)，鼓舞型 (inspirational) という3つのタイプにリーダーシップを類型化した。交換型とは，リーダーとフォロワーの経済的交換プロセスであり，そこには信頼に基づく双方のコミットメントによってリーダーシップが生成する。カリスマ型とは，フォロワーの一体化と信頼を引き出す並外れた理想と権威に基づいて成立するリーダーシップである。この傾向をさらに推し進めたのが鼓舞型で，フォロワーに対しリーダーが掲げる理想に自己犠牲を強いるような目的意識を植えつけて，カリスマ型とは異なった行動の意味づけを行うことで成立するリーダーシップである。

 ここからカリスマ的リーダーシップを体系的に論じたのが，House (1977) の研究である。Houseは，それまでのカリスマに関する諸研究を渉猟した上で，個人の資質を中心に捉えられてきたカリスマの概念を，リーダーがフォロワーに変化をもたらす効果 (effect) によって定義した。すなわち，カリスマ的リーダーシップを，フォロワーがリーダーに対して並外れた献身を示し，同一化していこうとするような意識の変化を促す効果をもたらす，影響力と捉えたのである。Houseはまた，カリスマ的リーダーシップの構成要素を，リーダーの個人的特性，行動，状況的決定要因という観点から論じている。

 リーダーの個人的特性としては，支配欲，自己信頼，影響力の希求，自己の価値観に対する確信を，あげることができる。

 行動としては，役割モデリングと呼ばれるフォロワーに対して模範を示す行動，カリスマ性を有する特別な人物であるとフォロワーに思わせるイメージ形成行動，

組織の目的および目標の結合を図ってフォロワーの義務感を喚起する行動，フォロワーに高い期待を示す行動，フォロワーの能力を信頼する行動，目標が受けいれやすくなるようフォロワーの態度を促すべくモチベーションを喚起する行動という，6つがあげられている。これらの要素に加え，カリスマ的リーダーシップが成り立つために必要な条件として，フォロワーの役割が理想的な言葉で定義されるという要素も指摘されている。

　カリスマ的リーダーシップが求められる状況は，Weberが指摘したような組織にとって危機的な状況である。危機的な状況で，フォロワーは，組織を取り巻く状況をコントロールできなくなり，障害や脅威が生じて将来に対して不安を感じるようになる。それゆえ，カリスマ性を持った人物に状況を打破してもらいたいと願うようになるというわけである。

　こうした特性を有するカリスマ的リーダーシップについて，Houseは，図2-1のような統合的なモデルを提唱した。

　この時点におけるHouseのモデルは，あくまで提唱の段階にあったが，その後のカリスマ的・変革型リーダーシップ論でも重視される知見を包含していた。たとえば，カリスマ的リーダーシップによってもたらされるフォロワーの変化を，思考的側面・行動的側面・認知的側面から論じていることである。思考的側面においては，カリスマ的リーダーによって提示された新たな価値観を受けいれることによって，フォロワー自身のこれまでの思考に変化がもたらされる。行動的側面においては，価値観に裏づけられた挑戦的な目標に向けて行動のレベルが高まる。そして認知的側面においては，フォロワー自身の自尊心が向上し，未来に積極的な態度を持つようになる。さらには，その結果としてフォロワーの業績が向上し，そのことによって組織全体のパフォーマンスが改善されるとしていることも，注目に値する。

　Weberのカリスマの議論では，カリスマ的リーダー自身の資質という観点が重視されていたのに対し，Houseのカリスマ的リーダーシップでは，フォロワーのリーダーシップ認知とそれに影響を与えるリーダーの行動という枠組みが提示されており，議論の進展が認められる。ところが，Houseのモデルはフォロワーの存在に焦点を当ててはいるものの，フォロワー自身がどういった態度でリーダーシップを認知するのかという点については課題を残している。なぜならば，

図2-1 House のカリスマ的リーダーシップのモデル

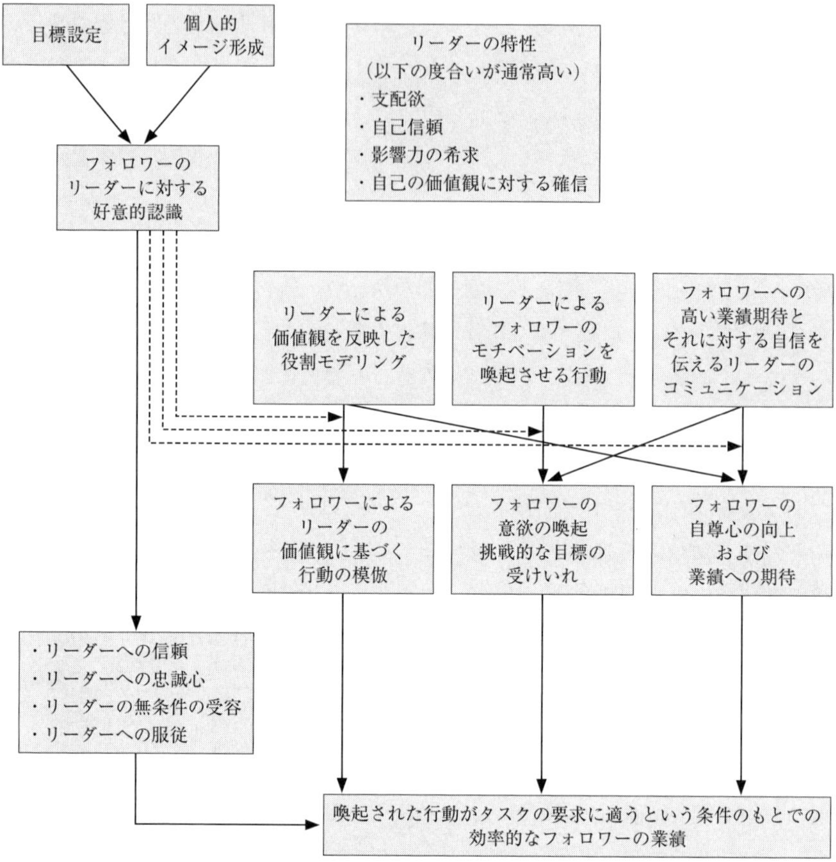

```
[目標設定]  [個人的イメージ形成]        [リーダーの特性
                                        (以下の度合いが通常高い)
                                        ・支配欲
                                        ・自己信頼
                                        ・影響力の希求
                                        ・自己の価値観に対する確信]
         ↓
    [フォロワーの
     リーダーに対する
     好意的認識]

  [リーダーによる        [リーダーによる        [フォロワーへの
   価値観を反映した      フォロワーの          高い業績期待と
   役割モデリング]      モチベーションを      それに対する自信を
                        喚起させる行動]       伝えるリーダーの
                                              コミュニケーション]

  [フォロワーによる    [フォロワーの        [フォロワーの
   リーダーの          意欲の喚起          自尊心の向上
   価値観に基づく      挑戦的な目標の      および
   行動の模倣]        受けいれ]          業績への期待]

・リーダーへの信頼
・リーダーへの忠誠心
・リーダーの無条件の受容
・リーダーへの服従

    [喚起された行動がタスクの要求に適うという条件のもとでの
              効率的なフォロワーの業績]
```

（出所） House（1977）p. 206 より，一部改訂して作成。

フォロワーの意識の変化に関して，カリスマ的リーダーについていくという積極的な変化も指摘してはいるが，服従や無条件の受けいれなど，フォロワーがカリスマ的リーダーを盲信しているように見受けられるからである。

2-2 変革型リーダーシップ論の生成

カリスマ的リーダーシップ論とほぼ時期を同じくして，変革型リーダーシップの概念も登場した。その端緒となったのが，第1章でも少し言及した Burns

(1978) である。Burns は，歴史学の視点から偉人のリーダーシップの特性を分析した結果，リーダーシップには，フォロワーとの社会的交換を維持することで組織活動を持続させる交換型リーダーシップ（transactional leadership）と，組織に大きな変化をもたらす変革型リーダーシップ（transforming leadership）という，2つのタイプが存在するという結論を導き出した。[1]

この変革型リーダーシップの登場と前後するが，これと関連する研究に Zaleznik (1977) がある。Zaleznik は，精神分析的観点から，組織に変化をもたら

表2-1　Zaleznik によるリーダーとマネジャーの対比

	リーダー	マネジャー
目標に対する態度	・目標に対して能動的な態度をとる ・目標達成のためのアイデアを創出し，フォロワーの考え方を変える	・目標に対して消極的な態度をとる ・管理上の目標は，仕事の必要性から生じる
仕事に対する考え方	・懸案の課題に新しい方法論を導入して，新しい選択を模索する ・高度のリスクを伴う立場で行動し，とくに機会や報酬が高度な場合，危険や冒険に身をさらす	・戦略を立て決定を下すため，関係者のアイデアを結びつけ，問題解決を進める ・利害調整，損失の算定，コンフリクトの調整，緊張緩和に関するスキルを活用する
フォロワーとの関係	・自らのアイデアを実現するために，直観的で感情移入的な方法で人間関係を築く ・ものごとや決定がフォロワーにとって「何を」意味するかに関心を示す ・集団に対する自己の一体感と孤独感，あるいは感情と憎悪というような強烈な感情でひきつける	・役割の範囲でフォロワーとかかわり，低レベルでの感情移入しか持たない ・ものごとをフォロワーが「どのように」進めるかに関心を示す ・組織の調和と権力のバランスを維持するために，ウィン―ウィンの関係を維持する ・人間関係から生じる不安，懸念，恐怖のたぐいの潜在的な無秩序状態に直面しており，そのために秩序を求める
自己の持つ意味	・自分を取り巻く環境から分離独立していると考える ・組織とのかかわり合いの中で自己を決めることはしない	・自分を取り巻く環境に従属している ・現体制を維持させて，強化させることで自己価値の評価を高めると考える

（出所）　Zaleznik（1977）をもとに筆者作成。

1　交換型リーダーシップは，すでに第1章で議論した行動アプローチや状況アプローチなど，初期のリーダーシップ研究におけるリーダーシップの捉え方に通じる。

表 2-2　Kotter によるリーダーシップとマネジメントの対比

	リーダーシップ	マネジメント
第一の課題	方向性の設定 ・さまざまなデータを収集して，パターンはもとより，関係性や関連性などを見出し，ものごとを説明する ・ビジョンと戦略を生み出す（ビジョンと戦略とは，事業・技術・企業文化について，長期的にどうあるべきかを描き出すと同時に，この目標の達成に向けた現実的な道筋を明示するもの）	計画と予算の策定 ・何らかの結果を秩序立って生み出すように設計する ・方向性の設定の補完手段として，方向性が現実に即して設定されているかを検証するのに役立つ
人の動かし方	人心の統合 ・利害関係者（部下，上司，同僚，他部門のスタッフ，関係業者，政府当局，顧客）とのコミュニケーション ・信頼関係の構築 ・フォロワーへのエンパワーメント	組織編成と人員配置 ・職務体系や指揮命令系統の決定 ・適材適所の人員配置 ・必要に応じた研修の実施 ・社員への計画の説明 ・権限委譲の程度の判断 ・報奨制度の用意 ・実現状況を把握する仕組みづくり
フォロワーへの働きかけ	動機づけ ・達成感や帰属感，承認欲求，自尊心，自分の人生を自分で切り開いているという実感，理想に従って生きているという思いを満足させる ・組織を動かしているという実感を与える ・ビジョンを実現するための取り組みをサポートする	コントロールと問題解決 ・目標と現状の乖離がないかどうかチェックし，乖離があれば必要な行動をとる ・システムと構造を構築して，毎日の平凡な仕事をうまくこなせるようにする

（出所）　Kotter（1985）をもとに筆者作成。

すリーダーと，組織を維持発展させるマネジャーとは，異なった種類の人間であると主張し，リーダーとマネジャーを区別して育成する必要があることを説いた。リーダーとマネジャーの相違点は，表 2-1 のように整理することができる。

　リーダーとマネジャーの対比については，時代は下るが Kotter（1985）も，リーダーシップとマネジメントの違いを論じている。Kotter は，リーダーシップとマネジメントは別の概念であると主張する。2 つの概念の決定的な違いは，果たすべき目的にある。具体的には，リーダーシップが，環境の変化に対処して組

織に変革をもたらすものであるのに対し，マネジメントは，環境の複雑さに対処して既存のシステムを動かすことである。より詳細な相違点は，表2-2のように整理される。

人物像に重きを置くZaleznikと，役割として求められるものに重きを置くKotterの議論には，相違もあるが，現状に変化をもたらす行為をリーダーシップと見なし，それを実践する人物をリーダーであると考える点では，両者は，Downtonが主張するカリスマ型および鼓舞型，そしてBurnsが主張する変革型リーダーシップに共通している。

Antonakis & House（2002）は，このような，組織変革を導く変革型リーダーシップと組織の維持発展に努める交換型リーダーシップに類型化するアプローチを，リーダーとフォロワーの相互作用の観点から，以下のように総括している。

- 変革型リーダーシップ——リーダーとフォロワーの間で生成される，モチベーション，道徳観，倫理観を喚起するもの
- 交換型リーダーシップ——政治的，経済的，感情的，その他の価値づけられた要因の交換に基づいた関係に，必然的に伴うもの

3　発展期のカリスマ的・変革型リーダーシップ

カリスマ的・変革型リーダーシップ論は，その後，リーダーシップ論の中心的な存在となって，理論的に体系化され，実証研究も積み重ねられていった。そのプロセスにおいて，フォロワーの存在も，より重要視されるようになっていく。本節では，カリスマ的・変革型リーダーシップが発展していくプロセスで，フォロワーがどのように論じられてきたのかを明らかにする。

3-1　Conger & Kanungoのカリスマ的リーダーシップ研究

3-1-1　カリスマ的リーダーの特性

カリスマ的リーダーシップをフォロワーの原因帰属に求めた前出のHouse（1977）によるアプローチは，Conger & Kanungo（1987；1988）によって，さら

表 2-3 カリスマ的リーダーの特性

	非カリスマ的リーダー	カリスマ的リーダー
現状との関係	基本的に現状肯定・維持に努める	基本的に現状否定・変革に努める
将来の目標	現状とはあまり矛盾しない目標	現状とはかけ離れた理想化された目標
人に好かれるかどうか	共有する将来の見通しのために好かれる	共有する将来の見通しと理想化されたビジョンのために好かれ、同一視と模倣に値する尊敬すべき英雄となる
信頼性	公平無私な説得	多大な個人的リスクやコストをも省みない情動的唱導
専門性	現存する秩序内で、利用できる手段を使って目標を達成する専門家	現存する秩序を変革するために因襲に囚われない手段を使う専門家
行動	伝統的で、現存する規範に従う	伝統に従わない、反規範的
環境への感度	現状維持には環境への感度は低くてもよい	現状を変革するために環境への感度は高い必要がある
言明	目標や目標へ向かう動機をはっきり伝えない	将来のビジョンとそこへ部下を先導する動機を強く、インスピレーションに訴えるように言明する
力の基盤	地位による力と個人の力（報酬と専門力に基づく、同じような人間を友人にしたがる）	個人の力（専門力、ユニークな英雄への尊敬と称賛）
リーダー―フォロワーの関係	平等主義、同意探究的、指示的（部下にも自分の見解を共有するように促したり、命じたりする）	エリート主義、企業家的、模範的（自分が唱える急進的変化を共有するように部下を変革する）

（出所） Conger & Kanungo（1988）邦訳 119 頁より。

なる発展を見ることとなる。Conger & Kanungo は、実際にフォロワーがカリスマ的リーダーシップを発揮していると原因帰属するようなカリスマ的リーダーの特性を、表 2-3 のように体系化した。

　Conger & Kanungo のカリスマ的リーダーと非カリスマ的リーダーの対比におけるカリスマ的リーダー像は、House が指摘したような、自らの提示する新たな価値観を打ち出し、その価値観にフォロワーを巻き込み、パフォーマンスを上げていく人物像を踏襲している。その点で Conger & Kanungo は、この理想に向かってフォロワーの感情面に訴えて変化を起こしていくという基本路線をより純化させたともいえよう。具体的には、高度な情報感度によって現状を否定して新たな理想を提示し、しかも、リスクを厭わず急進的かつ抜本的な変化を望む、

3 発展期のカリスマ的・変革型リーダーシップ 47

図2-2 カリスマ的リーダーシップのステージ・モデル

カリスマ的リーダーの行動	第1段階	現状の評価 ・環境上の資源・制約およびフォロワーのニーズの評価 効果的な表明 現状の問題点の表面化
	第2段階	組織目標の策定 ・戦略的ビジョンに環境上の機会を組み込む フォロワーを鼓舞するビジョンの表明 ・フォロワーが受容できる範囲で現状と相異する程度のビジョン
	第3段階	達成方法 ・自らが模範となることによる；リスクをとる；既存の組織文化に反する形の；エンパワーメント ・イメージのマネジメントの実践 ・リーダー自身による目標達成手段の実行 ・フォロワーとの信頼構築 ・フォロワーの鼓舞

	組織または集団レベルの成果	個人（フォロワー）の成果
仮定される成果	・高い内的凝集性 ・低い内的葛藤 ・高い価値観の一致 ・高いコンセンサス	・リーダーとの関係 　リーダーへの尊敬 　リーダーへの信頼 　リーダーに対する満足 ・タスクとの関係 　職場集団の凝集性 　高いタスクのパフォーマンス ・高いレベルの職場環境

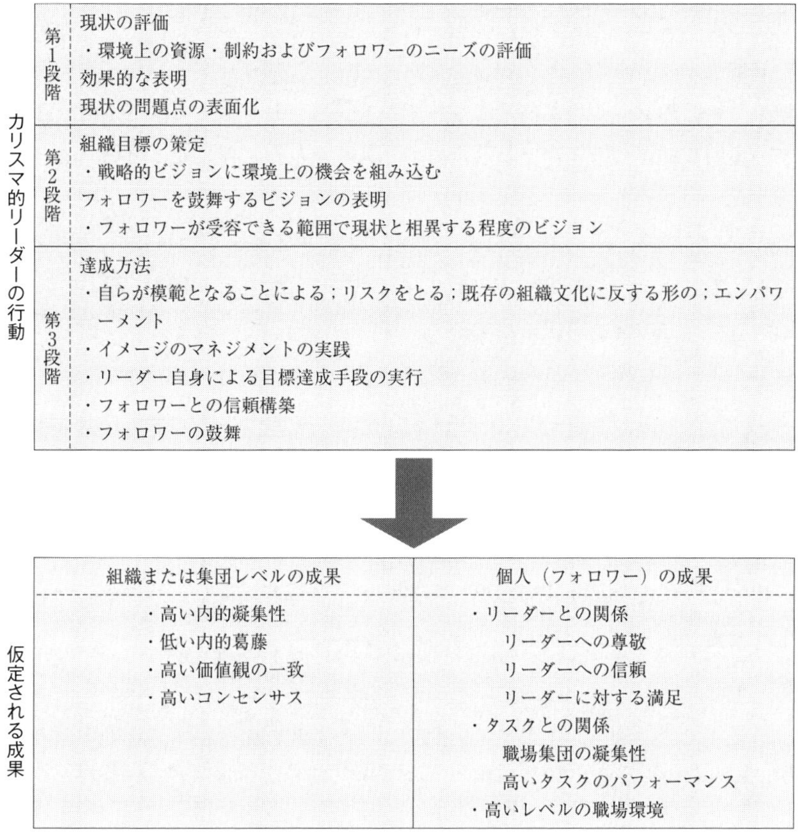

（出所） Conger & Kanungo (1998) p.50 より，一部改訂して作成．

理想主義者としてのカリスマ的リーダー像が示されている。

このような理想主義者としてのカリスマ的リーダーがいかなるプロセスでカリスマ的リーダーシップを発揮するのかについて，Conger & Kanungo (1988；1998) は，図2-2のようなカリスマ的リーダーシップのステージ・モデルを提唱している。

カリスマ的リーダーシップのステージ・モデルは，カリスマ的リーダーの特性を時系列的に整理したものといえる。ここでは，現状の評価に始まり，そこから得られた課題に対して有効な戦略的ビジョンを打ち出し，ビジョンの実現に向け

てフォロワーの意識を変えるための行動をとるという,一連の流れが想定されている。ちなみにビジョンとは,将来,組織として達成することをリーダーが望んでいる理想のゴールのことをいう。また,カリスマ的リーダーシップが発揮された結果,組織のレベルには高度な一体感がもたらされ,個人のレベルではリーダーとの強固な結びつきと高いレベルでのタスク遂行が可能になるということが,主張されている。

Conger & Kanungo のモデルは,情報の収集→ビジョンの提示→フォロワーの巻き込みという,その後の変革型リーダーシップ論とも共通する構造を持つ。その一方で,ビジョンの提示や実現のステージにおいて,フォロワーがビジョンを受容することに関しては現実的な見解を示し,受容できる範囲のビジョンの提示やエンパワーメントといった,フォロワーをビジョンの実現に主体的にかかわらせるという側面が窺える。また,成果は,リーダーとフォロワーとの関係強化,組織の凝集性の向上,およびそこから導かれるパフォーマンスという形で示されている。すなわち,リーダーが打ち出すビジョンに対して,フォロワーの献身を引き出すように促し,組織の凝集性を高めて,変革を実現し,パフォーマンスを向上させるというプロセスが,想定されている。

このように,人物像としては理想主義的人物像を提示し,プロセスとしてはフォロワーを変革に関与させるという観点からより現実的なモデルを提示しているのが,Conger & Kanungo によるカリスマ的リーダーの特性および特徴である。

3-1-2 カリスマ的リーダーシップの行動測定尺度の開発

上述の通りカリスマ的リーダーの特性およびプロセスが体系化された後,Conger & Kanungo (1994;1998) において,カリスマ的リーダーシップ行動の測定尺度であるコンガー＝カヌンゴのカリスマ的リーダーシップ測定尺度(The Conger & Kanungo Charismatic Leadership Questionnaire)が開発され,研究は実証段階へと進展していくことになった。

Conger & Kanungo (1994) によると,カリスマ的リーダーシップの行動特性は,以下の6つの因子からなるとされる。

(1) ビジョンの表明[2](vision & articulation)
(2) 環境への感受性(environmental sensitivity)

表 2-4　コンガー＝カヌンゴのカリスマ的リーダーシップ測定尺度

ビジョンの表明	(1) フォロワーを鼓舞する戦略的・組織的目標を示す (2) フォロワーの意識を高める言動；組織のメンバーとして活動することの重要性を効果的に表明してフォロワーを動機づける (3) 組織の将来に向けて新たなアイデアを継続的に生み出す (4) 人を熱狂させる語り手である (5) ビジョンを有する；将来の可能性についてのアイデアをしばしば打ち出す (6) 企業家的；目標を達成するために新たな機会を捉える (7) 組織目的の達成を促進しうる新たな環境上の機会（物質的そして社会的にも望ましい状況）をたやすく認識する
環境への感受性	(8) 組織目的を達成する中で存在しうる物質的な環境（技術的限界，資源の枯渇など）による制約条件をたやすく認識する (9) 組織目的を達成する中で存在しうる組織の社会的あるいは文化的環境（文化的規範，草の根レベルの支援体制の欠如など）による制約条件をたやすく認識する (10) 組織のメンバーの能力やスキルを認識している (11) 組織のメンバーの限界について認識している
メンバーのニーズに対する感受性	(12) 相互に好意を持って尊敬し合える関係をつくり出すことでフォロワーに影響を与える (13) フォロワーのニーズや感情に敏感であることを示す (14) フォロワーのニーズや感情に個人的に関心を有していることをしばしば示す
リスクを厭わない	(15) 組織目的のために個人的にリスクをとる (16) 組織のためにしばしば重い個人的負担を背負う (17) 組織目的を達成するために，個人的なリスクを相当に有する活動に従事する
型に囚われない行動	(18) 組織の目標を達成するために型に囚われない行動に従事する (19) 組織の目標を達成するために伝統によらない手段を用いる (20) フォロワーを驚かせるような大変ユニークな行動をしばしばとる

（出所）　Conger & Kanungo（1998）p. 94 より，一部改訂して作成。

(3) 型に囚われない行動（unconventional behavior）
(4) リスクを厭わない（personal risk）
(5) メンバーのニーズに対する感受性（sensitivity to member needs）
(6) 現状の否定（does not maintain status quo）

2　Bennis & Nanus（1985）は，ビジョンの特徴として，①組織の実現可能な望ましい未来像である，②組織の具体的な，納得できる魅力的な未来の姿を明確に描いている，③いくつかの重要な点で現状より優れているという条件を満たしている，④未来の状態，現に存在せず，過去にもなかったような状況を語るもの，という4つを指摘している。

ここからさらに Conger et al.（1997）および Conger & Kanungo（1998）を経て，最終的には表2-4に示すような5因子20項目からなる，コンガー＝カヌンゴのカリスマ的リーダーシップ測定尺度が開発された。

コンガー＝カヌンゴのカリスマ的リーダーシップ測定尺度において，フォロワーは，いかにビジョンに関与させるかを考えるべき存在として位置づけられ，尺度には，そのためのフォロワーに対するリーダーの行動のあり方が反映されている。そこでは，フォロワーに対する接し方はもちろん，フォロワーが有する能力の把握といった要因まで考慮されている。

3-1-3　カリスマ的リーダーシップとフォロワーのパフォーマンスとの関係

カリスマ的リーダーシップがフォロワーにもたらす効果に関する実証研究である Conger & Kanungo（1998）および Conger, Kanungo & Menon（2000）では，第1に，カリスマ的リーダーシップは，フォロワーがリーダーに抱く尊敬の念に関係し，その尊敬の念を媒介して上司への信頼と満足につながることが明らかになった。第2に，カリスマ的リーダーシップは，フォロワーの組織に対する凝集性を高めることおよび従事するタスクの効力感に影響し，これらの要因が媒介となってフォロワーの心的活力につながるという関係性が導き出された[3]。第3に，リーダーへの尊敬には，「環境への感受性」が最も強く関係し，それ以外では，「ビジョンの表明」「メンバーのニーズに対する感受性」「リスクを厭わない」という，3つの要素との関係が確認できた。また，凝集性には，「ビジョンの表明」と「メンバーのニーズに対する感受性」が影響していた。それに対し，タスクの効力感には，「ビジョンの表明」も影響していたが，それ以上に，「メンバーのニーズに対する感受性」がより強く影響していた。なお，カリスマ的リーダーシップと直接の関係が指摘された上記の変数のいずれについても，「型に囚われない行動」との関係性は指摘されなかった。

すなわち，これら一連の調査結果は，以下のようにまとめられよう。まず，フォロワーがカリスマ的リーダーシップを認知する際にポイントとなるのは，カリスマ的リーダーとの関係において，リーダーに尊敬の念を抱くことによって信頼

3　心的活力とは，開本（2006）によると，心理的に活性化した状態であり，有能感などによって測定される認知変数と定義される。

と満足が醸成されることである。また,カリスマ的リーダーシップによって,組織における活動に関し,凝集性とタスクの効力感が高まる。さらに,これらの点に影響をもたらすカリスマ的リーダーシップ行動としては,尊敬の念については「環境への感受性」を,凝集性には「ビジョンの表明」と「メンバーのニーズに対する感受性」を,そしてタスクの効力感にも「メンバーのニーズに対する感受性」をあげることができる。これらの結果から,フォロワーに新たな視点がもたらされるということや,フォロワーが気づいてもらいたいと思っている点にリーダーが適切に対処するということによって,フォロワーの意識に変化がもたらされるものと考えられる。

Conger & Kanungo らの諸研究により,フォロワーの認知は,カリスマ的リーダーシップの成立に不可欠の要因として位置づけられることとなった。前節で見たように初期のカリスマ的リーダーシップ研究にはフォロワーの無条件の服従といった側面が残っていたが,このアプローチでは,フォロワーをいかに積極的に組織変革に巻き込んでいくのかという側面が前面に出てきており,初期の研究のようにリーダーシップと他の社会的な影響力の概念が混同するようなところも見受けられない。したがって,フォロワーの意識の変化を促す行為についての考察は深まっているが,しかし,フォロワーのいかなる動機が意識の変革につながって,カリスマ的リーダーシップが成就するのかという,フォロワーの内的な側面については理論的な課題を残しているのも事実である。

3-2 カリスマ的リーダーシップとフォロワーのモチベーション

3-2-1 カリスマ的リーダーシップとフォロワーの自己概念

Shamir, House & Arthur (1993) は,カリスマ的リーダーシップがフォロワーのモチベーションにもたらす効果に関して,自己概念 (self-concept) の観点から理論化を試みた。[4] そして,自己概念の変容によってもたらされるフォロワーのモチベーションへの効果として,① 努力に対する内発的な誘意性を高める,② 努

---

[4] 自己概念とは,Turner et al. (1987) によると,個人にとって利用可能な自己についての認知的表象 (cognitive representations) と定義される。つまり,自己とは認知構造であり,情報処理システムにおける認知的要素と解される。

力—達成の期待を高める，③目標達成に対する内発的な誘意性を高める，④よりよい将来を信じさせる，⑤個人的なコミットメントを創出するという，5つを指摘している。

　Shamir, House & Arthur によれば，これらの効果は，カリスマ的リーダーがフォロワーの自己概念における価値的な側面と結びつくことによってもたらされるのだという。自己概念における価値的な側面は，努力や目標の内面的価値を対外的に表明する自己表現（self-expression），自己概念と行動が一致していることを意味する自己一貫性（self-consistency），環境に対して対処できる能力や意識の感覚を意味する自尊心（self-esteem）あるいは自己価値（self-worth）からなる。これらの要因が満たされることで，フォロワーのモチベーションにつながる5つの効果にプラスの影響がもたらされるのである。また，カリスマ的リーダーは，フォロワーの自己概念における価値観やアイデンティティの顕現性にも影響を与え，それらの価値観やアイデンティティが行動に反映される可能性を高めることができるのだという。とりわけ，価値観やアイデンティティが社会的なものであれば，それらが，個人的な関心に基づく手段的行動から集団への貢献の関心に基づく道徳的なものにシフトすることで，個人レベルから集団レベルへのパフォーマンスの向上が見込まれるとしている。

　Shamir, House & Arthur はまた，フォロワーの自己概念の変容に基づくカリスマ的リーダーシップのモデルを，①リーダーの行動，②フォロワーの自己概念への効果，③フォロワーへのさらなる効果，④フォロワーのモチベーションが喚起されるメカニズムという，4つの構成要素から説明した。

　まず，カリスマ的リーダーの行動は，カリスマ的リーダー自ら率先垂範してフォロワーに模範的行動を示す「役割モデリング」（role modeling）と，フォロワーにカリスマ的リーダーの価値観や信念を共有するように促す「フレーム調整」（frame alignment）という，行動特性からなる。「役割モデリング」と「フレーム調整」を通じて，カリスマ的リーダーは理想的なビジョンを示し，ビジョンの価値観を共有した多くのフォロワーを巻き込むことで，フォロワーに集合性の感覚およびそこから派生するメンバーシップの結果として生じる効力感がもたらされる。また，カリスマ的リーダーがフォロワーに信頼を示して高い期待をかけることによって，フォロワーの自尊心や自己価値が高められる結果となる。さらに，

ビジョンを顕著な歴史的出来事に関係づけることで，フォロワーに一貫した施策であると認識させ，より確かな将来像を抱かせる。具体的なカリスマ的リーダーシップの行動原則として，カリスマ的リーダーが言及する項目は，以下のようなものである。

・組織の価値観および道徳の正当性
・集合性および集合的アイデンティティ
・組織の歴史
・個人そして集団の一員としてのフォロワーの価値観や効力感の積極的評価
・フォロワーに対する高い期待
・近視眼的な目標ではなく将来を見据えた目標

カリスマ的リーダーが上記のような行動をとることによって，フォロワーの自己概念にもたらされる具体的な変化としては，以下のようなものがあげられている。

・自己概念の中の高い集合的アイデンティティ
・リーダーと組織のために自己概念と行動との間に一貫性を持たせる感覚
・高いレベルの自尊心および自己価値
・自己概念とリーダーに対する認識との間の類似性
・高いレベルの集合的アイデンティティ

フォロワーに上記のような自己概念の変化がもたらされることによって，さらに，具体的な行動面に以下のような変化が生じるとされている。

・リーダーおよび組織のミッションに対する個人的なコミットメント
・組織のミッションへの積極的な自己犠牲
・組織市民行動（役割外の自発的な行動）[5]
・仕事や生活における大きな意義を見出す

しかしながら，カリスマ的リーダーシップにまつわる行動特性を身につければ，フォロワーにここで指摘されたようなことが常にもたらされるわけではない。

---

5 Organ, Podsakoff & MacKenzie（2006）によると，組織市民行動とは，組織のメンバー（この場合でいうとフォロワー）の自由裁量による役割外の行動であり，報酬には直接反映されないものである。しかし，それが集積することで組織の効率的および有効的機能を促進するような機能を有する，個人的な行動であるとされる。

図2-3 フォロワーの自己概念に関するモデル

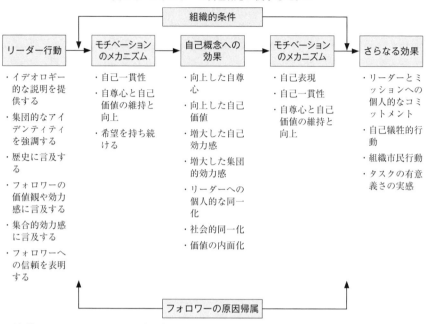

（出所）Shamir, House & Arthur（1993）p. 581 より，一部改訂して作成。

Shamir, House & Arthur は，カリスマ的リーダーシップがフォロワーに効果をもたらす条件として，カリスマ的リーダーから発信されるメッセージが，フォロワーがすでに有する価値観あるいは潜在的に有しているアイデンティティと調和するものでなければならないとしている。つまり，フォロワーに対して1から価値観やアイデンティティを芽生えさせるなどといったことはできず，フォロワーの中にすでにある，あるいは現段階では意識していないが潜在的に有しているアイデンティティに訴えなければならないというわけである。

一方，フォロワーの側にも，カリスマ的リーダーシップを受けいれる属性があるとされている。具体的には，フォロワーが，仕事や生活に対して外向的であったり社会的な関係を重んじる傾向があったりすると，カリスマ的リーダーの影響に敏感であるとされる。また，カリスマ的リーダーシップが成立する組織的な状況には，以下のような条件があるとされている。

・リーダーとフォロワーの間で相当程度の道徳的なかかわりの機会がある

・成果上の目標が容易に特定できず，測定できない
・外発的な報酬が，個人的なパフォーマンスに対して明確に条件適応的ではない
・特定のパフォーマンスを誘導する行動そしてインセンティブに対する制約条件や強化要因に対する状況上の手がかりがほとんどない
・並外れた努力・行動・犠牲が，リーダーとフォロワーの双方に求められる

以上のようなフォロワーの自己概念に関するモデルは，図2-3のように体系化されている。

Shamir, House & Arthur のモデルは，カリスマ的リーダーシップによってフォロワーの自己概念の変容が促されるとしている。カリスマ的リーダーの提示する価値観に基づき自己概念を変容させたフォロワーは，自己効力感や集団効力感が向上して組織へ深く関与するようになり，その意識の変化が組織市民行動のような形で表れてパフォーマンスに寄与するのである。このモデルは，従来の研究ではブラックボックスになっていたフォロワーの意識が変化する論理に，それを自己概念の変容という観点から明らかにするという方向性を与えたものであるといえる。

3-2-2 カリスマ的リーダーシップとフォロワーの自己概念の実証研究

Shamir et al. (1998) は，カリスマ的リーダーシップとフォロワーの自己概念に関連する実証研究を，イスラエル国防軍の中隊を対象に実施した。[6]

分析の結果，まず中隊長のカリスマ的リーダーシップとフォロワーの兵士の個人レベルにおける意識の変化については，「集合的アイデンティティを強調する行動」のみが，兵士のリーダーへの同一化，積極的な自己犠牲，そして集団への一体化および愛着に影響することが，明らかになった。次に，中隊単位の集団レ

---

6 具体的には，イスラエル国防軍の歩兵中隊（24中隊），戦車中隊（21中隊），工兵中隊（5中隊）で，それぞれ9つの旅団および24の異なる大隊に属している1642名の兵士（50名の中隊長，42名の大隊長および副官，353名のスタッフ，1197名の一般兵士）である。調査は，以下の4つの観点に基づいて実施されている。第1に，中隊長カリスマ的リーダーシップ行動が個々の兵士にもたらす中隊長およびタスク遂行にかかわる意識への効果。第2に，中隊長カリスマ的リーダーシップ行動が個々の兵士にもたらす中隊に対する意識への効果。第3に，中隊長カリスマ的リーダーシップ行動がもたらす中隊の集団レベルにおける兵士の意識の向上に対する効果。第4に，中隊長カリスマ的リーダーシップ行動と中隊の特徴を媒介とする大隊長および副官の評価に基づく成果との関係性。

ベルでの意識の変化についても，個人レベルと同様，「集合的アイデンティティを強調する行動」のみが，集団の凝集性・規律・文化に影響を及ぼすことが，確認された。「イデオロギーを強調する行動」は，集団の凝集性や規律，潜在性，とりわけ文化に対して，強く負の影響をもたらしており，また文化に関しては「模範的行動の実践」とも強い負の関係が指摘された。そして，成果との関係で，カリスマ的リーダーシップ行動を中隊長が実践することに対する上官の評価について見ると，「イデオロギーを強調する行動」と「模範的行動の実践」がきわめて積極的に評価されていることがわかった。すなわち，兵士の評価と上官の評価が逆転する結果になったのである。分析結果からは，カリスマ的リーダーシップ行動とフォロワーの自己概念および成果との関係は，部分的にしか実証されなかった。

　この結果について Shamir et al. は，以下のような指摘をしている。「イデオロギーを強調する行動」と「模範的行動の実践」はタスク志向の行動であり，常日頃から高度なタスク遂行を要求されている兵士には，カリスマ的リーダーシップ行動として認知されない。一方で，集団の結束を促す「集合的アイデンティティを強調する行動」は，カリスマ的リーダーシップ行動と認知されている。このことに対しては，前者の行動は軍全体のシステムに焦点が当たっているが，後者は直属の集団に焦点が当たっていると考えられるという見解を示している。そして，このことから組織における複合的な集合的アイデンティティの存在を導出し，組織階層によってカリスマ的リーダーシップを認知するポイントは異なるため，多層的なフレームワークに基づいてカリスマ的リーダーシップを捉える必要のあることを指摘している。

　カリスマ的リーダーシップに対するフォロワーの認知に関し，Howell & Shamir（2005）は，リーダーあるいはフォロワーどちらかの視点にのみ注目するのではなく，両者の関係性に注目すべきであるとして，カリスマ的リーダーとフォロワーの関係性を，フォロワーの自己概念のレベルに関する諸研究（Lord, Brown & Freiberg, 1999；Kark & Shamir, 2002）から導いた，関係性レベルと集合的レベルという2つのレベルの自己概念に基づいて考察した[7]。そして，関係性レ

---

[7] リーダーシップにおけるフォロワーの自己概念を，Lord, Brown & Freiberg（1999）は，以下の3つのレベルに類型化して捉えている。第1に，フォロワーが自分自身をどのように捉えて

ベルの自己概念からはカリスマ的リーダーに対する個人的な関係が，集合的レベルの自己概念からはカリスマ的リーダー個人ではなく集団あるいは組織に対する社会的なアイデンティティに基づく関係が，構築されるとしている。

　Howell & Shamir によると，前者の関係は自己概念が低いレベルにあるフォロワーに，後者の関係は自己概念が高いレベルにあるフォロワーに見られるという。自己概念のレベルが低く，関係性レベルの自己概念しか持たないフォロワーは，カリスマ的リーダーと依存的な関係になり，やがてはカリスマ的リーダーの暴走を許しかねない状況をつくってしまう。なぜならば，リーダー個人のみと関係を構築してしまうので，組織の目的よりもリーダーの意向に強く影響を受け，結果としてリーダーに依存してしまうことになるからである。一方，自己概念のレベルが高く，集合的なレベルの自己概念を確立できているフォロワーにとっては，あくまでも組織の目的に対するコミットメントが第一であるので，カリスマ的リーダーとも建設的な相互作用関係を築くことができ，結果的に心的活力がもたらされて集団あるいは組織が活性化するのである。

　フォロワーの自己概念の観点からカリスマ的リーダーシップによるフォロワーの意識の変化を明らかにするアプローチについては，後述する変革型リーダーシップと組織のパフォーマンスに関連した一連の研究でも，実証研究が展開されていく。そして，この一連の展開からも，本書が前提とするフォロワーの自発的な意識の変化を前提としたリーダーシップ研究へは，フォロワーの自己概念の変容や，集団アイデンティティ，自己効力感・集団効力感といった，重要な知見がもたらされている。とりわけ，Howell & Shamir が指摘したような，フォロワー自身が有する自己概念の特性がリーダーとの関係に反映するという見方は，フォロワーの視点を軸にリーダーシップを捉えるにあたっては重要であるといえる。

　いるのかという，個人的レベル。第2に，リーダーとの関係においてフォロワーとしての役割を担うことをいかに捉えているのかという，関係レベル。第3が，集団のメンバーの一員として自らをいかに捉えるのかという，集団レベルである。

表2-5 Bassの変革型リーダーシップと交換型リーダーシップの特性

変革型リーダーシップ	交換型リーダーシップ
目指すべき成果の重要性や価値そして到達する方法について，フォロワーの気づきや意識のレベルを高める	フォロワーが仕事から得たいと思えることを認識させ，成果が保証された場合に欲しいものを得られるように理解を促す
チームや組織あるいはより大きくは国家のためにフォロワー自身の個人的利害を超越するように促す	フォロワーの貢献に対する報酬と報酬の確約の社会的交換を行う
マズローの欲求階層理論（またはアルダファーの欲求理論）におけるフォロワーの欲求のレベルの変更を促す。あるいは，欲求のポートフォリオの拡張を促す	フォロワーが仕事を完遂した場合に，目前の自己利益を満たすようにする

（出所）Bass（1985）より筆者作成。

3-3 フルレンジ・リーダーシップ

3-3-1 フルレンジ・リーダーシップとは

Bass（1985）は，Burns（1978）の主張した変革型リーダーシップと交換型リーダーシップからなるアプローチを，フルレンジ・リーダーシップ（full range leadership）として体系化した。Bassが示したフルレンジ・リーダーシップを構成する変革型リーダーシップおよび交換型リーダーシップそれぞれの特性は，表2-5のように整理できる。また，Burnsは，変革型リーダーシップと交換型リーダーシップについて，いずれかの特性が高まればいずれかの特性は低くなるという連続した関係を想定したのに対し，Bassは，各々の特性は独立であり，変革型リーダーシップと交換型リーダーシップ両方の特性を満たすことはできるとした。Bassはさらに，変革型リーダーシップが成り立つときは，交換型リーダーシップが満たされているとも指摘している。

3-3-2 フルレンジ・リーダーシップの構成要素

Bass（1985）は，上述のような変革型リーダーシップおよび交換型リーダーシップに関する基本的概念に基づき，ビジネス・リーダー70名に対して探索的視点で聞き取り調査を行っている。そうして，聞き取り調査および既存研究から導き出された知見をもとにリーダーシップ質問票を作成，176名の将校・士官クラ

スのアメリカ軍隊員を対象に調査を実施する。因子分析の結果，変革型リーダーシップに関しては「カリスマ的リーダーシップ」(charismatic leadership)・「個別配慮」(individualized consideration)・「知的刺激」(intellectual stimulation) の3因子，交換型リーダーシップに関しては「業績主義の報酬」(contingent reward)・「例外による管理」(management-by-exception) の2因子を，それぞれ導き出し，これらのほかに，フォロワーに対して一切介入しない「自由放任型」(laissez-faire) のリーダーシップを加えた，6つの因子からなるモデル（six-factor model）を提唱した。

「カリスマ的リーダーシップ」とは，リーダーがフォロワーから信頼と尊敬を得るための行為で，フォロワーがリーダーによって鼓舞され励まされることである。「個別配慮」とは，個々のフォロワーの特性に応じて，リーダーが気遣い支援する行動である。「知的刺激」とは，フォロワーの問題意識や問題解決，思考法や想像力，そして信念や価値観に対して，気づきと変化を促す行為である。「業績主義の報酬」とは，仕事の遂行に対する報酬の提供，あるいは不十分な仕事の遂行に対するペナルティといった，リーダーとフォロワーの間での社会的交換を意味する。「例外による管理」とは，必要に応じてリーダーがフォロワーの行動に介入することである。ちなみに，変革型および交換型リーダーシップの各因子とフォロワーの満足（satisfaction）および有効性（effectiveness）との間には，「カリスマ的リーダーシップ」と「個別配慮」については高い相関，「知的刺激」および「業績主義の報酬」については中程度の相関，「例外による管理」については低いレベルで，それぞれ相関性が認められた。この調査以外のビジネスパーソンや学生を対象とした調査においても，以上5つの因子の妥当性は確認されている。

そして，上掲の6つの因子からなるフルレンジ・リーダーシップを測定する指標として開発されたのが，MLQ（Multifactor Leadership Questionnaire）である。その後，これら6つの因子からなるフルレンジ・リーダーシップは発展し，変革型リーダーシップは，表2–6が示すようにFour I'sと呼ばれる以下の4つの構成要素からなるとされるようになった（Bass & Avolio, 1990；1993；1994；Avolio, Waldman & Yammarino, 1991）。

(1) 理想化された影響（idealized influence）
(2) 鼓舞する動機づけ（inspirational motivation）

表 2-6 変革型リーダーシップ (Four I's) の行動特性

理想化された影響	・組織のミッションとフォロワーの当事者意識を結びつけるように促す ・フォロワーに対して献身的に振る舞うことを表明する ・フォロワーが有する希望や願望にアピールする ・危機に対して真っ向から立ち向かう ・危機的な状況においてフォロワーの緊張を緩和する ・組織やフォロワーのために自己犠牲的に振る舞う
鼓舞する動機づけ	・フォロワーに自分たちができると思っている以上の業績を達成できる力があると思わせる ・フォロワーが努力するように模範を示す ・将来に対する楽観的で達成可能な見通しを示す ・挑戦課題を明確化することで期待感を高める ・思いがけない機会を利用して先のことを考える ・行動の意味を伝える
知的刺激	・フォロワーに自らが前提としている考え方の再考を促す ・現状の課題に対して過去の事例や取り組みをあてはめる ・フォロワーの課題の再検討を促す ・変化に対応する思考法を創造する ・課題に対する違う視点を包含した全体像を創造する ・ばかげたアイデアに対しても熱心に耳を傾ける
個別配慮	・個々のフォロワーの強みと弱みを把握する ・フォロワーの幸福に関心を示す ・フォロワーの能力や希望に応じて仕事を割り当てる ・フォロワーの能力や必要性に応じて個々の思慮分別を深める ・フォロワーとの二者間の意見交換を促進する ・フォロワー自身による自己開発を奨励する

(出所) Bass & Avolio (1993) p. 56 より，一部改訂して作成。

(3) 知的刺激 (intellectual stimulation)
(4) 個別配慮 (individualized consideration)

「理想化された影響」とは，Bass が導出したカリスマ的リーダーシップに対応する概念である。ここにおいてリーダーは，フォロワーが一体感を抱き，熱心に見習おうとするロール・モデルとなるように振る舞う。具体的には，首尾一貫した言動で信頼を得て，フォロワーとリスクを共有し，高いレベルの倫理的で道徳的な価値を示して実践する。

「鼓舞する動機づけ」とは，リーダー自らが示すビジョンや目標に対してフォロワーが積極的にコミットするように促す行為である。すなわち，リーダーが魅力的な将来像を打ち出し，それを実現することの意義およびそのための行動の意

3 発展期のカリスマ的・変革型リーダーシップ　61

図2-4　フルレンジ・リーダーシップ

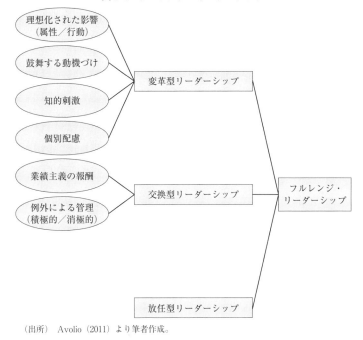

（出所）　Avolio（2011）より筆者作成。

味づけを行い，フォロワーの内発的なモチベーションを喚起させる。

「知的刺激」と「個別配慮」は，すでに Bass によって示されていた概念である。「知的刺激」は，フォロワーの創造性を促すリーダーの行為で，リーダーがフォロワーの気づきを促したり，フォロワーの新たな取り組みを奨励したりすることである。「個別配慮」とは，フォロワーの多様性をリーダーが認め，それに応じてフォロワーの成長を促すようなコーチングやサポートを実践することである。

一方，交換型リーダーシップは，Bass（1985）が示した通り，「業績主義の報酬」と「例外による管理」からなるとされていたが，後者は，Hater & Bass（1988）の指摘を受けてさらに，例外的な状況に対してリーダーが積極関与する「例外による管理（積極的）」と同様の状況に対してリーダーが消極的にしか関与しない「例外による管理（消極的）」に類型化された。

そして，Four I's から構成される変革型リーダーシップも，とくに，「理想化

された影響」が,「理想化された影響（属性）」(idealized influence〔attributed〕) と「理想化された影響（行動）」(idealized influence〔behavior〕) へと詳細に分類された (Bass, 1998 ; Antonakis & House, 2002 ; Antonakis, Avolio & Sivasubramaniam, 2003 ; Avolio, 2011)。前者は，フォロワーがリーダーをロール・モデルとして認知するように影響を及ぼすことであり，後者はリーダーの価値や信念を反映した行動を意味する。

こうして，変革型リーダーシップ5因子，交換型リーダーシップ3因子，そして放任型リーダーシップ1因子からなるということになったフルレンジ・リーダーシップは，9因子モデル（nine factor model）と呼ばれ，測定する指標もMLQ (Form5X) としてバージョンアップされた。この9因子モデルに関しては，Antonakis, Avolio & Sivasubramaniamが，確証的因子分析の手法を用いてその妥当性を検証している。

3-3-3 フルレンジ・リーダーシップのメタ分析

フルレンジ・リーダーシップに関する研究は，これまで数多くなされてきた。たとえば，前出のBass (1985) においても，交換型リーダーシップよりも変革型リーダーシップのほうが，フォロワーの満足，有効性，さらには追加的な貢献を，より多く引き出すという指摘がなされているのだが，それらを踏まえ，メタ分析の手法を用いて研究成果の諸関係を明らかにした研究が存在する（Lowe, Kroeck & Sivasubramaniam, 1996 ; Dumdum, Lowe & Avolio, 2002 ; Judge & Piccolo, 2004）。そのうちLowe, Kroeck & Sivasubramaniam (1996) によれば，変革型リーダーシップ（カリスマ的リーダーシップ，個別配慮，知的刺激）のほうが，交換型リーダーシップ（業績主義の報酬，例外による管理）よりも，高い有効性を示していたことが明らかになった。また，調整変数として，「有効性の評価（部下評価か客観的指標か）」および「組織の形態（公的組織か私的組織か）」の存在が確認された。ちなみに，「有効性の評価」については「部下評価」が変革型リーダーシップにより大きな影響を及ぼしており，「組織の形態」については「公的組織」のほうがより顕著に変革型リーダーシップの傾向を示した。

Dumdum, Lowe & Avolio (2002) では，Lowe, Kroeck & Sivasubramaniam以降のMLQを用いた諸研究のメタ分析が実施された。基本的にはLowe, Kroeck

& Sivasubramaniam のメタ分析の追試という形をとっているが，その間に MLQ のバージョンが Form5X になったため，構成する因子および質問項目が変化している。ところが，変更点があったにもかかわらず，メタ分析の結果は Lowe, Kroeck & Sivasubramaniam を支持するものであった。新たな結果としては，「例外による管理（消極的）」が，「有効性」およびこの調査から加わった「職務満足」の結果変数との間に負の相関を示している。なお，「職務満足」は，変革型リーダーシップの各項目および交換型リーダーシップの「業績主義の報酬」との間で，「有効性」よりも高い正の相関を示した。この結果は，主に変革型リーダーシップがうまく機能した場合，組織に対する意識の変化よりもリーダーに対する意識の変化のほうがより強くプラスの影響を受けることを表している。

　Judge & Piccolo（2004）によるメタ分析でも，基本的にはそれまでと同様に，MLQ の妥当性が確認され，回帰分析によってパフォーマンスとの関係性が指摘された。具体的には，変革型リーダーシップについては，「フォロワーの職務満足」「フォロワーのリーダーに対する満足」「フォロワーのモチベーション」「集団ないしは組織のパフォーマンス」「リーダーの有効性」と，正の相関があることがわかった。また，交換型リーダーシップの「業績主義の報酬」に関しても，「フォロワーの職務満足」「フォロワーのリーダーに対する満足」「フォロワーのモチベーション」「リーダーのパフォーマンス」「リーダーの有効性」と，正の相関があることがわかった。中でも，変革型リーダーシップと一連の成果変数の関係でとりわけ注目すべき点として，変革型リーダーシップが，フォロワーの心理的な要素，すなわち「フォロワーの職務満足」あるいは「フォロワーのリーダーに対する満足」や「フォロワーのモチベーション」に強く影響していると明らかになったことがあげられる。一方，放任型リーダーシップについては，「フォロワーの職務満足」「リーダーに対する満足」「リーダーの有効性」との間で，負の相関が明らかになった。また，「例外による管理（消極的）」は，「フォロワーのモチベーション」「集団ないし組織のパフォーマンス」「リーダーの有効性」と緩やかではあるが負の相関を示した。

　この分析結果と，それまでのメタ分析の結論に，大きな相違はない。いずれの結果からも，変革型リーダーシップとパフォーマンスとの正の関係性，とりわけフォロワーの意識にプラスの影響をもたらすということが，そして，放任型リー

ダーシップあるいは「例外による管理（消極的）」はパフォーマンス全般と負の関係性があるということが，明らかになっている。

3–4 フルレンジ・リーダーシップに関する諸研究

上述のように，MLQに基づいたフルレンジ・リーダーシップと，フォロワーの満足度や有効性といったパフォーマンスとの関連性は，メタ分析の結果からも明らかになった。しかしながら，フルレンジ・リーダーシップ，とりわけ変革型リーダーシップが，パフォーマンスに影響を及ぼすプロセスあるいはメカニズムは，ブラックボックスのままであった（Yukl, 2013）。

3–4–1 変革型リーダーシップがフォロワーへもたらす二重レベルの効果

この「ブラックボックス」に対する疑問は何も変革型リーダーシップだけに限らず，3-2項で紹介したように，カリスマ的リーダーシップ研究においてShamir, House & Arthur（1993）が「フォロワーの自己概念」に着目することを主張した後には，これに注目してこの疑問を明らかにしようとする研究アプローチが進展した。

Kark & Shamir（2002）は，フォロワーの自己概念の変容という観点から，変革型リーダーシップがフォロワーのパフォーマンスに及ぼす影響のプロセスならびにメカニズムに関する提言を行った。この研究では，Lord, Brown & Freiberg（1999）が指摘した，個人レベル・関係レベル・集団レベルという，リーダーシップの3つのレベルにおけるフォロワーの自己概念に関する議論が検討された。ここで，個人レベルの自己概念とは，リーダーが特定のフォロワーを他のフォロワーと区別することによって作動する自己概念であり，関係レベルの自己概念とは，リーダーとフォロワーとの相互作用から生じる情緒的なかかわりによって作動する自己概念であり，集団レベルの自己概念とは，集団のメンバーシップを強調するリーダーの働きかけによって作動する自己概念である。そして，変革型リーダーシップが，これら3つのレベルのフォロワーの自己概念のうち，関係レベルと集団レベルに影響を与えることができるとしている。関係レベルの自己概念に変化が生じたフォロワーは，リーダーに対する個人的アイデンティティが促進

される。集団レベルの自己概念に変化が生じたフォロワーは，集団に対する社会的アイデンティティが促進される。したがって，仮にリーダーが，フォロワーの関係レベルの自己概念の変化を促し，リーダーへの個人的アイデンティティを喚起すると，その結果，フォロワーの自己効力感（self-efficacy），自尊心（self-esteem），活力（energy），有意味感（sense of meaning fullness）が促進され，また，リーダーと協調しようとする意欲が生まれ，忠誠心を持ってコミットしようとするようになるという。しかしその一方で，リーダーへの依存は高まるとされている。これに対して，リーダーが集団レベルの自己概念の変化を促し，集団に対する社会的アイデンティティを喚起すると，その結果，フォロワーは集団としての効力感や潜在性を認識し，凝集性が高まるという。また，集団に貢献し，協調的行動をとり，組織市民行動にも従事しようというモチベーションが高まるとされる。[8]このように，Kark & Shamir は，変革型リーダーシップがフォロワーにもたらす効果は，リーダーに対する個人的アイデンティティの喚起あるいは集団に対する社会的アイデンティティの喚起という形で，2つのレベルに対するものになると主張したのである（二重レベルの効果）。

　さらに，Kark, Shamir & Chen（2003）が，リーダーに対するアイデンティティが，変革型リーダーシップとリーダーへの依存心（dependence）との間を媒介し，また，集団に対するアイデンティティが，変革型リーダーシップと「フォロワーの自己効力感」，「組織内自尊感情」（organization-based self-esteem），「集団効力感」（collective efficacy）との間を媒介する関係を，指摘する。

　ただ，この Kark, Shamir & Chen は，変革型リーダーシップの構成要素を一元的に捉えて議論していた。これに対して構成要素を分類して調査を行った研究もある。それが Wu, Tsui & Kinicki（2010）である。ここでは，複数のアメリカ企業のビジネスパーソンを対象に，変革型リーダーシップの構成要素を，集団に焦点を当てた（group-focused）変革型リーダーシップ（理想化された影響〔属性〕，理想化された影響〔行動〕，鼓舞する動機づけ）と，多様化された個人に焦点を当てた（individual-focused）変革型リーダーシップ（個別配慮，知的刺激）に分け，それらと「集団の効果」（group effectiveness）との関係について調査している。その

　8　脚注5を参照。

結果，集団に焦点を当てた変革型リーダーシップは，フォロワーの集団に対するアイデンティティに影響を及ぼし，それが「集団効力感」に影響して，最終的には「集団の効果」に正の影響を及ぼすことが明らかになった。一方で，多様化された個人に焦点を当てた変革型リーダーシップによって，個々のフォロワーはリーダーに対する多様なアイデンティティを持つようになり，それが「多様な自己効力感」につながって，最終的には「集団の効果」に負の影響を及ぼすという結果も導き出された。

Wang & Howell（2010）は，MLQ は対個人と対集団の変革型リーダーシップの区別が曖昧であると指摘し，既存の変革型リーダーシップおよびカリスマ的リーダーシップの尺度を参考に，集団に焦点を当てた変革型リーダーシップ行動（group-focused TFL behavior）と，個人に焦点を当てた変革型リーダーシップ行動（individual-focused TFL behavior）それぞれの，尺度を開発した。ここでは，集団に焦点を当てた変革型リーダーシップは，「集団のアイデンティティを強調する」「集団のビジョンについて情報伝達する」「チーム・ビルディング」という，3つの構成要素からなるとされた。一方，個人に焦点を当てた変革型リーダーシップについては，「高い期待感を示す」「フォロワーの育成」「知的刺激」「個人的承認」という，4つの構成要素が示されている。その上で Wang & Howell は，カナダのビジネスパーソンを対象に，集団に焦点を当てた変革型リーダーシップ行動と集団のパフォーマンスならびにフォロワーの援助行動との関係，および，個人に焦点を当てたリーダーシップ行動とフォロワーの個人的なタスクのパフォーマンスならびにフォロワーの自発性との関係を，調査した。その結果，いずれについても関係性が認められることがわかっている。

さらに，Wang & Howell（2012）でも，上記 Wang & Howell（2010）の尺度を用いて，カナダのビジネスパーソンを対象に調査をしたところ，同様の効果が確認されたことに加え，集団に焦点を当てた変革型リーダーシップ行動もリーダーに対するアイデンティティを喚起することがわかった。また，集団に対するアイデンティティが喚起されることが，個人的なパフォーマンスやエンパワーメントに影響することも指摘されている。その一方で，集団に対するアイデンティティを持つことは，集団に焦点を当てた変革型リーダーシップ行動と集団のパフォーマンスを媒介しないとも指摘された。この結果は，成員が集団に対するアイデン

ティティを持ったとしても，それは必ずしも集団のパフォーマンスの向上を保証しないことを意味している。これは，チーム活動に影響を及ぼす要因が多様で，集団に対するアイデンティティのみではすべてを説明しきれないことによると，解することができる。

3-4-2 変革型リーダーシップのプロセスを探求する諸研究

Dvir et al. (2002) は，イスラエル軍の歩兵部隊の将校と，直属の武官（直接的に影響が及ぶフォロワー），および部隊を構成する新兵（間接的にしか影響が及ばないフォロワー）を対象に，変革型リーダーシップのトレーニングを受けた将校と，通常のリーダーシップ・トレーニングしか受けなかった将校との間で，フォロワーである武官と新兵の能力開発およびパフォーマンスに差が出るかどうかを調査した。その結果，変革型リーダーシップのトレーニングを受けた将校のもとで活動した武官は，「自己効力感」，「集団志向」(collectivistic orientation)，「独自の批判的思考」(critical-independent approach)，「人一倍の努力」(extra effort) という，フォロワーの能力開発に関する諸項目について，通常のトレーニングを受けた将校のもとで活動した武官よりも優位な自己評価を下していた。一方，間接的な影響しか受けない新兵については，変革型リーダーシップとの関係性は確認できなかった。また，部隊全体のパフォーマンスに関しては，変革型リーダーシップのトレーニングを受けた将校の部隊のほうが，通常のトレーニングを受けた将校の部隊よりも，6カ月後に高いパフォーマンスを示した。この結果から，変革型リーダーシップとパフォーマンスとの間で，フォロワーの意識の変化とそれに基づく行動の変化が重要な役割を果たしていることが指摘された。ほかにも，リーダーとフォロワーの距離によって，すなわちリーダーと直接的に接するフォロワーと間接的にしか接しないフォロワーでは，変革型リーダーシップが受容される度合いが異なり，直接的に接するフォロワーのほうが強く影響されていることも，明らかになった。

これと同じ調査プロジェクトによる Dvir & Shamir (2003) は，フォロワーの変革型リーダーシップを受容する前段階における人材開発の程度，具体的には「自己実現欲求」，「組織的価値の内在化」，「集団主義志向」，「フォロワーシップ」（独自の批判的思考と積極的関与），「自己効力感」が，変革型リーダーシップの受容

にどのように影響を及ぼすのかという問題意識のもと，調査を実施している[9]。その結果，人材開発の程度が高いフォロワーは，直属の武官の場合，変革型リーダーとの相互作用の時間が増すにつれて，変革型リーダーシップの受容度が低減することが明らかになった。一方，間接的な影響しか受けない新兵の場合は逆に，人材開発が進んでいても，部隊の所属期間が長くなるにつれて，将校の変革型リーダーシップに対する受容度が増していくという結果となった。これを踏まえてDvir & Shamir は，変革型リーダーシップに関して，リーダーとフォロワーの相互作用の重要性およびフォロワーの属性を考慮する必要性を指摘している。

　Jung & Sosik（2002）は，変革型リーダーシップがフォロワーの「心的活力」と「凝集性」を喚起し，「心的活力」と「凝集性」は「集団効力感」と関係して職場の有効性に影響をもたらすという仮説のもと，複数の韓国企業のビジネスパーソンを対象に調査を実施した。分析の結果，変革型リーダーシップはフォロワーの「心的活力」と「凝集性」に影響を与えることがわかったが，「心的活力」については「集団効力感」との関係を確認できたものの，「凝集性」と「集団効力感」との関係性が確認できなかった。しかし，「集団効力感」が職場の有効性に影響を及ぼすことは確認された。「凝集性」と「集団効力感」との関係性が確認できなかったことに関して，Jung & Sosik は，集団の「凝集性」が高くなるだけでは「集団効力感」をもたらすには不十分であるからという見解を示している。なお，この研究における「心的活力」の概念は，Dvir et al. が用いたフォロワーの能力開発の程度と相通じる部分が多く，また「集団効力感」は，Kark, Shamir & Chen（2003）によるフォロワーの集団に対するアイデンティティを喚起することでもたらされることが確認されていることから，結論も関連する諸研究と共通する部分が多い。

　Bass et al.（2003）は，アメリカ陸軍の軽歩兵部隊の部隊長ならびに軍曹の，変革型リーダーシップ，交換型リーダーシップ（業績主義の報酬），交換型リーダーシップ（例外による管理）が，パフォーマンスにどのような影響を及ぼしている

9　Dvir et al.（2002）によると，フォロワーの能力開発面の特性には，Kelley（1988；1992）で指摘されているフォロワーシップの要素が反映されている。詳細は第6章で議論するが，Kelleyはフォロワーシップを発揮できるフォロワーを模範的フォロワーと呼んでおり，その構成要素が「独自の批判的思考」と「積極的関与」である。

のか,部隊の潜在的能力と結束力を媒介変数に,関係性を調査した。その結果,部隊長と軍曹いずれについても,変革型リーダーシップと交換型リーダーシップ(業績主義の報酬)は,隊員の部隊の潜在的能力に対する意識および結束力を高め,パフォーマンスにつながっていることが明らかになった。逆に,消極的なリーダーシップである交換型リーダーシップ(例外による管理)は,潜在能力・結束力いずれに対しても負の影響を及ぼし,パフォーマンスの低下につながっていることが明らかになった。

　Bono & Judge (2003) は,フォロワーの自己概念によるアプローチを発展させて,フォロワーの「自己調和」(self-concordance) を媒介変数に,変革型リーダーシップとパフォーマンスとの関係について論じている。[10] 第1の調査結果から,自発的なモチベーションによる「自己調和」が,変革型リーダーシップと「職務満足」や「組織コミットメント」といった職務態度とを,部分的に媒介することが明らかになった。しかしながら,「リーダーへの満足」および「職務のパフォーマンス」に関しては,効果が確認できなかった。なお,統制的なモチベーションによる「自己調和」と変革型リーダーシップは相関しなかった。[11] これらを踏まえた第2の調査結果からは,「自己調和」が,変革型リーダーシップと「創造性」や「役割外行動」といった職務に基づくパフォーマンスとを,部分的に媒介することが明らかになる。[12] このように,第1の調査と第2の調査において「自己調

10　自己調和とは,Sheldon & Elliot (1999) によると,仕事にまつわるタスクや目標のような活動が,個人が本当に抱いている興味や価値を表している度合いのことを意味する。特徴として,目標志向的 (goal-oriented) で意志的 (conative) な概念であり,個人の能動的 (proactive) で自発的な (self-generated) 考えに焦点を当てているということがあげられる。

11　第1の調査は,自己調和を媒介変数として,変革型リーダーシップとパフォーマンス(リーダーへの満足,職務満足,コミットメント,職務のパフォーマンス)の関係について,複数組織(ビジネスパーソン,公務員,非営利組織関係者)の管理者(リーダー)およびその部下(フォロワー)を対象として,実施された。なお,自己調和に関しては,回答者のフォロワーに仕事に関連する6つの目標を提示し,各々目標を達成したい理由が外的な要因によって統制されたものか自らの意思による自発的なものかについての回答の一貫性を問うという形で進められた。

12　第2の調査として,追加の単位を取得できるという条件で参加した大学生を対象に,実験が実施された。実験は,架空のレストランのオーナーが変革型リーダーシップを発揮している言動とそうでない映像を見比べて,3つのタスクを遂行し,その後,任意に与えられる追加のタスクを遂行するという形で行われた。タスクの具体的な内容は,新店舗の名前の考案 (task 1),メニューの校正 (task 2),スローガンのリスト作成 (task 3),顧客の大学生にどのように奉仕するのか考える (task 4) というものであった。それぞれのタスクとパフォーマンスとは,task 1とtask 3が創造性,task 2が正確性,task 4が役割外行動を表すという関係にある。

和」と「職務のパフォーマンス」との媒介効果が相違するという課題が残ったものの，この一連の調査は，変革型リーダーシップが，フォロワーの「自己調和」，すなわちフォロワーが主体的に組織の目的と個人の目的を調和させることで生成されるモチベーションを喚起することを通じ，肯定的な職務態度あるいはパフォーマンスに一定の影響を及ぼすと指摘したのである。

　変革型リーダーシップと組織コミットメントの関係およびリーダーとフォロワーが接する距離感の問題は，Avolio et al.（2004）がシンガポールの病院における看護師を対象に行った調査においても論じられている。対象は，看護師，看護師と日常的な相互作用があり直接的な影響力を持つリーダーである上級看護師，および看護師とは日常的な相互作用がなく間接的な影響力を持つ看護師長であった。このように組織階層上の距離が異なる2タイプのリーダーの変革型リーダーシップが，「心的活力」を媒介要因として，フォロワーの組織コミットメントにどのように関係するのかを明らかにすることが，研究目的とされていた。調査の結果，まず，「心的活力」は変革型リーダーシップと組織コミットメントを媒介することが，明らかになった。変革型リーダーシップがフォロワーの意識をより積極的なほうへ仕向けるのに，何らかの要因が介在しているという点は，これまでの研究結果と共通するものである。また，リーダーとフォロワーの組織階層上の距離が，変革型リーダーシップが「心的活力」を媒介に組織コミットメントへとつながるプロセスにおいて，調整変数として影響を及ぼすことも，明らかになった。リーダーとフォロワーの距離に関しては，すでに Dvir et al. の研究でも検討されていることを前述したが，ここでは，直接的に影響をもたらす上級看護師よりも間接的に影響を及ぼす看護師長の変革型リーダーシップが，「心的活力」を媒介として組織コミットメントに影響するという，逆の結果になっていることが注目される。相反する結果に対して Avolio et al. は，軍隊と看護師という職務特性上の違いを指摘して，上級看護師と看護師の関係においては定常的業務がほとんどであることから，変革型リーダーシップがもたらすインパクトが弱いという見解を示した。また東洋の文化的要因が影響を及ぼしている可能性にも言及している。この相違点についてはさらなる研究の進展が望まれるが，リーダーとフォロワーの距離が変革型リーダーシップに対する態度や職務へのパフォーマンスに影響すると明らかにされたことは確認しておきたい。

Piccolo & Colquitt（2006）は，変革型リーダーシップとパフォーマンスとの関係について，変革型リーダーシップがフォロワーの職務に対する見方（コアとなる職務特性）に変化をもたらし，そこから「内発的モチベーション」と「目標へのコミットメント」が喚起され，「職務のパフォーマンス」および「組織市民行動」に影響を及ぼすと，仮定した。調査はウェブで一般社会人の管理職および管理職の補佐を対象に実施され，「目標へのコミットメント」が，「職務のパフォーマンス」にのみ関係し，「組織市民行動」との関係性が実証できなかったことを除いて，上記の仮説が実証される結果となった。また，リーダーとフォロワーの交換関係の質を示す LMX（leader member exchange）が高い場合は，変革型リーダーシップと関連する要因とがいずれも強く関係することも，明らかにされた。同研究は，フォロワー自身の内面的な要因ではなく，フォロワーの職務に対する認識に注目している点で，それまでの研究と異なっている。まず職務に対する認識が変化し，そこから個人の内面的な要因が影響を受けるという関係を指摘したわけである。また，LMX が調整変数として，変革型リーダーシップとパフォーマンスをつなぐプロセスに介在することも明らかになった。

　変革型リーダーシップがフォロワーの内面的な要因のみならず，職務に対する認識にも影響を及ぼすということについては，Walumbwa, Avolio & Zhu（2008）においても興味深い指摘がなされている。Walumbwa, Avolio & Zhu は，変革型リーダーシップとフォロワーのパフォーマンスとの関係について，「フォロワーの職場に対するアイデンティティ」と「自己効力感」を媒介変数と捉え，さらに「手段的効力感」（means efficacy）が調整変数と作用するという仮説のもと，アメリカの複数の金融機関の管理職と一般社員を対象に調査を実施した。ちなみに，ここで用いられている「手段的効力感」とは，Eden & Sulimani（2002）によれば，フォロワーが職務を遂行するにあたって与えられる手段・方法・手続きの有効性に対し主観的に抱く認識を意味するという。調査の結果，リーダーが変革型リーダーシップ行動を発揮することによって，「フォロワーの職場に対するアイデンティティ」が高まり，フォロワーが自らは能力があると思い（自己効力感が高まる），仕事を遂行するにあたって十分な資源が提供されている（手段的効力感が高い）と認識するとき，「職務のパフォーマンス」が向上することが明らかになった。この研究は，フォロワーが職場環境をどのように認識するのかが，従

72　第2章　カリスマ的・変革型リーダーシップにおけるフォロワー

図2-5　Sosikのフルレンジ・リーダーシップのプロセス・モデル

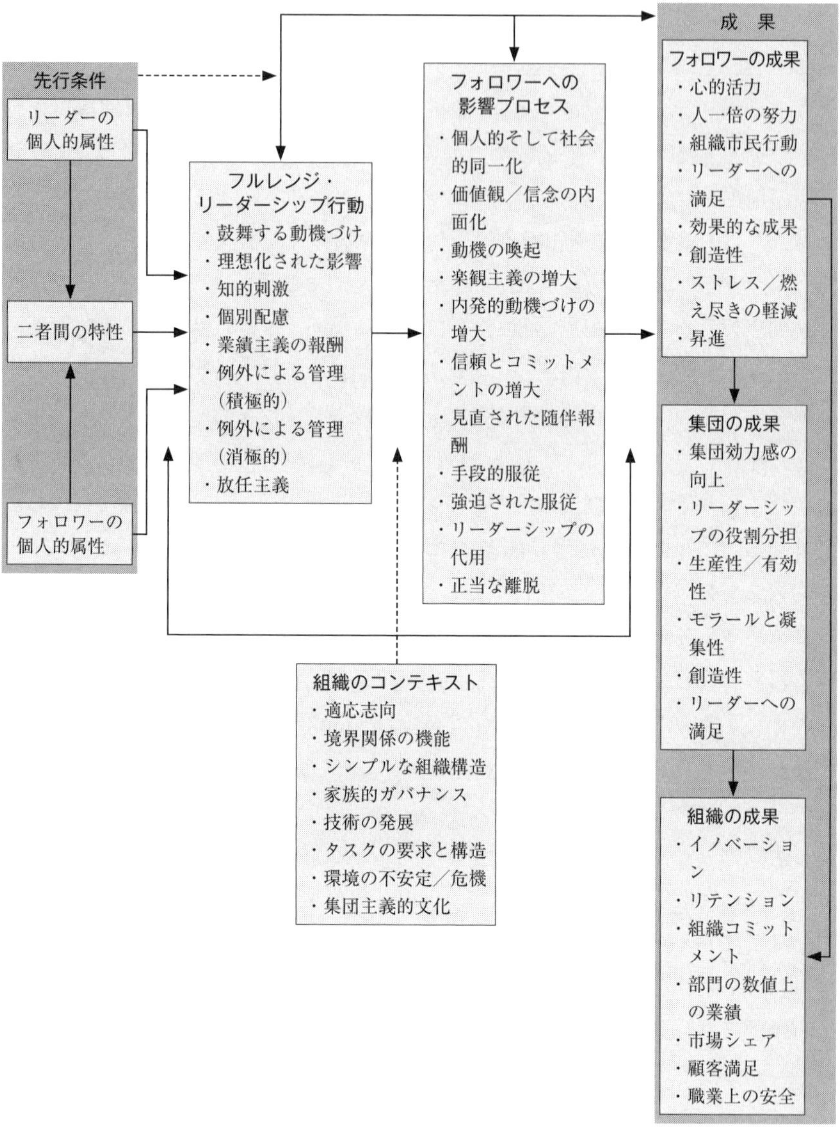

先行条件
- リーダーの個人的属性
- 二者間の特性
- フォロワーの個人的属性

フルレンジ・リーダーシップ行動
・鼓舞する動機づけ
・理想化された影響
・知的刺激
・個別配慮
・業績主義の報酬
・例外による管理（積極的）
・例外による管理（消極的）
・放任主義

フォロワーへの影響プロセス
・個人的そして社会的同一化
・価値観／信念の内面化
・動機の喚起
・楽観主義の増大
・内発的動機づけの増大
・信頼とコミットメントの増大
・見直された随伴報酬
・手段的服従
・強迫された服従
・リーダーシップの代用
・正当な離脱

組織のコンテキスト
・適応志向
・境界関係の機能
・シンプルな組織構造
・家族的ガバナンス
・技術の発展
・タスクの要求と構造
・環境の不安定／危機
・集団主義的文化

成果

フォロワーの成果
・心的活力
・人一倍の努力
・組織市民行動
・リーダーへの満足
・効果的な成果
・創造性
・ストレス／燃え尽きの軽減
・昇進

集団の成果
・集団効力感の向上
・リーダーシップの役割分担
・生産性／有効性
・モラールと凝集性
・創造性
・リーダーへの満足

組織の成果
・イノベーション
・リテンション
・組織コミットメント
・部門の数値上の業績
・市場シェア
・顧客満足
・職業上の安全

（出所）　Sosik（2006）p. 52より，一部改訂して作成。

来の変革型リーダーシップの研究において指摘されていた「アイデンティティ」や「自己効力感」がパフォーマンスとの間を媒介するという関係に影響を及ぼすことを，指摘したといえる。なお，フォロワーの外部環境に対する認識が変革型リーダーシップとパフォーマンスとの関係に影響を及ぼすという指摘は，上述のPiccolo & Colquitt の結論と相通じるものである。

　そしてSosik（2006）が，変革型リーダーシップとフォロワーのパフォーマンスに関連する諸研究の特性を，先行条件（antecedents）→フルレンジ・リーダーシップ行動→フォロワーへの影響プロセス→成果という展開で，図2-5のようなプロセス・モデルとして体系化した。

　Sosik による体系化以降のフルレンジ・リーダーシップに関する研究のうち，フォロワーの観点から注目すべきはZhu, Avolio & Walumbwa（2009）によるものである。Zhu, Avolio & Walumbwa によれば，それまでの研究は，変革型リーダーシップとパフォーマンスとの関係を，「アイデンティティ」や「自己効力感」に代表されるようなフォロワーの内面的な心的変化が媒介することを，明らかにしてきた。それに対して同研究は，フォロワーの性格が，変革型リーダーシップと，フォロワーが認識する仕事への熱心さあるいは仕事が充実した状態を意味する「ワーク・エンゲイジメント」（work engagement）との関係に，どう影響するかを，調査した。その結果，フォロワーがポジティブな性格であれば，変革型リーダーシップがフォロワーの「ワーク・エンゲイジメント」を高めることが明らかになった。すなわち，フォロワーの性格は，変革型リーダーシップとフォロワーの「ワーク・エンゲイジメント」を媒介するのである。さらに，リーダーがフォロワーの性格をフォロワー自身の評価よりも低く評価した場合，「ワーク・エンゲイジメント」が低下することも指摘された。Zhu, Avolio & Walumbwaは，フォロワーが自らをどのように理解しているかや，リーダーがフォロワーの特性をいかに理解しているかが，フォロワーの仕事に対する態度に影響を与えるので，リーダーシップにおいて，フォロワーの役割知覚や特性またはフォロワーシップといった要因を考慮する必要性があるとしている。

4 カリスマ的・変革型リーダーシップ研究の成果と課題

　以上の通り，カリスマ的・変革型リーダーシップの研究の展開を検討してきた。一連の研究の端緒となったWeberのカリスマ的支配から，フォロワーの存在は，カリスマを決定づける重要な役割を果たしてきた。カリスマ的支配はその後にカリスマ的リーダーシップとして発展していくが，フォロワーの原因帰属を重視する点に変わりはなかった。

　とはいえ，初期のカリスマ的リーダーシップの議論で想定されていたのは，カリスマ的リーダーに従順についていくという受け身のフォロワー像であった。こうしたフォロワーの姿勢は，想定されていたというよりも，むしろ，とくに問われていなかったというほうが妥当である。この議論の背景には，カリスマ的リーダーを英雄視する暗黙の前提があり，それゆえにフォロワーは，英雄を絶対視して自己犠牲を厭わず無条件についていく存在として捉えられていたのである。

　このように従来は受動的な存在とされていたカリスマ的リーダーシップにおけるフォロワーを，より能動的な存在として捉えたのが，フォロワーの自己概念に注目するアプローチであった。そこでは，フォロワーの自己概念の変容に，従来も主張されていたカリスマ的リーダーに依存した変容のみならず，集団あるいは組織に対して社会的アイデンティティを有するようになり，それらにより積極的にかかわっていこうとする能動的な変容も，包含されていた。また，このような能動的な自己概念の変容が，カリスマ的リーダーにも好影響をもたらし，集団あるいは組織のパフォーマンスに効果をもたらす可能性も，指摘されるようになった。この進展は，リーダーシップの成否が，フォロワーの自発的な意識の変化に大きく左右されるということを，意味するものであった。

　変革型リーダーシップについても，その端緒となったBurnsの研究から，すでに同様のことが指摘できる。そこでは，変革型リーダーシップが，フォロワーを，利己的な欲求のレベルから，特定の目的のために集団・組織あるいはより公共的なレベルに意識を高めて交換を促すと，主張されていた。また，変革型リーダーシップの代表的測定指標であるMLQも，カリスマ的要素である「理想化さ

れた影響」に加え，「鼓舞する動機づけ」「知的刺激」「個別配慮」という要素からなっており，これらの諸特徴からも，フォロワーを目的に積極的に関与させるだけでなく，フォロワーの能力開発をサポートして育成していくという側面が窺えるのである。結果的に，フォロワーが，自己概念をより積極的に変容させ，モチベーションを高めて，集団あるいは組織と積極的にかかわり合うようになると，パフォーマンスにもつながっていくことは，実証された。ただ，一方で，必ずしもすべてのフォロワーがこのパターンに収まるわけではないことも，指摘されている。これはすなわち，フォロワーの元来有するパーソナリティによって，自己概念の変容のスタイルが異なってくるということである。積極的な変容もあれば，リーダーに服従あるいは依存する消極的な側面も存在するのである。

このように，カリスマ的・変革型リーダーシップにおけるフォロワーの存在を考察すると，研究が蓄積されるにつれ，フォロワーの存在，とりわけフォロワーが自己概念をいかに変化させるのかという点が，核心的に重要とされるようになってきたことがわかる。また，これにまつわる一連のプロセスも明らかになってきている。

一見，カリスマ的・変革型リーダーシップは議論しつくされているようにも見える。しかしながら，一連のカリスマ的・変革型リーダーシップ研究は，定量的調査が中心であった。したがって，定量的調査で確認できる要素は相当に明らかになってきたと思われるが，それだけでは十分に明らかにできない要素が存在することも事実である。たとえば，リーダーとフォロワーが相互作用する以前の段階で，リーダーがどのような経験を積み，どのような信念あるいは行動指針を有しているのか。フォロワーも同様に，リーダーと相互作用に至る前の段階でどのような存在だったのか。これら行為者の背景に関する考察があげられよう。さらに，リーダーシップという相互作用のプロセスにおける時間的要素をより深く考察することも必要である。1回の相互作用でリーダーシップを認識することもありうるが，複数回の相互作用を通じて，フォロワー自身のリーダーシップに対する認識のレベルが深化していく可能性もあるからである。

このような，リーダーシップに関係する行為者の背景，あるいは継続した相互作用およびフォロワーのリーダーシップに対する認識の深化という側面については，定量的調査には限界があり，むしろ，フィールドワークによる質的調査が果

たす役割が大きい。リーダーシップに関する質的調査は，一定の研究蓄積はあるものの発展の余地を大いに残している。今後は，方法論を多様化し，質的アプローチを重視した研究がより求められていくであろう。

第3章

相互作用アプローチにおける
フォロワー

前章までに見てきた通り，資質アプローチは，リーダーの決定的な資質を特定するには至らなかった。行動アプローチは，その後のリーダーシップ研究に多大な影響を及ぼしたが，リーダーシップを受けいれるフォロワーを受動的な存在として捉えていたことに理論的課題を残した。そして，カリスマ的・変革型リーダーシップ論において，フォロワーの存在はよりクローズアップされるようになった。

このようなリーダーシップ研究の流れの中で，フォロワーの存在を重視したアプローチとして最初に議論するのは，リーダーシップにおけるリーダーとフォロワーの相互作用に注目するアプローチである。この相互作用アプローチによる研究の多くが依拠しているのが，社会的交換理論（social exchange theory）である。本章では，社会的交換理論に依拠した主要なリーダーシップ研究を渉猟し，その発展の経緯を考察する。

1 社会的交換とリーダーシップ

社会的交換とは，二者間で特定の利益を獲得するために互いの資源をやりとりし合うことである。社会的交換では，公平に交換が行われること，そして，行為に対する確実な返報性が重んじられる。このような社会的交換理論の観点からリーダーシップを論じた研究として，Homans (1974) がある。

Homans は，リーダーシップを，リーダーがフォロワーに下す指揮（command）と捉える。そして，リーダーが繰り返し行う命令（order）や提案（suggestion）に対しフォロワーが繰り返し服従するという社会的交換がなされることによって，リーダーシップは成立するとしている。このような交換が成立するのは，交換の過程において，リーダーはフォロワーの服従を得るために報酬を与え，フォロワーはリーダーから報酬を得る代わりにその命令や提案に服従するという取引が，その背景にあるからなのである。

橋本（2005）は，このような関係の持続には，「命令や提案の性質」「命令や提案を下すリーダー」「フォロワー間の関係」という，3つの要因が影響すると指摘している（177-179頁）。

「命令や提案の性質」は，Homans（1950）が指摘した，「ある人の行為が報酬を受けることが多ければ多いほど，その人はその行為を行うことが多くなる」という成功命題と，「行為結果に価値があればあるほど，人はその行為を行うことが多くなる」という価値命題に基づくものである。これらの命題から導かれるのは，報酬が得られる可能性が高く，得られる報酬がフォロワーにとって価値があると認識されるような命令や提案であれば，フォロワーのほうからこの交換関係を維持しようとするということである。

「命令や提案を下すリーダー」は，フォロワーのリーダーに対する信頼に関係する。つまり，過去に報酬をもたらした実績のあるリーダーであれば，同様の報酬が得られる可能性が高いとフォロワーは考える。その反対に，実績のないリーダーに対してはさしたる期待を抱かない。このように，フォロワーがリーダーに期待を抱くことによって信頼関係が構築できれば交換関係は持続されるであろうし，信頼関係がなければその関係の持続は難しいということである。

「フォロワー間の関係」とは，本来ならば受けいれたくないリーダーの命令や提案であったとしても自らが反対すると組織や集団に迷惑をかけてしまうので従うという，規範的影響による交換関係の持続を指す。なお，組織や集団において規範的影響が強くなるのは，組織や集団の一体感が強い，すなわち凝集性が高い場合である。

これら3つの要因に加え，リーダーのフォロワーに対する公正さも，重要な要因とされる。この場合，公正さとは，フォロワー間のコンフリクトの公正な解決，フォロワーへの公正な仕事の割り振り，およびフォロワーへの公正な報酬の提供のことを指す。これらの公正さが担保されなければ，フォロワー間で不満が生じ，モチベーションの減退や凝集性の低下を招く結果となる。

Homansの社会的交換理論に基づくリーダーシップのフレームワークの課題は，フォロワーの服従によってリーダーシップが成り立つと考えることから，リーダーシップを他の社会的影響力と区別するのが難しいことである。フォロワーから服従を引き出すのは，パワーの行使によっても可能なことであり，単にフォロワーからの服従という観点でリーダーシップを議論することには限界があるといえる。

2 特異性—信頼理論

　Hollander（1974；1978）は，Homans の社会的交換理論を発展させた特異性—信頼（idiosyncracy-credit）理論によって，リーダーシップを説明した。特異性—信頼理論の特徴は，リーダーがいかにしてフォロワーから信頼（credit）を獲得していくかという過程と，信頼蓄積による現状の変化に，リーダーシップの発揮を求めていることである。
　リーダーシップを発揮するための最初の段階として，リーダーはフォロワーに同調性（conformity）を示さなければならない。同調性とは，リーダーがフォロワーから認められるために集団の規範を守ることを意味する。リーダーは，フォロワーとの初期的な接触において，明確なものであれ，暗黙的なものであれ，集団の規範に対して忠実であるとフォロワーに示すことで，信頼を獲得できるのである。また次の段階で，リーダーは有能性（competence），すなわち課業が達成できるという能力を，集団に示さなければならない。具体的には，集団が優先する課業の達成に積極的に貢献することで，リーダーはさらなる信頼を蓄積していくことができるのである。
　フォロワーに同調性と有能性を示して信頼を獲得したリーダーは，リーダーシップを発揮できる人物であるとフォロワーから認められる。そして，信頼を勝ちえたリーダーは，変革のために行動することを，フォロワーから求められるようになる。この段階に至ってはじめて，リーダーは自らの意思を組織に反映させることができるのである。ただし，そうした行動が失敗すると，蓄積された信頼も失われてしまう。
　このように，特異性—信頼理論は，リーダーがフォロワーからの信頼を蓄積することによってリーダーシップを発揮するための基盤を築き，最終的にリーダーが組織の変革行動をとることでリーダーシップを発揮するというように，動的な側面からリーダーシップを捉えた研究である。
　相互作用の過程に注目すると，リーダーシップをリーダーからの一方的な影響力として捉えるのではなく，フォロワーとの相互作用による双方向の影響力とし

図 3-1 特異性―信頼理論

(出所) Hollander (1978) より筆者作成。

て捉えようとしているところが特徴的である。リーダーシップをリーダーとフォロワーの相互作用として捉えるという発想は社会的交換理論に依拠したものであるが，既存の社会的交換理論に基づいたリーダーシップの議論と異なるのは，フォロワーがリーダーに対して服従するのではなく，フォロワーがリーダーを信頼するという観点で，より自発的な側面が強調されていることである。この点で，服従という，潜在的にコンフリクトを含んだ他の社会的影響力と異なっているのである。

さらに注目すべき点は，リーダーシップの発揮を，最終的にリーダーの変革行動に求めていることである。フォロワーからの信頼を十分に蓄積したリーダーは，フォロワーから変革行動を期待されるのである。フォロワーが変革行動を期待し，リーダーの変革行動に呼応して意識変革するという点は，その後の変革型リーダーシップに代表されるアプローチにおいて，フォロワーに関する発想の基礎となったといっても過言ではない。

3 LMXにおけるフォロワー

3-1 LMXとは

リーダーとフォロワーの相互作用にリーダーシップを見出す研究の中で最も蓄積があるのが，リーダーシップの交換モデル (leader member exchange: LMX，以下LMXと表記) と呼ばれるアプローチである。

LMXの定義には統一的な見解が見られないが，それがリーダーとフォロワー

との間の社会的交換の質を意味するとしている点は，多くの研究に共通する。また，その構成要素として，「相互的支持」「信頼」「連帯感」「裁量範囲」「注意」「忠誠」という6つの要素が，多くの研究で共通に指摘されている。LMXの諸研究を渉猟したScandura, Graen & Novak（1986）は，LMXを以下のように定義している。

「LMXとは，構成要素とそれらの関係からなるシステムである。これによって，二者関係にあるメンバー双方の行動パターンは相互依存的なものになり，互いの成果への手段は共有され，組織を取り巻く環境や因果マップおよび価値観に関する共通認識が生成される。」

Scandura, Graen & Novakは，この定義を次のように説明している。

まず，LMXが「構成要素とそれらの関係からなるシステムである」というのは，以下のような意味である。つまり，二者関係にある片方あるいは双方が，自らはLMXという関係のもとにあると認識するにとどまらず，そこには互いに結びつきながら起こりうる一連の出来事が伴うということである。

次に，この「システム」によって「メンバー双方の行動パターンが相互依存的なものになる」と述べられていることには，以下の2つの意味がある。1点目は，このシステムは，二者関係にある2人のいずれにも影響を及ぼし，また，いずれか一方のみによる行動からも影響を受けうるということである。したがって，二者関係の片方でも変わってしまえば，そのLMXは解消され，新たな交換関係が生成されることになる。そして2点目は，二者関係にあるメンバーは，職務遂行にあたって互いに依存し合っているということである。

さらに，「互いの成果への手段が共有される」という部分についてであるが，これはすなわち，二者関係にあるメンバーにとって得られる成果は相互依存的であり，いずれか一方だけが勝ち取ったり，反対に失ったりすることはないということである。2人はまた，それに対する好評（幸運）も不評（不運）も分かち合うことになる。

最後に，「組織を取り巻く環境や因果マップおよび価値観に関する共通認識が生成される」とは，こうした二者関係が，さまざまな状況を理解する（環境認知）

図 3-2 LMX 理論の発展段階

第1段階　VDL
職場集団におけるリーダーのフォロワーに対する関係を差別化することの妥当性を確認
（分析のレベル：職場集団内の二者関係）

第2段階　LMX
組織的成果に対してリーダーとフォロワーの関係を差別化することの妥当性を確認
（分析のレベル：二者関係）

第3段階　リーダーシップ形成
リーダーとフォロワーの二者関係が発展することに関する理論および解説
（分析のレベル：二者関係）

第4段階　チーム構築(team-making)能力ネットワーク
個々のリーダーとフォロワーによる二者関係をより大きな集合体へ結合することの調査
（分析のレベル：二者関係の結合としての集合体）

（出所）Graen & Uhl-Bien（1995）p. 226 より，一部改訂して作成。

方法や，各種課題の解決法（因果マップ），価値ある製品・サービスを生み出すということである。

3-2　リーダーシップ形成モデルの展開

Graen & Uhl-Bien（1995）は，LMX がどのようなプロセスで発展したのかを分析した上で，今後の方向性としてリーダーシップ形成（leadership making）モデルを提唱した。LMX の発展は，具体的には，図 3-2 に示す 4 つの段階から説明されている。

第 1 の段階で，リーダーとフォロワーの二者関係が多様化していることが発見された。初期の LMX を代表する研究である Dansereau, Graen & Haga（1975）は，VDL（vertical dyadic linkage）として，リーダーシップの影響力は，リーダーからフォロワー全体に対して均等に及ぶ（average leadership style: ALS）わけではなく，リーダーとフォロワー二者の関係によって異なってくるという仮説を実証した。そこではまた，in-group と呼ばれるリーダーとフォロワーが信頼・尊

表 3-1　リーダーシップ形成の段階

	他　人	知　人	成熟した パートナーシップ
関係構築の局面	役割発見	役割形成	役割実行
相互関係のタイプ	金銭的関係	混合的関係	人間的関係
相互関係の時間的間隔	即時的	若干の遅れ	無期限
リーダーとフォロワーの 社会的交換	低　い	中程度	高　い
漸進的な影響力	なし	限定的	ほとんど無制限
リーダーシップの タイプ　交換型	行動的管理	────	相互支持
変革型	自己利益	────	チームの利益

(出所)　Graen & Uhl-Bien (1995) p. 231 より，一部改訂して作成。

敬・相互依存で結ばれた成熟した二者関係と，それとは真逆の out-group と呼ばれる信頼関係を構築できていない二者関係の存在が，指摘された。

　第2の段階は，LMX の特徴を評価して組織的変数との関係を分析した研究である。この段階では，さまざまな観点による研究が蓄積されたが，それらを総合すると，明らかになったのは次の2点である。①LMX の関係は，リーダーとフォロワーの行動特性に影響を受け，そこでの役割形成過程を通じて生成する。②成熟した LMX の関係は，一般に，リーダー，フォロワー，職場集団，および組織全体にきわめてよい影響を及ぼす。すなわち，効果的なリーダーシップは，リーダーとフォロワーが成熟した社会的交換関係を維持することによって生成する。

　第3の段階は，リーダーとフォロワーのパートナーシップはどのようなプロセスで構築されるのかを解明しようとする，リーダーシップ形成モデルと呼ばれるアプローチである（Uhl-Bien & Graen, 1992 ; Graen & Uhl-Bien, 1995）。このモデルは，リーダーとフォロワーの交換関係は，他人（stranger），知人（acquaintance），成熟したパートナーシップ（mature partnership）という，3つの段階から構成されると想定した。他人の段階では，リーダーとフォロワーは，組織での役割に基づいてギブ・アンド・テイクによる関係を構築する。この段階でのフォロワーは，リーダーによる何らかの報酬を期待してリーダーの要求に従うという存在である。知人の段階は，交換関係の頻度が高まった状態であり，両者は公私にわたって情報や資源を交換するようになる。しかし，交換は相変わらずギブ・アンド・テイ

クの関係に基づいたものである。そして成熟したパートナーシップの段階で，長期にわたる交換の結果として，行動面にとどまらず相互に尊敬・信頼し合い，フォロワーが積極的にリーダーのいうことを聞くという状況にまで至る。

この成熟したパートナーシップが確立されることによって，相互的互恵関係が促進され，具体的には，相互信頼，尊重，共通目的への責任意識および内面化という効果が得られる。また，フォロワーの立場では，組織市民行動が喚起されることが明らかにされている。[1]

リーダーシップ形成モデルに関して，Uhl-Bien & Graen (1992) は，公的部門の専門職チームを対象に，「プロジェクト・チームのリーダーとメンバーおよびメンバー間の交換関係の成熟化」，「チーム業績」（成果，チームワーク，協働の程度），「メンバーへのプロジェクト・チームの内面化」（責任感，モラール，献身度，目標への関与）の関係性について，調査を行っている。

「プロジェクト・リーダーとメンバーの交換関係」は，プロジェクト・リーダー，メンバー，そして組織内の第三者によって評価された。結論は，以下のようであった。プロジェクト・リーダーとメンバーからの回答によれば，「プロジェクト・リーダーとメンバーの交換関係の成熟化」と，成果およびチーム内での協働の程度は相関する。また，チーム・メンバーのみからの回答によれば，「メンバー間の交換関係の成熟化」と，「チーム業績」は，業績に関するすべての点で相関する。ここからいえることは，「チーム・リーダーとメンバーによる交換関係の成熟化」は，チームの業績と一定の相関があるということである。つまり，リーダーとフォロワーおよびフォロワー間の交換関係が成熟化すると，チームの生産性は向上するのである。

加えて，チーム・リーダーとメンバーおよびメンバー間の交換関係の成熟化とメンバーの内面化も，すべての項目において相関した。つまり，リーダーとフォロワー，そしてフォロワー間の交換関係が成熟化すると，フォロワーに積極的な意識の変化がもたらされるということが明らかになったのである。ただし，この調査は専門職からなるチームを対象にしたものであったため，リーダーシップ形成モデルに関しては，今後もさらなる調査研究が必要であろう。

---

1 組織市民行動については，第2章の脚注5を参照。

第4の段階は，組織内に存在するさまざまな二者関係を統合するというものである。そもそもLMXは個別の二者関係に関するものであるが，組織レベルで考える場合は，個別の事象を何らかの形で結びつける観点が必要となる。そこで，LMXを組織レベルで捉え，リーダーとフォロワーの交換関係のネットワークの蓄積として考えたのである。Graen & Uhl-Bien (1995) は，ネットワークの蓄積によってリーダーシップの構造が創り出されるとしている。ここでいうところのリーダーシップの構造とは，組織内の個人間におけるリーダーシップ関係のパターンのことであり，公式的にデザインされたものではなく組織成員が役割を相互依存的に遂行することによって創発されてくるものである。唯一絶対の構造が存在するのではなく，タスクの行動や個人の特性によって異なってくるのが特徴である。つまり，LMXの第4段階では，組織内タスク構造にリーダーシップ構造を位置づけることになる。ここでは，タスクを遂行した成果に決定的に影響した関係要因および二者間そして組織全体における多様化した効果を考慮しつつ，リーダーシップ構造における関係の質のパターンが考察されるのである。

3-3 個別リーダーシップの展開

VDLから派生して発展したもう1つのアプローチが，個別リーダーシップ (individualized leadership) である。これを提唱したDansereau (1995) によると，個別リーダーシップにおいては，リーダーシップはリーダーと個々のフォロワーとの間に生じるが，そこで生成するリーダーシップはそれぞれの交換関係によって異なるものとされる。このアプローチの特徴は，リーダーとフォロワーの交換関係を両者の完全な一対一の関係に求めるところ，および，従来のリーダーシップ論が扱ってきたリーダーがフォロワー全体に対して均等に影響力を及ぼすというALSの存在も認めているところである。ALSの存在を許容した上で，それに付加する見解としてリーダーとフォロワーの一対一の交換関係を示し，そこにおけ

---

2 個別リーダーシップは，前章で議論したカリスマ的リーダーシップにおけるフォロワーに対する関係性の構築と，変革型リーダーシップにおける個別配慮という観点では通じるところがある。ただし，個別配慮はリーダーの行動特性に，個別リーダーシップはリーダーとフォロワーの関係性の質に注目しているところが異なっている。

表 3-2 個別リーダーシップの発展段階

第1段階 リーダーとフォロワーの関係に関して古典的見解（ALS）を認める（1972～77年）
個人はある程度の個人的なスタイルや個性によってリーダーになりえ、またそれがリーダーシップを構成する唯一の要素である。この古典的なリーダー像に基づく見解は、しばしば平均的リーダーシップ・スタイル（ALS）のアプローチとして言及される
第2段階 VDL アプローチの発展（1978～83年）
個人は、ある人たち（in-group members）に対してはリーダーであり、それ以外の人たち（out-group members）に対してはリーダーではない。リーダーは、公式的に配属された部下という背景に反して個人間を差別化する
第3段階 個別リーダーシップの発展（1984～89年）
個人は、他者と一対一の独立した二者間を基礎とする関係を結ぶ。リーダーは、数人の個人とその他の人たちというように、多くの個人と結びつく。それは、2つのタイプの個人、すなわちリーダーとその他の人たちという関係に基づいたものであって、公式に集団へ配属された部下とスタイルや個性によって特異なリーダーとの関係によるものではない
第4段階 個別リーダーシップの連結源の探索（1990～95年）
人々から、中心となる個人を価値ある人物として支持するという意思を与えられることによって、その個人はリーダーとなる。人々はリーダーからもたらされる価値観を受けいれることでフォロワーになり、リーダーおよび自分たち自身が満足する方法で振る舞う。その過程で、自分たちが有している価値観を正当化する。公式的な管理組織単位においては、フォロワーが存在することも存在しないこともありうる（すなわち、それぞれの公式的組織においては in-group と out-group が必要とされない）

（出所） Dansereau（1995）p. 482 より、一部改訂して作成。

る個々のフォロワーごとの相違を指摘するのである。これに対し、LMX およびリーダーシップ形成は、リーダーとフォロワーとの完全に個別な交換関係および ALS の存在を想定していない点が、異なっている。

個別リーダーシップの発展について、Dansereau は表 3-2 のような見解を示している。

ALS とは、リーダーシップが、特定の能力を身につけたリーダーによって、自ら率いる組織のすべてのフォロワーに対して一律に行使されるとする、古典的見解であるが、それとは異なる見解が指摘されたのが、Dansereau のいう第1段階である。具体的には、同一の上司とそれぞれの部下との間の関係に差異が見られるとの調査結果が明らかになったのである（Graen, Dansereau & Minami, 1972；Dansereau, Cashman & Graen, 1973）。この見解は、Graen & Uhl-Bien（1995）が指摘した、LMX およびリーダーシップ形成モデルにおける発展の第1段階と対応するものである。このように、個別リーダーシップとリーダーシップ形成モデルは同じ出発点に立っていたのだが、前述のように、ALS に基づく古典的ア

プローチとの位置づけが，前者はそれを補強するとしているのに対し，後者はそれに取って代わろうとしているところが異なる。

　第2段階は，Graen & Uhl-Bien による LMX の発展段階では第1段階とされていた，VDL アプローチである。前項でも説明したように，VDL の基本的な主張は，フォロワーは，リーダーシップの関係が成り立つ in-group と呼ばれる集団と，関係の成り立たない out-group と呼ばれる集団に，二分されるということである。ここでは，リーダーとフォロワーの交換関係が想定されてはいるものの，それは，リーダーとフォロワーの一対一の関係ではなく，リーダーと複数のフォロワーからなる関係である。なお，Dansereau は，in-group と out-group という単純な二分化の観点からの議論に限界があるとしている。また，分析のレベルについても，組織階層上のどのレベルに適応するのかが不明確であると指摘している。そして，それゆえに，分析のレベルをリーダーとフォロワーの一対一の交換関係に求めるアプローチが必要であると主張している。

　第3段階において，個別リーダーシップは発展する。このアプローチは，すでに述べたように，リーダーとフォロワーの一対一の交換関係を前提としている。ここでは，フォロワーは，独立した一個人であり，ユニークな存在として認識される。また，これもすでに述べたが，このアプローチは，従来の古典的アプローチや VDL に取って代わるものではなく，あくまで付加的なものと位置づけられている。

　第4段階は，個別リーダーシップが具体的に展開していく段階である。ここにおいて，リーダーとフォロワーの一対一の交換関係ではどのような交換がなされているのかが考察された。Dansereau は，リーダーはフォロワーが自己評価を高めるように振る舞い，フォロワーはリーダーへの満足感を示すことが，実際の成果につながるという論理を提示している。このうち，リーダーがフォロワーの自己評価を高めるという行動は，Dansereau, Alutto & Yammarino（1984）での調査によれば，具体的には以下の3点のようなことであるという。

(1) フォロワーが，リーダーは自分のことを誠実で，有能で，モチベーションが高いと評価してくれていると確信できるようにしている
(2) リーダーが，フォロワーの感情や要望に気を配っている
(3) リーダーが，フォロワーの個人的行動やアイデアをサポートしようとし

ている

　ここでは，リーダーがフォロワーの自己評価を促進することは必ずしもリーダーとフォロワーの一対一の関係のみに限定されることではないが，分析の単位としてフォロワーの個人レベルの相違に注目することは重要であると，指摘されている。

　個別リーダーシップの実証は，Dansereau *et al.*（1995）においても実施されている。具体的な調査内容は，フォロワーが，リーダーに支援されていると認識した度合いに応じて業績を上げるかどうか。また，リーダーがフォロワーの自己評価を支援することで生じるフォロワーの成果は，リーダーと個々のフォロワーとの関係によって影響を受けるかどうか。これらについて，複数の事例研究，実験室実験，質問票調査などを複合した調査手法に基づき実証したのである。とはいえ，個別リーダーシップもまた理論的課題を残しており，今後も調査研究が必要とされている（Mumford, Dansereau & Yammarino, 2000）。

4　リーダーシップ論における相互作用アプローチからの知見

　リーダーシップをリーダーとフォロワーの相互作用に求めるアプローチは，それまでの初期リーダーシップ研究と，リーダーシップの捉え方を異にするものである。つまり，リーダーシップはリーダーからフォロワーへ一方向の影響力の行使であるとする見方から，リーダーシップはリーダーによる影響力の行使とそれを受けいれるフォロワーとの相互作用によって生じるという捉え方へ変化したのである。とはいえ，リーダーとフォロワーの相互作用に注目したアプローチの中にも，Homans の研究のように，報酬の提供と影響力の受容という初期のリーダーシップ研究において暗に仮定されていた側面を踏襲したようなものはあった。しかし，そこから発展した Hollander の特異性―信頼理論は，リーダーとフォロワーの交換関係に注目しながらも，それをフォロワーからの信頼蓄積という観点から議論している。この理論は，リーダーシップの発揮はリーダーからの一方的な影響力の行使では成り立たず，フォロワーとの相互作用の中に成り立つとして，フォロワーの重要性を強調したのである。

交換関係におけるフォロワーの存在の重要性を強調したということについては，VDL を端緒として発展した，LMX およびリーダーシップ形成モデルと個別リーダーシップも，同様であったといえる。これらのアプローチは，フォロワーによってリーダーシップの受け取り方が異なるということを主張した。この基本的な主張は，LMX に継承されて議論が展開されている。リーダーシップ形成モデルにおいては，フォロワーが，ただリーダーに影響されてその影響力を等しく受容する存在ではなく，交換の対象そして成熟したパートナーといったように，リーダーと対等の立場に立って積極的に組織の活動に関与する能動的な存在とされていることが特徴的である。一方，個別リーダーシップにおいては，リーダーが個別のフォロワーとの相互作用によって自己評価の感覚を持つように促す支援的な行為が指摘されている点で，フォロワーの心的変化にリーダーシップの発揮の主眼が置かれていることが特徴的である。

このように，リーダーとフォロワーの相互作用にリーダーシップを求めるアプローチは，個人としてのフォロワーの存在意義を指摘し，相互作用を通じた関係性の成熟がリーダーシップの効果に影響を与えるとしたという点において，従来のリーダーシップ研究よりもフォロワーの重要性を強調したといえる。

しかし，理論的な課題がないわけではない。まず，リーダーとフォロワーの相互作用にリーダーシップを求めることは理解できるとして，では実際にフォロワーはどのようなリーダーの行為をリーダーシップと認知しているのか。そして，そこにはどのような心的プロセスが働いているのかということは，さらなる課題として指摘される。

また，リーダーとフォロワーの交換関係の捉え方についても探究する余地がある。なぜならば，リーダーとフォロワーの交換関係の議論においては，主にリーダーとフォロワーの直接的な相互作用が想定されている。ところが，リーダーシップは必ずしもリーダーとフォロワーの直接的な相互作用だけによって発揮されるわけではない。小規模の組織であれば，リーダーがすべてのフォロワーと相互作用することによってリーダーシップを発揮することは可能であるが，組織が大規模化するにつれ，リーダーは必ずしもすべてのフォロワーと直接的な相互作用ができるわけではなくなっていく。そのように考えると，間接的な相互作用によるリーダーシップについてのさらなる考察が必要となってくるのである。

第4章

フォロワーが抱く暗黙のリーダーシップ論とは何か

リーダーとフォロワーの相互作用に注目したアプローチでは、リーダーシップの発揮は相互作用を通じてフォロワーの意識が変化するプロセスであるとする動的な側面と、そのプロセスにおけるフォロワーの存在の重要性が、指摘された。リーダーシップの発揮におけるフォロワーの存在の重要性が理解できたわけだが、相互作用におけるフォロワーの心的メカニズムをより明らかにする必要性も指摘された。また、リーダーとフォロワーの直接的な相互作用のみならず、間接的な相互作用における交換関係という課題も明らかになった。

これらの理論的課題を解決するアプローチとして注目したいのが、リーダーシップのフォロワー主体アプローチ（follower-centric approach）である。本章では、フォロワーのリーダーシップ原因帰属、暗黙のリーダーシップ論（implicit leadership theory: ILT）という、2つの理論を検討していくことを通じて、リーダーシップにおけるフォロワーの存在について、さらに考察を深めよう。

1　フォロワーのリーダーシップ原因帰属

Calder（1977）は、リーダーシップを説明するにあたっては、人々がどのようにリーダーシップを推論して反応しているかが重要であると主張している。Calderのリーダーシップ論の理論的背景には心理学の帰属理論があり、その関心はフォロワーがどのような過程でリーダーシップを原因帰属するかということにあった。

そこでCalderは、帰属理論の観点から、フォロワーがリーダーシップを認知する過程を6つの段階で構成したモデルを提唱した（表4-1）。

第1段階は、フォロワーがリーダーシップを認知する手がかりとなるリーダーの行為を直接知ることができない段階である。つまり、この段階では、まだ具体的にリーダーとのやりとりがなされていない。ただし、フォロワーは、リーダーシップに関する考えを何も持ち合わせていないわけではなく、「リーダーシップとは、かくあるべき」という、理想とするリーダーシップに対する自分なりの考え方、すなわち暗黙のリーダーシップ論を有している。

第2段階から、実質的なリーダーとフォロワーの相互作用の段階に入る。具体

表 4-1　フォロワーのリーダーシップ認知過程

第1段階	直接知ることができない段階	フォロワーはリーダーシップを認知する段階にはない。フォロワーのリーダーシップに関する知識（リーダーシップの理想像；暗黙のリーダーシップ論）が，仮定として存在している段階
第2段階	観　察	ここで，実際にリーダーの行動およびその結果を観察する。前段階における暗黙のリーダーシップ論と照らし合わせて，実際のリーダー行動と結果を推論する段階に入る
第3段階	根拠となる行動の受容	実際に推論された行動をリーダーシップの証拠として受容するか否かを決定する。フォロワーは，暗黙のリーダーシップ論から，リーダーシップの根拠となる行動と結果を解釈する
第4段階	情報の評価	根拠となる行動の結果を暗黙のリーダーシップ論の結果と比較して最適な決定を行う
第5段階	先入観	フォロワーがリーダーに対して個人的に有している先入観に基づき最終的な判断を下す
第6段階	リーダーシップの帰属	リーダーの行動に対してリーダーシップを発揮していると認識する

（出所）　Calder（1977）p. 196 より，一部改訂して作成。

的には，まず，フォロワーによるリーダーの行動の観察である。フォロワーは，リーダーとの日常的な相互作用の中でリーダーのさまざまな行動を観察することにより，リーダーシップを原因帰属するか否かに関する情報を収集する。当然のことながら，ここで得た情報が，それ以前から持ち合わせている暗黙のリーダーシップ論と照らし合わせる材料となり，実際のリーダー行動と結果を推論していくことになる。

　第3段階は，観察の段階で得たリーダーの行動にかかわるさまざまな情報から，リーダーシップを発揮していると思しき行動の候補を，暗黙のリーダーシップ論と照らし合わせながら選び出していく段階である。このプロセスで，フォロワーは，リーダーシップの根拠となる行動と結果を解釈する。

　第4段階は，リーダーシップを発揮していると見なされて候補となった行動と暗黙のリーダーシップ論との関係性を検討し，それがリーダーシップの発揮か否かの評価を下す段階である。候補となった行動が暗黙のリーダーシップ論と齟齬をきたすものでなければ，リーダーシップの発揮として評価する決定がなされる。

　第5段階は，リーダーシップとして原因帰属する根拠となりうる行動を，フォロワーが個人的に持つリーダーに対する先入観に基づいて判断する段階である。いくらリーダーシップとして原因帰属するに足る行動であっても，フォロワーが

個人的にリーダーに対して負の先入観を持っていれば，それは最終的にはリーダーシップとして原因帰属されない。逆に，リーダーシップとして原因帰属する根拠にはやや弱い行動であっても，正の先入観があればリーダーシップとして原因帰属されうるのである。

最後の第6段階で，以上の段階を経たリーダーシップ行動を，フォロワーがリーダーシップの発揮として原因帰属し，結果，リーダーシップが認知される。

以上のようなCalderによるフォロワーのリーダーシップ原因帰属プロセスの特徴の1つは，リーダーシップの認知にあたってフォロワーが自らのリーダーシップの理想像（暗黙のリーダーシップ論）を軸にリーダーの行動を判断していることである。もう1つは，フォロワーがそれまでに蓄積したリーダーに対する情報と突き合わせて主体的に判断しているという点である。しかし，それゆえに，リーダーの視点から見ると，この過程から漏れるような行動については，たとえそのために組織がうまくいっていたとしても，フォロワーからリーダーシップを発揮していると原因帰属されることはないのである。

このモデルは，それまでブラックボックスになっていたフォロワーのリーダーシップ認知プロセスに対して最初に提示されたものである。ここにおけるフォロワー像は，それまで論じられてきたようなリーダーの影響力を受けいれる受動的な存在とは明らかに異なり，ここでは，フォロワーがリーダーシップの成立に対して主体的な役割を果たしている。すなわち，Calderは，フォロワーがどのような過程でリーダーシップを認知するのかについて，1つの考え方を示したといえるのである。しかしながら，以降，このフォロワーのリーダーシップ原因帰属過程に関する議論に進展は見られなかった。

2 暗黙のリーダーシップ論に関する諸研究の検討

2-1 暗黙のリーダーシップ論とは

Calderによるフォロワーのリーダーシップ原因帰属モデルでは，リーダーシップと思しき行動を原因帰属するにあたりフォロワーが暗黙のリーダーシップ論

を活用していることが，指摘されていた。リーダーとの相互作用の中でリーダーシップを原因帰属する際，フォロワーは，リーダーの言動の観察から直接的にそれを認知するのではなく，自身の抱く暗黙のリーダーシップ論に影響を受けて認知するというわけである。したがって，フォロワーがどのような暗黙のリーダーシップ論を持つかによって，同じリーダーの行動でもリーダーシップとして認知される場合とされない場合がある。そのように考えると，フォロワーが有する暗黙のリーダーシップ論がリーダーシップ研究に及ぼす影響は大きい。

そもそも暗黙のリーダーシップ論は，この分野の最初の研究であった Eden & Leviathan（1975）によれば，リーダーシップの評定者が評価する状況で持ち込む概念上の要素とされていた。また，Kenney, Schwartz-Kenney & Blascovich（1996）では，フォロワーがリーダーの資質や行動を評価するにあたっての認知的構造と定義されている。同じように，リーダーシップの評定者が有する認知的構造を，暗黙のリーダーシップ論とする研究は，複数存在する（Lord, Foti & DeVader, 1984；Offermann, Kennedy & Wirtz, 1994；Engle & Lord, 1997；Epitropaki & Martin, 2004）。これら一連の研究から，暗黙のリーダーシップ論とは，フォロワーを中心とした，リーダーシップを認知する評定者の認知的構造と捉えることができる。

2–2 暗黙のリーダーシップ論の展開

暗黙のリーダーシップ論研究は，Eden & Leviathan（1975）以来，さまざまなアプローチに基づいた研究がなされてきた。Schyns & Meindl（2005）は，暗黙のリーダーシップ論に関する諸研究を，因子分析法（factor analytic research），情報処理（information processing），理論の内容（contents），一般化（generalizability），予測可能性（prediction）という，5つの研究アプローチによって分類している（表4-2）。

以下では，Schyns & Meindl の分類に基づき，暗黙のリーダーシップ論について，代表的研究および関連する諸研究も踏まえ，フォロワーによるリーダーシップ認知の観点から検討する。

表4-2 暗黙のリーダーシップ論に関する研究アプローチ

研究のアプローチ	研究課題	代表的研究
因子分析法	実際にリーダーの行動を観察することがない場合に、回答者がリーダーシップの質問票に対してどのような回答傾向を示すのか	Eden & Leviathan (1975)
情報処理	(1) フォロワーがリーダーシップを認知するにあたって、どのような情報が提供されているのか	Lord (1985) Meindl & Ehrlich (1987)
	(2) リーダーシップの認知を通じて、観察者の暗黙のリーダーシップ論がどのように形成されるのか	Shamir (1992)
	(3) 組織において暗黙のリーダーシップ論を有することの効果は何か	Nye & Forsyth (1991)
理論の内容	リーダーの特徴として、フォロワーに記憶されるものは何か	Offermann, Kennedy & Wirtz (1994)
一般化	異なるタイプのリーダーの間に、どのような相違点が存在するのか	Den Hartog et al. (1999)
予測可能性	暗黙のリーダーシップ論をどのように説明するのか	Keller (1999)

(出所) Schyns & Meindl (2005) p. 18 より、一部改訂して作成。

2-2-1 因子分析法に基づくアプローチ

因子分析法に基づくアプローチは、萌芽期に集中している。リーダーシップ研究において暗黙のリーダーシップ論の存在を最初に指摘した Eden & Leviathan (1975) は、大学生を対象にリーダーシップに関するサーベイ調査を行い、そこで得られた回答を因子分析して、仕事経験のある大学生と仕事経験のない大学生とで得られた分析結果が同じ傾向を示していることを明らかにした。この結果から、リーダーシップ質問票の回答者が、実際のリーダーの行動を観察した経験からではなく、暗黙のリーダーシップ論に基づいて回答していると結論づけたのである。

Rush, Thomas & Lord (1977) は、オハイオ州立大学の研究チームが開発したリーダーシップ測定尺度（LBDQ, Form XII）を用いて、暗黙のリーダーシップ論に関する調査を実施した。大学生を調査対象に、架空の職場にかかわる短いストーリー（ストーリーは、仕事の業績、管理者の性別、管理者の個人的功績が異なる複数のパターンを用意）を読んだ上で質問票に回答してもらう形式で行われた。すると、

Eden & Leviathan と同様に因子分析を施した結果，同じ測定尺度を用いて異なる調査対象に実施された他の諸研究と，同じ因子構造が得られた。

それに加え，この研究による独自の発見事実として，質問票に回答する前に読み込む架空のストーリーが高業績を上げているストーリーであった回答者のほうが，より高くリーダーシップを評価していたということがあげられる。これは，成果を上げる管理者はリーダーシップを発揮しているという暗黙のリーダーシップ論が，回答に影響を与えたものと考えられる。なぜこのような傾向が発生するのかについて，Rush, Thomas & Lord は，回答者が情報処理の負荷を軽減するためにステレオタイプや暗黙のリーダーシップ論を必要としているという見解を示した。

このように，因子分析法に基づいた初期の研究から得られた結論は，実際のリーダー行動の観察が反映されたものではなく，回答者が個人的に有する暗黙のリーダーシップ論が大きく影響しているということが，指摘されたのである。

2-2-2 情報処理に注目したアプローチ

Lord（1985）およびそれを発展させた Lord & Maher（1990；1991）は，暗黙のリーダーシップ論を，フォロワーのリーダーシップ認知における情報処理の側面から論じた。

フォロワーがリーダーシップを認知する情報処理には，再認過程（recognition-based processes）と推論過程（inferential processes）という，2種類の認知過程があるとされている。再認過程は，リーダーからフォロワーへの何らかの働きかけがきっかけとなる。リーダーの行為に対してフォロワーが，リーダーシップを発揮しているかどうかを判断するわけだが，その際にフォロワーは自らが有する暗黙のリーダーシップ論を参照する。結果，リーダーの行為が自身の暗黙のリーダーシップ論に適合する場合に，フォロワーはリーダーシップを認知することになる。これに対して，推論過程とは，フォロワーがリーダーのかかわる出来事を何らかの媒体を通じて知ることによってリーダーシップを認知するというものである。この場合の出来事とは，主に組織的な成功や成果が得られたことを指し，組織内でいわゆる神話・伝説あるいは武勇伝として語られる物語をいう。

一方，認知タイプには，自動的処理過程（automatic processes）と統制過程（controlled processes）という，2つのタイプの情報処理過程が存在する。[1]自動的処理過程によるフォロワーのリーダーシップ認知とは，フォロワーがリーダーの何らかの行為についてリーダーシップを認知しようと意図的に努力をしなくともリーダーシップが認知される場合を指す。これに対し，統制過程によるフォロワーのリーダーシップ認知は，リーダーの何らかの行為についてリーダーシップを認知しようとする明確な意思がフォロワーにある場合を指す。

なお，Lord & Maher（1990；1991）は，組織においては，再認過程—自動的処理過程という組み合わせによるリーダーシップ認知と，推論過程—統制過程という組み合わせによるリーダーシップ認知のパターンが，見受けられるとしている。再認過程—自動的処理過程のパターンは，リーダーの何らかの行為に対してフォロワーが無意識にリーダーシップを認知するということであり，たとえば，リーダーとフォロワーが顔を合わせることが多い現場で見受けられるとされる。一方，推論過程—統制過程のパターンでは，特定の出来事を通してフォロワーが意図的にリーダーシップを認知する。具体的には，フォロワーとの対面の機会が少ないトップと一般社員とのやりとりに見受けられる。推論過程で，一般社員であるフォロワーがトップの逸話や成功物語によってリーダーシップを認知する際，そこにリーダーとフォロワーの直接的な相互作用はない。しかし，このようにフォロワーが組織の逸話の中からリーダーシップを推論することは，フォロワーにリーダーシップを認知しようとする意識があるということを意味しているのである。

Meindl & Ehrlich（1987）は，リーダーシップの原因帰属と組織のパフォーマンスとの関係性について調査を行った。Meindl & Ehrlichによると，業績評価の際にリーダーシップの要因が強調されると，評価がより好意的になるという。これは，「高業績を上げられる人物はリーダーシップを発揮している」という暗黙のリーダーシップ論の存在を裏づける結果である。さらに，リーダーシップを推論する一般的な傾向を規定する要因として，因子分析の結果，説得力（potency）・信頼性（reliability）・確実性（certainty）・判断力（evaluation）という4つの因子が抽出された。これら4つの因子はリーダーシップの原因帰属の強さと相関

---

1 これらの情報処理過程は，認知心理学でいうところの，二過程理論と呼ばれるものである。二過程理論とは，人間の情報処理を，無意識的に行う自動的処理と，意識的に行う統制的処理とに区分して捉えるものである。

しており，とりわけ信頼性が最も明確に関係していた。この結果は，これらの要因がリーダーシップに固有の特性であると人々に認識されているということ，そして，これらの要因はそれ自体でリーダーシップの特性として存在するのではなく，きっかけとなる出来事との因果的な連鎖によって生成されてリーダーシップの原因帰属へ至るのだと解釈することができる。

　Shamir（1992）は，組織の成果，リーダーのタイプ，リーダーの行動，観察者によるリーダーの影響力およびカリスマ性の原因帰属，そして観察者のリーダーシップを重要視する信念（belief）との関係を調査した。調査の結果は以下のようであった。第1に，集団の業績が低いときよりも高いときのほうが，フォロワーはリーダーの影響力を受けいれる原因帰属をする。第2に，集団の業績が低いときよりも高いときのほうが，フォロワーはリーダーのカリスマ性を原因帰属する。第3に，リーダーの影響力への原因帰属は，フォロワーがリーダーシップを認知するにあたってのリーダーが有する諸特性である，リーダーのプロトタイプ特性に依存する。第4に，フォロワーのリーダーの重要性に関する信念は，リーダーの影響力およびカリスマ性への原因帰属と相関する。これらの結果からいえるのは，組織の業績に関するフォロワーの認知と，リーダーの重要性に関するフォロワーの信念の強さが，リーダーシップの原因帰属に深く関連するということである。フォロワーの業績とリーダーシップの原因帰属の関係は，上述した既存研究の見解とも一致するもので，すなわち「成果を上げるリーダーは，リーダーシップを発揮している」という暗黙のリーダーシップ論の存在が指摘されたわけである。

　加えて，この研究で注目すべき点は，リーダーシップは重要だとの信念が，リーダーシップの原因帰属に影響しているという点を，指摘したことである。リーダーシップにかかわる信念は，リーダーの影響力を原因帰属する場合には集団の業績がよくなるに従って強まる一方で，カリスマ性に関しては集団の業績が悪化するに従って強化されるという結果となっている。前者は，すなわち，集団の業績とリーダーシップの原因帰属を補完する関係であり，後者は「集団が苦境に追いやられた場合，事態を打開するカリスマ性を有したリーダーの登場を待望する」という暗黙のリーダーシップ論が影響を及ぼしたものだといえる。

　Nye & Forsyth（1991）は，暗黙のリーダーシップ論を「リーダーシップの発

揮に必要なリーダーの性格や能力にかかわる個人的な仮説」であると定義した上で，フォロワーの暗黙のリーダーシップ論に基づいた実際のリーダー行動に対する認知的相違を，カテゴリー化の観点から調査した[2]。調査の結果として明らかになったのは，調査協力者が有するプロトタイプ特性とリーダーの態度や行動との適合度が高ければ高いほど，リーダーが高く評価されるということである。ただし，調査協力者の性別によって一部に例外的な調査結果が出たことを踏まえて，暗黙のリーダーシップ論とリーダーシップの認知には，調査協力者および対象となるリーダーの性別が影響を及ぼす可能性も，指摘された。

2-2-3 理論の内容に注目したアプローチ

　認知的な情報処理に基づくアプローチは，組織の業績とフォロワーのリーダーシップ認知との関係を明らかにすることによって，「組織を高業績に導く人物はリーダーシップを発揮している」という暗黙のリーダーシップ論の存在を指摘することから始まった。暗黙のリーダーシップ論は，そこから，リーダーシップを発揮するとフォロワーに情報処理される人物像の特定や，リーダーシップ・スタイルとの関係性の探求といったように，多岐にわたって理論的に発展していった。こうした中で暗黙のリーダーシップ論を構成するリーダーのプロトタイプについても研究が蓄積されたが，より包括的に暗黙のリーダーシップ論の内容面を明らかにしようとしたアプローチが存在する。このアプローチを代表するのが，Offermann, Kennedy & Wirtz（1994）の研究である。

　Offermann, Kennedy & Wirtz は，学生およびビジネスパーソンを対象とした一連の調査から，暗黙のリーダーシップ論の構成要素として 41 項目からなる，[3]

2　ここでいうところのカテゴリー化とは，認知的な情報処理を効率的に行うために，身の回りの複雑な環境を理解可能なカテゴリー（類型）に分類することである。カテゴリーはプロトタイプによって分別されるが，この場合のプロトタイプ（原型）とは，特定のカテゴリーに分類された要素の間に最も共通している特性に関する認知上の要約である。

3　調査の第 1 段階として，暗黙のリーダーシップ論の構成要素を探索するため，192 名の学生を対象に調査が行われた。うち 115 名の学生には，リーダー（leader）として連想できる 25 の資質および特性を，残りの 77 名には，管理者（supervisor）として連想できる 25 の資質および特性を，リストアップしてもらった。調査の結果，160 項目がリストアップされている。第 2 段階では，686 名の調査協力者の学生を対象に，リストアップされた 160 項目の暗黙のリーダーシップ論の構成要素をリーダー・効果的なリーダー（effective leader）・管理者へと割り振り，それぞれに対象者も分けた上で各項目を評価してもらい，その結果をもとに因子分析が実施された。

表4-3 Offermannらによる暗黙のリーダーシップ論の構成要素

感受性	思いやりがある よく気がつく 情け深い ものわかりがよい 親切 温かい 寛容 助けになる
献身	献身的 動機づける 一所懸命 目的志向
圧制	傲慢 押しが強い 支配的 人を操る 権力欲が強い 思い上がっている うるさい 自己中心的 気に障る 過酷
カリスマ	活発 カリスマ的 人を鼓舞する 熱心である 活動的
魅力	きちんとしている 魅力的 身なりがよい 上品
男性性	男らしい 勇ましい
知性	理知的 教養がある 知的 思慮深い ものしり 賢い
強み	強い 勇敢

(出所) Offermann, Kennedy & Wirtz (1994) p.51 より，一部改訂して作成。

表4-4 Epitropakiらによる暗黙のリーダーシップ論の構成要素

リーダーシップのプロトタイプ	感受性	よく気がつく ものわかりがよい 親切
	知性	理知的 教養がある 賢い ものしり
	献身	献身的 動機づける 一所懸命 目的志向
	活力	活発 強い 活動的
非リーダーシップのプロトタイプ	圧制	傲慢 押しが強い 人を操る うるさい 思い上がっている 自己中心的
	男性性	男らしい 勇ましい

(出所) Epitropaki & Martin (2004) p.303 より，一部改訂して作成。

感受性（sensitivity）・献身（dedication）・圧制（tyranny）・カリスマ（charisma）・魅力（attractiveness）・男性性（masculinity）・知性（intelligence）・強み（strength）という8因子を導き出した（表4-3）。そして，これらの因子は，調査協力者の所属先や性別に関係なく共通していることが指摘された。

Epitropaki & Martin（2004）は，Offermann, Kennedy & Wirtz（1994）が導出した8因子41項目の暗黙のリーダーシップ論を精緻化した。分析の結果，前出の8因子は，21項目からなる感受性・知性・献身・活力・圧制・男性性という6つの因子に集約

されるとしている。また，これらの因子について，感受性・知性・献身・活力の4因子はリーダーシップのプロトタイプを，圧制・男性性の2因子は非リーダーシップのプロトタイプを表しているとした（表4-4）。

これら一連の結果からいえるのは，フォロワーが有する暗黙のリーダーシップ論を構成するプロトタイプ特性は，性別，職務，職位，周辺の状況にかかわらず変化しない，普遍性の高いものであるということである。

2-2-4　暗黙のリーダーシップ論の一般化

Den Hartog *et al.* (1999) は，リーダーシップの国際比較の観点から，フォロワーの暗黙のリーダーシップ論についての調査を行った。カリスマ的・変革型リーダーシップを構成する属性は，優れたリーダーシップの発揮に貢献する要素として，国際的に共通して認知されるであろうという基本仮説に基づき，リーダーシップの国際比較研究プロジェクトである GLOBE (Global Leadership and Organizational Behavior Effectiveness) のデータを用いて，[4] カリスマ的・変革型リーダーシップにかかわるフォロワーの暗黙のリーダーシップ論について国際比較を行ったのである。

第1の調査は，60の異なる文化圏で金融・食品・通信産業に属する企業のミドル・マネジャー1万5022名を対象に実施された。まず，カリスマ的・変革型リーダーシップに関する暗黙のリーダーシップ論の構成要素が探索され，カリスマ的 (charismatic) ／価値観に基づく (value based), 自己防衛的 (self-protective), 人間的 (humane), チーム志向 (team oriented), 参加的 (participative), 自律的 (autonomous) という6つが導かれた。

これらの構成要素について，カリスマ的・変革型リーダーシップに関するフォロワーの暗黙のリーダーシップ論を国際比較分析した結果，リーダーシップの発揮に貢献する要素として「カリスマ的／価値観に基づく」を構成する属性が共通に認知された。とりわけ，モチベーションを喚起する (motive arouser), 先見性のある (foresight), 激励する (encouraging), コミュニケーションがよくとれる (communicative), 信頼できる (trustworthy), 活動的 (dynamic), ポジティブ思考

---

[4] GLOBE は，Robert House が発起人となって，1994年から160名の研究者が62の文化圏を対象に実施した，リーダーシップの国際比較研究である。

(positive),自信を植えつける(confidence builder),やる気を起こさせる(motivational)という各点に,共通性が見られた。しかし,「カリスマ的／価値観に基づく」を構成する属性でも,熱心な(enthusiastic),リスクをとる(risk taking),野心がある(ambitious),控えめな(self-effacing),ユニークな(unique),自己犠牲的な(self-sacrificial),真摯な(sincere),よく気がつく(sensitive),情け深い(compassionate),強情な(willful)に関しては,文化差が認められている。ちなみに,いずれの項目もリーダーシップの発揮を妨げる要因として認知されることはなかった。

第2の調査は,第1の調査の追跡調査として,2161名のビジネスパーソンの協力により実施された。具体的には,22項目のリーダーシップの構成要素を提示して,まずトップ・マネジャーに必要なものを選定してもらい,次いで現場レベルのマネジャーに必要なものを選定してもらうという方法がとられた。創造的(innovative),将来展望ができる(visionary),説得的(persuasive),長期的志向(long-term oriented),外交的(diplomatic),勇敢な(courageous)という各要素については,トップ・マネジャーのほうが現場のマネジャーよりも高かった。一方,部下への気配り(attention for subordinates),チーム・ビルディング(team building),参加的(participative)という要素は,現場レベルのマネジャーのほうが高かった。また,信頼できる(trustworthy),コミュニケーションがよくとれる(communicative),冷静な(calm)については,マネジャーの階層間で有意差がなく,規律正しい(namely formal),直観的(inspirational),合理的(rational),自信を植えつける(confidence builder)に関しては,差はあったがわずかであった。

第1と第2の調査結果から,「カリスマ的／価値観に基づく」を構成する属性のうち,信頼やコミュニケーションさらにはフォロワーへの配慮を意味するものは,国際的かつ組織階層を問わず共通していることが明らかになった。一方,この研究は,カリスマ的・変革型リーダーシップに求められる暗黙のリーダーシップ論の構成要素に関し,上述のように国際的にも組織階層的にも共通するものがあると指摘した反面,同じ「カリスマ的／価値観に基づく」に関する属性でも,文化あるいは組織階層によって差が生じるものがあることも,同時に明らかにした。

2-2-5 暗黙のリーダーシップ論の予測可能性

Keller (1999) は，個人が抱く暗黙のリーダーシップ論の源泉は自らが理想とする人間像であり，さらにその背景には親の教育が形づくる家庭環境の影響があると，仮説を立てた。そして，この仮説を実証するために，暗黙のリーダーシップ論の構成要素とパーソナリティの構成要素の関係を調査した。

ここでは，暗黙のリーダーシップ論の構成要素に，Offermann, Kennedy & Wirtz (1994) が指摘した，感受性・献身・圧制・カリスマ・魅力・男性性・知性・強みという8つの因子を使用している。また，個人の人格については，人間のパーソナリティを，同意性 (agreeableness)・誠実性 (conscientiousness)・外向性 (extroversion)・開放性 (openness)・神経症的傾向 (neuroticism) という5つの因子から特定する，ビッグ・ファイブ (big five) 理論を用いている[5][6]。

分析の結果，明らかになったのは，以下のことであった。

・同意性と，暗黙のリーダーシップ論の感受性との間に，正の関係性がある
・誠実性と，暗黙のリーダーシップ論の献身との間に，正の関係性がある
・外向性と，暗黙のリーダーシップ論のカリスマとの間に，正の関係性がある
・両親（父親のみ）に対する暗黙のリーダーシップ論の献身と，理想のリーダーに対する暗黙のリーダーシップ論の献身との間に，正の関係性がある
・両親に対する暗黙のリーダーシップ論の圧制と，理想のリーダーに対する暗黙のリーダーシップ論の圧制との間に，正の関係性がある

これらの結果から，暗黙のリーダーシップ論は，個人のパーソナリティを部分的に反映させたものであるといえる。また，個人のパーソナリティだけでなく，両親から受けた教育経験が，暗黙のリーダーシップ論の形成に影響を及ぼしてい

---

5 ビッグ・ファイブ理論とは，個人のパーソナリティの特性を捉えるという観点から蓄積されてきた諸研究を，Goldberg (1981) が統合して確立した，性格特性論である。

6 調査は，一般の大学生78名と卒業予定の大学生160名を対象にしたアンケート調査であった。アンケートの質問項目について，暗黙のリーダーシップ論の構成要素には，Offermann, Kennedy & Wirtz による8因子41項目の尺度が用いられている。次に，ビッグ・ファイブ理論に関しては，新ビッグ・ファイブ尺度（NEO five factor inventory: NEO-FFI, Costa & McCrae, 1989）が用いられている。自尊心と自己観察（self-monitoring）についても測定されている。調査の実施方法は，以下のようなものである。まず，暗黙のリーダーシップ論の構成要素以外の項目に関しては，調査協力者自身について回答してもらう。そして，暗黙のリーダーシップ論の構成要素に関しては，第1段階で回答者の両親を想定して各質問項目に回答してもらい，第2段階で回答者が理想と思うリーダーを想定して回答してもらうという方式である。

ることも明らかになった。暗黙のリーダーシップ論と個人のパーソナリティとの関連では，とりわけ，他者に好影響を及ぼしたり他者と良好な人間関係を構築できるような要素との関係が深いことが指摘される。これはすなわち，人からよく思われたいという意図が反映されているということである。一方，暗黙のリーダーシップ論と両親からの教育体験との関連では，秩序を形成する要素との関係が深いことが指摘できる。これは，強引に物事を進めるという意図が反映されたものであろう。

3 　暗黙のリーダーシップ論の課題と展望

　前節では，Schyns & Meindl（2005）の類型によって，暗黙のリーダーシップ論の諸研究を議論した。Shondrick & Lord（2010）によれば，その後の研究の大きな流れとしては，暗黙のリーダーシップ論に加えて暗黙のフォロワーシップ論（implicit followership theories）を研究するという動向が指摘できるという。

　暗黙のリーダーシップ論が，フォロワーないしはリーダーの行動を評価する第三者が抱く認知的な枠組みであるのに対し，暗黙のフォロワーシップ論には，リーダーまたは潜在的なリーダーが自ら率いる組織を構成するメンバーに対して抱く場合と，フォロワー自身が抱く場合が存在するということが，両者の大きな違いである。

　また，Shondrick & Lord は，それまでの暗黙のリーダーシップ論および暗黙のフォロワーシップ論は，認知者が，観察した行動を，暗黙のリーダーシップ論あるいは暗黙のフォロワーシップ論といった，一般化された意味を持つ抽象的でシンボリックな表現に翻訳すると考えてきたのだと指摘する。こういったシンボリックな表現は，相対的に安定しているリーダーシップのプロトタイプ特性から導かれる。この場合は，暗黙のリーダーシップ論の構成要素がそれにあたるのだという。Shondrick & Lord はさらに，認知者は，リーダーシップの理解を強化するために，このような翻訳プロセスを用いて，表現をエピソード記憶によるものから意味論的記憶によるものへと変換するのだろうとも，主張している。

　ところが，Lord *et al.*（2001）の主張によれば，リーダーシップのプロトタイ

プ特性は，長期的記憶に基づいたシンボリックで静的なものではなく，神経系のネットワークのように捉えられる，より動的な存在なのだという。つまり，暗黙のリーダーシップ論および暗黙のフォロワーシップ論を，確立されたものとして静態的に扱うにとどまらず，既存の安定した構造を維持しつつ，新たな要素が加えられることで適応が図られていく動態的な存在としても捉えられる可能性が，指摘できるということである。

　この点に関しては，Shondrick & Lord も，適応共鳴理論（adaptive resonance theory: ART）を適用して研究の展望を論じている。[7]すなわち，暗黙のリーダーシップ論および暗黙のフォロワーシップ論には，すでに確立された既存の枠組みが存在するが，それは外的な変化によって損なわれるのではなく更新されていくものなのだという仮説を，適応共鳴理論の観点から構築しようとしたのである。その試みはまだ仮説段階にとどまっており，本格的な調査には至っていないが，この発想は，今後の暗黙のリーダーシップ論および暗黙のフォロワーシップ論研究に，重要な論点を提供している。このように，暗黙のリーダーシップ論および暗黙のフォロワーシップ論にも，さらなる研究課題があり，今後も研究発展が望まれているのである。

7　そもそも適応共鳴理論とは，Beale & Jackson（1990）によれば，生物学的・行動科学的データを利用して，安定性（それまでの学習に基づいて固定された分類を行う状態）と可塑性（ネットワーク内部のパラメータが変更可能な学習状態）のジレンマを解決する，自己組織的なネットワークのモデルで，主にニューラルコンピューティングの分野で発展してきたものである。このように，適応共鳴理論は安定性と可塑性を両立させる点が優れているが，これはすなわち，「記憶の容量が許す限り，新しい入力があればそれを蓄積し，新しい情報によって継続的に蓄えられた知識を更新していく」ということである。

第5章

フォロワーによって構成される
リーダーシップの幻想とは何か

108　第5章　フォロワーによって構成されるリーダーシップの幻想とは何か

　第3章と第4章で，リーダーシップにおいてフォロワーの存在に注目した，相互作用アプローチと暗黙のリーダーシップ論を検討してきた。中でも暗黙のリーダーシップ論は，フォロワー主体アプローチに位置づけられるものであることを見たが，この暗黙のリーダーシップ論と深く関連し，同様にフォロワー主体アプローチに包含されているのが，リーダーシップの幻想（romantic of leadership）である。リーダーシップの幻想の特徴は，リーダーシップはフォロワーによって社会的に構成されたものであると考える点にある。フォロワーによって社会的に構成されるリーダーシップとは，リーダーシップをリーダーの行動や資質に求めるのではなく，特定のリーダーの行為に対してフォロワーの間で認知が共有されることによって創り上げられる現象として捉えるということである。これは，従来のリーダー中心の見方からフォロワーの視点を本格的に重視するようになる転機となった議論といえる。本章では，リーダーシップの幻想に関するこれまでの研究の発展を渉猟し，今後の展望について考察する。

1　リーダーシップの幻想とは

　Meindl, Ehrlich & Dukerich（1985）によれば，リーダーシップの幻想とは，組織成員にとって重要だが因果関係が不明確な組織内の出来事を，リーダーシップの観点から理解しようとする先入観によって，認知的に選択される現象であるという。Meindl, Ehrlich & Dukerich は，組織の業績水準が極端によくなったり悪くなったりしたときにリーダーシップの幻想が顕著に表れるという仮説を立て，アーカイバル・データの分析と実験によって，リーダーシップの幻想と組織の成果との関連性に関する実証研究を行い，[1] 当初の仮説を実証した。

1　アーカイバル・データによる第1の調査では，*Fortune* 誌が発表した優良企業500社から選択した34社の企業を対象に，1972年から82年の *Wall Street Journal* 紙における，リーダーシップについての記事の割合と各社の業績との関連を調べた。第2の調査では，1929年から83年にかけてアメリカおよびカナダの大学院で受理された博士論文のテーマのうち，リーダーシップを選択した論文数の割合と GNP との関係を調べた。第3の調査では，1958年から83年に一般ビジネス誌（一部，ビジネスに関する学術誌）においてリーダーシップを取り上げた記事および論文の掲載割合と GNP との関係を調べた。

実験は，仕事経験のある大学生を対象にして行い，組織の業績がきわめてよいときあるいは悪いとき，人々が，その原因をリーダーに求めることで状況を解釈していることを指摘した。言い換えると，成果が出ればリーダーのおかげと見なし，失敗するとリーダーに責任を押しつけるということである[2]。その背景には，人間の情報処理能力には限界があるため，情報量が多い場合には状況を正確に処理するよりもその状況に相応しいと思われる要因に原因帰属するという，人間の認知的な情報処理上の制約要因が存在するのである。また，これと関連して，よきにつけ悪しきにつけ組織に大きなインパクトをもたらすのはリーダーであるというような，リーダーを英雄視する思考上のある種の特性が影響しているとも考えられる。

2　リーダーシップの幻想に関する研究の展開

　Bligh, Kohles & Pillai（2011）は，リーダーシップの幻想に関して，Meindl,

---

[2] 第1の実験は，2年程度の仕事経験のある59名の大学生を対象に，架空のビジネス・リーダーにまつわるショート・ストーリーを読んで，リーダーがどの程度業績に貢献したのかを判定してもらうという形式で実施された。リーダーの貢献以外にも，他の人物による貢献，環境的要因，およびその他の原因の可能性を問う質問も用意された。ショート・ストーリーは，組織の成果（低い・中程度・高い）という点にのみ操作を加えた3つのバージョンが用意され，それぞれのショート・ストーリーにおける成果の原因の帰属先を評価者に判定してもらった。調査の結果，組織の成果が高い場合に，最もその原因を顕著にリーダーへ帰属させるということが明らかになった。こうした関係は，低業績や中程度の業績のときには見受けられなかった。
　第2の実験では，2年程度の仕事経験のある116名の大学生を対象に，先の実験で使用したショート・ストーリーの組織の成果を，プラスからマイナスに至る6段階に細分化したバージョンを用いて，第1の実験と同様の形式で実施した。調査の結果，組織の成果が最も高い場合と最も低い場合にその原因をリーダーに帰属させていることが明らかになり，成果が中程度になるにつれて原因帰属の程度も低減することがわかった。
　第3の実験では，5年程度の仕事経験のある大学生を対象に，第2の実験で使用したショート・ストーリーからリーダーに関する記述を削除し，容易にリーダーへ原因帰属させない，より中立的な内容に再構成したものを読んでもらい，質問に回答してもらうという形式で実施された。質問は，ショート・ストーリーを読む前に持っていた業績のイメージと実際の内容とのギャップに対する認識およびその原因帰属先についての見解を問うもので，原因帰属，期待，認識された業績という，3つの観点に基づいている。分析の結果，期待と認識された業績との関係については，第2の実験と同様の結果を得ることができた。また，業績が極端に振れた場合にリーダーへの原因帰属との相関が最も強くなるという，これまでの調査および実験と同様の結果が得られた。

Ehrlich & Dukerich (1985) を嚆矢としてその後 25 年にわたる諸研究を渉猟し,リーダーシップの幻想は 3 つのタイプの研究に分類できるとした。具体的には,Calder (1977) や Eden & Leviathan (1975) で指摘されていた「リーダーシップの原因帰属における先入観に関する研究」,暗黙のリーダーシップ論に代表される「フォロワー主体のアプローチ」,Meindl (1995) によって指摘されている「リーダーシップの社会的構成」という,3 つの研究アプローチである。本節では,Bligh, Kohles & Pillai のフレームワークに基づき,リーダーシップの幻想に関する研究の発展について検討して,その貢献と課題を考察する。

2-1　リーダーシップの原因帰属におけるフォロワーの先入観

行動アプローチをはじめとするリーダーシップの主要研究では,フォロワーがリーダーシップを原因帰属するにあたっては,リーダーの行動を観察し,その直接的体験から得た情報に基づいて判断するという仮定が,置かれていた。これに対し,フォロワーがリーダーシップを原因帰属するにあたっては,直接的体験に加えて,個人的に有しているリーダーシップにまつわる理想像からも影響を受けるという見解が現れる (Calder, 1977)。直接的体験に加えて大きく影響する要因の存在をより発展的に論じたのが,フォロワーの暗黙のリーダーシップ論である[3]。暗黙のリーダーシップ論の端緒となった研究である Eden & Leviathan (1975) では,フォロワーがリーダーシップの測定尺度に基づいてリーダーシップを判定するとき,フォロワーはリーダーの行動を観察した経験から直接的に評価するのではなく,自らが有している暗黙のリーダーシップ論に照らし合わせて評定しているということが,実証された。

このように,リーダーシップをフォロワーが評定するにあたっては,フォロワーが有する暗黙のリーダーシップ論が先入観として影響を与えているということが指摘されてきたわけだが,人は組織の成果が両極端に振れたときにリーダーに原因帰属する傾向があるという,より一般的な傾向を論じたのが,前出の Meindl, Ehrlich & Dukerich (1985) によるリーダーシップの幻想である。つま

3　暗黙のリーダーシップ論については,第 4 章を参照。

り，リーダーシップの幻想における最初の発見事実は，リーダーシップの原因帰属に関する先入観を指摘したことであったといえる。

同様に，暗黙のリーダーシップ論に関する研究として前章で検討した Meindl & Ehrlich（1987）も，リーダーシップと組織の成果との関係性について調査した結果，組織の成果の原因帰属先がトップ・マネジメントのリーダーシップであるという情報は他の要因よりも好意的に評価されるということを明らかにしている。とりわけ，フォロワーとの間に信頼関係を築けているリーダーの場合は，望ましくない成果が出たときにも，その原因を帰属されない傾向にあることが指摘された。また，フォロワーがリーダーシップを認知する特性には，組織現象のコンテキストと関連があるということも，指摘されている。これが意味するのは，リーダーシップの原因帰属は，フォロワーがリーダーシップに関して有する説得力・信頼性・確実性・判断力という4つのプロトタイプ特性およびそれに関連するコンテキストに，相当影響を受けるということである。これに，リーダーシップの幻想が指摘した，成果をリーダーへ原因帰属する傾向が加わると，リーダーシップは客観的に判断されるのではなく，社会的に共有された通念と個人的理由が相まった先入観に影響を受けて判断が下されることになる。

2-2 フォロワー主体のアプローチ

2-2-1 リーダーシップの幻想尺度の開発

上述のように，フォロワーがリーダーシップを原因帰属するのはリーダーの行動を観察した結果が直接反映されたということなのではなく，フォロワーがある種の組織現象を原因帰属するにあたってはリーダーシップをその主たる要因とする傾向があるのだということを指摘したのが，リーダーシップの幻想である。すなわち，リーダーシップの幻想という概念によって，リーダーシップの発揮をリーダー側の資質や行動に求めるリーダー主体アプローチではなく，暗黙のリーダーシップ論で指摘されていた，その成否をフォロワー側のリーダーシップ原因帰属ないし認知に求めるフォロワー主体アプローチが発展していくのである。

このリーダーシップの幻想は，個人間でどの程度差異があるのだろうか。また，その傾向とリーダーシップ行動との間には，どのような関係があるのだろうか。

表5-1 リーダーシップの幻想尺度 (RLS-A)

1	率直にいって，リーダーシップの質は組織が機能する上で唯一最大の影響要因である
2	経営上の失敗や組織の業績不振の大多数は，優秀なリーダーのコントロールを超えた要因によるものである (R)
3	組織におけるほとんどの事柄は，リーダーの意思決定や行為とほとんど関係しない (R)
4	組織においてトップの立場でリーダーシップを発揮するあらゆる人々は，組織を創造したり破壊したりするパワーを有している
5	リーダーを選ぶのに多くの時間と労力を費やすことは正しい，なぜなら個人が持ちうる重大な影響力が存在するからである
6	遅かれ早かれ，トップのまずいリーダーシップによって組織の成果の減退が露呈することになるだろう
7	ビジネスのリーダーが，自身が経営する企業の業績を首尾よく向上させるあるいはさせない，いずれの場合においても運は大きく関係する (R)
8	リーダーシップの質の善し悪しは，ビジネスを取り巻く環境の有利不利よりも企業により大きなインパクトを与える
9	トップのリーダーによる質の高いリーダーシップがなければ，その組織がうまくやっていくことは不可能だ
10	同じ状況に直面したとき，トップ・リーダーたちは，違いがあっても結局は同じ意思決定をする (R)
11	トップに立つ人間が誰かということがさほど重要ではないということは何度もあるので，組織の命運はリーダーの手中にはない (R)
12	企業は，リーダーの善し悪しで決まる
13	リーダーを選ぼうとするときは，コイン投げで決めるように運任せだ (R)
14	本当に素晴らしいリーダーによって導かれなければ，組織は何も達成することができない
15	業績が芳しくない企業でも，善きリーダーならば衰退を食い止めることができる
16	トップレベルのリーダーならば，組織の生死を分けるような重要な決断ができる
17	リーダーシップと企業の全般的な業績との関係性は，しばしば弱いものだ (R)
18	組織のリーダーがイギリス国王／女王のような単なる象徴にすぎないということは，よく見受けられる (R)
19	会社のことを調べる前に，その会社のトップの資質について何か見つけようとするのは，よいアイデアだろう
20	会社の業績が芳しくないとき，最初に注目すべき存在はリーダーである (R)
21	リーダーが選ばれるプロセスは，きわめて重要である
22	組織がうまくいっているからといって，トップでリーダーシップを発揮する立場にある人々は滅多に多額の報酬を得るに値しない (R)
23	経済状態や政府の規制などといった外部要因と比べて，企業のリーダーは業績にほんのわずかなインパクトしかもたらさない (R)
24	トップのリーダーたちが優秀なときは，組織の業績も上々である。一方，トップのリーダーたちが不甲斐ないときは，組織の成果は芳しくない
25	組織の最終的な成果にとって，トップのリーダーたちの資質ほど決定的なものは存在しない
26	多くのケースにおいて，所与のリーダーのポジションの候補は，他のメンバーとほぼ交代可能である (R)
27	アメリカ大統領が，アメリカの方向性を形成することはほとんどできない (R)
28	リーダーシップの資質は，私が考える限り最も重要な個人的資質である
29	リーダーは，企業の成果に関係することに対して全面的な責任を負うべきではない (R)
30	最も優れたリーダーたちによってさえも単純にコントロールできない組織の成果に影響を及ぼす要因は，数多く存在する (R)
31	1人のリーダーの存在によって，次の世代の善し悪しが決まる
32	リーダーを探索して選抜するとき，費用は出し惜しみすべきではない

(注) (R) は，逆転質問項目。
(出所) Dansereau & Yammarino (1998) pp. 300-301 より，一部改訂して作成。

こうした新たな問題を解明すべく開発された尺度が，リーダーシップの幻想尺度 (Romance of Leadership Scale: RLS) である。

リーダーシップの幻想尺度は，Meindl & Ehrlich（1987）によって開発された尺度で，幻想化傾向を直接判定するのではなく，フォロワーをはじめとするリーダーシップの評定者が組織に対して暗黙に抱くリーダーシップの重要度の程度を測定するものである（Meindl, 1990）。ちなみに，リーダーシップの幻想尺度には，RLS-A（32項目），RLS-B（21項目），RLS-C（11項目）という，3つの様式がある。たとえば，RLS-A の具体的な尺度の内容は，表5-1の通りである。

2-2-2　リーダーシップの幻想尺度とカリスマ的・変革型リーダーシップの関係

Meindl（1990）は，リーダーシップの幻想尺度から導かれるフォロワーの個人的属性が，カリスマ的あるいは変革型リーダーシップの認知と関係すると指摘している。とりわけカリスマ現象を，Meindl は過剰に幻想化した気分（hyper-romanticism）であるといい，フォロワーが組織現象の原因帰属先をリーダーに求める傾向が強ければ強いほど，そのフォロワーはリーダーをカリスマと見なす傾向を持つと考えた。そこで，この仮説に関し，RLS と変革型リーダーシップの代表的尺度である MLQ との関係性を調査したところ，両者には関係性が見られ，また，MLQ の構成要素の中でもとくにカリスマと最も強く相関していることが指摘される結果となった。[4]

ただし，リーダーシップの幻想尺度とカリスマ的・変革型リーダーシップとの関係性は，調査によって結論が異なる状況にある。

Ehrlich, Meindl & Viellieu（1990）による，企業再生を成し遂げた企業の社員を対象とした調査では，リーダーシップの幻想とカリスマの認知に関して直接的な関連性がわずかながら認められている。しかし，ここで導き出された図式は，リーダーシップの幻想の度合いが，コンフリクトの調整，不確実性に耐える，見通しを示す，一体感の醸成といった行動と相関し，これらの行動がカリスマ性の認知と相関するというものであった。これはすなわち，特定のリーダー行動を媒介に，リーダーシップの幻想とカリスマ性の認知が間接的に関係するということ

4　MLQ および変革型リーダーシップについては，第2章を参照。

である。

　一方，Awamleh & Gardner（1999）では，フォロワーがリーダーシップを「知覚する」という視点から，リーダーのカリスマ性および有効性との関係性について調査した[5]。調査の結果，「スピーチの内容」「伝達方法」「業績」と「カリスマ性」「リーダーの有効性」との関係が指摘され，中でも「伝達方法」は「カリスマ性」および「リーダーの有効性」と強く関係していた。しかしながら，リーダーシップの幻想と「カリスマ性」および「リーダーの有効性」との関係は，ここでは認められなかった。

　以上のように，また，その他の研究においても，フォロワーが抱くリーダーシップの幻想とカリスマ的・変革型リーダーシップの認知については見解が相違している中，Schyns, Felfe & Blank（2007）が，それまでの関連する諸研究の結果についてのメタ分析を行った。そして，その結果では，フォロワーのリーダーシップの幻想傾向と変革型リーダーシップの認知は相関するとされている。

2-3　リーダーシップの社会的構成

2-3-1　フォロワーによって社会的に構成されるリーダーシップ

　Bligh, Kohles & Pillai（2011）が示した，リーダーシップの幻想に関する研究タイプの3つ目が，リーダーシップの社会的構成と呼ばれるアプローチである。

　Meindl（1995）によれば，リーダーシップの幻想という概念が提起される以前のリーダーシップ研究は，リーダーシップはリーダーの資質や行動特性に決定づけられるとする，リーダー主体アプローチ（leader-centric approach）をとっていた。こういったリーダー主体アプローチは，リーダーによるある一定の行動特性を満たした行為をもって，リーダーシップが発揮されたと見なすという前提に立

5　具体的には，俳優の演じる架空のリーダーによるスピーチ映像を8パターン用意し，対象の304名を8つのグループに分けてそれぞれに視聴してもらい，各リーダーのリーダーシップについて判定してもらうという形式で実施された。8パターンの映像は，発言内容がビジョンを包含しているか否か，メッセージの伝達が視聴者に強く訴えるものか否か，架空のリーダーが経営する会社の業績が良好か否かという形で操作化されたものである。フォロワーのリーダーシップに対する信念の強さという点に関しては，リーダーシップの幻想尺度が用いられた。また，リーダーシップの認知については，MLQ尺度の変革型リーダーシップの部分を用いて調査されている。

つ。ところが，本章で述べてきた通り，Meindl, Ehrlich & Dukerich（1985）の調査結果から，リーダーシップは，フォロワーがリーダーの行動を観察することによって成立するのではなく，それ以外の間接的な情報すなわちリーダーが率いる組織の業績に影響を受けることが指摘された。また，組織の業績に関連する情報だけでなく，フォロワーが個人的に有している暗黙のリーダーシップ論がリーダーシップの認知に影響を及ぼしていると明らかになったということも，すでに言及した通りである（Eden & Leviathan, 1975）。

これら一連の調査結果から，やはりリーダーシップは，必ずしもリーダーの存在に注目するだけでは十分でないということが確認され，むしろフォロワーによって，リーダーシップというある種の現象が構成されているという観点が，導き出されたのである。Meindl（1995）は，フォロワーの個人レベルで構成されたリーダーシップが，フォロワー間の相互作用を通じ，やがてフォロワー間で構成される現象となると，指摘している。これはすなわち，リーダーシップを，フォロワーの間で社会的に構成される社会的現象として捉えるということである。

2-3-2 社会的伝染プロセスとしてのカリスマ的リーダーシップ

カリスマ的リーダーシップが機能するプロセスに注目した一連の研究は，上述のような，社会的構成という観点からリーダーシップを捉えようとするアプローチにも大きく影響を及ぼしている。

第2章でも議論したが，そもそもカリスマとは，Weber（1921）によれば，特定の人物に付与される非日常的な資質である。このようなカリスマ性を有する人物が発揮するリーダーシップが，カリスマ的リーダーシップであり，その行動特性に関して研究が展開されてきたのである（House, 1977；Conger & Kanungo, 1987）。

カリスマ的リーダーシップに関する従来の研究においては，リーダーとフォロワーの相互作用を通じて，フォロワーがリーダーのカリスマ的リーダーシップを原因帰属すると考えられていた。これに対して Meindl（1990；1993）は，カリスマ的リーダーシップの浸透を社会的伝染プロセス（social contagion process）として捉えている。カリスマ的リーダーシップの社会的伝染プロセスとは，特定の組織に所属しているメンバーの間で，自発的にリーダーのカリスマ性およびカリス

マ的リーダーシップの認知および行動上の反応が共有され拡散していく過程を指す。

すでに述べたように，フォロワーによるカリスマ的リーダーシップの認知については，個人のリーダーシップの幻想の度合いや，組織が直面している状況，さらには暗黙のリーダーシップ論の影響を受けているという指摘があった。しかし，これを社会的伝染プロセスという観点から考えると，カリスマ的リーダーシップの認知に関してフォロワー間でどのような相互作用がなされているのか，という問題が導き出されることになる。これは，言い換えると，カリスマ的リーダーシップがどのように社会的に構成されるのか，という問いになるであろう。こうした，フォロワー間でどのようにリーダーシップの認知が共有されるのかという論点を導き出すことは，リーダーシップの幻想という捉え方によらなければ難しかったのである。

この点に関し，Pastor, Meindl & Mayo（2002）は，どのような要因によってカリスマ的リーダーシップの認知がフォロワー間で共有されるのかを，社会的ネットワークの観点から明らかにしている。具体的には，警察官および大学生を対象とした2つの調査から，フォロワー間で友人としてのネットワークが確立している場合にはカリスマ的リーダーシップの認知が強く共有されていることを，明らかにしたのである。これは，フォロワー間の親密さの度合いが，社会的伝染プロセスに影響しているということである。

同様に，フォロワー間におけるカリスマ的リーダーシップの認知に関して，組織が直面している危機感に注目した研究もある。これらの研究では，具体的な事例に基づいて分析がなされ，アメリカ大統領選挙（Pillai & Williams, 1998；Pillai et al., 2003）や，2001年9月11日のアメリカ同時多発テロ事件（Bligh, Kohles & Meindl, 2004a；2004b），カリフォルニア州知事選挙（Bligh, Kohles & Pillai, 2011）を対象に，フォロワーは恐怖や不安から守ってもらうためにカリスマ的リーダーを求めるという結論を導き出している[6]。

ただし，危機感という状況要因だけで，フォロワー間においてカリスマ的リーダーシップが共有されるわけでは必ずしもない。たとえば，Pastor, Mayo &

---

6 危機的な状況下においてカリスマ的リーダーが出現しやすいという指摘は，Weberの初期の研究でもなされており，それが改めて指摘されたものといえる。

Shamir（2007）は，フォロワーの感情的な高揚（arousal）がカリスマ的リーダーシップの認知に影響を及ぼしているという調査結果を示している。つまり，フォロワー間でカリスマ的リーダーシップが認知されるには，状況要因やフォロワーの心理的な要因といった，複合的な要因が影響を与えるということができるのである（Pillai & Meindl, 1998）。

したがって，社会的伝染プロセスという観点を踏まえると，カリスマ的リーダーシップの認知は，主には，フォロワー間の親密なネットワーク，危機や恐怖あるいは感情といった心理的な状況，そしてリーダーの行動や，フォロワーの暗黙のリーダーシップ論，リーダーシップ幻想の度合いといった，複合的な要因からの影響が相互作用することによって，形成されるのだといえよう。

2-3-3　リーダーシップの社会的構成とメディアの関係

Chen & Meindl（1991）は，経営難から再建するも最終的には吸収合併されてしまった，ある航空会社の事例において，再建請負人であるリーダーに関する新聞およびビジネス誌の報道を分析した。具体的には，その航空会社が直面したフェーズを再建・成長・業績悪化からの吸収合併という3つに分け，リーダーとなった再建請負人を表したメタファーがどのように変化し，それが読者にどのように伝わったのかを調査したのである。この事例研究から，リーダーに対しては，メディアによって形成されたさまざまなメタファーが用いられていたことが明らかになった。その中でも，フェーズに関係なく一貫して用いられていたメタファーがあり，それが読者に最も影響を与えて，当該リーダーに対する主たるイメージを形成していた。この結果からいえるのは，リーダーシップの社会的構成にメディアが発信する情報が影響を及ぼしているということである。

Bligh & Meindl（2004）は，一般の読者から支持を得ているリーダーシップに関する図書257点を対象に，内容分析を行った。その結果，リーダーシップとして扱われているテーマを，変革，専門家ないしリーダーシップの権威による主張，自己実現，実践方法というカテゴリーに類型化した。各書籍の内容は複数のカテゴリーに分類されるが，そこには共通するリーダー像があり，それは，変革に影響を及ぼし，豊富な経験と知識を有し，フォロワーの潜在能力を開花させる機会を提供する人物であるとされていた。このような理想的なリーダー像は，文化的

な要因によるところが大きいという。すなわち,この調査の結果からも,リーダーシップに関しては,社会的に共有された認識が存在していることが明らかになったのである。

リーダーシップの社会的構成とメディアとの関係を議論した研究としては,ほかにも,従来議論されてきた文字情報による情報提供に加えて視覚情報が持つ可能性について探求した,Jackson & Guthey(2007)などをあげることができる。

このように,リーダーシップの社会的構成に,メディアの存在が関係していることは,一連の研究で明らかにされているが,その関係には,当該メディアが存在する国や地域の文化的要因も影響を及ぼしているため,この点を踏まえてより詳細かつ広範な調査および考察が求められるところである。

3 リーダーシップの幻想からの知見

以上のような,Meindlが中心となって提唱したリーダーシップの幻想に関する議論は,発表された当初より前衛的なリーダーシップ研究と位置づけられ,賛否両論を巻き込んで発展してきた。そして,リーダーシップの幻想が登場した1980年代半ば以降,リーダーシップ研究におけるフォロワーの存在は,主流のアプローチであるカリスマ的・変革型リーダーシップやリーダーとフォロワーの社会的交換に注目するLMXのアプローチでも,重要性が増している。したがって,リーダーシップにおいてフォロワー主体アプローチが本格的に重視されるようになるきっかけをつくった,リーダーシップの幻想の意義は大きいといえるのである。

またさらに,フォロワー主体アプローチの発展は,フォロワーシップ研究との懸け橋にもなっている。フォロワーシップ研究とリーダーシップ研究は,非常に近い関係にありながらも,その関係性が本格的に議論されるようになった歴史は浅く,まだ緒についたばかりといっても過言ではない。とりわけフォロワーシップ研究は,定性的にも定量的にも本格的に研究が進むようになったばかりであるが,そこにリーダーシップの幻想に関する研究蓄積が貢献しているのである。これには,リーダーシップの幻想が,リーダーシップの社会的構成というアプロー

チから，フォロワー間の相互作用という視点をもたらしたことも，影響している。
　リーダーシップの幻想について今後を展望するならば，リーダーシップとフォロワーシップの議論を統合し，より有効かつ生産的なリーダーとフォロワーの相互作用を実現するために貢献することが期待される。一方で，リーダーシップに関しては，異なる視点を提供する可能性は指摘できるものの，具体的にどのような研究の方向性を打ち出せるかは今後の課題となるであろうし，研究の展開を注視する必要がある。

第6章

フォロワーシップ論の発展プロセス

組織を構成するメンバーは、大きく2つに分けると、組織をとりまとめるリーダーと、リーダーのもとで活動するフォロワーからなっている。組織を論じるにあたってリーダーシップはキーコンセプトの一翼を担うが、これまでも繰り返し指摘してきたように、リーダーシップはリーダーだけでは完結しない。そこには、リーダーを支えるフォロワーの存在が不可欠である。そして、組織活動においてフォロワーに求められるものとして注目される概念が、フォロワーシップなのである。本章では、フォロワーシップの研究蓄積を渉猟するのはもちろんのこと、リーダーシップやマネジメントの領域との関係性も検討しつつ、これまでのフォロワーシップ研究の軌跡と今後の可能性について検討する。

1 フォロワーシップとは

1-1 フォロワーのルーツ

フォロワーシップについて包括的に議論している Kelley（1992）によれば、フォロワーの語源には「手伝う、助ける、援助する、貢献する」という意味があり、リーダーの語源には「忍ぶ、苦しむ、耐える」という意味がある。このことを踏まえると、フォロワーはリーダーに手を貸す存在であり、フォロワーとリーダーは平等で共生する関係にあるといえそうである。

さらに Kelley は、フォロワーとして活動する動機を、7つの生き方によって提示している。アプレンティス（見習い）、ディサイプル（信奉者）、メンティ（相談相手から学ぶ者）、コムラド（仲間）、ロイヤリスト（忠臣）、ドリーマー（夢を持つ人）、ライフウェイ（生き方）という7つである。

この7つの生き方への分類は、自己にかかわる軸と、リーダーとの関係にかかわる軸という、2軸に基づいたものである。自己にかかわる軸とは、フォロワーという役割を担うことを通じて、どのような自己を追求したいのかという、フォロワー自身の動機にかかわるものである。具体的には、フォロワーの役割を通じて自己実現したいのか、あるいは、フォロワーの役割を通じて自己変革したいのかという、両極からなっている。一方、リーダーとの関係にかかわる軸とは、リ

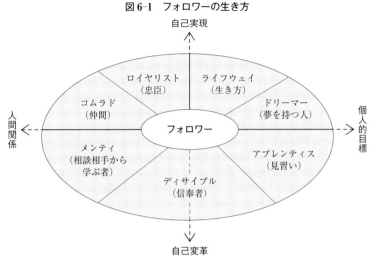

図6-1 フォロワーの生き方

（出所） Kelley（1992）邦訳49頁より，一部改訂して作成。

ーダーとどのような関係を構築するのかということを指す。具体的には，リーダーを支えていきたいという人間関係と，将来的にリーダーになるための手段として考えるという個人的目標の，両極からなる。以上の関係は，図6-1のように整理されている。

アプレンティス（見習い）とは，リーダーになりたくて仕方がないフォロワーが選ぶ道である。このタイプの特徴は，コツをつかみ経験を積む必要性を心得ており，フォロワーとしての役割を証明してみせることで仲間や上司の信頼を勝ち得ようとするということである。また，フォロワー役としてよい仕事をすることの価値を受けいれ，フォロワーの立場でリーダーシップを学び，フォロワーシップのスキルを磨くことを，動機としている。

ディサイプル（信奉者）とは，師から学ぶ者を意味する。ある見方に改心することをきっかけに，同一化という心理現象が生成している状態である。特徴は，リーダーと結びついてリーダーを見習おうとし，個人を超えたより重要なものの一部になることを喜んで受けいれることである。

メンティ（相談相手から学ぶ者）とは，メントール（指導者）との集中的な一対一の関係の中で，人間的成熟が目指されることによって成り立つ存在である[1]。メ

ンティは，自分の利益のためにメントールをフォローする。つまり，メンティは，自らを変えるために，フォロワーになることを選ぶのである。

コムラド（仲間）は，ある共同体に属することによって形成される。人と人が結びついたときに起こる親密な関係や社会的支援から，人に従うことに生きがいを感じるようになることで成り立つものである。何かの一部であるという感覚が孤立感や私欲を凌駕するがゆえに，このような関係は成り立つといえる。

ロイヤリスト（忠臣）は，自分以外の人間への感情的傾倒，すなわち心の奥で「このリーダーについていこう」と決めるというプロセスによって生じる。そこには，自ら進んで決めた，外からは揺るがしえない約束とでもいうべきものが存在する。

ドリーマー（夢を持つ人）とは，自分の夢を達成することだけしか頭にないため，役割がリーダーだろうがフォロワーだろうが大した問題ではないと思っているようなフォロワーのことをいう。リーダーに従うのに，それが誰であるかは関係なく，リーダーが具現化するアイデアや目的が自分の夢と合致するため，それを実現したいと思うということが理由である。

ライフウェイ（生き方）とは，個人的な好みでフォロワーとして働き，そうすることが自身のパーソナリティにも合っていると考えるタイプである。奉仕の道，利他主義的な精神からなっているといえる。

1–2 フォロワーシップの定義

このように，フォロワーについては，前章まで見てきたように，リーダーシップ現象を成り立たせる存在というだけではなく，その存在自体あるいはフォロワーシップにも相応の関心が向けられてきたことが窺える。しかしながら，リーダーシップと同様，フォロワーシップにも統一された定義は存在しない。むしろ今後本格的に議論されていくと見られるが，以下のように，これまでにもいくつか定義や構成要素の指摘はなされてきた。

以降については次節で詳述するが，まず定義に関して，Carsten *et al.* (2010)

---

1 メンタリングは，この関係に基づいている。

は，フォロワーシップを「リーダーとの関係における（フォロワーの）個人的行為に基づく行動」，すなわち「より上位の階層の人物との相互作用」であるとしている。この定義によれば，フォロワーシップは，対リーダーの関係において生成されるもので，その背景にフォロワーの自発的意思が不可欠であるということになる。Carsten *et al.* はまた，フォロワーシップには，組織の秩序を重視する受動的（passive）フォロワーシップ，機会があれば表明すべき意見を持っているが基本的に秩序を重視する積極的（active）フォロワーシップ，秩序に従うというよりもリーダーとはパートナーの関係にあると見なし率先して参加していく能動的（proactive）フォロワーシップという，3つのタイプがあるとしている。

　Kelly（1992）は，フォロワーシップの定義には明確に言及していないものの，フォロワーシップを構成する要素として以下の2点を指摘している。1つが，リーダーの言動に建設的批判をして自分らしい考えを持つ独自のクリティカル・シンキング（critical thinking），もう1つが，主導権をとって責任を持ち自発的に担当業務以上の仕事をする積極的関与（active engagement）である。Kelley は，この両方の特性を備えた模範的フォロワー（exemplary follower）と呼ばれるタイプのフォロワーが，フォロワーシップを発揮するとした。同様に Chaleff（1995）でも，リーダーに対してきちんとものがいえる批判（challenge）と，組織への貢献も疎かにしない支援（support）という，2つの要素を満たした勇敢なフォロワー（courageous follower）に，フォロワーシップの発揮を求めるという見解が示されている。

2　フォロワーシップに関する諸研究の検討

2-1　ボス・マネジメント

　フォロワーの存在の重要性は，マネジメントの観点からも指摘されてきた。マネジメントにおいて，フォロワーがリーダー以上に主体的に振る舞うような場はなさそうに思えるが，Gabarro & Kotter（1980）は，むしろフォロワーがマネジャーをマネジメントする，ボス・マネジメントという発想の重要性を指摘してい

表 6-1　ボス・マネジメントのチェックリスト

上司（リーダー）や上司の置かれた状況を理解する	□ 上司の目標や目的 □ 上司へのプレッシャー □ 上司の強みや弱み，盲点 □ 上司のワークスタイル
あなた自身（フォロワー）やあなたのニーズを評価する	□ あなた自身の強みと弱み □ あなた自身のスタイル □ あなた自身の上司への依存傾向
右のような関係を構築・維持する	□ あなたのニーズにもスタイルにも合う □ 互いに期待し合っている □ 上司に絶えず情報を提供する □ 信頼と誠実さに支えられている □ 上司の時間や資源を使い分ける

（出所）　Kotter（1999）邦訳191頁より，一部改訂して作成。

る。ボス・マネジメントは，「マネジャーを理解する」，「フォロワーであるメンバーが自分自身を理解する」，そして，「マネジャーと関係を構築し管理する」という，3つの要素からなるとされる（表6-1）。

　「マネジャーを理解する」とは，マネジャーを取り巻く状況と，マネジャーの特徴を，理解することである。前者は，具体的には，マネジャーの組織上の目標や個人的な目標，抱えているプレッシャー，その上位者との関係といったことである。一方で，後者は，マネジャーの長所あるいは盲点，ほかにもワークスタイル，たとえば意思決定（直観的か形式的か）や人間関係の構築（対立を増長させるか対立を回避するか）のスタイルといった要素からなる。

　「フォロワーであるメンバーが自分自身を理解する」とは，まず，マネジャーとの関係においてメンバー自身にとって妨げに，あるいは，助けになっているものは何かについて理解を深め，自分自身のスタイルを理解することである。そして，もう1つは，マネジャーとの関係について，自らがどのような依存的態度をとる傾向にあるかを自覚することである。これはすなわち，依存的な態度をとる傾向にあるのか，それとも，マネジャーに反発し度を超えた対立を生み出す反依存的な態度をとる傾向にあるのかということである。

　「マネジャーと関係を構築し管理する」とは，上述のようにメンバーがマネジャーおよび自分自身を理解することで，マネジャーのワークスタイルとの共存を目指すということを意味している。ワークスタイルの共存によって，マネジャー

とメンバーとの間に相互期待が生まれ、相互期待が実現することによって、信頼が醸成される。その結果として、組織全体の生産性が向上するという。

ボス・マネジメントの議論は、フォロワーが、上司であるマネジャーとの関係をより深く理解し、それに基づいた適切な行動をとることが、結果としてマネジャーを動かし、パフォーマンスの向上をもたらすと、主張しているのである。これは、フォロワーシップの議論にも通じるものがある。しかし、それでは具体的にどのような行動や考え方がフォロワーに求められるのかということについては、ここでは明らかにされておらず、さらに詳細な議論が求められるところである。

2-2 模範的フォロワー

前出の Kelley (1992) は、フォロワーシップの特性を、「独自のクリティカル・シンキング」(independent, critical thinking) に対する「依存的・無批判な考え方」(dependent, uncritical thinking)、「積極的関与」(active engagement) に対する「消極的関与」(passive engagement) という、それぞれを対極に持つ2次元によって整理し、図6-2のような5つのフォロワーのタイプを提唱した。

Kelley によれば、フォロワーシップは、「独自のクリティカル・シンキング」と「積極的関与」という二大特性を満たすことで発揮されるという。このようなフォロワーは、「模範的フォロワー」(exemplary followers) と呼ばれ、組織の非能率的な壁に立ちはだかられても才能を遺憾なく発揮し、目指すべき目的に積極的に取り組んでいく。[2]

「模範的フォロワー」以外のタイプについても、1つ1つ見ていこう。「孤立型

---

2 模範的フォロワーのスキルについて、Kelly は以下のように指摘している。
(1) 仕事におけるスキル――付加価値の生み出し方
 ・選択と集中
 ・優先順位を決める
 ・組織における自分の価値を積極的に高めようと意識する
(2) 価値構成要素――仕事と組織における人間関係を円滑に運ぶ勇気ある良心を身につける
 ・より多くの貢献をもたらすような方法で仕事を遂行し、同僚たちとの協働を意識する
(3) 組織におけるスキル――組織における人間関係の育み方・活性法
 ・チームの一員として振る舞う
 ・組織内の人脈を構築する
 ・リーダーと良好な関係を維持する

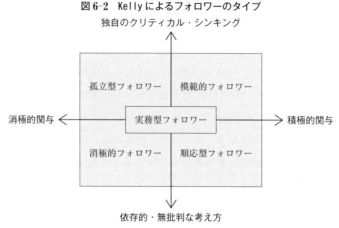

図6-2 Kellyによるフォロワーのタイプ

(出所) Kelley (1992) 邦訳99頁より，一部改訂して作成。

フォロワー」(alienated followers) は，「独自のクリティカル・シンキング」は有するものの，組織に対する関与が消極的なフォロワーである。「孤立型フォロワー」は，元は「模範的フォロワー」であったことが多く，にもかかわらず，自らのことを不当な扱いを受けた犠牲者であると考え，リーダーや組織に対して嫌気が差している。したがって，そのエネルギーは仕事に向かわず，組織の嫌な部分への挑戦として表れる。俗にいう一匹狼タイプである。

「順応型フォロワー」(conformist followers) は，組織に積極的に関与はするものの，考え方が依存的・無批判なフォロワーである。このタイプは，リーダーに服従し順応することが義務であると考える。俗にいうゴマすりタイプである。

「実務型フォロワー」(pragmatist followers) は，独自のクリティカル・シンキングと積極的関与のいずれについても適度なフォロワーである。よい仕事はしたがるが，進んで自らを危険にさらすことはなく，失敗も避けたがる。俗にいうリアリスト・タイプである。

「消極的フォロワー」(passive followers) は，考え方は依存的・無批判で関与も消極的という，組み合わせとしては最悪の状態にあるフォロワーである。考えることをリーダーに頼り，仕事に対する熱意はゼロ，積極性と責任感に欠け，与えられた仕事も指示がなければできないし，自分の分担を超えるような危険は冒さない。俗にいう無気力タイプである。

Kelleyは，フォロワーシップの発揮は，いかに模範的フォロワー以外のタイプのフォロワーを模範的フォロワーに近づけるように努力するかにかかっていると主張する。孤立型フォロワーの場合は，フォロワーシップを発揮できる能力があるにもかかわらず，組織に対する貢献意欲が低いので，組織との関係を改善することが課題となる。順応型フォロワーの場合は，組織との関係はひとまず問題ないとすれば，仕事に対して自分なりのスタンスを築ける能力をつけられるかどうかが鍵となる。実務型フォロワーの場合は，フォロワーシップを発揮できるだけの潜在能力は備わっているが，将来的なリスクに不安を抱いているので，将来の展望を提示して不安を解消できるかどうかが問題となる。消極的フォロワーの場合も，何も人間的に最悪な人物というわけではないので，フォロワーシップを発揮するための基本的な要素をまだ身につけていないのだと考えて一から学んでもらわなければならない。

2-3　勇敢なフォロワー

　これも前出のChaleff（1995）は，リーダーシップとフォロワーシップは表裏一体の関係にあり，組織目的を達成するにはリーダーの推進力とフォロワーのバックアップの両方が不可欠であるとしている。そして，それには，リーダーと同様にフォロワーも責任を担う必要があるとする。こうしたフォロワーの理想的なモデルが「勇敢なフォロワー」（courageous follower）であり，勇敢なフォロワーこそがフォロワーシップを発揮できるとしているのである。この勇敢なフォロワーの基礎となる勇気は，以下の5つからなる。

(1)　責任を担う勇気
(2)　役割を果たす勇気
(3)　異議を申し立てる勇気
(4)　改革にかかわる勇気
(5)　良心に従って行動する勇気

「責任を担う勇気」とは，リーダーと同様に組織目的の達成に向けてフォロワーとしての責任を全うすることを意味する。「役割を果たす勇気」とは，フォロワーに求められる役割を自覚し，たとえ障害があったとしてもきちんと役割を遂

行していく勇気のことである。「異議を申し立てる勇気」とは、リーダーの方針や判断に対して組織目的の観点から相応しくないと思えるものであれば建設的に異議を申し立てる勇気である。「改革にかかわる勇気」とは、組織変革を、リーダーとともに困難にもめげず実現していく勇気である。「良心に従って行動する勇気」とは、倫理的に問題がある状況においては、周囲の圧力に屈することなく正しい行動をとる勇気のことである。

Chaleffはまた、勇敢なフォロワーとしてフォロワーシップを実践するということは、「支援」(support)と「批判」(challenge)という2軸からなっているともいった。ここでいうところの支援とは、フォロワーがリーダーを支える度合いを意味する。一方、批判とは、リーダーの言動が組織目的の達成の障害となったり組織を危機にさらしたりするようなものであったときに、フォロワーがリーダーに異議申し立てできる度合いを意味する。この2次元の行動特性に基づいて、4つのタイプのフォロワーが導き出される。それらの関係は、図6-3の通りである。

「パートナー」(partner)は、リーダーを積極的に支え、リーダーが誤った判断をした場合には建設的な批判ができるという、最も勇敢なフォロワーの要素を備えたフォロワーであるといえる。「実行者」(implementer)は、リーダーを懸命に支えるがリーダーに対して批判的な行動はとらないという、リーダーにとっては最も都合のよいフォロワーである。「個人主義者」(individualist)は、リーダーを支える意欲に乏しいがいいたいことはいうというフォロワーである。リーダーにすれば、一見すると煙たい存在かもしれないが、面と向かって批判を展開する存在は希少であるので、マンネリ化した組織に揺さぶりをかける存在としては価値がある。「従属者」(resource)は、与えられた仕事をこなすという最低限の貢献しかもたらさないフォロワーである。よって、仕事上の成長も積極的な貢献も望めない。

それぞれのフォロワーのタイプが有する特性については、図6-4のようにまとめられている。

フォロワーシップ・スタイルに関するKelleyの模範的フォロワーと、Chaleffの勇敢なフォロワーのモデルは、それらのスタイルを決定づける2次元の行動特性に、共通する部分がある。模範的フォロワーにおける独自のクリティカル・シ

2 フォロワーシップに関する諸研究の検討

図6-3 Chaleff によるフォロワーのタイプ

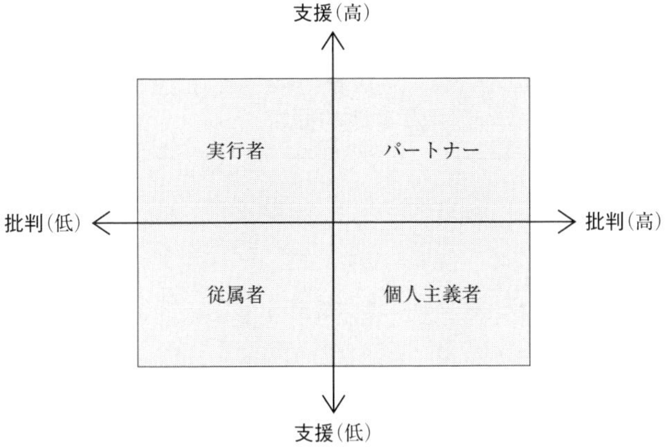

```
                    支援（高）
                       ↑
        ┌──────────────┼──────────────┐
        │              │              │
        │   実行者     │  パートナー  │
        │              │              │
批判（低）←──────────────┼──────────────→ 批判（高）
        │              │              │
        │   従属者     │  個人主義者  │
        │              │              │
        └──────────────┼──────────────┘
                       ↓
                    支援（低）
```

（出所） Chaleff（1995）邦訳59頁より作成。

図6-4 フォロワーの特性

実行者		パートナー	
	頼りになる		目的に導かれる
	協力的		使命を重視する
	気が利く		冒険的
	賛同する		人間関係を育む
	擁護する		自分と他者に責任を課す
	チームを重視する		デリケートな問題に立ち向かう
	従順である		長所と成長に重点を置く
	権威を尊重する		権力者と対等の関係を築く
	リーダーの見解を補強する		リーダーの見解を補完する
従属者		個人主義者	
	ただ存在している		対立的
	利用できる		率 直
	予備の人手		怖いもの知らず
	特殊技能の持ち主		独自の考えを持つ
	中立的		現実主義
	第一の興味はほかにある		不 遜
	最低限の義務は果たす		反抗的
	第三者に不満をこぼす		孤立しがち
	権力者の注目を避ける		権力者を恐れない

（出所） Chaleff（1995）邦訳61頁より作成。

ンキングに対する勇敢なフォロワーの批判，および，模範的フォロワーにおける積極的関与に対する勇敢なフォロワーの支援という議論からは，表現こそ異なるが，共通するフォロワーシップのあるべき姿を窺うことができる。それが，リー

ダーに対していうべきときにはきちんとものがいえ，組織の目的の実現に対して常に積極的に貢献する行動をとるということなのである。

2-4 フォロワーシップの定性的研究

フォロワーシップという現象を，ここまで議論してきたようなフォロワーシップ・スタイルからではなく，個人が暗黙に抱いているフォロワーシップの理想像から明らかにしようとするアプローチも存在する。このような考え方は，暗黙のリーダーシップ論の研究が蓄積されてきた延長線上に登場してきたものと思われる。

暗黙のフォロワーシップ論の研究はまだ緒についたばかりであるが，カテゴリー化理論に基づいてフォロワー自身が抱く暗黙のフォロワーシップ論を研究した成果が，前出のCarsten et al. (2010) である。

Carsten et al. は，アメリカとカナダで働く31名のビジネスパーソン（複数の業種，異なる組織階層に属する）に対し，インタビュー調査によって質的分析を行った。そこではまず，個人がどのようにフォロワーシップを認識しているのかに関して，3つのカテゴリーが導出された。それが，組織の秩序を重視する受動的フォロワーシップ，機会があれば表明すべき意見を持っているが基本的に秩序を重視する積極的フォロワーシップ，秩序に従うというよりもリーダーとはパートナーの関係にあると見なし率先して参加していく能動的フォロワーシップの，3つなのである。

そして，これらのカテゴリーを構成するフォロワーシップの特性として，チーム・プレーヤー (team player)，肯定的態度 (positive attitude)，主導的・能動的行動 (initiative/proactive behavior)，意見の表明 (expressing opinions)，柔軟性・寛大さ (flexibility/openness)，服従・従順さ (obedience/deference)，コミュニケーション・スキル (communication skills)，忠誠・支持 (loyalty/support)，責任感がある・信頼できる (responsible/dependable)，当事者意識 (taking ownership)，使命の自覚 (mission conscience)，誠実さ (integrity) という，12の要素が導き出された。それぞれの要素の特徴は，表6-2の通りである。

また，Carsten et al. 以外にもいくつか暗黙のフォロワーシップ論に関する研

2 フォロワーシップに関する諸研究の検討

表6-2　フォロワーシップの構成要素

フォロワーシップ特性	特性の定義
チーム・プレーヤー	他者と積極的に協力して働こうとする意欲。力を合わせて努力することや協働することを重視する
肯定的態度	他者を尊重し，援助し，支援しようとする気持ち。賞賛されること，希望のあること，善きことを重視する
主導的・能動的行動	問題や案件を進んで捉えにいき，立ち向かい，解決していこうとする意欲。リーダーに構わず主導権をとって問題を認識し，取り組んでいく
意見の表明	リーダーや集団に対してフォロワー自身の考えや思いを表明する。リーダーのアイデアや意思決定や方針などに対して建設的に意見する
柔軟性・寛大さ	適応しようとする意欲があり，融通が利く。新たなアイデアや経験をオープンに受けいれようとする
服従・従順さ	迅速にまたは積極的に参加することはしない。目につく反応や自発的な参加も含まれない。抵抗することなく従い，他者とうまくやっていく
コミュニケーション・スキル	アイデアや意見の交換ができる。周りの人の意見に理解を示し，うまく話を取りまとめる
忠誠・支持	忠実にリーダーを支持し，リーダーのアイデアを支援する
責任感がある・信頼できる	頼りがいがある。信頼するに足る。あてになる
当事者意識	担当するいかなる仕事でも，責任を全うし，権限や影響力を振るうことを重視する
使命の自覚	最も重要な企業の目標や方針を絶えず心に留め置いている。担当する仕事に対してマクロな視点そして全社的な目的の観点から取り組む
誠実さ	道徳的・倫理的原則を遵守する。道義心に満ちている。正直である

(出所)　Carsten et al. (2010) p.549 より，一部改訂して作成。

究があり，それらの発見事実を整理すると以下のようになる。まず，上述のようにフォロワーシップのタイプには受動的なものも能動的なものもあるが，何をもってフォロワーシップの発揮と見るかには統一的な見解がない（Uhl-Bien & Pillai, 2007）。リーダーに対して臆することなく積極的に発言したり関与したりする行動をフォロワーシップの発揮と見る見解が中心的ではあったものの（Kelley, 1992；Chaleff, 1995），より受動的なフォロワーシップ像も存在するからである。Carsten et al. は，フォロワーシップのタイプには，所属する組織の風土や環境等が影響すると指摘した。一方で，暗黙のフォロワーシップ論に関する12の構成要素については，各構成要素とフォロワーシップのタイプとの関係，および各

要素間の関係が、今後の課題であるとしている。

なお、Shondrick & Lord (2010) は、暗黙のリーダーシップ論と暗黙のフォロワーシップ論は、個々が独立して存在するのではなく、相互に影響し合う関係にあると指摘した。これまでの議論からも自明であるが、組織の活動は、リーダーあるいはフォロワーのいずれかだけでは成り立たず、両者の相互作用によって成り立っている。したがって、両者は互いに影響を及ぼし合うため、相互作用を通じて、暗黙のうちに想定していた既存の認知的な枠組みに何らかの変化が生じる可能性もある。ところが、これまでの暗黙のリーダーシップ論・暗黙のフォロワーシップ論は、いずれも静態的な観点からしか議論がなされていない。今後は、動態的視点からの暗黙のリーダーシップ論および暗黙のフォロワーシップ論の研究が必要であろう。

2-5　フォロワーシップの定量的研究

前項で見たCarsten *et al.* が一般的なフォロワーの抱く暗黙のフォロワーシップ論を明らかにしたのに対し、Sy (2010) は、リーダーがフォロワーに対してどのような暗黙のフォロワーシップ論を有しているのかについて、その因子構造のモデル化を試みた。[3]

このモデルによれば、暗黙のフォロワーシップ論は、肯定的な要素からなるフォロワーシップ・プロトタイプと、否定的な要素からなるフォロワーシップ・アンチ・プロトタイプに、類型化できるという。フォロワーシップ・プロトタイプは、探索的因子分析により抽出された勤勉 (industry)・熱心 (enthusiasm)・善き市民 (good citizen) という、3つの特性から構成される。一方、フォロワーシップ・アンチ・プロトタイプは、順応 (conformity)・不服従 (insubordination)・無

3　暗黙のフォロワーシップ論のプロトタイプを探求するにあたり、第1の調査としてSyは、複数の業界にわたる149名の管理者を対象に、リーダーが考える暗黙のフォロワーシップ論のプロトタイプを各自20ずつリストアップするように求め、そこから得られたデータを3名のリーダーシップ研究者が精査して、最終的に161項目の特性を導き出した。
　この161項目からなる暗黙のフォロワーシップ論の特性について、第2の調査では、428名の多様な業界に属する管理者を対象に探索的因子分析を実施し、上述の6つの因子を抽出した。
　第3の調査では、393名の管理者を対象に、確証的因子分析の手法を用いて、抽出された因子間の関係を検証した。

2 フォロワーシップに関する諸研究の検討　135

図6-5　暗黙のフォロワーシップ論の構成要素

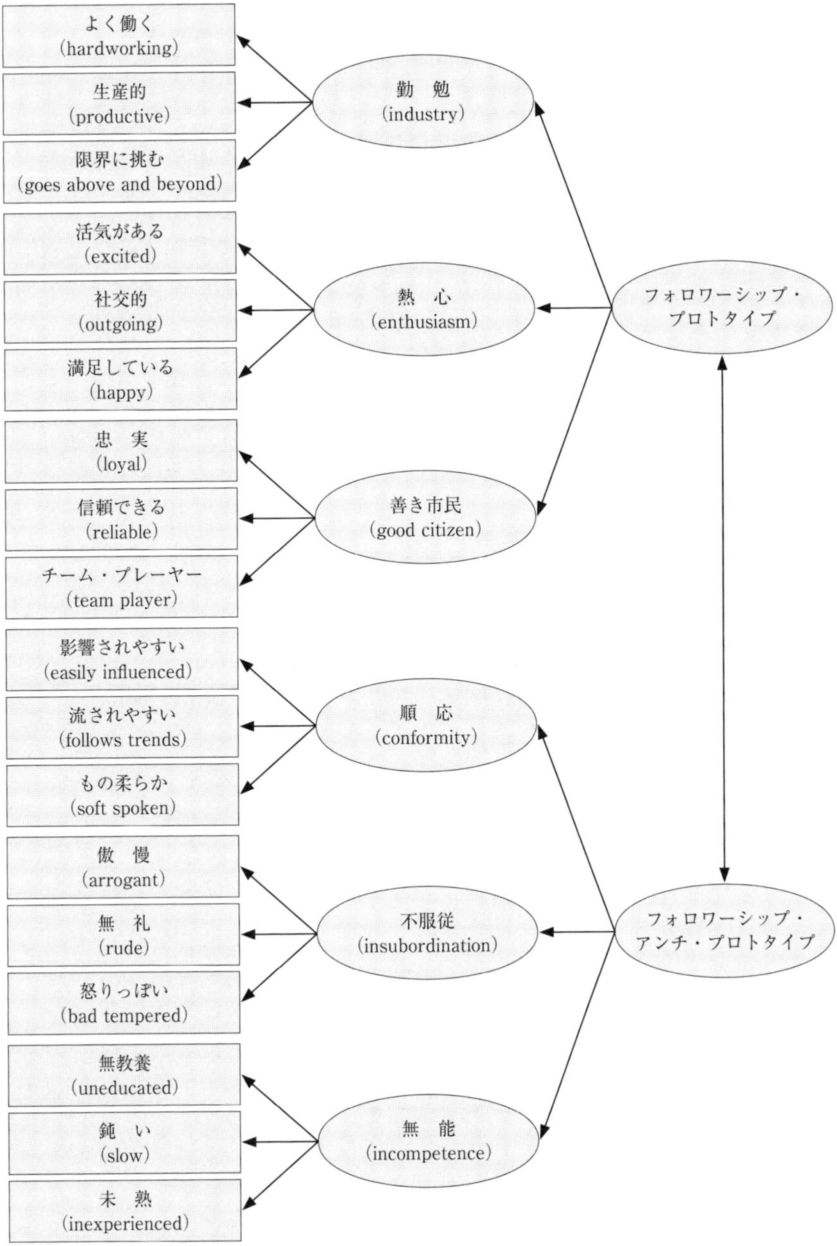

- よく働く (hardworking)
- 生産的 (productive)
- 限界に挑む (goes above and beyond)
　→ 勤勉 (industry)

- 活気がある (excited)
- 社交的 (outgoing)
- 満足している (happy)
　→ 熱心 (enthusiasm)

- 忠実 (loyal)
- 信頼できる (reliable)
- チーム・プレーヤー (team player)
　→ 善き市民 (good citizen)

　⇒ フォロワーシップ・プロトタイプ

- 影響されやすい (easily influenced)
- 流されやすい (follows trends)
- もの柔らか (soft spoken)
　→ 順応 (conformity)

- 傲慢 (arrogant)
- 無礼 (rude)
- 怒りっぽい (bad tempered)
　→ 不服従 (insubordination)

- 無教養 (uneducated)
- 鈍い (slow)
- 未熟 (inexperienced)
　→ 無能 (incompetence)

　⇒ フォロワーシップ・アンチ・プロトタイプ

(出所)　Sy（2010）p. 78より，一部改訂して作成。

能（incompetence）の3つの特性から構成される。確証的因子分析によって得られたモデルは，図6-5の通りである。

その上で，導出されたプロトタイプの結果の一貫性を測定し，「好意」（フォロワーのリーダーに対する，および，リーダーのフォロワーに対する），「リーダーとフォロワーの関係の質」，「信頼」，「職務満足」という成果との関係性が検証された。まず，一貫性については，228名の大学生を対象に4週間の間隔を置いて同じフォロワーシップのプロトタイプおよびアンチ・プロトタイプに関する確証的因子分析の調査を実施した。[4] 次に，1つは上司と部下の組み合わせによる80組のビジネスパーソン，もう1つは第3の調査の協力者のうち309名の管理者を調査対象とした実証研究を実施し，「好意」「リーダーとフォロワーの関係の質」「信頼」「職務満足」という成果との関連性を検証した。[5]

結果は以下の4点にまとめられる。第1に，リーダーによる暗黙のフォロワーシップ論を構成するプロトタイプは，フォロワーの立場から見た，リーダーに対する好意，リーダーとの関係の質，リーダーへの信頼，職務満足，いずれの項目とも正の相関が得られた。第2に，アンチ・プロトタイプのほうは，フォロワー

---

4 この調査は，Syが，確証的因子分析によって導かれたモデルの一貫性を検証するために，脚注3で説明した3つの調査に続く第4の調査として行ったものである。これによってモデルの一貫性が実証された。

5 さらに，第5の調査として，確証的因子分析によって導かれた暗黙のフォロワーシップ論のモデルに対し，リーダーとフォロワーの関係から派生する概念との関連性が検証された。これによって，1つには，予備的に暗黙のフォロワーシップ論にまつわる法則定立のネットワーク（nomological network）を確立することを試み，また，もう1つには，暗黙のフォロワーシップ論のモデルの基準関連妥当性（criterion validity）および暗黙のリーダーシップ論に対する増分妥当性（incremental validity）を検証しようとしたのである。

　具体的には，本文にもあるように，好意（フォロワーのリーダーに対する，および，リーダーのフォロワーに対する），リーダーとフォロワーの関係性の質（LMX），信頼，職務満足と，どういった関係にあるのかを明らかにした。第1の目的に関しては，リーダーによる暗黙のフォロワーシップ論を構成するプロトタイプは，フォロワー側から派生するリーダーとフォロワーの関係によって生じる成果，すなわち，リーダーに対する好意，リーダーとの関係性，リーダーへの信頼，職務満足，いずれの項目とも正の相関が得られた。一方，アンチ・プロトタイプの結果に関しては，リーダーのフォロワーに対する好意を除く，その他の概念については一定の関係性が指摘され，一定の法則定立のネットワークが確認される形となった。第2の目的であった，基準関連妥当性および増分妥当性は，暗黙のフォロワーシップ論の隣接概念である暗黙のリーダーシップ論，および，個人が暗黙に有している何をもって成果と見なすかについての認識を意味する暗黙の成果に関する理論（implicit performance theory: IPT）との関係性が検証され，フォロワー側のリーダーに対する信頼以外の項目は，妥当性が示された。

から派生する同様の成果に対し，第1の結果とは逆に負の相関を示した。第3に，リーダーによる暗黙のフォロワーシップ論を構成するプロトタイプは，リーダー側から派生する成果のうち，フォロワーに対する好意およびフォロワーとの関係の質については正の相関を示した。第4に，アンチ・プロトタイプのほうは，リーダーの立場から見たフォロワーとの関係の質については負の相関を示したが，リーダーのフォロワーに対する好意については相関が認められなかった。

この研究から，以下のようなことがいえるであろう。すなわち，リーダーがフォロワーに対するプロトタイプからなる暗黙のフォロワーシップ論を有している場合は，フォロワーとの良好な関係が築かれ，職務満足という成果に結びつく。逆に，アンチ・プロトタイプからなる暗黙のフォロワーシップ論を有している場合は，フォロワーとは必ずしも良好な関係が築かれず，職務満足にも負の影響が出るということである。

3　フォロワーシップ論からの知見

ここまで，フォロワーシップおよびフォロワーに関連する諸研究を渉猟し，さまざまな角度からフォロワーシップ論の展開を考察してきた。フォロワーは，その語源を遡ってみてもわかるように，長く人類の関心を集めてきた。しかし，研究対象としては，フォロワーシップ単独ではなく，あくまでリーダーシップとの関連で注目を集めた概念である。リーダーシップについて，フォロワーの重要性への意識が高まるにつれ，フォロワー像が受動的なものから能動的なものへと変化し，フォロワーシップへの関心も高まっていったのである。

本格的なフォロワーシップ研究の端緒となったのがKelleyの模範的フォロワーであり，そこからフォロワーシップ・スタイルの研究が発展し，Chaleffの勇敢なフォロワーの議論へと展開していった。いずれの研究でも，フォロワーシップを発揮する行動特性として，リーダーに対してきちんとものがいえるということと，組織の目的に積極的なコミットメントを示すということが，共通に指摘されている。ただし，フォロワーシップ・スタイルをめぐるこれらの議論では，誰が求めるフォロワーシップを対象にしているのかということが，明確になってい

ない。つまり，リーダーが部下に求めるフォロワーシップなのか，フォロワーが同僚のフォロワーに求めるフォロワーシップなのか，あえて解釈するならばリーダーあるいは組織が求めるフォロワーシップであろうと考えられたとはいえ，フォロワーシップを求める主体が判然としていなかったのである。

この点を明確にして，本格的にフォロワーシップの実態を調査したのが，Carsten *et al.* および Sy の研究である。前者は，フォロワーが求める理想的なフォロワーシップについてのインタビューを主とした定性的調査，後者は，リーダーが求める理想的なフォロワーシップについてのアンケートに基づく定量的調査であった。これら一連の調査は，今後の展開が期待されるフォロワーシップについての本格的な実証研究の，嚆矢と位置づけられるものである。

今後，フォロワーシップ研究には，フォロワーシップを求める主体がリーダーなのかフォロワーなのかを明確にした上で，それぞれの視点から調査を行った研究の蓄積が求められる。同時に，定性・定量いずれのアプローチについても，さらなる精緻化が必要となろう。具体的なフォロワーシップ測定尺度の開発も望まれるところである。また，このようにフォロワーシップの現象面について理解を深めることも重要であるが，フォロワーシップの発揮によって組織的にどのような効果がもたらされるのか，あるいは，フォロワーシップが生成する条件等といった諸概念との関連性を明らかにすることも，必要である。

第II部

事例研究

第7章

事例研究の概要

次章からは事例研究に入っていくが，その前に本章で調査の概要を述べることとする。まず，前章までの先行研究の検討を踏まえて，本書がどのようなアプローチに依拠して，それをどのように発展させていくのかという観点で，調査の方向性を議論する。次に，リーダーシップに関して質的調査法を用いた諸研究を検討し，その貢献と課題を明らかにした上で，本書における分析枠組み，および調査方法を提示する。最後に，本書で考察する3つの事例の概要を示し，調査対象として選んだ理由を述べる。

1　本書における調査の方針

　前章まで，フォロワーの視点に基づいたリーダーシップおよびフォロワーシップに関する先行研究を検討してきたが，ここで今一度，先行研究からもたらされた知見および理論的課題を考察する。その上で，本書の事例研究が依拠するアプローチとその視点の独自性について述べる。

　先行研究の検討結果に関して全体的な傾向としていえるのは，リーダーシップ研究が発展するにつれ，フォロワーの存在が重視されるようになってきたということである。リーダーの存在にのみ注目していた初期リーダーシップ研究を経て，その後にリーダーシップ研究の中心的な存在となったカリスマ的・変革型リーダーシップにおいては，研究が蓄積されていく中でフォロワーの存在意義が高まっていき，フォロワーの自己概念の変容を促すという視点が重視されるに至った。また，相互作用アプローチが登場したことで，リーダーシップはリーダーとフォロワーの相互作用によって成立するという見解が確立された。加えて，フォロワー主体アプローチと呼ばれる，そもそもフォロワーの視点を重視するアプローチも独自の発展を遂げ，暗黙のリーダーシップ論およびリーダーシップの幻想が確立されている。一方，フォロワーシップ研究は，ようやく本格的に研究が展開された段階とはいうものの，その中ではすでに，暗黙のフォロワーシップ論といった暗黙のリーダーシップ論にも通じるような議論が展開されており，フォロワーの存在を媒介として双方からのアプローチで研究が発展していくことが見込まれる。このようにフォロワーの視点が重視されるようになっていることから，本書

が前提とするフォロワーの自発的な意識の変化を促すリーダーシップという観点が，リーダーシップ研究の主たる関心事になってきているという指摘が可能となる。そして当然のことながら，本書の研究アプローチは，以下で述べるように，上述の先行研究の成果を引き継ぐものであるが，本書ではそこへさらに独自の視点を加えて議論を展開していくつもりである。

　まず，リーダーシップという現象の基本的な捉え方に関して，本書は，リーダーシップはリーダーとフォロワーの相互作用によって生成すると見なす相互作用アプローチに依拠する。リーダーシップという現象自体がリーダーとフォロワーの相互作用の場において生成するという考え方は，ほとんどのアプローチにおいても前提とされている捉え方であり，本書も，この方向性を踏襲する。

　また，本書は，このようにリーダーシップの成否を最終的に決定づける存在としてフォロワーを重視する立場を踏まえ，リーダーシップ現象の生成については，影響力の発信源であるリーダー側が意図した行為からではなく，リーダーシップの受容者であるフォロワー側の認知からアプローチすることとし，フォロワーがリーダーシップと見なしたリーダーの行為をリーダーシップと捉える。こうしたフォロワー側からリーダーシップを捉えるというアプローチは，リーダーシップはフォロワーによって社会的に構成されるという観点からフォロワー主体アプローチを主張した，リーダーシップの幻想の考え方に依拠するものである。

　このように本書は，リーダーシップの基本的な捉え方については相互作用アプローチの考え方に，また，フォロワーを重視するという立場についてはリーダーシップの幻想に代表されるフォロワー主体アプローチの考え方に依拠し，これらの先行研究を受け継いでいる。

　ただし，本書が，相互作用アプローチとフォロワー主体アプローチを融合したという点は，オリジナルであると考えている。したがって，本書では，リーダーとフォロワーの相互作用にリーダーシップを求めつつ，フォロワー側に認知されたリーダーシップ現象を分析対象とし，その現象に対してリーダーはどのような意図を有していたのかを明らかにしていく。これはすなわち，フォロワーを起点とした現象の確定と，その意図に関するリーダー自身の意見表明によって，リーダーシップを明らかにするということである。

2 リーダーシップの定性的研究

これまでのリーダーシップ研究における調査方法は、アンケート調査に代表されるような定量的研究が主流であった。しかし、インタビュー調査や参加観察に代表される定性的研究がなかったわけではなく、それらは数の上では定量的研究に劣るものの、中には定量的研究では明らかにできない事実を発見したり、リーダーシップ研究全体にインパクトをもたらしたりした研究も存在する。

Bryman (2004) は、レフェリー付きの学術雑誌に掲載されたリーダーシップの定性的研究を渉猟している。それによれば、レフェリー付き学術雑誌に最初に掲載された、定性的研究に基づいたリーダーシップ研究は、パブリック・スクールの校長のリーダーシップ継承に関する事例研究である Pettigrew (1979) で、タイトルにリーダーシップの定性的研究と付けた最初の論文は、イギリスの建設現場における監督のリーダーシップに関する比較事例研究である Bryman et al. (1988) であったという。Bryman は、定性的研究といっても、その具体的な調査方法は、参加観察法、インタビュー法、ケース・スタディ、さらには定量的研究も合わせて行うトライアギュレーションといったように多岐にわたっており、だからこそさまざまな研究成果が発信されたのだとしている。そういった中でも、定性的研究を用いた諸研究の成果は、リーダーシップの意味解釈の側面に貢献があったと Bryman はいう。ここで指摘される意味解釈の側面とは、具体的には、以下のような点である。

・組織変革のプロセス
・組織目的を達成するためのシンボルや意味づけ
・リーダー行動にまつわるコンテキスト
・組織のあらゆる階層のリーダーの心的内面
・リーダーシップの発揮にまつわる言葉

リーダーシップの定性的研究のうち、Bryman が渉猟しなかったものの中で代表的な研究に、参加観察法を用いてトップ・マネジャーの行動特性を明らかにした Mintzberg (1973)[1]、参加観察とインタビュー法を用いてゼネラル・マネジャ

2　リーダーシップの定性的研究　145

ーの行動特性を導き出した Kotter（1982）[2]，トップ・マネジャーへのインタビュー調査を用いて変革型リーダーの特徴を論じた Bennis & Nanus（1985）[3] がある。これらの研究成果は，調査の方法にかかわらずその後のリーダーシップ研究に影響をもたらしている。

　質的方法による研究は，リーダーシップそのものの研究のみならず，どのようにしてリーダーを育成するのかというリーダーシップ開発論の分野においても盛んである。たとえば McCall, Lombardo & Morrison（1988）および McCall（1998）は，経営幹部に対して経験からの教訓（一皮むけた経験）に関するストーリーを収集し，そこからリーダーシップに関係するインプリケーションを導き出すというアプローチを展開した[4]。

　ところで，これらリーダーシップの定性的研究において，その中心的存在はあくまでリーダーであった。もちろん，繰り返し指摘してきた通り，フォロワーの存在が無視されてきたというわけではない。しかし，フォロワーの視点から遡ってリーダーシップを捉えようとしたのは，リーダーシップの幻想やフォロワーのリーダーシップ原因帰属に代表されるようなフォロワー主体アプローチのみであったし，これらのアプローチもデータ源としてフォロワーの語りには注目してい

1　5名の CEO の日常行動を分析し，対人関係・情報関係・意思決定という，大きく分ければ3つのカテゴリーからなる役割を導出した。そして，それぞれ，対人関係の役割は，組織のトップとして象徴的に振る舞う「フィギュアヘッド」，部下のモチベーションを高める「リーダー」，組織間関係を構築する「リエゾン」からなる。情報関係の役割は，組織内外の動きを把握する「モニター」，組織内に情報伝達する「周知伝達役」，対外的に情報を発信する「スポークスマン」からなる。意思決定の役割は，組織変革や新たなことを立ち上げる「企業家」，突発的な問題に対処する「障害処理者」，経営資源の配分を決定する「資源配分者」，さまざまなステークホルダーと交渉する「交渉者」からなるとした。
2　ゼネラル・マネジャー（事業統括責任者）と呼ばれる複数の職能と権限を持つ組織のリーダー15名を対象に調査した結果，事業の方向性を示す「アジェンダ設定」と組織内外のさまざまな人々とのつながりをつける「ネットワーク構築」という，2つの特性を導き出した。
3　優れたリーダーの「4つの戦略」として，①人を引きつけるビジョンを描く，②あらゆる方法で「意味」を伝える，③「ポジショニング」で信頼を勝ち取る，④自己を創造的に活かす，という要素を導き出している。
4　リーダーシップ開発論は日本でも研究が発展しており，代表的なものとして，日本のビジネスパーソンの一皮むけた経験を対象とした金井・古野（2001）；金井（2002a）；谷口（2006）等の一連の研究が存在する。また，これに関連する研究に，リーダー自身が個人的に有しているリーダーシップの持論を明らかにした片岡（2010）がある。リーダーシップ開発論に関する研究においては，リーダーが語るストーリーからリーダー自身が有するリーダーシップについての素朴理論を明らかにし，それに基づいた次世代リーダーの育成が目指されている。

ない。ただし，Fairhurst & Hamlett（2003）がLMXのプロセスをリーダーとフォロワーの語りを通じて明らかにしたように，リーダーとフォロワーの相互作用のプロセスを語りによって解明するという動向はあるのである。また，前出のBrymanも，語りを用いた分析の必要性を指摘していた。

上述のようなデータ源としての語りについて，たとえば組織では創業者の逸話や武勇伝あるいは神話といった形で語りが共有されていることがあり，それらを組織文化を体現するシンボルと捉えた研究（Clark, 1972；Martin, 1982；Wilkins, 1983；1984；Schein, 1985）などに，その可能性を見出すことができる。そもそも，シンボルとは特定の意味を伝達する媒体（Geertz, 1973；Morgan, Frost & Pondy, 1983）であるから，語りをシンボルとして捉えるということは，語り手が何らかの意味を語りによって伝達すると考えているということである。

一方，人が語るという行為に目を向けると，それは，語り手の主観的な解釈によって展開される一連の流れを持った特定の事象に対する意味付与（sense making）行為と見なされる（Gephart, 1991；Weick, 1995）。同様の見解は，心理学の分野で「フォーク・サイコロジー」（folk psychology）の必要性を説くBruner（1986；1990）においても見受けられるものである。Brunerは，認知革命（cognitive revolution）の中心的関心であった情報処理の限界を指摘し，行為者の意味付与の重要性を主張した。そして，意味付与において重要なのが，行為としてのストーリー，ひいては語りなのである[5]。

これら一連の議論から，語ることおよび語られたものとしての語りに関していえることを簡単にまとめると，以下のようになるであろう。

・個人は語りによって自らの体験の意味を表現する
・語るという行為は，個人による意味付与行為である
・語られた語りは，その意味を表現するシンボルである

以上を踏まえて，筆者は，本書における研究方法には，既存研究と決定的に相

---

5 このような議論は，近年，ナラティブ（語り）・セラピーの領域において積極的に展開される傾向にある（White & Epston, 1990；McNamee & Gergen, 1992；Whyte, 1993；小森・野口・野村, 1999）。ナラティブ・セラピーでは，病とは語りであると考える。つまり，病には生物的な要因のみならず，個人が経験したさまざまな出来事が語りの形で整理されたものが影響を及ぼすと考えるのである。したがって，クライアントとセラピストが共同して語りを再構成していく行為が，ナラティブ・セラピーのエッセンスとなる。

違するオリジナルな点が3つあると考えた。

　第1は，フォロワーに関することで，本書が，リーダーシップの起点をフォロワーがリーダーシップを認知したことであるとし，また，それを具体的な出来事として捉えている点である。

　これは，フォロワーが実際にリーダーシップを認知したということを，当事者から最も自然な形で引き出すには，エピソードに代表される具体的な出来事に依拠することが有効だからである。しかし，フォロワーがリーダーシップを認知したということを具体的な出来事を通じて捉えただけで，リーダーシップを解明したことにはならない。というのも，フォロワーの認知した出来事に対して，リーダーがどのような意図を持っていたのかについてを明らかにしなければ，リーダーとフォロワーの相互作用からなるリーダーシップを解明したことにならないからである。そこで，フォロワーが認知したリーダーシップに関する出来事に対して，リーダーはどのような意図を持っていたのかを明らかにしているということが，本書における第2のオリジナルな点である。

　第3は，フォロワーがリーダーシップを認知した出来事およびそれについてのリーダーの意図を，それぞれの語りをデータ源として解明していったという点である。エピソードに代表される語りを通じて特定の事柄を伝えることは，最も自然なコミュニケーションの形の1つであるため，リーダーシップに関する当事者の率直な認識を窺い知るのに，語りは有効だといえるのである。

3　分析の枠組みと調査手順

　図7-1に，本書における調査の分析枠組みを図示した。

　なお，本書ではリーダーとフォロワーとの一定期間に及ぶ相互作用に注目するため，特定のリーダーと複数のフォロワーからなる組織を対象とする。その上で，リーダーシップをフォロワーの語りとそれに対するリーダーの語りを通じて明らかにしようとしたとき，最適な調査方法は，インタビュー法であろう。以下では，本書の事例研究における具体的なインタビュー調査の手順を説明する。

　まず調査依頼の段階で，フォロワーには「特定のリーダーと仕事をした経験の

図 7-1 本書における事例研究の分析枠組み

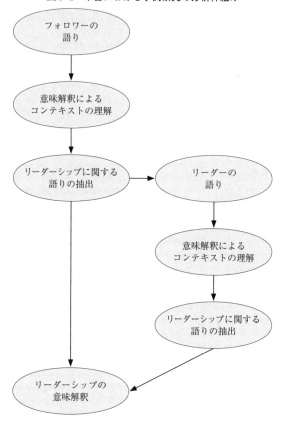

中でリーダーシップが発揮されていると感じた出来事とは」というインタビューの主旨を伝えておき，インタビューでは，自由回答方式で語り手であるフォロワーと聞き手である筆者が語りをつくり出し，それをデータとして得る，という過程で行われた。なお，リーダーに対しても，インタビューは同様の過程で行った。ただし，リーダーの場合は，フォロワーから得られたリーダーシップに関する語りに対してリーダーがどのような見解を持っているのかについて，聞き手である筆者がインタビュー中に質問しているという点が，フォロワーの場合と異なっている。

　インタビューは，調査協力者の了解のもとで録音し，内容をすべてテキスト化

した。テキスト化されたデータの分析方法は，以下のようなものである。上述の分析枠組みに則って，分析は，フォロワーの語りから始めることになるが，このとき，まずは語りの中で明らかになった出来事を時系列に整理し，コンテキストを明らかにする。具体的には，時系列に整理された出来事をフォロワーの語りから明らかになった意味解釈によって事例全体の語りを再構成するわけだが，これがリーダーシップに関する語りをより深く理解するのに不可欠なのである。こうして事例全体のコンテキストを理解した上で，リーダーシップに関する語りの抽出を行う。その際，具体的な話の筋に沿って展開されるストーリーのほかにも，筆者と語り手の間で交わされた会話において，フォロワーがリーダーに関して何らかの認識を示したことについては抽出しておくようにする。

　このようにして，フォロワーの語りから導かれた事例全体のコンテキストとリーダーシップに関する現象の意味解釈ができた段階で，リーダーへのインタビュー調査を実施した。リーダーへのインタビュー・データの分析方法も，基本的にはフォロワーの場合と同じである。まず，リーダーのインタビュー・データから出来事を時系列に整理し，リーダーの語りのコンテキストを意味解釈する。もちろん，リーダーとフォロワーという立場の違いはあれど，本調査は特定の同じ集団にまつわるインタビューなので，フォロワーの語りから明らかになったコンテキストと類似する部分は多くなる。しかし，リーダーにしか語れない個人的経験があるという可能性も考えれば，これによって事例のコンテキストはより充実したものになることが期待できる。その上で，リーダー自身の語りによるリーダーシップに関する語りの抽出も，フォロワーの場合と同様の手順で行う。

　こうしてフォロワーとリーダーの語りの中から抽出されたリーダーシップにまつわる出来事を，類型化してカテゴリーを導出し，カテゴリーごとに語りを意味解釈して，リーダーシップ現象に関する内部者の意図を明らかにしていくのである。

　なお，ここまで何度か意味解釈をする段階があることを述べてきたが，その手順をまとめると，表7-1のようになる。まず，フォロワーとリーダーの語りの中から抽出されたインタビュー・データそのものによって，リーダーシップに関する語りを記述する。次に，その語りを類型化し，意味解釈することによって語りの再構成を行い，事例のコンテキストを明らかにする。そして最後に，リーダー

表 7-1　意味解釈の水準

内部者の語り（一次的構成）	インタビュー・データより抽出されたありのままの語り
語りの再構成（二次的構成）	インタビュー・データの類型化・意味解釈
リーダーシップ研究へのつながり	リーダーシップ現象の意味解釈

シップ現象の意味解釈を行う。

4　対象事例

　ここまで説明してきたアプローチを実施する対象として，本書では3つの事例研究を行った。

　事例の選択に際しては，リーダーとフォロワーの人間関係上の特徴と，リーダーシップを取り巻く状況上の特徴という，2点を考慮した。リーダーとフォロワーの人間関係については，年齢も経験も知識もリーダーがフォロワーを上回っている場合が一般的であるが，プロフェッショナルの集団においてはリーダーの知識レベルは必ずしもフォロワーを上回っておらず，ましてや，両者の専門分野が異なる場合などは知識レベルの比較という話でもなくなる。また，リーダーとフォロワーの人間関係が良好である場合もあれば，職務上の相互作用の機会が少なかったり，まだ出会ったばかりといったこともあり，そのレベルも多様である。それゆえ本書では，人間関係上の典型的な特徴が複数観察できるように，事例を選択している。一方で，リーダーシップを取り巻く状況も，定型的業務中心の日常業務や，特定のミッションを達成すべく活動するプロジェクト・チームのタスク，あるいは抜本的な価値観の変化を求められる組織変革といったように，さまざまである。以上の2点を踏まえて，本書では，以下の3事例を対象とした。

　第1の事例は，大手電機メーカーE社の人事部で，複数のフォロワーから信望が厚く名物部長として有名だったG部長と，彼を信奉する7名のフォロワーからなる集団を，対象としている。この事例を取り上げた理由は，以下の2点である。まず，フォロワーがリーダーシップを認知する最も典型的なパターンとして考えられる，フォロワーがリーダーを信奉しているという人間関係上の特徴を

有していたからである。したがって，この事例では，特定のリーダーを信奉しているフォロワーは，どのような出来事によってリーダーシップを認知するのかということを，明らかにしていく。2点目の理由は，この事例の舞台が日常業務であったという，状況上の特徴にある。本書では，リーダーシップを，その本質はフォロワーの自発的な意識の変化を促す行為であると，定義している。一般に，自発的な意識の変化が求められる状況として想定されるのは，組織が何らかの転機に差しかかっているときだと考えられるので，主として定型的業務を遂行することが求められる日常業務には，必ずしもリーダーシップが必要とされないことも考えられる。そのように，リーダーシップの発揮が必ずしも求められない日常業務の中でもフォロワーがリーダーシップを認知するとすれば，それはどのような場面なのかを明らかにしたいということが，2点目の理由である。すなわち，フォロワーが特定のリーダーを信奉しているというリーダーシップの認知が認められやすい人間関係を示しながら，状況としてはリーダーシップの発揮が必ずしも求められない日常業務の中にあるという，一見相反する条件下で，フォロワーはリーダーシップについて何を語り，その語りに対しリーダーがどのような見解を語るのかを明らかにするというのが，第1の事例研究の課題となる。

　第2の事例研究は，エーザイ株式会社のアルツハイマー型認知症治療薬である「アリセプト®」の探索研究チームを対象とした。「アリセプト®」は，副作用の少ない初のアルツハイマー型認知症治療薬として同社が開発した，画期的な新薬である。事例の対象としたのは，その開発プロセスにおいて新薬のもととなる化合物を開発する探索研究チームを率いた，杉本八郎チーム・リーダーとメンバーの研究員である。世界的にも画期的なイノベーションを実現した研究チームにおいては，どのようなリーダーシップが実践されていたのであろうか。この事例を取り上げた理由にも，人間関係上と状況上の理由がある。まず前者について，創薬研究のプロジェクト・チームは，専門分野が複数にわたる研究者たちによって構成されており，また，分野が同じでも各メンバーがエキスパートであるため，チーム・リーダーはすべての領域をカバーすることもできなければ，リーダーがすべてのフォロワーに対して専門性で上回っているという関係も成り立たない。次に後者について，チームは，アルツハイマー型認知症治療薬を開発するというミッションで統一されていた。ただし，取り組んでいるタスクの不確実性はきわ

めて高く，パフォーマンスが上がらないとプロジェクトを中止しなければならないリスクを抱え，なおかつ，ライバル関係にある研究チームも複数存在しているという，緊張感に満ちた状況にあった。このように，高度なプロフェッショナルから構成された，ミッションの共有度合いが高いプロジェクト・チームが，不確実性に満ちたタスクを遂行するのに，リーダーシップがどのように貢献したのかということを明らかにするのが，本事例の研究課題である。

　第3の事例研究の対象は，フェニックス電機株式会社の企業再建である。企業再建とは，それまでの経営のあり方を抜本的に見直して組織として再スタートを切ることであり，すなわち組織変革であるといえる。組織変革とリーダーシップの関係は変革型リーダーシップの中心トピックなので，本事例の対象はリーダーシップ研究においては典型的なものである。具体的には，カリスマと目されていた創業者が事業に失敗したことを受けて，その再建請負人すなわち本事例におけるリーダーとなった大手重工業メーカー元管理職の斉藤定一が活躍し，その一方で，残留してフォロワーとなった経営幹部の心理は倒産によって自信を喪失した状態にあったという事例である。このような事例を取り上げた，人間関係上の問題意識は，以下の2点である。第1に，たしかにこれはリーダーシップの発揮が求められる典型的な場面であったとはいえ，フォロワーは，倒産を経験して自信を喪失しており，表立った抵抗こそしないものの，自発的に意識を変化させるのは困難な心理的状態にあった。そうしたフォロワーに対し，どのようにリーダーシップが発揮されて，企業再建が実現したのだろうか。第2に，リーダーとなった再建請負人が，大手企業という，カリスマ的リーダーが牽引してきたベンチャー企業のフェニックス電機とは対照的な組織の出身者であったことが，背景の異なる組織出身のリーダーが，どのような変革型リーダーシップを発揮したのかという問題関心につながった。一方，状況上の理由は，まず，本事例が企業再建という抜本的な組織変革の求められる状況を扱っているということである。リーダーシップはフォロワーの自発的な意識の変化を促す行為であるという本書の定義に則れば，大きな意識の変化が求められる状況ではリーダーシップが求められるはずだからである。また，フェニックス電機が倒産前はカリスマ的リーダーに率いられたベンチャー企業であったということも，状況上の理由となった。カリスマ的リーダーにすべてを依存していた組織において，そのリーダーシップが破綻

した後，次にリーダーとなった再建請負人は，組織変革をもたらす変革型リーダーシップをどのようにして発揮したのだろうか。

　以上のことから，E社人事部，「アリセプト®」探索研究チーム，フェニックス電機の企業再建という，本書の3事例は，リーダーとフォロワーの人間関係およびリーダーシップの直面している状況が，すべて異なっているということがわかる。ただ，E社の日常業務，「アリセプト®」探索研究チームのプロジェクト・チーム，フェニックス電機企業再建の組織変革は，いずれも，従来のリーダーシップ研究においても取り上げられてきた対象である。しかし，この3つはいずれも，顕著な成果をもたらした事例なのである。すなわち，E社の場合は日常業務中心の職場にもかかわらず特定のリーダーに対する複数の信奉者が独自の取り組みを行って注目され，「アリセプト®」探索研究チームは画期的なイノベーションを実現し，フェニックス電機の経営陣も3年という短期間で劇的な企業再建を成し遂げた。

　このように顕著な成果をもたらした組織を率いたリーダーに対して，フォロワーがどのようにリーダーシップを認知したのかを明らかにしていくことは，本書の問題意識とも照応する。したがって，本書の事例研究の対象として，この3つを選択することは妥当であると判断したのである。

第8章

日常業務で語られる
リーダーシップ

156　第8章　日常業務で語られるリーダーシップ

最初の事例研究として本章では，大手電機メーカーE社の人事部で，複数のフォロワーから信望が厚く名物部長として有名だったG部長と彼を信奉するフォロワーからなる集団を対象とした事例を考察する。

1　調査概要

本事例は，筆者とかねて交流のあった大手電機メーカーE社の関連会社N社に所属していたY氏の協力によって実現した[1]。具体的には，Y氏がかつて所属したE社電機部門人事部の上司であったG部長と，その職場でG部長を信奉していたメンバーに対するインタビュー調査を実施した。調査対象となった集団は，大手電機メーカーE社の電機部門で1988年6月から97年12月まで人事部長を務めたG部長と，そのもとで働きG部長のことをリーダーシップを発揮していたリーダーであったと認識している元部下6名のフォロワーである。それぞれのフォロワーには年齢や担当職務の違いはあるが，いずれもG部長がリーダーシップを発揮していた人物であると認識しているという点で共通している[2]。

インタビュー調査は，フォロワー6名に対しては2000年6月20日から7月31日の間に，リーダーのG部長に対しては01年8月31日に実施した。インタビュー時間は，フォロワーへのインタビューは1人当たり40分から2時間（平均して約90分），リーダーへは約3時間であった。インタビューは，基本的に調

表8-1　E社インタビュー調査日程

2000年6月20日	J氏 S氏
29日	C氏 R氏
7月31日	F氏 A氏
01年8月31日	G部長

1　本調査は，調査対象先の企業名，およびインタビュー調査に応じた調査協力者名，そして調査対象のリーダー名を，すべて匿名にすることを条件として実施された。
2　なお，G部長との上司―部下関係は，調査時点ですでに解消されていた。

査協力者である前出のY氏と共同で実施された．また，内容は協力者の同意を得た上で録音し，逐次テキスト化して文書データベースを作成，分析を行った．

2　事例の背景

　リーダーシップに関する意味解釈の前に，まずは本事例全体の背景を説明する．この事例は，大手電機メーカーE社の電機部門人事部で，周囲から型破りの存在として有名であったG部長と，彼のリーダーシップを認めている当時の部下6名を対象としたものである．人事業務にかかわる事業活動が対象であるため，経営の根幹を揺るがすような大きな出来事や大規模なプロジェクト・チームによる活動などといった特別な出来事ではなく，あくまで日常業務の中におけるリーダーシップが考察されているのが特徴である．そういった中でも特徴的なのは，今回の調査協力者である元部下のフォロワーが，いずれもG部長がリーダーシップを発揮していたと認識し，G部長を信奉していたメンバーだということである．

　まず背景として，G部長が電機部門人事部の部長として赴任する前の話から始めよう．G部長は，電機部門人事部に配属される以前は，E社C工場で総務部長として活躍していた．同氏は，その手腕を買われて，1989年6月に本章の事例の舞台となるE社電機部門人事部に異動してきた．異動当初はラインの人材開発部門の部長職に就いた．

　ちなみに，G部長はC工場の総務部長当時には「G天皇」というあだ名をつけられており，その噂を聞いていた電機部門人事部の社員たちは，ワンマンあるいは剛腕な上司が赴任してくるという，どちらかといえばネガティブな反応を示していた．

　G部長が異動してきたのとちょうど同じ1989年6月に，フォロワーの1名であるF氏も電機部門人事部に異動してきた．続いて同年12月には，S氏も異動してくる．S氏はG部長と同様に関連工場の管理部門の出身であった．翌1990年には，A氏が新人として電機部門の人事部に配属され，その後92年にR氏が異動してきた．

　1995年6月にG部長は，ラインの人材開発部門の部長職から，電機部門人事

表 8-2　E 社電機部門人事部に関する年表

1989 年 6 月	G 部長	電機部門人事部に異動。ライン部長に就任
	F 氏	電機部門人事部に異動
12 月	S 氏	電機部門人事部に異動
90 年 5 月	A 氏	新入社員として電機部門人事部に配属
92 年 9 月	R 氏	電機部門人事部に異動
95 年 6 月	G 部長	電機部門人事部統括部長に昇進
96 年 9 月	J 氏	電機部門人事部に異動
12 月	C 氏	電機部門人事部に異動
97 年 9 月	R 氏	海外関係会社に出向
98 年 12 月	G 部長	異動で別部署に

部の全体を統括する部長職に昇進する。昇進した G 部長は，ラインの人材開発部門の部長であったそれまでとは異なり，目立った行動をとるようになる。たとえば，それまで職能別（たとえば，給与計算，保険労務，人材育成）に組織されていた職場の編成を，E 社の各事業部担当別に変更した。また，職場内では，人事業務に関する自らの考え方を表したシンボルである「人事曼陀羅」（後出）を配布し，若手社員対象の勉強会を催すようになった。[3]

　G 部長が統括の部長職に就任した 1 年後の 1996 年に J 氏と C 氏が異動してくるが，翌 97 年 9 月には R 氏が海外出向で電機部門人事部を離れた。そして，1998 年 12 月には G 部長も異動となってこの職場を離れた。その後，G 部長は関連会社の社長として活躍し，2001 年に定年退職した。

3　事 例 分 析

3-1　語りの類型化

　まずここでは，フォロワーのインタビューから抽出されたリーダーシップにまつわる語りの類型化を試みる。フォロワーがどのような点についてリーダーシッ

3　前者の取り組みが後述の「部署内の組織再編」の語りに，後者の「人事曼陀羅」の作成が「人事業務の体系化」の語りにあたる。

表8-3　E社電機部門人事部におけるフォロワーの語りの類型化

出来事	カテゴリー	語りの内容	語り手	教訓
関連会社の視察	開眼	関連会社の安全点検のやり方を伝授する	J氏	関連会社の業務指導のやり方を学ぶ
関連会社の立て直し	開眼	関連会社の給与制度の変更を主導する	A氏	遂行が困難な仕事を遂行する姿に感銘を受ける
日常業務での問いかけ	開眼	人事業務に対する考えについての問答	C氏 J氏 F氏	人事業務に対する理解が深まるきっかけとなる
部署内の組織再編	共鳴	電機部門人事部の組織編成を変更する	S氏 F氏	変更によって、円滑に仕事ができるようになったことを実感する
人事業務の体系化	共鳴	人事に関連する職務を体系化したシンボルを共同作成する	R氏 F氏	人事業務に対して普段考えていたこととリーダーの考えが同じであることがわかり、体系化の提案に共鳴する

プを認知したのかを意味解釈し、どういった要因がフォロワーのリーダーシップ認知に影響をもたらしたのかという観点から、語りを類型化していこう。

類型化の対象となる、フォロワーのインタビューから抽出されたリーダーシップにまつわる語りは、表8-3のように整理される。

E社の事例においてフォロワーから得られた語りの中から、「関連会社の視察」「関連会社の立て直し」「日常業務での問いかけ」「部署内の組織再編」「人事業務の体系化」という5つの出来事が抽出された。抽出された5つの出来事を、フォロワーがいかなる点でリーダーシップを認知したのかという観点から類型化したところ、2つのタイプの語りに類型化でき、それぞれの語りを「開眼」(enlightenment)、「共鳴」(agreement)とラベリングした。開眼の語りとは、これまでにない体験を通じて新たな知見を得て、その後の活動に大きく影響をもたらした出来事から、リーダーシップを認知したというものである。一方、共鳴の語りとは、リーダーの考え方に対して賛同した、あるいはリーダーの行動に対して共感した出来事から、リーダーシップを認知したというものである。

E社の事例における語りの類型化に関して特徴的なのは、第1に、語り手が1名の場合と複数名の場合が存在するということである。複数の人々が共通の語りを語るということは、信奉者のフォロワー間でリーダーシップを発揮した出来事として共有された語りが存在するということである。

第2に，語り手が1名でも，開眼という共通のカテゴリーに類型化される語りが複数存在するということである。なお，この背後には，いずれの語り手も当時は20代の比較的職務経験の浅い若手社員であったという共通点がある。

第3に，同じ出来事に関する語りでも，フォロワーによってリーダーシップを認知したポイントが異なる語りが存在するということである。人事業務の体系化の語りについては，リーダーシップを認知したという者と，出来事は記憶しているがリーダーシップとして認めたという見解を示さない者とに分かれるという結果を得た。

3-2　開眼の語り

3-2-1　「関連会社の視察」にまつわるフォロワーの語り

（1）　J氏の語りの意味解釈

当時20代の若手社員であったJ氏は，G部長が若手社員育成のためにさまざまな育成行動をとっていたと語っている。G部長は，関連会社との関係構築や現場の業務についての経験がなかったJ氏のような若手社員を積極的に関連会社に同行させ，現場業務の経験を積ませるようにしていた。

> 現場わからないじゃないですか。だから，安全診断とかで関係（関連）会社には，ほんまよう連れていってもうたね。G部長の後をついて歩くのが一番勉強になるね。工場見るポイントわかったはるから。「こういうの見るんや」「安全はこういうとこ見るんや」とか。だから，そういう意味では言葉とかじゃなくて，もう行動で。(J氏)

当時，J氏は関連会社の安全診断に関する知識をほとんど持っておらず，どれをとっても初めての体験といっても過言ではなかった。安全診断に際してG部長は，J氏に一般的な説明をするのではなく，むしろ関連会社のどのような施設を重点的に見るのかというコツを伝授していく。関連会社の安全診断業務の中で，J氏がとりわけG部長のリーダーシップを認知したのが，関連会社の工場での安全診断におけるG部長の行動であった。

J氏：工場の奥のほうにある電設盤のボックスを開けて「埃，溜まってるやないか」って大きな声でいうたら，わっと人が飛んできますわね。そやから，「なるほどなあ」と。「こういうとこ見るねんなあ」というのがわかったね。あのときは。

筆者：関係会社の人に，いうのですか。

J氏：ああ，いわはる。いわはる。

Y氏：電設盤っていうのは。

J氏：バンド・ボックスあるやん。工場の中に。電設盤のとか。ブレーカーのボックスとか。「埃，溜まってる」「誰や，これいつ開けたんや」「もう，1年も2年も開けてへんのとちゃうか」とこういうわけやね。ブレーカーのボックスって，やっぱり頻繁に開け閉めするもんやんか。たとえば工場，休み入るときは，ブレーカー切らなあかんとか。

Y氏：安全のために。

J氏：安全のために。そら，漏電したら大変やからさ。

筆者：いわれた，関連会社の人は慌てふためくと。

J氏：慌てふためく。慌てふためくよ。そらそやもんな。だから，1人で歩きはるよ。さーっと。案内してもらわへんよ。

つまり，G部長が，J氏を同行させて安全診断を進めていく中で，おもむろに電設盤の蓋を開けたところ，その電設盤の中には埃が溜まっていて漏電の恐れがあった。このときにG部長は，「埃，溜まってるやないか」と関連会社の社員を一喝したのである。この出来事を通じてJ氏は，安全診断のコツと，ここで何か不備を見つけた場合には毅然とした振る舞いをしなければならないことを理解した。J氏にとってG部長の行動は，安全診断のポイントを理解する象徴的な行動だったのである。

では，なぜG部長は，関連会社の社員に対して厳しい対応をとることが必要であるとJ氏に身をもって示したのであろうか。それは，1つには，工場での事故を未然に防ぐために，わずかなミスも決して見過ごさない姿勢の表れであり，そこからは現場社員への意識づけと同行している若手社員であるJ氏への教育的な意図を見て取ることができる。そして，もう1つには，E社と関連会社との関連性が影響している。この点に関するJ氏の見解は，以下の通りである。

やっぱその製造の関係会社とかいうたらさ，事業部あっての関係会社という，こういう関係になっちゃうと思うで。だから，そういう意味では面白かったねえ。いろいろ。「違うんやなあ，そういう関係があるんや」と思った。(J氏)

E社と関連会社の間には縦の階層的関係が明確にあり，その立場に応じた振る舞いをすることによって秩序は保たれる。よって，そのような階層的な関係を維持するために，立場の違いを強調した行動をとる必要があったのだと，J氏の語りから解することができる。この経験は，その後のJ氏の業務経験に活かされることになる。それは，J氏が1人で関連会社の安全診断の業務を担当したときのことであり，そこで改めてG部長の存在を再確認することになったという。

「ちゃんといえなあかんなあ」と思うわけよ。ラインが迂回していたら，「何でまっすぐしないんですか」とこういろいろ聞くわけなんですわ。そやから，あのときG部長と行っていたから安心なんですわ。(J氏)

J氏は，後に単独で行った安全診断でG部長から受けたアドバイスをうまく活かせたことによって，業務を遂行できたと安心したものと解される。この語りにある「ちゃんといえなあかんなあ」という発言には，安全診断業務をきちんとこなすという職務遂行上の側面と，親会社の担当者として相応しい行動をしなければならないという組織間関係上の側面の，2つの意味があり，そこにはG部長のリーダーシップを認知した出来事が大きく影響していたのである。

(2) G部長の語りの意味解釈

J氏は関連会社への安全診断業務におけるG部長の振る舞いにリーダーシップを見て取ったと語ったが，当事者のG部長はいかなる意図でそのような行動をとっていたのだろうか。ここでは，G部長の語りの意味解釈を行う。G部長は，J氏の語りについて，以下のように語っている。

G部長：彼（J氏）なんかは，本社で育ってきたものだから，やっぱり現場というものは弱いんですよね。現場のことやれやれいうたところで，どうしてやるかわからへんわけや。そんなら，行くのが一番早いな。現場行くのが。なんで現場行くのかと，そんなん，彼（は）現場行かな何もわからへん。なあ。何つくってんのか，わからへん。

筆者：Jさんは，現場（へ）行った体験がものすごく新鮮だったと。そこにG部長に惹かれたところがあったと。
G部長：本当かいな。俺あいつの勉強のために連れていっただけやけどな。

G部長の語りによれば，J氏がリーダーシップを認知したということに関して，G部長には特段リーダーシップを発揮したという意識はなく，意図としては本社勤務で現場の経験がなかった若手のJ氏に現場の経験を積ませたいということであった。ただ，J氏への行為の直接の意図はそうであったとしても，G部長は一方で，安全診断業務に象徴されるような維持管理業務に臨む担当者の姿勢に問題があるとの持論を語ってもいた。

> いつも思うんですけど。そのね，安全（管理）なんていうのはね，毎月，極端にいえば毎月ずっとやらなあかん項目があるんですよ。ね，そんなことばっかりでね，それがねたぶんどこの会社でも8割以上そうやわ。8割ね。去年も今年も一昨年も，みんな同じことやっとんねん。みんな計画書見たら。大体そうなっとるんですよ。
> 僕はねえ「おかしい」というんですよ。そんなものはね。世の中の条件（が）変わり，環境条件からみんな変わっていくのに，「君ら去年（の計画書を）写しとるだけちゃうか」っていうわけや。（中略）
> で，安全の協力会社20社集めて発表会あるやろ。年末に大体な。今でもやってる思うけど。来年の計画について検討会と発表会すんねん。「何にも去年と変わってへんやないけ」というわけや。「面白みも何もない」と。「よう君ら，集まっている人がすべて安全担当者やないけれど，君ら安全担当者としてこんな仕事続けられるの」と。「何か面白みあるの」と。何も面白みないやん。そしたら，「今年は，こういう問題なりこういうものやります」と。ただし安全いうものは手を抜くわけいかんから，「ずっと続ける項目と重点課題としてあげる項目というのは，違うはずや」いうてんの，僕は。「そこのところ明確に分けろ」いうてんの。（G部長）

すなわち，安全診断のような維持管理業務は時として単なるルーチン・ワークに陥りやすいが，たとえ定型的な業務であったとしても，事業環境の変化によって見直したり，新たな施策を考えたり，創意工夫する必要が生じる。そこに，ビジネスパーソンとしての進歩があり，仕事に対する面白さが出てくる。そして，保守する部分は保守し，創意工夫を凝らす部分は凝らすという臨機応変な態度を

涵養すべきであると, G部長は考えているのである。この思想は, 若手社員の教育にも反映されている。

　「実務には長けてくるかしらんけど, 何の喜びなりね, 面白みを持って仕事をしてるの」というわけやね。そうしたら, そこに変革, 改善とかなんかというか, まあ, 今, 改善ちゅう言葉, 流行ってますけどね。「そういうものをどういう形で取り入れていくの」という課題が出てくるわけですよね。これ安全管理の担当者を育成するときもいっしょやと思うけどね。だから, そういうときは, 現場というものがわからんと駄目なんですよ。(G部長)

　G部長の語りから, J氏を安全診断に同行させた直接の意図は, 安全管理者の育成のために現場体験を積ませるということだったが, より本質的には, 日常業務の中から何らかの喜びを見つけてもらいたいという思いがあったということがわかる。G部長は, 実務に長けていくだけではなく, 仕事経験の中から喜びないし面白みを見つけなければならないと考えていた。G部長によれば, 実務における喜びないし面白みの追求は, 日常業務の絶え間のない変革または改善にあるのであり, それはすなわち仕事をよりよくするために絶えず改善していく姿勢を持ち続けるということであった。そのような思いからG部長は, とりわけ若手社員にさまざまな経験を積ませるように働きかけていったのである。

(3)「関連会社の視察」にまつわる語りの意味解釈のまとめ

　ここで, 関連会社の視察にかかわるJ氏とG部長それぞれの語りにおける意味解釈の結果をもとに, 再構成された語りのプロットを提示しよう。そして, 両者の再構成された語りのプロットを比較検討して, この出来事におけるリーダーシップについて考察する。まず, J氏の語りのプロットを再構成すると, 図8-1のようになる。

　本社勤務の経験しかなかったJ氏は, 現場の仕事に携わったことがなかった。G部長に連れられて関連会社の工場の安全診断業務に同行し, G部長の現場を熟知した振る舞いに感心する。安全診断業務を遂行していく中で, 埃が溜まった電設盤を発見したG部長は厳しい口調で関連会社の社員を叱責した。J氏は, この出来事から, 現場の仕事だけでなく, 本社と関連会社が階層関係にあり, ぬるま湯的な対応をとるのではなく問題があれば毅然とした態度を示すことで秩序が維

図8-1 再構成したJ氏の語りのプロット

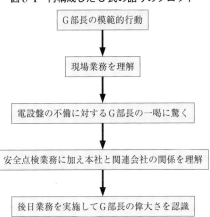

持されているという，組織間の関係性についても学んだ。G部長に同行した経験は，その後にJ氏自らが主体となって関連会社の安全診断を実施した際に，大いに役立った。

　リーダーシップによるフォロワーの自発的な意識の変化という観点からJ氏の語りを捉えると，J氏は安全診断におけるG部長の行動から2つの開眼を得た。1つは，安全診断という現場の仕事に携わる業務に関する新たなスキルを得たという開眼である。そして，もう1つは，本社と関連会社との階層的な組織間関係を意識して毅然と振る舞う心構えを理解したという開眼である。すなわち，本社勤務の経験しかなかったJ氏にとってはまったく初めての経験であり，これまで自分自身が身につけていなかったスキルを得る機会によって，スキル自体を伝授したG部長の行動に，自発的な意識の変化を促されたのである。加えて，スキルだけでなく，組織間における立場を理解したという点においても，J氏にとっては開眼であり，このことも自発的な意識の変化に深く関与した。また後日，この経験でもたらされた意識の変化がJ氏自らの行った安全診断業務に大いに活かされたことで，その意識はさらに強化された。

　一方，J氏の語りに対するG部長の語りによれば，G部長にリーダーシップを発揮しようという明確な意図は存在せず，意図としてはJ氏に現場業務を経験させようという教育的なものだった。また，J氏に組織間関係を意識させた，関連

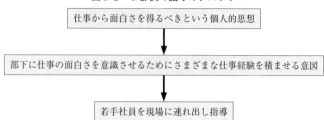

図8-2　G部長の語りのプロット

　会社の不備に対して毅然とした態度で一喝するといった厳しい対応には，安全業務に代表されるような維持管理業務に対するG部長独自の考え方が影響を及ぼしていた。したがって，G部長の語りを再構成すると，図8-2のようなプロットが導き出される。

　J氏にさまざまな仕事経験をさせようという教育的配慮の背景には，G部長の仕事観が大きく影響していた。G部長の仕事観とは，仕事をするにあたっては，仕事に面白みを感じていなければならないというものである。ここでいう仕事の面白みとは，いかなる仕事であっても仕事自体に関心を持つことを意味していると考えられる。仕事に面白みを感じることが，ひいては，環境の変化に適応するための改善に対する意識の芽生えや，個人の成長につながると，G部長は考えている。こういった個人的な仕事に対する哲学を背景に，G部長は，とりわけ若手社員にも仕事に面白みを感じるようになってもらえるよう，さまざまな仕事経験を積ませる機会を提供していたと解されるのである。

　関連会社の社員に対して厳しく対応したことも，J氏にとっては本社と関連会社の縦の関係を把握する意味合いを持ったが，G部長の語りからは，お決まりの仕事をいい加減にこなして初歩的なミスを犯した関連会社の社員の姿勢が，G部長の仕事哲学とかけ離れていたために叱責したという意味合いが読み取れた。

　これらのことから，J氏によって指摘された関連会社の工場視察におけるG部長のリーダーシップは，G部長が自らの仕事観・仕事に対する哲学を実践しフォロワーにもその哲学の共有を促そうという意図に基づく行為であったと，意味解釈されるのである。

3-2-2 「関連会社の立て直し」にまつわる語り

(1) A氏の語りの意味解釈

A氏は，G部長のリーダーシップによって自発的に意識の変化が促された出来事として，G部長が関連会社から依頼されたプロジェクトへ参加したことをあげている。このプロジェクトは，主に関連会社の給与体系の変更を対象とした人事制度体系の見直しであった。

> A氏：M社いうね，うちの製造の子会社があるのですけどもね，給与の体系とか人事制度の体系を変えないといけないから，手伝ってくださいという要望が向こうの会社からありました。それで，Gさんと2人で行きましたわ。そこで，「ああ，すごいなあこの人は」と思いました。
>
> 筆者：どういうことがすごいと思ったのですか。
>
> A氏：人事の制度に関して，そういう会社は給与の体系があんまりできていないというのがあって，それを変えるためにはどうしたらいいのかということをやったのですけどね。給与の体系をいじったりできるのは，うちの会社の中では本社の給与（担当者）にそういうスキルを集中できるようになっているので，それ以外の人は知識もあんまりないし，「（この部署には）そういうことをやろうという人が誰もいない（の）とちゃうかなあ」と思ってたんやけどね。Gさんという人は，そういうことができる人で，そこでもぐいぐい引っ張っていって。「いつの間にそんなに給与の専門知識というのを，この人は身につけはったんかなあ」というのは，単純な疑問でした。

A氏は，関連会社のM社における給与体系の見直しを中心とした人事制度の変更業務に，G部長と同行した。A氏は，給与の体系を変えるという高度なスキルが要求される業務で，なおかつ，関連会社とはいえ他組織の給与体系の変更を指導するG部長に，リーダーシップを感じるとともに，なぜこのような高度な仕事ができるのか関心を持ったのだという。

> 工場とかにいたら，会社の制度がどうなっているのというのは業務上必要やから勉強したりするんやけど。たとえば，子会社を指導しようと思ったら，E社の制度なんかあまり必要じゃない。知っているに越したことはないんやけれども，そうじゃなくて世間一般というかね，「企業の賃金制度，仕組みというのはこうあるべきじゃないか」というのがないことにはできないですよね。全然違うのだ

から，文化も仕組みも従業員もね．それを平然とやってはるのを見たときに，「この人は，賃金についてもそれまでの会社の長い経験の中で賃金専門にやる機会ってなかったはずやし，業務上はそんなこと必要なかったけど，ちゃんとそこに自分の考え方を確立してはるなあ」とそのときは思ったのですよ．(A氏)

給与体系の見直しには相当の専門知識を要し，なおかつ自社ではなく関連会社を指導することは一層難しいが，G部長はその業務を難なくこなしていた．A氏は，G部長はそれまでの仕事経験において賃金に専門的に携わる機会はなかったはずなのに，いつの間にそのような専門知識を得たのか関心を持ったのと同時に，G部長の人事マンとしての能力の高さにリーダーシップを認めたのである．さらに，A氏の語りで興味深いところは，そのように高度な人事業務をマスターできているのはG部長が業務に対する確固たる考え方を確立しているからだと解釈している点である．

(2) G部長の語りの意味解釈

関連会社の立て直しに関するA氏の語りに関して，G部長は，「あいつ（A氏）は，給与で（新入社員のときに電機部門人事部に）引っ張ったから」と語り，はじめから給与業務を覚えさせようという意図があったことを明らかにしている．その上で，G部長はどのようにして人事制度，とりわけ給与制度にかかわるスキルを身につけたのだろうかというA氏の素朴な疑問に対し，G部長は若手社員のときに工場の管理部門に在籍しており，その頃に給与に関する知識を蓄積したのだというエピソードを語った．

> 僕はね，給与がね，そのとき全然わからなかった．給与が．給与の女性がおりましたんでね．（中略）原票管理って，原票1・2・3・4・5ちゅうのがあってな，たとえば，1は残業管理の表やとか，いろいろ保険のやつといろいろあって，それを全部インプットしててん．やるわけですよ．夜遅（く）までやるんですよ．500人ぐらい工場におったけどな．そんなん毎日やってるんだよ．で，その人が「結婚するから」いうて，急に「辞める」っていい出したの．「辞める」ってな．困っちゃってなあ．「どうしょう」てな．俺とBくんと2人しか（若手社員で管理部門に）いないんだけど，「Bくん，おい，君は給与みたいなん向かんわな」いうたったんや．前向いて走るから，ぼろ出す奴やからな．「これは，あかんな」

と。ほんなら,「引き継ぐの俺やな」と。
　俺が引き継がんなん。1週間で(中略)。一所懸命勉強したで,そのとき。それで,給与もわかったんや,ようやく。あれ,放っといてみい,あんなもん絶対俺わかってへんわ。で,そのとき,思ったわ。給与計算というやつは,維持管理業務の典型や。(中略)できるだけ早い時期に維持管理業務を覚えたほうがいいねという気がしたんです。だから,(A氏と同様に)Yくんにも「2年ぐらいでええから給与計算やれ」と。で,それは途中ではやれないこと。(中略)最初にやらないかんことは,最初にやっとかなあかん。人事という事業体としたときに。というふうに思った。(G部長)

すなわち,G部長は,若手社員で工場の管理部門に勤務していたとき,給与計算担当の女性社員の急な退職によって一時的に業務を引き継がなければならなくなり,500人規模の工場における全社員の給与計算を行う中で給与計算の基礎知識を身につけ,その場を乗り切ったことがあった。この仕事経験からG部長は,給与計算のような維持管理業務の知識は早いうちに身につけておかなければならないと考えるに至る。それゆえに,G部長は当時給与担当であったA氏が幅広く給与に関する知識を得る格好の機会だと判断して,関連会社の給与体系変更のプロジェクトに引き入れたというわけである。そしてそこで,ひたすら自らが仕事を遂行する姿を模範的に見せることにより,A氏に給与計算に関する学習を促したのである。

(3)「関連会社の立て直し」にまつわる語りのまとめ

A氏の語りおよびG部長の語りについて,意味解釈の結果をもとに再構成された語りのプロットを提示し,それぞれの語りのプロットから,関連会社の立て直しにかかわるリーダーシップについて考察していこう。まず,A氏の語りを再構成すると,図8-3のようなプロットとなる。

A氏は,G部長の指示でプロジェクトに参加した。プロジェクトの主たる業務は,給与体系の変更という非定型的業務であった。A氏は給与担当ではあったが,この種の仕事の経験はなかった。いざプロジェクトが立ち上がると,G部長は,非定型的で高度なスキルが要求される仕事であるにもかかわらず,プロジェクトを主導していった。A氏は,G部長が普段接することのないような非定型的

170　第8章　日常業務で語られるリーダーシップ

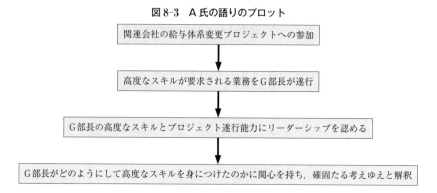

図8-3　A氏の語りのプロット

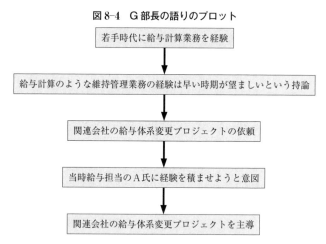

図8-4　G部長の語りのプロット

な業務で，なおかつ，組織文化の異なる関連会社の状況を加味しながら着実に業務をこなしていく姿を見て，人事業務に対して体系的に捉える考えを確立することの重要性を認識し，このG部長の姿にA氏はリーダーシップを認め，これまでの人事業務に対する認識を変えることとなった。

　このようなA氏の語りに対し，G部長の語りを再構成したプロットは，図8-4の通りである。

　G部長は，若手社員の頃の教訓として，給与計算のような維持管理業務は早い段階できちんとマスターしておくべきであるという考えを持っていた。A氏を給与担当として電機部門人事部に新人配属させたときには，関連会社の人事制度

を給与制度を中心に変更するプロジェクトが舞い込んできていたので，教育的意図をもってA氏も参加させ，プロジェクトに臨んだということであった。また，A氏が素朴な疑問として抱いたG部長のスキルに関しては，若手時代に従事した工場の管理部門の職務において欠員が生じたことで給与計算業務に関与せざるをえなくなった経験がスキルの習得に大きく影響していたことが，G部長の語りから明らかになった。

3-2-3 「日常業務での問いかけ」にまつわる語り

(1) C氏・J氏・F氏の語りの意味解釈

若手社員の育成に関してG部長は，若手社員が人事業務に対する見識を深められるように，関連会社の業務に携わらせるだけではなく，日常業務においてもさまざまな機会を捉えてはそれを促すような接し方をしていた。具体的には，G部長と若手社員は，日常業務の中で頻繁に人事業務におけるものの考え方についての問答を行っていた。G部長との問答を通じて仕事に対する意識が大きく変化したのが，C氏である。C氏は，新任の挨拶にG部長のもとへ行ったときの出来事を，G部長のリーダーシップを認めたものとして以下のように語っている。

> 「今までどんなことをしてきたんや」「これからどんなことしたいんや」みたいなヒアリングをしてもらいました。そのときに「今までやってきた仕事の部分でどんな考えでやってきたの」みたいな話を聞かれてそれなりに答えました。(中略) G部長は最初に「やってもしゃあないな」という全否定のことをいわれて。で，まあこっちも一所懸命やってきただけに「何をいってるのかなあ，この人は」という驚きが最初にありました。(C氏)

初対面にもかかわらず，G部長はC氏の仕事に対する考え方を否定するような言動をとったのである。C氏はG部長の意外な態度に戸惑いを覚えながらも，G部長と議論を交わしていくうちに，G部長に対する意識が変化していったという。

> で，こうやりとりしている中で，最初は全否定の言葉で入るんですけど，必ずしも全否定しているわけじゃなくて，「そんなん，何の役にも立たんわ」みたいな言い方から入っている割りには，「この問題が解決していないのにやってもし

ゃあないか」みたいに思えてくるんです。(中略)最初はびっくりするけど，本当に全否定しているわけではなくて，いわばハッタリかましているというか，「ああ，この人はわかっていってくれているんだなあ」という印象はありました。何か，頭のいい人だなあと思いました。(中略)こっちのセクションにやってきて自分が今までなかなか壁が破れないと思っているところを指摘されている感じでした。(C氏)

C氏はG部長の行動に動揺しながらも次第に問いかけの真意を理解し，それはやがて自らが潜在的に抱いていた人事業務での課題を解決する糸口を見出すきっかけともなった。G部長によるこのような問いかけについては，C氏に限らず，他の複数のフォロワーからも同様に語られている。

> 基本的にあの人は，指導しはる人ですし，指導も一から十までする人じゃなくて疑問を投げかける人なんです。「こんなんどう思うんや」「あんなんどう思うんや」とか疑問を投げかける人なんです。僕の場合はそんなん多かったです。それについて，こう一言意見をいうと，後でいろいろ「わしゃこう思う」とか「それはどう思う」とか軌道を修正しはるというか，引き出そうとする。何かそんな人やったね。(J氏)

G部長の問答の相手は若手社員に限らない。G部長との仕事経験が長かったF氏も，インタビューで以下のように語った。

> 「今の事業のあり方どう思うんや」とか「人事がこんなしょうもない仕事ばっかりしとってどないすんねん」と。そういう面では，考え方(という点)でこういろいろいわれたと。「そんな考え方で仕事しとってもええんか」とかさ，「人事はいつまで経っても，モノ集めて配ってそんなことばっかりやってんのか」(と)よういうてはった。(F氏)

F氏に対するG部長の問いかけには，G部長の既存の人事業務に対する不満および危惧が表れている。ここから，G部長には人事業務に対する自らの問題意識をフォロワーにも理解させようという意図があり，その意図はF氏にも理解されたことがわかる。

G部長のように，定型的業務中心の人事業務にあってもその仕事の全社的意義や意味づけを問いかけるリーダーに，C氏やJ氏そしてF氏はリーダーシップを認めたのである。G部長の部下への問いかけからは，人事という定型的業務中

心の職務に対して，もう一度その本質を見つめ直すきっかけを与えようとする意図が読み取れる。ちなみにＦ氏は，自身が経験したＧ部長との問答から，以下のように教訓を述べている。

> 結構，それがポリシーみたいになっているから，今。だから，「人事は事業に事業展開としてどうあるべきか」ということを考えて，いろんな人事職務からアプローチしようということ。今の人事がやっているような付加価値の低い仕事，会社の経営に貢献できないような仕事というのはできるだけ形を変えていかなければならないこととかね。人事が会社に対してどういうふうに付加価値を生んでいけるかみたいなところを基本的に考えとかないかんというこの２つが，Ｇさんに教えてもらったかなという気はしているんですけど。(Ｆ氏)

Ｆ氏は，Ｇ部長とのやりとりを踏まえ，管理者になった現在では自らの活動において，Ｇ部長の教えであった全社的な経営に貢献できる人的情報の提供を心がけることを実践しているということであった。これはすなわち，Ｇ部長によって植えつけられた習慣をかつてのＧ部長の部下で現在はリーダーとなったＦ氏が実践しているということであり，その点ではリーダーシップの継承がなされているといえよう。

(2) Ｇ部長の語りの意味解釈

複数のフォロワーから得られた日常業務での問いかけにまつわる語りに対して，Ｇ部長は以下のように語っている。まず，Ｃ氏の語りに関しては，Ｃ氏の特性を見抜いた上での行為であったという。

> Ｃなんか，あいつは学校の先生みたいなところがあるから，Ｃなんかこそ現場がわからないかん。彼はね，理論構築をさせたら，いいものを持っているんだよ。ただ，彼はそれを裏づける実証能力にちょっと欠けとる。だから，実践を持たないかん。だから，話してる内容は素晴らしいものを持ってるよ。学校の先生みたいな奴や。学校の先生にも悪いところとええところがあるわな。それをちゃんと，ええとこは残して。(Ｇ部長)

Ｇ部長は，Ｃ氏が理論的な側面に長けている反面，実践面の経験が足りないと感じていた。そこで，あえて現状の業務に対するＣ氏の見解に対して厳しい質問をすることで，Ｃ氏がより深く人事業務を思考するように促したというのであ

る。このような，フォロワーに問いを投げかけて人事業務に関して深く考えるように促すという行為は，じつはG部長のかつての上司であったW氏の行動に影響を受けたものであった。

　　昔，Wという人がおられて，Wさんが来るとね，とにかくかなわないし困ったなあ。僕まだね課長のとき，部長会があるの，いつもね。僕，課長やから出ないかんの。「ここへ座れ」って，いつもな。で，時計の針の回るほう，こっちからずっと指名しはる。で，ここ（自分のところへ順番が）来るやろ。（当初は課長である自分には答える必要はないと思って，ただ）こう待っとってん。俺，関係ないもん。（にもかかわらず）「君，しゃべれ」って来られちゃってさ。（G部長）

かつてG部長の上司であったW氏は，会議の席で参加者全員に同じ質問をして，1人ずつ答えを聞いていくという行動をとっていた。この，会議で参加者に質問して全員に答えさせるというW氏の習慣に関し，W氏との問答でとくに印象に残ったものとして，G部長は以下のようなエピソードを語る。

　　たとえばね，僕とこはブレーカーというものをつくってるんですけどね，市場からですね，クレームが来るんですよね。それはね，その端子いうねじが緩むんですよ。緩むことによるクレームが多いんですよ。「端子は，なぜ緩む」っていわはるわけですよね。「なぜ，緩む」という。ちょうど，このぐらいの席や。部長会やから。「全部，答え（なさい）」（と）いうわけや。最初の3人ぐらい答えられるねん。4人目ぐらいからな，答える中身がなくなるの。うん。4人目ぐらいから困るんだよ。（それでも）全部喋らすんだよ。

　　それからね，部長会ですから当然収支の話が出てくるでしょ。収支が急によくなったことがあったんですよ。よくなってね。そのときの部長会だったんですよ，「柳の下にドジョウはいない」っていわはんねん。それ説明せいちゅうわけや。これもなあ，2人か3人喋ったら次（はもう）答えがないの。（中略）ちょうどオイル・ショックがありまして，オイル・ダラーとかいろいろありましたやん。「オイル・ダラーって何や」っていわはるねん。こんなもんかて2人か3人喋ったらな，どっか百科事典か新聞に書いてあることしかわからへんのやから，あと，あれへん，喋ること。

　　そういうのでね，最初はね，みんな緊張して聞くんですよ，そうなると。緊張して。何て答える，何て答えるって，こう考えるわね，当然。必ず1回当たるから，ずっと来るわけやからな。こっちのほうに座ってる奴は，もう緊張しとるんや。最初に当たった奴はな，答えられるわ，大体のこと。多少間違うたこと答え

てもな，何か答えられるんだわ．こっちのほう来たらね，もう答える中身がなくなってくるの．（だから）一所懸命考えるわけですよ．（G部長）

　W氏が会議で習慣的に行っていた問答の特徴は，問いが「端子は，なぜ緩む」「収支が急によくなった理由を説明せよ」「オイル・ダラーって何」といったような非常に簡潔なものであったということである．すぐに答えがいく通りも思いつくような問いではないにもかかわらず，W氏は会議の参加者全員に答えさせていた．答える側は，まったく同じ答えをすると決まりが悪いので必死に考えるという状況下にあったわけである．また，必死に考えるという状況下であるがゆえに，いつもそれなりの答えが思い浮かんだともG部長は語っていた．この経験からG部長は，以下のような教訓を述べている．

　　そのとき僕は2つ勉強させてもらった．1つはね，考えさせるということね．これが，1つね．で，もう1つはね，試されてるんでなくて，試させると思うんですよ．こうずっとみんな，「俺，試されてる，あの人に何て答えればいいのか」と思っとったん，最初は．じゃなくて，そのときその人（W氏）はね，自分が勉強してるんですわ．人の意見を聞いて．ね，だから自分の思った通り，答えたらいいんですよ．思った通り答えるにも，まったく違う（的外れな）こと答えるわけにはいかんから．だから，（中略）考える力というのと，勉強してはるという2つのことだけを僕はものすごく感じました．だから，違うことを（質問されてそれぞれに1人ずつが）答えるなら，何とでも答えられるからさ，同じこと（について）喋らす．「あれ，ええなあ」と思ってさあ，いっぺんやったろか思ったんや．（G部長）

　G部長は，W氏が，問答によって会議室にいる部下に物事を考える習慣をつけるよう促しており，また問答を繰り返すことで自分自身もその問題に対する理解を深めていると解釈し，教訓とした．フォロワーが指摘したG部長の問答に関する一連の出来事は，かつての上司の行動を教訓として実践しようとするG部長の意図の表れだったのである．問答を通じて相手に考えさせることの重要性と，対話を通じて自らも学ぶという教訓を，G部長は日常業務の中で部下であるフォロワーに対してしばしば実践したことがわかる．

(3)　「日常業務での問いかけ」にまつわる語りのまとめ

　日常業務での問いかけに関して，複数のフォロワーから得られた語りを意味解釈して再構成したプロットと，それに対するG部長の語りを意味解釈して再構成したプロットを比較検討し，日常業務での問いかけにかかわる語りから導き出されるリーダーシップについて考察しよう。まず，C氏の語りのプロットを，図8-5に示す。

　C氏は，電機部門人事部に配属されたときの挨拶でG部長から人事業務に取り組むにあたっての考え方について質問された出来事を語っていた。C氏の返答に対してG部長が否定的見解を述べたため，C氏は少し当惑する。しかしながら，よくよく聞いてみるとG部長の問いかけが当を得たものであるとC氏は理解するようになる。また，C氏は「ハッタリ」という表現を用いているが，G部長が意図的に否定的な見解を述べることによって意識の変化を促していることに気づき，そのプロセスにG部長のリーダーシップを認めていた。G部長の問いかけは，J氏・F氏の語りでも指摘されていたが，いずれにおいても仕事に対する考え方についての質問が中心で，こういった日常業務での問いかけから，フォロワーに仕事に対する内省を促すという意図が窺えるのである。

　一方，C氏の語りに対するG部長の語りを意味解釈して再構成したプロット

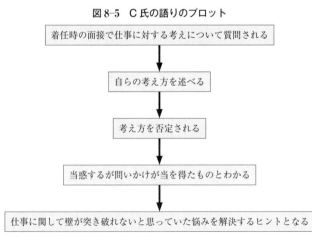

図8-5　C氏の語りのプロット

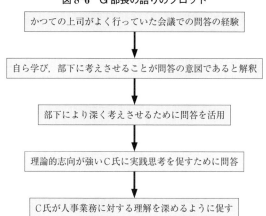

図8-6　G部長の語りのプロット

は，図8-6の通りである。

　G部長は，かつての上司に，何か疑問があれば会議中参加者全員に同じ質問をして各々の回答を聞くという習慣があり自らも回答していた経験から，問答することによって相手に考えさせ，また，それぞれの回答から自分自身も学ぶことができるということを学んだ。その教訓から，とりわけ，部下に物事をより深く考えさせるために問答するということを実践していた。G部長の問答で特徴的なのは，相手の答えに対して否定的な見解を意図的に示し，その反論に対して，さらに質問していき，最終的に相手の気づきを促すという方法を実践していたことである。この一連のやりとりが部下であるフォロワーに自らの仕事の取り組みに対する内省を促し，より深く考えさせられたことが，G部長がリーダーシップを発揮しているという認識に至らせたのである。この背景には，部下をより成長させたい，そのためには，ただ教えるのではなく問答により自分自身で深く考えさせて気づきを促すことが最善の学びになるという，これまでの仕事経験からG部長が得た確信があるのである。

3-3 共鳴の語り

3-3-1 「部署内の組織再編」にまつわる語り

(1) S氏・F氏の語りの意味解釈

　G部長が人事部の統括部長職に昇進して最初に取り組んだのは，電機部門人事部の組織を職能別組織から事業担当別の組織へ変更することであった。G部長が就任早々に行った組織編成の変更は，部下に少なからぬ影響を与えた。中でもS氏は，組織編成を変える行為がG部長がリーダーシップを発揮した出来事であると語った1人である。

> 　G部長が（統括部長を）やるという話になって，自分が今まで考えていられたことを打ち出されて，それがもうこれまでのスタンスと全然違ったから非常に強烈やったね。
> 　Gさんになるまでうちの中は，職能担当みたいな感じやったんや。人材開発は誰とか，給与は誰とか。Gさんはそうじゃなくて，たとえば事業部別で，もういっぺん縦に引き直したんや。漏れなく業務を回そうと思ったら職能のほうやけど。
> 　昔人事の管理データというやつがあったのですけど，（以前の人事部長は）結果論というか，実際どうなったかという結果をどちらかというと頭に入れておきたいタイプ（が多かったん）やけど。Gさんはそうじゃなくて，それはあくまで結果やから。「これからどんなデータが要るんや」とか「どんなことを知っとかなあかんのや」というようなことで，それが1つ大きくわれわれの仕事のあり方も変わったなという気がしましたね。
> 　（中略）
> 　あの人は経営に役立つという，全体の経営に貢献できる人事というあり方はどうやろうという視点やったと思うんですけどね。単に役割を果たすだけやったら，一番効率的な体制をとればいいんだと思うんですけど。それをあえて崩してでも，そうされたというのは，「それでは貢献していることにはならん」と。「問題意識を持ちながら仕事をしていくということには，そのままではならんのちゃうか」というふうに判断されたと理解しているんですけどね。（S氏）

　補足すると，S氏は，G部長は統括の部長職になる前は自らの考えを表に出す

ようなことはしなかったので，統括の部長職に就くやいきなり大胆な部署内の組織の再編を行ったことに対して強烈な印象を持ったということであった。この出来事に対してＳ氏は，Ｇ部長が組織を再編した意図は同部長の人事業務に関する持論によるものであったと解釈している。Ｓ氏によれば，Ｇ部長は，人事業務が人的資源にかかわる情報を組織内に提供することを理想としていた。これに照らし合わせると，多岐にわたる人事業務を特定の能力に特化する職能別の組織編成はＧ部長の持論にそぐわず，事業担当別の組織編成が最適となる。またＳ氏の語りでは，とりわけ，Ｇ部長が常に問題意識を持って人事業務に取り掛かるということが強調されている点が注目に値する。特定の人事業務に専属化するとルーチン・ワークに埋没する可能性があり，そうならないためには人事業務を通じて経営にどのように貢献することができるのかという問題意識を持ち続けなければならないということなのであろう。

　事業担当別へ組織編成を変えたＧ部長の行為を人事業務全般を見る機会として肯定的に捉え，Ｓ氏と同様にＧ部長のリーダーシップを認めていたのが，Ｆ氏である。

>　「ああそうなる，そうしはるんやなあ」というふうには思ったし，そのほうがいいなあと僕は思った。僕は本当に自分たちのこととして考えましたよね。自分の担当が明確になる以上に，より「自分たちの事業や」「自分の所属する事業や」と感じるということと，それとね，やっぱり情報が集まってきますよね。(Ｆ氏)

　Ｆ氏の語りで最も注目すべきところは，「本当に自分たちのこととして考えましたよね」という一文である。Ｆ氏の語りから読み取れるのは，フォロワーである部下はＧ部長が組織編成を変えたことを，Ｇ部長の個人的な思いを実現するための行為ではなく，部下たちが人事業務担当者として成長できる機会とするための行為であると捉えたということである。Ｆ氏は，部署内の組織変革だったとはいえ大胆なＧ部長の行為を自らの問題として捉え，意識を大きく変えていたようであった。

　このように，組織再編に関しては，2名のフォロワーがＧ部長のリーダーシップを指摘した。その根拠は，組織再編がＧ部長の理想とする人事業務に最適な編成を目指したものであり，いずれのフォロワーもＧ部長が理想とする人事業

務を理解し共鳴していたという点である．そして，G部長の理想とする人事業務とは組織の中で人的資源にかかわる経営情報をきちんと伝えることであり，そのためには人事業務を専門分化せずに業務全般をくまなく理解する必要があった．人事業務に対して広い視野を持ちながら積極的に問題解決すべきであるという考えが，フォロワーの語りから窺える．

(2) G部長の語りの意味解釈

フォロワーから指摘された部署内の組織再編にかかわる語りに対して，G部長は部署内の組織再編を実行した意図を以下のように語っている．

> 会社の組織が縦に割っているときにね，横に割るのはいかがなものかなという疑問が1つありました．もう1つはね，横に割るということは，専門家を育てていく場合には横のほうがいい場合があるのですわ．専門家を育てる場合はね．これは，「われわれのところは，事業活動がどうあるべきかというようなことを考えないかんのじゃないか」と僕は思ったわけなのですよ．「それは，横割りでいいんかどうか」いうことですね．それともう1つは，「横割りにしたときに，誰が教師になるの」と．「その横割りの人の教師・先生はどうするの」というようなことが，あるのですよね．で，これは企業の中ですから，そうすると，僕は「縦通しのほうがいいのじゃないか」というふうに思っただけですわ．(G部長)

G部長は，職能別で分ける（G部長の表現では，「横に割る」）組織編成をとることに疑問を抱いていたのである．たしかに専門家を育成するには職能別の組織のほうが優れているが，事業活動がどうあるべきかを考えるにはよくないということである．さらに，誰が仕事を教えるのかが必ずしも明確になっていなかったことも，職能別の組織編成に疑問を抱く要因の1つになっていた．これらの理由からG部長は，職能別組織より事業担当別の（G部長の表現では，「縦に割る（通す）」）組織編成のほうがよいと考えた．このような発想の背景には，すでにフォロワーの語りでも指摘されていた，G部長の人事業務に対する持論が存在している．人事業務のあるべき姿について，G部長は以下のように語っている．

> 人事というのは，昔からいわれるように，やっぱり人材育成というものを，人の育ち方，もうちょっと言葉換えるなら人間開発というものに対して，どういうスタンスで望んでるかというようなことがあるんですよね．で，そこに，そうい

うジャンルの中にどんな喜びを見出していくかということ。そこのところが，僕は人事担当者の喜びやないかという気がするんですけどね。（G部長）

G部長の語りからわかるのは，人事業務は，それを構成する各職能に専門分化するのではなく，人材育成・人間開発という目的を持った上でそれぞれの職能に臨むことがその本分であり，そういう目的があるからこそ業務遂行に対して喜びを抱くことができる，と考えているということである。G部長が行った部署内組織再編のこのような意図は，S氏やF氏の語りからわかるように，一部のフォロワーに伝わり，リーダーシップとして認識されたのである。

（3）「部署内の組織再編」にまつわる語りのまとめ

部署内の組織再編をめぐるフォロワーS氏・F氏による語りを，意味解釈から再構成した語りのプロットは，図8-7のようになる。

S氏とF氏の語りに共通するのは，G部長の意図を理解し，その意図に対して共鳴の意を表していることである。両氏は，職能別の組織編成より事業担当別の組織編成のほうが人事業務担当者としての総合的な能力の向上が図れると理解し，そのほうが自分たちが仕事を進めるにも望ましいと考えて，G部長の方向性に共鳴していた。

なお，S氏とF氏のみがこの出来事をG部長のリーダーシップであると認めた根拠としては，彼らがG部長がライン部長に着任したのと同じ年に赴任してG部長が統括の部長職に就くまで最も長い時間を過ごしてきたフォロワーであったことが指摘できる。彼らはG部長とともに人事業務をこなす中で，その人事業務に対する考え方を熟知していったと思われる。それゆえ，G部長が統括の部

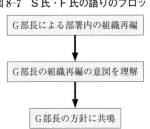

図8-7　S氏・F氏の語りのプロット

図 8-8 G 部長の語りのプロット

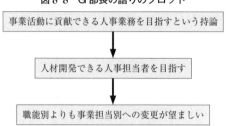

長職に就いたときに組織再編を実行したことが、彼らの目にはG部長が自らの理想とする人事業務を実践できる体制を整えたものと映り、理想を断行するG部長にリーダーシップを認識したと考えられるのである。

とりわけS氏は、前職場が関連工場であるという点でG部長と同じキャリア・パスを歩んできた人物であった。工場を管理するには工場全体を運営する視点を持つ必要があるため、とくにS氏は全社的視点から人事業務を捉えるというG部長の発想法を理解できる土壌にいたとも考えることができよう。

一方、S氏・F氏の語りに対するG部長の語りを意味解釈し、そこから再構成したプロットは、図8-8の通りである。

G部長は、基本的に個々の能力に特化したエキスパート型の人事業務担当者よりも事業活動に対して有益な人的情報を提供できる人事担当者を育成したいという信念を持っており、その信念を実現するには、従来の職能別の組織編成は望ましいものではなかった。G部長は、幅広く人事業務をこなせる人事担当者を育成するために、担当事業別の編成によって多様な業務を身につけさせるほうが重要であると考えていた。

部署内の組織編成にかかわるG部長の語りからは、自らの人事業務に対する信念を実行したいという思いがあったことがわかる。そして、この思いの背後には、事業全体の視点に基づいて人事業務を俯瞰できるような人材が人事業務を担当すべきであるという、人材育成に関する強い意図が働いていた。

だからこそ、G部長のもとで長く業務経験を積んでその思いを理解していた当時の中堅フォロワーのS氏やF氏は、G部長の行動から人材育成の意図を読み取り、その方針に共鳴したのである。

3-3-2 「人事業務の体系化」にまつわる語り

(1) R氏の語りの意味解釈

　R氏は，G部長が人事業務に対する考え方を概念図にした「人事曼陀羅」（図8-9）を共同作成したことが，G部長のリーダーシップを認知した象徴的な出来事であると語った。「人事曼陀羅」とは，人事に関連する業務のそれぞれがいかに哲学的あるいは思想的に相互に関連づけされているのかを表したもので，それがあたかも仏教でいうところの世界観を表す曼陀羅のようであるというG部長の考えから，このように命名された。すなわち，G部長が考える人事業務に対する思想のシンボルともいうべきものなのである。

　この「人事曼陀羅」は，別のところで人事革新にかかわるプロジェクトが立ち上がっていたことがきっかけで，つくられることになった。

> 　G部長と2人で「今の人事革新というのは，哲学とか，道徳，人事のミッションは何や」とか，「どういうふうに，どういうことをしたいんやというのは見えまへんなあ」と話しとったんですわ。ほんだら，Gさんが「2人で考えよか」ということで，「やりまひょ，やりまひょ」と。（R氏）

　プロジェクトの内容を間接的に知ったG部長とR氏は，その方針に違和感を覚えていた。そこでG部長は，自分たちの職場で人事に関する根本的なものの考え方を象徴するようなものをつくろうと，R氏を誘って「人事曼陀羅」の作成に着手したのである。このときR氏がG部長の誘いに応じたのは，それ以前からG部長の考えに共鳴するところを感じていたからであった。

> 　（G部長との）最初の仕事，とりあえず引き継ぎで，（某部署）の考課，役職者の考課査定，考課調整がありました。（その中に）評価の問題がありました。そのときに，評価の問題というのは，あーその数字，出方によって，たとえば部長とかのいわゆる任用昇進というものにかかわっておりました。また一方で，職能資格っていうところの社員資格というものがありまして，それについても影響がありました。えー，そのときに，うん，それを，そういうもの（昇進などについて）も考えて，考課調整をするべきなのか。いや本来評価というのは，（中略）仕事・目標に対してどれだけ成果・実績を上げたのかということについて素直に

184　第8章　日常業務で語られるリーダーシップ

図8-9　人事曼陀羅

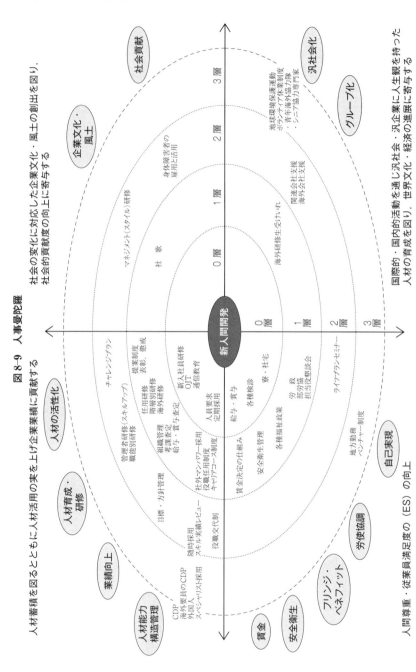

(出所) E社社内資料「人事制度受曼陀羅(案)」より作成。

その数字を出すべきか，まあ非常に難しいものがありました。
　そのあたりの悩んでいるところを，正直に（G部長に）申し上げて，その両者の妥協案としてこうならざるをえないと。そのときに，こういう方針，要は「E社の評価のあり方を（このままにしておくのは）やっぱり問題じゃないですか」と申し上げたときに，（G部長が）「うん，そうか，君もそう思うか」と。「俺も，ずーっと前々からそう思ってる，一緒に考えていこうや」というようなコメント，たしか話があったような記憶があります。（R氏）

　R氏は，G部長のもとで仕事を始めたとき，某部署の役職者の考課査定の問題に直面していた。この問題自体はR氏が本意とする問題解決からは妥協した形で決着したが，その際の悩みをG部長に率直に話したところ，G部長もR氏と同じ問題意識を持っているとわかったことがあった。それ以来，R氏はG部長の考え方に共鳴して業務を遂行していた。R氏の語りの最後にある，G部長の「一緒に考えていこうや」という発言が，結果として「人事曼陀羅」の作成につながっていくことになったのである。

　R氏の語りから窺えるG部長の「人事曼陀羅」作成の意図は，部署内の組織再編を実行したことについての語りに見られた意図とも通じるものがある。両者は，人事業務においても哲学・道徳・ミッションを明確に自覚する必要性があることを部署内に知らしめるという点で共通している。部署内の組織再編は，職務を遂行するシステムに対してG部長の人事業務の持論を反映させたものであったが，「人事曼陀羅」は，その持論を概念図としてわかりやすく示すことでフォロワーの人事業務に対する考え方に影響を与えようとするものなのである。「人事曼陀羅」の具体的な論理について，R氏は以下のように続けている。

　Gさんは「『人事曼陀羅』というのは，新人間開発や」と。旧右肩上がりを前提にして物事を捉えて行動するのは駄目ですねと。だから，人事曼陀羅の中心というのはそれを捉えようと。（中略）「会社という仕組みというのは，そのステージによって違うで」と。「でも，ステージに合わない，そのステージに応じて制度と人を送らないとぜんぜん合わないよ」と。（R氏）

　R氏によると，「人事曼陀羅」の基本的な論理は，企業の成長段階に応じて主力となる人事業務も異なるというものである。具体的には，給与査定のレベルか

ら，安全管理，そして最終的には組織のメンバーの自己実現欲求充足のためのシステムづくりというように，企業が成長発展していくにつれて，人事担当者が重視しなければいけない業務も変化していくということである。

こうしてＲ氏は，Ｇ部長との「人事曼陀羅」の共同作成という出来事から，Ｇ部長のリーダーシップを認知した。このリーダーシップ認知の根拠となったのは，Ｇ部長が抱いている人事業務の理想像に対しての共鳴である。また，共鳴に関しては，「人事曼陀羅」の共同制作より前に，Ｒ氏が仕事上の悩みをＧ部長に相談したときに同じ問題意識をＧ部長も有していて，そのときからＧ部長と基本的なものの考え方が合うと認識したということが，リーダーシップを認めるベースになっている。

(2) Ｆ氏の語りの意味解釈

Ｇ部長とＲ氏との共同制作によって完成した「人事曼陀羅」は，職場に配布された。これに対する反応はさまざまであった。フォロワーとしての経験が最も長く，Ｇ部長による部署内の組織再編という出来事をリーダーシップの発揮と認知したＦ氏は，「人事曼陀羅」について以下のような見解を示している。

> あれ真ん中に新人間開発って書いてあったん。それについていろいろディスカッションしていたり，1つ1つこう細かいとこに視点があって，「今そんなことになって，この次元に書いてあること，本当はここちゃいますか」とか，そんな話（を）していたのですけど。Ｇさんに「お前ら，そんなことしかないんか」っていわれて，「新人間開発って書いてあるやろ，これは新・人間開発か新人間・開発かどっちやと思って議論してんねん」いわれたのは，覚えているわ。「そんなとこにお前ら疑問ないか」といわれて。「そら，すごく考えられていたのでしょうな」と。「ああ，なるほど」と思ったけどね。(Ｆ氏)

Ｆ氏の語りの中で興味深い点は，職場内に配布された「人事曼陀羅」を通じて，フォロワー間で人事業務に対する各々の考え方を議論する機会を持っていたということである。しかも，その議論の中にＧ部長も加わり，より深い思考を促していたことが，この語りから窺えるのである。

(3) A氏・C氏・J氏の語りの意味解釈

　以上のように，F氏のような中堅社員は「人事曼陀羅」の背後にある論理の本質，言い換えれば人事業務の本質をそこから見て取ろうとしていたが，当時の若手社員は「人事曼陀羅」に関して以下のように述べている。

　　「人事曼陀羅」は，なるほどと思ったわ。というかね，僕そういうのんて誰でも持ってはるのかなあと思いつつ，そうじゃないわと。そこらの人事部長さん，うちの会社，よその会社含めてなかなかああいうことって持ってるようでじつは整理していない人が多いと違うかなあと思ってるんやけどね。それを，Gさんは，あのときにそれまで全部思ってはったことを整理しはったんやなあと。(A氏)

　　曼陀羅とかのところはね，「ああ，そうかこういうふうに整理したんだなあ」という意味では参考になったのだけど，Rさんとかはね自分でそれ一緒になって考えてつくっているから，たぶんそのプロセスでいろんなものを吸収されていて，それも含めての話だと思うよ。
　　で，俺みたいにポンと来て，もうすでに人事曼陀羅ができ上がってて資料の中で「これG部長がつくったんだ」って「Rさんと一緒につくったんだよ」といわれたときに，見たときには直接ね「これは，こうなんや」とやっているわけじゃないから「ふうん，そうか，こんな整理の仕方もあるな」という印象しかなかったよね。(C氏)

　「人事曼陀羅」が発表された当時若手社員だったA氏は，「人事曼陀羅」の体系に対しては理解を示している。同じく若手社員で，「人事曼陀羅」が発表された当時は在籍しておらず，後に配属されたC氏にも，同様の見解が見て取れる。とりわけC氏の場合は，「人事曼陀羅」を初めて見たときと発表とのタイム・ラグがあったゆえに，A氏と同様に人事業務の体系的な整理に関して理解を示してはいるものの，そのインパクトは弱くなっている。

　ところが，当時の若手社員の中でも，J氏は「人事曼陀羅」の実践に関して興味深い経験をしており，その点で他の若手社員とは異なる認識を持っていた。J氏は，G部長が「人事曼陀羅」の考え方を実践している場面を見て，以下のように語っている。

僕これを活用しているところを1回だけ見たんは，その（関連会社の人事制度）相談会に行ったときに，これを見せて，「おまえんとこ，何がやりたいんや」と，こんな感じ。こういうこと，やりたいといったときに，「おまえとこの会社は，このレベルやないか」と。「そんな，おまえこんなとこに書いてあるやつ，やりたいいうても，できるわけがないやろ」というて，使うているところは見たことがある。「おまえとこ，このレベルのこんなん，できてへんやろ」いうて。

　あれ何をいうたんかな，役職交代やったかな。ちょっと忘れたけど，何か，そんなこといっていたよ。そのときに，「これはそういうふうに使うんやな」と。こういうふうに使い方，あんねんなと思った。（J氏）

　J氏は，当時は若手社員だったがゆえに中堅社員のような「人事曼陀羅」を実践にどのようにつなげるべきかという認識には至っていなかったが，G部長が関連会社の人事制度相談会の場で「人事曼陀羅」に基づいて指導している場面を目にすることで，その実践部分を垣間見ることができたのである。

　「人事曼陀羅」にまつわる語りで興味深いのは，そのポイントが中堅社員と若手社員とで異なっていることである。このように世代によって差が出るのは，職務経験の蓄積からいっても当然といえよう。結果として「人事曼陀羅」は，F氏の語りにあったような職場内での議論やJ氏の語りにあったような実際での活用を通じて，職場内に広く浸透したが，そのインパクトには大小があったのである。

(4)　G部長の語りの意味解釈

　ここでは，R氏の「人事曼陀羅」の作成に関する語りに対するG部長の語りについての意味解釈を行っていく。まず，「人事曼陀羅」を作成した意図に関して，G部長は以下のように語っている。

　あのねえ，現実の制度というものをまず整理してみようかというのがあるのだけども。なぜ整理しなきゃあかんかいうたら，「人事制度をどっちの方向に持っていったらいいんか」と。人事制度といってもね，これは僕の考えですけど，経理の仕組みと若干違うと思っているのです。なんでかいうたら，従業員に全部関係すると解釈しているからです。そうすると，「従業員が少なくとも理解しなきゃ駄目なのだ」と。理解のレベルはいろいろありますけれども，「従業員に関係するから，従業員が理解できるような仕組みにしなきゃいかん」と。そういうも

のをわからすというのも，人事の仕事の1つであると思うのですよ。そういうところから，スタートしているわけですよね。「まず整理してみましょう」と。これが1つ。

それから，必要であるやつと必要でないやつ，場合によれば濃淡，「これ大事やけど，これあまり大事やない」，主と従というほうがいいかわからんけども，そんなものもあるわけですよね。だから，1つの制度を補完する制度なのか，それは独立した制度なのかというような問題もあるわけです。そういうものがわからないといけないからというのが2つ目。

3つ目は，あえていうたら，「方向性をどこへ持っていくんや」と。この3つやわ。で，「いっぺん整理からスタートせなしゃあない」ということから，「やってみよか」というたときに飛びついたのが，Rやな。一番に飛びついたのは。「そんなことやらんでもええやないか」いう奴もおったわな。そらおるやろ。おっても別にええやん。そら，いろんな人間おったほうがええんやからね。(G部長)

G部長は，「人事曼陀羅」を作成した意図は3つあったとしている。1つは，社員が理解できる仕組みをつくる必要があること。2つ目は，人事に関連する制度間の関係をはっきりさせること。3つ目は，どのような方向性を目指すのかということ。以上の3つの理由から，人事制度を体系的に整理する必要があると，G部長は考えていたのである。すなわち，人事制度をどのように解釈すべきなのかをG部長として表明したのが「人事曼陀羅」であり，G部長の提案に賛同して共同制作したのがR氏だったということである。ところで，R氏の語りに出ていた人事革新のプロジェクトとの関係を，G部長はどのように考えていたのだろうか。この点に関して，G部長とは以下のようなやりとりがあった。

筆者：R氏へのインタビューでは，（別の）人事革新のプログラムが出ていて，「それじゃないだろ」（となった）という話を聞いたんですけど。
Y氏：人事改革とかありましたよね。それに対して，まあ，あのうG部長時代に「私は，あれに賛成できません」ていうたら，「俺もそう思うから，1回ちょっとつくろうか」というようなお話を。
G部長：いやね，だから，それは人事の方向性をどう考えているかと。どういう制度が必要で，どういう制度が必要でないかというような観点だったんだよ。だから，制度っていうのはね，非常に一人歩きしちゃってね，とくに人事の制

度というのは今でこそ，今でもそういうとこあるけど。「覆う主義」やな。何かの制度があって，制度に何かが欠けてるから，次の制度をつくる。この制度は，残っとるわけや。次の制度がある，また違うな，何か抜けとるとこがある，また制度をつくる。こういうねえ傾向があるの。たとえばね，この1つの制度が何か欠けてると，これやめて，こういう制度つくろかというふうにならないの。そこが問題なんやけどな。

R氏が語っていた「人事曼陀羅」作成のきっかけとなった人事革新プロジェクトへの違和感に関して，G部長は，プロジェクトの方向性が不明確で制度の一人歩きが生じていると感じていたのである。G部長は，人事革新というならば，次の制度で既存の制度を補うのではなく，スクラップ・アンド・ビルドで新たな制度を創造しなければならないという考えを持っている。こういった背景から，G部長は，そもそも人事業務がどのような哲学に基づいており，諸制度がいかなる関係にあるのかを明確にする必要があると考えた。その結果出てきたのが「人事曼陀羅」の作成であり，それに共鳴したのがR氏だったというわけである。

共同制作者でフォロワーの立場にあったR氏が指摘した「人事曼陀羅」の基本的な論理に関してG部長は，その背後には個人的に有する「人事の発展段階説」という持論があったとも語っている。

> これは僕の考え方ですから，人によって違うんですけど，僕は発展段階説論者なんです，どっちかいうと。破局説はようとらないんですよね。そうするとね，そのやっぱりね幼稚園の奴はな，人間が成長するには幼稚園，小学校，中学校と伸びていくと思てる（ん）ですわ。最初から，中学校にボーンと入ってね，例外は別ですよ例外は，まあ飛び級とか今やかまし（く）いわれているけど，別にしてね，普通の人間だったらやっぱり幼稚園，小学校，中学校とこういうふうに成長過程を歩んでいくと思うんですよ。だから，僕はそういうのを前提にしとるわけですわ。そうすると，会社のシステムとかもね成長過程をわからないで制度だけをやると，これは非常に問題やと思ってるわけですよ。会社のシステムでもな。
> （G部長）

このG部長の語りからもわかるように，「人事曼陀羅」を構成する基本的な論理である「人事の発展段階説」にはG部長の個人的な発想法が大きく影響している。「人事曼陀羅」に関する制作意図や論理について，G部長とR氏が語るこ

とはほぼ共通している。では，なぜ，そもそもG部長はR氏に「人事曼陀羅」の共同制作を持ち掛けたのだろうか。G部長は，R氏の特性を見極めた上でR氏と「人事曼陀羅」を共同制作しようと考えたのだと語っている。

　　Rくんなんか，どっちかいうと自分で勉強するというタイプのほうに非常に長けとるわけですわ。で，Sくんなんか素晴らしい人の意見を聞いて，それを自分のほうへ取り入れていくことに長けとるわけですわ。そういう特徴がみんなあるから，うん，だから特徴があるほうがみんな，いいんだわな。みんな同じ人間よりは。だから，そういうものだけは，そりゃ半年ぐらい付き合ったらわかるじゃない。人，人というものは，どういうものなんか。
　　（中略）
　　こういろんな制度というものを頭の中で体系的に整理していないからじゃないかと（中略），それで「いっぺん整理しようやないか」ちゅうてやらしたんやRに。（G部長）

つまりG部長は，日常の業務活動の中からフォロワーである部下の特性を見抜き，人事業務にかかわる諸制度を体系的に整理するという仕事には学究肌のR氏が最も適しており，また，R氏も必ず興味を示すであろうと見込んだ上で，R氏と「人事曼陀羅」の共同作成をしようと考えたのである。

(5)「人事業務の体系化」にまつわる語りのまとめ

「人事曼陀羅」に関しては，複数のフォロワーの語りにおいて言及が見られたが，最も深く関与したR氏の語りの意味解釈から再構成されたプロットを示すと，図8-10の通りになる。

R氏は，G部長の部下として働き始めたときから，その人事業務に対する考え方に自らと相通じるものを感じていた。そのような関係があった中で，G部長から人事業務の諸制度を体系的に整理して「人事曼陀羅」を作成しようという誘いを受けた。R氏は，自らの人事業務観を明示化できる機会とそのプロセスにおけるG部長とのやりとりにやりがいを感じるとともに，G部長のリーダーシップを認知したのである。

それに対するG部長の語りを意味解釈した結果に基づいて再構成した語りのプロットは，図8-11の通りである。

192　第8章　日常業務で語られるリーダーシップ

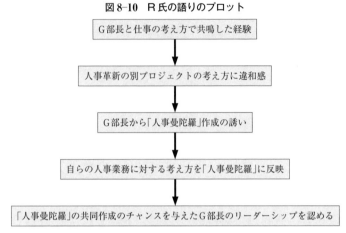

図 8-10　R 氏の語りのプロット

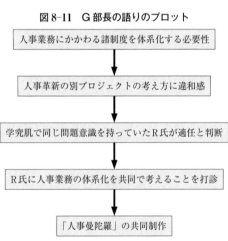

図 8-11　G 部長の語りのプロット

　G 部長は以前から，いずれ人事業務にかかわる諸制度を体系的にまとめたものを表したいと考えていた。体系化の基本的な論理は，会社の成長段階に応じて最適な人事制度は異なるという「発展段階説」に基づいた G 部長の持論である。そうした折に人事革新の別プロジェクトが立ち上がったが，その考え方に G 部長は違和感を抱いた。そこで，自分と同じような考えを持っており，しかも徹底的に調べる能力があると見込んでいた R 氏に，自分たちの考えを表明した「人事曼陀羅」を共同して制作することを持ち掛け，実現した。G 部長の意図として

は，人事業務にかかわる諸制度を体系化したいと考え，最も適した人材であったR氏と共同で制作しようとしたということである。

「人事曼陀羅」をG部長が策定した意図は，部署内の組織再編を断行した意図と連関するところがある。「人事曼陀羅」は，人事にかかわる制度間の関係を社員にわかりやすく体系化し，今後の人事のあるべき姿を示したものである。いわば，人事業務の地図のようなものである。一方，事業担当別への組織再編は，さまざまな人事業務に携わることで人事業務全般を身につけられるようにしようということを意図した行為であった。「人事曼陀羅」で知識として業務の全体像を把握し，事業担当別への組織再編によってその業務を全般的に体験する，すなわち，2つの出来事を通して人事業務の理論的な側面と実践的な側面に同時に精通させようという，G部長の明確な意図が読み取れるのである。

なお，こうしたG部長の意図は，ある程度経験を積み重ねたS氏・F氏・R氏のような中堅社員には明確に伝わっていたが，若手社員は職務経験の浅さゆえに十分に理解していないところがあった。

3-4 リーダーの語り

3-4-1 ディビジョン・マネジャーとしての自己実現

本項では，リーダーが語った自らのリーダーシップの持論，およびそれに関連する語りについて，意味解釈を行う。まず，G部長は，フォロワーの語りで指摘されたさまざまな取り組みについて，リーダーシップの発揮というよりも，電機部門人事部を統括するマネジャーの役割を担う者としての自己実現を追求したという意図を語った。

> 僕はディビジョン・マネジャーの1つの自己実現というものに関心があった。そのことがリーダーシップの発揮って書いてあるのは，ちょっと，「そんなことなんだろうか」ということですね。当時の電機部門人事部における自己実現と，リーダーシップをとるのとどういう関係にあったのかをいわれたら，ちょっと自信がないですけどね。そのディビジョンの職位というものに対するポジションとかステータスとかいわれているようなものですよね，そういうものの中での自己実現だというふうに解釈しておるんだけどね。うん，だから何もノンベンダラリ

としたら終わるんかしらんけど，面白くはないのじゃないかということだけですよね．
　（中略）
　人事としての仕事といわれると，どう答えていいのかわからないけど，人事担当者の喜びというんかな，人事担当者の自己実現欲求みたいなものが何であるんかということを，人事担当者がどういうふうなのを持っているのかを知るのは，ものすごい必要やと思うんですよね．これは，人によって思っとることが違うんやけど．そんな議論をする場所がないのよ．場所がないんだわ．（G部長）

　G部長は，フォロワーから認知されたリーダーシップにかかわる出来事に対して，明確にリーダーシップを発揮しようと意図したとは言及していない．むしろ，E社の組織の一部門を担うディビジョン・マネジャーとして，どれだけ自分がやれるのか，とりわけ，人事業務担当者がどれだけのものを達成して，仕事から喜びが得られるのかということに，最も関心があったのだという．その関心から派生した行為が，部下であるフォロワーにリーダーシップの発揮として認知されていたのである．
　ここからいえることは，フォロワーがリーダーシップだと認知するリーダーの行為は，リーダーの側からすると必ずしもリーダーシップを発揮しようと明確に意図した行為ではないということである．言い換えると，リーダーがリーダーシップを発揮しようと意図してはいなかった行為が，フォロワーの側にはリーダーシップと認知されていたのである．

3-4-2　「実証主義」が持論

　人事業務担当者の自己実現を追求していたというG部長であるが，背景には自らが仕事をしていて面白いという実感が得られることがしたいという個人的な思いがあった．そのためにG部長が仕事を実践していく基本的なスタンスは，「実証主義」であったという．

　企業の中のリーダーっていうのは，僕は実証主義が根幹にないといかんのじゃないかという気はしますけど．企業の中におけるリーダーっていうのは，やっぱり実証というものがあってね，その中からいろんなシーズなり，ニーズなりを出していくというふうに思いますけどね．（G部長）

G部長は，企業のリーダーにとって自らが実践しようとする取り組みについては，それが効果的であることを証明する，あるいは証明できるという根拠を持って，仕事に取り組まなければならないという持論を述べている。この実証主義という持論の背景について，G部長は以下のように語っている。

　　実証主義がなぜ必要なのかというと，僕はフィジビリティだと思うのですよ。こらまあ，僕が大学のとき教えてもろたことなのですけどね。ポリティカル・フィジビリティというのは，政策的な実行可能性やろな。政策的な実行可能性というものが，どういうものであるんかというのをね，検証しよう思ったら，実証主義しかないのじゃないかと思っているのです。だから，ポリティカル・フィジビリティを追求すれば追求していくほど，その実証論というものが出てくると。というものがない限りにおいてね，企業の中では駄目なのだという気がすんねん。（G部長）

　G部長が実証主義の観点に立って業務を行うことが重要であると考えているそもそものルーツは，学生時代の学びに遡るということである。G部長は，学生時代に学んだ政策実行可能性すなわちポリティカル・フィジビリティを，企業における事業活動の中でも追求すべきだという考えに至った。そして，この持論が，フォロワーの語った出来事に対するG部長の意図にもつながっていく。

　　（事前資料を見て）ここでいろいろ書いてくれているような現場を知るとかね，いうようなことも実証主義ですよね。そういうものをただ単に理論上のことだけじゃなくて，その理論と実証というものを対比しながら進めるというね。それが，ポリティカルなフィジビリティに大きな影響を与えるというのですかね。（G部長）

　G部長によると，フォロワーの語りにあった現場を知るということも，実証主義の発想に基づいて行った一連の行動の1つだったのである。現場に出てそこで業務を実践することで，人事業務に対する理解も深まり，自己実現ができ，仕事から喜びが得られると，G部長は考えている。そして，部下であり，フォロワーでもあり，会社組織における後輩にあたる社員にも，同じように仕事から喜びが得られるようになってもらいたいがゆえに，自らの仕事経験から得た持論に基づいてさまざまな機会を提供したのだと解釈できる。

3-4-3 若手時代の仕事経験

G部長が学生時代の学びから実証主義という持論を得たとしても,それが実践に結びつかないことには確証にはならない。実証主義が確たる持論にまで到達するようになった背景には,すでにフォロワーの語りに対するG部長の語りの中にも見られたように,これまでの仕事経験が多大な影響を及ぼしている。ここでは,すでに考察した語り以外で,G部長の仕事観に影響をもたらした若手時代の仕事経験についての語りを検討する。

> そのねえ当時しばらくしたら人事なんて暇になってくるんやわ。そのままやってると。仕事もわかってくるとね。暇ちゅうたら語弊がありますけど。そうするとね,2つしかない。1つは,掘り下げるかね。(もう1つは)違う仕事をするかしかあらへん。そうでしょ。「どっちかやろうや」ちゅうことよ。(G部長)

G部長は,若手社員の頃に工場勤務を希望し,E社のとある工場の人事総務部門に所属していた。基本的な仕事にも慣れてきたG部長は,次の一歩をいかに踏み出すかを考えるようになった。そこで考えたのは,人事業務をもっと深めていくことか,別の仕事をすることであった。G部長は,当時の若手の同僚と,前者の人事業務をもっと深めていく取り組みを始める。

> たとえばね,教育訓練ちゅうのやらないかんやろ,そうするとね,訓練体系ちゅうのつくらないかんわな,これはね。訓練体系つくるとなあ,立派な訓練体系つくろ(う)とすればするほどな,これつくるとクビ締めるねん。で,訓練体系が立派であって,それに基づく成果なんていうのはな,非常に教育訓練の成果なんて測りにくいじゃないですか。そうすると(それから),訓練体系つくるということは,訓練しよう思ったら必ず講師がいると,あるいは場所が要るということが起こってくるわけですよ。(G部長)

具体的な取り組みとして,G部長は工場内の教育訓練の新たな体系をつくろうとしたのだという。ところが,いざ体系づくりとなると,教育効果の測定や講師あるいは場所などについて,障害がいくつも見つかった。そこで,G部長と当時の人事総務部門にいた2名の同僚は協議して,外部講師を招くのではなく,工場内の人員で相互に学べる体制を築くことにした。しかしそれは,工場の社員にとっては新たな負担になることだったので,そこのところをいかに動機づけるのか

が課題となった。

> 工場にはな，ほんなもん500人もおるやないか，全部使わん手はないじゃないか，全部使えちゅうわけですよ。ほな，使おうということにしてね，ということは，どないして「これは俺が担当しなきゃいかんか」ということをね，認識させるか。(G部長)

そこでG部長は，「学校制度」という名のもと，QC (quality control) や技術開発を，それぞれの分野別に学校と呼ばれるグループで学習できる制度をつくった。その普及のために，まずロール・モデルとなるグループを3つつくって，実際にグループ内で相互学習させた。こうして工場内の社員に徹底的に制度の内容を認識させ，ロール・モデルのグループに手本を示させる形で，実施に踏み切ったのだという。

> 結論いうとな，まず「学校制度」をつくろうと。学校制度な。たとえばね，あのう教師の教育せんなんわ，QCの教育せないかんわ，技術開発の教育せないかんわとこうあるわけですよね。で，全部学校つくったんや。何々学校いうて名前付けて，Y学校とか全部つくってん。校長Yってな。で，それをなあ，それだけではあかんねん。全部に認識させる。(中略) 工場に。ああ，いうてな。で，認識さしてな。で，モデルをまず3つつくろうと。モデルをな。で，そこをきちっとやらす。そこだけは，管理せよと。やったか，やらへんかったか，きちっとやれと。そうしたらね，全部やるようになった。(中略) そういうことは，いろいろと，ワンマンやといわれたことはありましたけどね。(G部長)

この教育訓練の取り組みは，結果として功を奏したのであるが，そのプロセスは当時のG部長が現場の責任者の1人としてトップダウンで遂行していったことが窺える。このことは，G部長が，事前の計画段階で実現可能性がありそれが業務の改善につながることを確認した上で，モデルケースによってその成果を実証し，トップダウンで工場全体に浸透させていくという，自らのフィジビリティと実証主義という持論に基づいた行動をとっていたことを，物語るものである。

このような若手社員時代の一連の経験によって，G部長は，フィジビリティすなわち実行可能性と，それを確信させるための実証主義という，以後の仕事観を構成する持論を構築したのである。とりわけ，その仕事経験の舞台が工場の管理

部門であったことで，現場の感覚が養われ，さらには，工場全体をマネジメントする立場にいたがゆえに，ある意味マクロな視点で物事を捉える思考の幅が涵養された。このように考えると，G部長が部下の若手社員にさまざまな観点から経験を積ませたり，彼らの思考の幅を広げようとしたりする行為の意図にも，つながってくる。

ただ，これはあくまでも成功例であって，最初からトップダウンで物事を遂行できるほど甘い世界ではなかった。いくら持論を持っていても，G部長がそれを実現できるようになるまでには相当な苦労があった。

> （とある会議で）俺，人事やから書記係やな。発言者のいうことが，（中略）そのふわっとしたテーマが多いんや。まとめるのが大変なんですわ。まとめるのが。何書こうかなと思うと，次のこと喋りよるわけや。そこで，「何，喋りました」って聞くわけや。怒られて。「へっ」ってまた黒板へ書いたら，「いうとることと中身ちゃうやないか」って怒られたりしてな，ものすごく苦労したんや。しかし，おかげでね，だんだん，あれも訓練やなあ，ぐたぐた書かんでもええやんと。一言二言で書けばええやんとわかったら，ちゃんと書けるわ。そら，そんなもんです。そんなことやってて，ずっとやってきたから，まあ多少自信ついたいうのかね。(G部長)

ワンマンと呼ばれるようになる以前は，G部長もそれ相応の苦労を重ねてきた。この会議にかかわる語りは，それを象徴するものである。その一方で，この語りでは，それを乗り切ったことが自信につながったとも発言している。つまり，状況判断してしかるべき行動をとり問題解決できたことが，結果として自信になったということである。そのように考えると，先の教育訓練の語りからも，周囲からワンマンと揶揄されても目標を完遂させるG部長の気概が読み取れよう。

4　事例の考察

大手電機メーカーE社電機部門人事部の事例において，フォロワーのリーダーシップに関する語りは，分析によって開眼の語りと共鳴の語りに類型化できた。本節では，開眼と共鳴という2つのタイプの語りの特徴および成立条件，そして，

フォロワーの開眼・共鳴を促すリーダーの行為という3点から，この事例を考察していこう。

4–1 開眼の語りとリーダーシップ

4–1–1 開眼の語りの特徴

　E社電機部門人事部の事例において，フォロワーから得られたリーダーシップにかかわる語りのうち，分析によって開眼の語りに類型化されたのは，「関連会社の視察」「関連会社の立て直し」「日常業務での問いかけ」の3つであった。「関連会社の視察」と「関連会社の立て直し」は，いずれも1名のフォロワーによる個人レベルの語りである。一方，「日常業務での問いかけ」は，3名のフォロワーそれぞれによって個人レベルで語られたが，語られた内容は状況の違いこそあれ類似していたことから，複数のフォロワーに共通する語りであったといえる。

　また，いずれの語りも異なる出来事についてのものであったが，共通のプロットが存在した。すなわち，フォロワーが，G部長との相互作用より，これまで有してきた職務に関する知識およびその考え方に対して自発的な変化がもたらされ，その後の仕事生活に肯定的な影響を及ぼしているというプロットである。具体的には，G部長からフォロワーにこれまで体験したことのないような言動がもたらされる。その言動によって開眼するタイミングは各人で異なるが，個々のフォロワーはG部長の行為が自らの今後の実務経験に大いに寄与すると自覚する。こうした，G部長の行為は自分自身を成長させるものであるというフォロワーの認識が，結果としてG部長によるリーダーシップの発揮へと原因帰属されたというものである。

　一方，フォロワーの開眼の語りに対するG部長の語りにおいても，プロットは共通していた。具体的には，G部長が，これまでの仕事経験から学んだ教訓，すなわち，工場の現場管理も踏まえて人事に関する知識と経験を幅広く積む，人事業務について全社的経営の観点から深く考えるといった，G部長が人事業務担当者に必要であると考えることを，部下のフォロワーたちに伝授していくというものであった。また，ここで共通していたのは，これらの出来事の中のG部長

が教訓を得た仕事経験というのが，新卒で配属されたE社の関連工場で勤務していた頃のものばかりだったということである。つまり，若手時代の仕事経験から学んだことが，管理者となったG部長の部下に対するさまざまな働きかけに影響を及ぼしているのである。

このように，開眼の語りにおいては，語られる出来事は相違するものの，そのプロットはフォロワーおよびリーダーのいずれにおいても共通していた。さらに共通点として，フォロワーの語りにおいては，従来と異なり，かつ，以後の業務活動に有益な，新たな知識やスキルあるいは思考法や考え方がG部長によってもたらされたことに対して，リーダーシップが認知されていたことがあげられる。それに対して，G部長の側にはリーダーシップを発揮しようという明確な意図はなかったものの，その行動はフォロワーをG部長自らがそれまでの仕事経験から導き出した理想の人事担当者に育てようという一貫した意図のもとで実施されたものであった。つまり，この事例における開眼の語りにはリーダーがフォロワーを育成する意図があり，その意図の土台にはリーダーが自らの仕事経験から導き出した教訓が活かされていたということである。

4-1-2 開眼の語りの成立条件

フォロワーとリーダー双方の語りの特徴から，開眼の語りが成立する条件を導き出そう。その第1は，リーダーがフォロワーよりも圧倒的に仕事に対する造詣が深いということである。これは一見当たり前のようであるが，たとえば，メンバー全員がプロフェッショナル，しかもジャンルの異なるプロフェッショナルで構成されている集団で仕事をする際などは，リーダーがフォロワーよりも取り組む課題に対する造詣が深い保証はない。それゆえに，この点も基本的な条件としてあげておく必要があるのである。そもそもフォロワーを仕事に対して開眼させるということは，フォロワーが今後直面する可能性がある問題や課題をリーダーが十分に予見できていないことには成り立たない。したがって，リーダーがフォロワーよりも仕事に対する造詣が深いということが，開眼の語りをもたらすには必要不可欠なのである。

しかし，たとえリーダーが仕事に対する造詣が深く，フォロワーが今後直面する問題や課題が予見できたとしても，それをフォロワーに伝えようとするリーダ

ーの意図がなければ、フォロワーが開眼することはない。つまり、開眼の語りが成立する第2の条件は、リーダーが育成の意図を有しているということである。そこで本章の事例におけるリーダーの育成の意図に関して見ると、リーダーはこれまで培った仕事経験に裏づけられた人事業務担当者としての明確な持論を有しており、また、その持論の伝授にあたっては、現場経験の場を設けたり日常業務の中で問答をしたりして、知識として直接的に伝達するのではなく、あくまでもフォロワーに考えさせて気づきを促すという行為に徹していることが特徴的であった。この気づきを促すという方法ゆえに、自らそれに気づいたフォロワーにはインパクトが強く、語りとして生成したと解することができる。

フォロワーの記憶へのインパクトという観点からさらにいえるのは、G部長がどのような人物かを十分に把握していなかったこと、あるいは、G部長に関してそれまで知らなかった側面を体験または観察したことによって、強いインパクトが生じ、語りが生成したということである。言い換えると、それ以前のG部長との相互作用は、あったとしても、G部長が有するスキルや考え方あるいは持論について十分把握するレベルには至らない程度の蓄積にすぎなかったということである。すなわち、フォロワーがリーダーについて、まだそれほど熟知はしていないということが、開眼の語りの第3の条件になるのである。

4-1-3 開眼の語りとリーダーの行為

本章の事例においては、すでに述べたように、フォロワーからもたらされた語りのいずれについても、リーダーであるG部長は明確にリーダーシップを発揮しようという意図を有していなかった。それでもフォロワーからリーダーシップの発揮と認知される傾向にある行為について、その背後にあった意図を明らかにすることは、意識的にリーダーシップを発揮しようとする場合にも有益な知見をもたらすと考えられる。

開眼の語りをもたらすリーダーの行為には、その成立条件の1つとしても述べたが、リーダーの教育的意図がなければならない。G部長の場合、背景にはまず自分自身が人事業務担当者としての自己実現と仕事の喜びを追求したいという思いがあり、その上で部下であるフォロワーを一人前の人事業務担当者として育成するという教育的意図を有していたことが、その語りから読み取れた。さらに、

G部長の仕事にかかわる持論には,「実証主義」という考えがあった。ここから意味解釈すると,G部長は,それが自身のキャリアを築き上げる中で「実証」してきた仕事にかかわる持論であったからこそ,部下に伝授したのだといえよう。フォロワーの語りにおけるG部長の行動は,確信的なものばかりであった。G部長は,必ず教育効果が表れると自信を持って行動していたのである。

このように見てくると,開眼の語りをもたらしたG部長の教育的意図は,自らの人事業務担当者としての自己実現欲求を満たすという自利的側面と,その行為の教育的効果が必ず部下にとってメリットになるという確信を伴った利他的側面の両面を有しており,いわばウィン-ウィンの関係を構築する発想に基づいたものだったのである。ここからいえるのは,リーダー自らが能力を発揮する側面とフォロワーの成長を促す側面,すなわち自利利他の発想による教育的意図に基づいたリーダーの行為が,開眼の語りを生成するのだということである。

4-1-4 開眼の語りの論理

ここでは,E社電機部門人事部の事例から導き出された開眼の語りにおけるリーダーシップの論理を考察しよう。開眼の語りにおいて,フォロワーは,仕事に関するこれまでの考えや発想とはまったく異なるものをリーダーからもたらされていた。リーダーによってもたらされた新たな考えや発想は,仕事を遂行する上で有益だとフォロワーが認めることによってリーダーシップに関する語りとして生成する。フォロワーがリーダーシップを認めたのは,組織目的を遂行する上で有益な視点を得られたことにより自らの目的遂行意識のレベルが向上する手応えがもたらされたからである。一方,リーダーの側から見ると,この事例の場合にはリーダーシップを発揮するという明確な意図はなく,むしろフォロワーを育成していくという教育的意図を有していたことが明らかになっていた。

こうしたフォロワーとリーダー双方の視点から導き出される論理は以下のようなものになろう。リーダーの教育的意図によってもたらされた行為が,フォロワーによって有益であると認識され,結果,組織目的の遂行に対してより深いレベルで思考するようになるというフォロワーの自発的な意識の変化がもたらされる。フォロワーは,このようなリーダーの行為をリーダーシップを認めた出来事として記憶し,それが語りとして生成される。また,この場合における意識の変化は,

従来のものとまったく異なる考えや発想がプラスされることによってもたらされる。

なお，このようなリーダーシップが生成するには，リーダーが，フォロワーが現状より一歩前へ成長できる課題および課題解決の方法を認識していることが前提になる。すなわち，リーダーが，フォロワーが壁に当たっている課題，あるいは壁に当たっていることさえも認識していない潜在的な課題の存在を把握し，それに対して適切な解決法を提供しているということである。

4-2 共鳴の語りとリーダーシップ

4-2-1 共鳴の語りの特徴

E社電機部門人事部の事例において，フォロワーから得られたリーダーシップにかかわる語りのうち，分析によって共鳴の語りに類型化されたのは，「部署内の組織再編」と「人事業務の体系化」の2つである。「部署内の組織再編」は，複数のフォロワーから語られ，その内容も共通していた。一方，「人事業務の体系化」は，複数のフォロワーから語られはしたが，リーダーシップを認知していたのは，そのシンボルの共同作成者のR氏以外のフォロワーではF氏のみであった。つまり，出来事としては職場に共通するものであったが，リーダーシップの語りとしてあげたのは2名のフォロワーのみだったのである。

「部署内の組織再編」については，語り手のS氏とF氏がほぼ同じ見解を示したが，語りのプロットという観点からはS氏のほうがこのイベントを詳細に語っている。一方，フォロワーの語りに対するG部長の語りにおいて，フォロワーがG部長の意図として解釈していたことと，実際のG部長の意図が一致していたことが，明らかになった。フォロワーはリーダーの組織再編の意図を解釈してそこにリーダーシップを認知したのに対し，リーダーも実際にフォロワーの解釈通りの意図を有して組織再編を実行していたのである。しかし，このことについてリーダーからリーダーシップを発揮しようという意図があったとは語られなかった。

「人事業務の体系化」については，リーダーシップを認知したとする語り手のR氏は，「人事曼陀羅」と呼ばれるシンボルづくりの共同制作者であり，G部長

とそのプロセスを共有していた。一方，G部長は，「人事曼陀羅」の作成に関しても，R氏に対してリーダーシップを発揮しようと意図したわけではなく，その意図はR氏とともに人事業務の体系的な整理をしたいというものであった。

このように，共鳴の語りに関しては，フォロワーがリーダーの行為の意図を理解し，それに賛同しているということが，特徴である。また，本章の事例で特徴的なのは，フォロワーがリーダーの行為の方向性を汲み取ってリーダーシップを認知したのに対して，リーダーは行為の方向性こそフォロワーの見解と同様であったが，リーダーシップを発揮しようという意図は持ち合わせていなかったというところである。

4-2-2　共鳴の語りの成立条件

このように，共鳴の語りには，フォロワーがリーダーの意図を正確に理解しているという特徴がある。そうなる背景として，フォロワーとリーダーが共有した時間が長いことがあげられ，これが共鳴の語りの第1の成立を条件だといえよう。リーダーと共有する時間が短い，あるいは，リーダーと接点がさほどなかったというフォロワーが，リーダーの行為の意図を正確に読み取ることは難しいからである。反対に，リーダーとの仕事の経験が豊富にあれば，リーダーが何を考えているのかを容易に理解できる。本章の事例において，リーダーと共有した時間の長さという点が顕著に表れているのは，R氏がG部長と「人事曼陀羅」を共同作成したゆえにリーダーシップを認知したと語ったのに対して，完成した「人事曼陀羅」を見たフォロワーであるA氏やC氏は，それに納得したり感心したりはしたものの，リーダーシップを認知したわけではなかったという部分である。

また，リーダーの意図を理解するのには，フォロワー自身の仕事経験の量も密接に関係してくる。共鳴の語りの語り手は，新人で配属されてきた社員やまだ実務経験の浅い20代の社員ではなく，複数の職場を経験した中堅社員であった。つまり，共鳴のリーダーシップを語るにはフォロワー自身の業務経験も必要だということで，これが共鳴の語りの第2の条件である。「部署内の組織再編」に関するフォロワーS氏の語りにおいては，G部長の意図が詳細に解釈されている。この背景には，S氏がG部長と同じように工場の管理部門の職務経験を有していたことがあった。すなわち，リーダーと類似したキャリア・パスを歩んできた

フォロワーは，リーダーと同じような問題意識を持ってその意図を詳細に理解できたと考えられ，リーダーとの意図に共鳴できる土壌を有していたといえるのである。

一方，リーダーの視点に立って共鳴の語りが成立する条件を考えてみると，その語りの意味解釈を通じていえるのは，リーダーは自らの信念に基づいて正しいと思ったことを実行しているということである。共鳴の語りの場合には，こうしたリーダーの行為が，フォロワーを納得させるのである。つまり，フォロワーを納得させるような，信念に基づいた行動をリーダーがとるというのが，第3の条件である。なお，その際，リーダーは，フォロワーの意向を確認したり配慮したりはせずに，あくまでも自らが確信する行動をとっているのである。

4-2-3 共鳴の語りとリーダーの行為

共鳴の語りにおけるリーダーの行為は，基本的に，対個人ではなく職場全体に向けてのものであった。また，それは自らの信念に基づいた行動であり，そこにフォロワーがついてくるかどうかといったリーダーシップにかかわる意図はなかった。しかし，部署内の組織再編という行為であれ，人事業務に対する考え方のシンボルである「人事曼陀羅」を部下のR氏と共同制作して職場に配布したという行為であれ，最終的には，そういった取り組みが業務の効率を高め，個々の部下の人事業務に対する見識を深めたいという意図が読み取れる。組織再編は幅広い人事業務をこなせるような組織編成が必要であるという認識から，また「人事曼陀羅」は人事業務の全体像を理解するための指針を確立するという認識からの行為であり，そこにはフォロワーである部下を教育しようという意図がある。しかしそれは，開眼の語りのように個人に経験を積ませることを直接的に意図しているのではなく，職場全体をリーダーであるG部長の信念に基づいた方針で透徹させてパフォーマンスを向上させるという意図が第一にあり，結果としてフォロワーの育成にも通じると考えられていたのである。

リーダーがこのような意図に基づいて行動していたため，リーダーであるG部長のことをよく知っている，すなわち共有する仕事経験の長いフォロワーが，リーダーシップを認知したというわけである。ただし，「人事曼陀羅」の作成にあたって，この取り組みに最も関心が高そうなフォロワーであったR氏に声を

かけて共同作成を持ち掛けたというG部長の行為は，こうしたフォロワーの特性を見極めて自らパートナーを選んだものということができる。このように，R氏との共同作成はG部長の意図的な行為であったが，それもR氏に対するリーダーシップの発揮を意図したわけではなく，自らの野心的な取り組みへの共闘を呼び掛けたという意味合いの強いものであった。

4-2-4 共鳴の語りの論理

　前項で論じた開眼の語りが異なる視点をもたらされたことによって生じた自発的な意識の変化であったのに対し，共鳴の語りは，フォロワー自身がすでに有していた組織目的遂行への意識がリーダーと同一であることを理解し，その意識が強化されたことによって生成している。自発的な意識の変化という観点からすると開眼の語りのように多大なインパクトがもたらされるものではないが，意識が強化されるという点では変化がもたらされたということができる。一方，リーダーは，開眼の語りと同様に，リーダーシップを発揮するという明確な意図を有しているわけではなく，リーダー自身の信念を行動として実践することが意図されていた。そのようなリーダーの信念に共鳴することによって，フォロワー自身も組織目的遂行への意識がより強化されていた。

　したがって，このような共鳴の語りが生成する前提となる要因は，リーダーとフォロワーの仕事経験の蓄積であると考えられる。フォロワーとリーダーの間の相互作用が蓄積するにつれ，フォロワーはリーダーの思考法・発想法・判断基準といったものを学習する。もちろん，他のリーダーとの相互作用も蓄積されていくため，組織目的の遂行に対してフォロワー独自の考え方が確立されていく。

　すなわち，フォロワーが個人的に有している組織目的遂行に対する考え方と，リーダーが自らの信念で実行した行為における考え方が同一であると，フォロワーが認識することで，意識の強化を通じて変化がもたらされるということである。それゆえに，同一の出来事に対して，それをリーダーシップとして認識しているフォロワーとそうでないフォロワーが存在したのだといえよう。

4-3 リーダーの語りとリーダーシップ

4-3-1 リーダーの行為と意図

　すでに何度か述べてきたように，本章の事例におけるリーダーであるG部長は，フォロワーの語りから指摘されたリーダーシップにかかわる行為を，リーダーシップを発揮するという意図に基づいてなしていたわけではなかった。

　フォロワーから指摘された一連の行動に関して，リーダーのG部長は，開眼の語りとして類型化した行為に対しては，教育的意図を有していた。一方，共鳴の語りとして類型化した行為は，自らが有する信念を実行するという意図に基づいたものであった。

　G部長の行為には，類型にかかわらず，すべてに明確な意図があり，そこからどのような結果が得られるのかを十分認識した上で確信的に行動しているという特徴がある。この確信的な行動は，背景にそれまでの仕事経験に裏打ちされた持論があり，また，その持論をもとに自己実現したいというリーダー自身の欲求に向けたモチベーションが影響している。

　さらに，G部長の語りでは，「仕事の喜び」という発言が特徴的であった。この発言には，G部長自身が「仕事の喜び」を得たいという自利的な側面と，部下であるフォロワーにも「仕事の喜び」を感じてもらいたいという利他的な側面がある。仕事をするならばそこに喜びがなければならないという，G部長の仕事にかかわる持論の根本にある思いを，同じ人事業務という仕事に携わる部下のフォロワーにも感じてもらいたいという意識が，開眼の語りにあったような教育的意図に基づく行為に反映されている。また，共鳴の語りにあったような職場全体に対する行為にも，間接的ではあるがフォロワーへの教育的意図が包含されていた。

4-3-2 仕事経験からの教訓

　G部長による，フォロワーのリーダーシップ認知に対する語り，あるいは，自分自身にかかわる語り，いずれにおいても，若手社員時代の関連工場の管理部門における仕事経験からの教訓がほとんどを占めていた。この時期における仕事経験が，G部長の人事業務担当者としてのスキル形成や仕事に対する持論の構築と

いう，フォロワーの語りで指摘されたさまざまな行為の源泉となっているのである。

具体的には，スキル面に活かされたのは工場現場に関連する業務や給与制度の構築といったオフィスワークの日常業務ではめったに体験できないことであり，持論という思想面としては事業全体の視点から人事業務を捉えるという思考法があげられる。また，スキル面が直接の仕事経験から得たことによって形成されているのに対し，思想面には仕事経験もさることながら上司からの薫陶が大きく影響している。とりわけ日常業務での問いかけについては，かつての上司がまさに同じような取り組みを実践していたことから学んでいる。

学生時代に構築されたフィジビリティおよびそれを実現するために必要な実証主義という思想的な基礎，その基礎を確信に変えた仕事経験，さらに仕事に対して深く考える習慣を身につけさせた上司の存在といったように，すべての経験が相互に関連して仕事に対する体系的な持論を形成していることは，G部長の語りの特徴といえよう。

4-3-3 個々のフォロワーの特性を把握

本事例のフォロワーの語りに対するリーダーの語りに顕著に表れていた特徴として，リーダーであるG部長の語りが，すでに各フォロワーとは上司と部下の関係ではなくなっていたインタビュー当時においても，フォロワーたちの特性あるいは（インタビュー当時の）近況を把握した上で語られたものだったということを指摘しておきたい。

G部長の語りから，同氏が各フォロワーの特性を理解し，どのような点でそれぞれの特性を伸ばせるか，あるいは，スキルとしてどのような点に課題があるのかを的確に判断して，それぞれに対する取り組みを実施していたことがわかるのである。具体的には，現場の業務の経験がないJ氏を関連会社の工場に同行させたり，給与業務についてのさらなるレベルアップを促すためにA氏を関連会社の給与制度の立て直しプロジェクトに参加させたり，理論的志向が強かったC氏にそれまでとは違う角度で人事業務を考えさせるような問いかけをしたり，人事業務の体系化について深い思考ができるR氏に「人事曼陀羅」の共同制作を呼び掛けたりといったことである。

フォロワーの側からしてみれば，個々の特性を見抜いたG部長の行動によって，あるフォロワーは知的刺激を受け，またあるフォロワーは満足を覚えるという結果がもたらされ，それがG部長のリーダーシップの認知へ，ひいてはG部長を信奉するという意識へと，つながっていったのである。

第9章

プロジェクト・チームで語られるリーダーシップ

本章の事例研究は，エーザイ株式会社におけるアルツハイマー型認知症治療薬「アリセプト®」の研究開発過程で，治療薬のもととなる化合物を探索した研究チームを対象とする。前章の大手電機メーカーE社の事例におけるリーダーシップは，リーダーとリーダーを信奉するフォロワーという関係に基づいたもので，リーダーのほうが知識や経験の面で優位な状況にあった。一方，本事例の対象は研究者からなる専門家集団であり，役職の上ではリーダーとフォロワーという関係にあっても，経験・知識・専門性といったあらゆる面でリーダーのほうが優位に立っているわけではなく，専門分野によってはフォロワーのほうが優位に立っていることもあるという状況にある。本章では，こういった専門家集団，とりわけ画期的なイノベーションをもたらした優れたチームのフォロワーが，どのような行為をリーダーシップとして認知し，また，それに対してリーダーがどのような意図を有していたのかについて，考察していく。

1 調査概要

1-1 調査対象の選定理由

大手電機メーカーE社の人事部を調査対象とした前章の事例研究で，十分に考慮できなかった課題がある。

1つ目として，E社の事例では「特定のリーダーを信奉するフォロワーとそのリーダー」を対象にしたが，一般的には，必ずしも部下のフォロワー全員がリーダーを信奉しているとは限らないので，リーダーを信奉しているかどうかにかかわらない調査も必要であるということである。ただし，この場合には，必ずしもすべてのフォロワーからリーダーシップの語りが得られるとは限らず，それどころかリーダーシップと反するような語りが語られることもありうるだろう。

課題の2つ目は，複数のフォロワー間で共有されている語りよりもフォロワーそれぞれの個人的な語りのほうが多かったということである。フォロワーによるリーダーシップの認知は，たしかに個人がその最小単位になるとはいえ，それが複数のフォロワーに共有されることもあるということは，E社の事例でも一部で

はあるが明らかになっていた。しかし，E社の事例では，すべてのフォロワーが同じ時間を共有していたわけではなく，また，日常業務が中心であったために他のフォロワーと共同で活動することが比較的少なかったことから，この点についての考察が不十分になってしまった。

複数のフォロワーに共有されるリーダーシップにまつわる語りを収集するには，一定期間特定のリーダーと時間を共有したなるべく多くのフォロワーを対象とした調査，すなわち，日常業務に従事するのでなく特定の目的を達成するために一定期間時間を共有したリーダーとフォロワーからなる組織を対象とした調査を，実施する必要がある。そこで，本章の事例研究の対象に選んだのが，エーザイのアルツハイマー型認知症治療薬「アリセプト®」探索研究チームだったのである。

「アリセプト®」探索研究チームのような創薬研究のプロジェクト・チームには，新薬を開発するという明確な目的が存在する。ただ，このチームは，組織された当初からメンバーが固定されていたわけではなく，研究が進展するにつれて次第にメンバーが増員されていった。したがってリーダーと共有した時間の長さはメンバーの間で異なっているが，ある期間においてはすべてのフォロワーがリーダーと同じ時間を共有していたという点では課題の要件を満たしている。さらに，フォロワーはあくまでチームのメンバーであり，必ずしもすべてのメンバーがリーダーの信奉者ではなかったという点でも，要件を満たしている。これが調査対象として選んだ理由の1つ目である。

理由の2つ目は，事例自体の魅力である。「アリセプト®」は，これといった治療薬がなかったアルツハイマー型認知症に有効な世界初の治療薬として登場し，世界的にも評価の高い新薬であった。このような画期的なイノベーションの事例は，調査へのアクセシビリティの希少さからいっても魅力的である。

3つ目は，創薬研究開発チームが持つ集団としての特性である。それはすなわち，環境の不確実性が高いということと，各メンバーの専門性が高いということである。前者についていえば，創薬研究開発の中でもここで取り上げる探索は，薬のもととなる化合物を発見ないしは化学合成しようとする段階であり，新薬の候補となる化合物が発見されたり生み出されたりする可能性はきわめて低い。一方，後者に関しては，本章の冒頭でも少し述べたように，探索研究におけるチームは，異なる学術的専門領域について高度な科学的知識を有するメンバーによっ

て構成された専門家集団であるということである。さまざまなジャンルの専門家によって構成される集団であることから，リーダーがフォロワーよりも専門性の上で優位に立っているとは必ずしもいえない。専門領域が異なるフォロワーを，リーダーがこれまでの経験や専門性のみを背景として引っ張っていくのは，難しいということは想像がつく。しかし，フォロワーが専門性でリーダーを上回るという状況は，環境の変化が著しく職場でのメンバーの専門性が重視される昨今の経営環境においては，創薬に限らずありうるものであり，こうした集団をとりまとめるリーダーシップの研究が，有意義であるといえるのである。

1-2 調査方法

本事例は，「アリセプト®」の基礎となった化合物・ドネペジル塩酸塩を発見した探索研究チームの，杉本八郎チーム・リーダーと当時の研究チーム・メンバーに対するインタビュー調査に基づいたものである[1]。具体的には，「アリセプト®」探索研究チームのリーダーであった杉本と，開発メンバー12名（合成研究

表9-1 「アリセプト®」探索研究チーム・インタビュー調査日程

2001年12月12日	S研究員（安全性） T研究員（合成）
13日	A研究員（評価） O研究員（評価） I研究員（合成）
14日	K研究員（評価） M研究員（評価） W研究員（分析） D研究員（合成） H研究員（合成）
19日	U研究員（安全性）
02年2月6日	G研究員（合成）
13日	R研究員（合成）
4月20日	杉本チーム・リーダー

（注）（ ）内は役割（後述）を示す。

---

1 杉本八郎チーム・リーダーについて，以後は敬称を省略する。

員5名，評価研究員4名，分析研究員1名，安全性研究員2名）へのインタビュー調査（2001年12月~02年4月）を行っている[2]。調査の手順は，E社の事例と同様で，まず探索研究チームのメンバーにインタビューし，その結果を踏まえてリーダーの杉本にインタビューを行った。インタビュー調査は，1名当たり90分弱から2時間に及んだ。インタビュー内容は本人の了承を得て録音，録音内容をすべて文書データ化し，第7章に示した分析方法に従って分析した。

2 事例の背景

本事例におけるリーダーシップについての語りを分析するにあたっても，全体を理解するために，まず本節でリーダーとフォロワー双方のインタビュー・データから再構成した事例の背景を記述しよう[3]。

2-1 「アリセプト®」とは

既述の通り，エーザイが開発した「アリセプト®」は，アルツハイマー型認知症の治療薬である。アルツハイマー型認知症は，1906年にドイツ人医師アロイス・アルツハイマーが報告した症例によって，その存在が明らかになった。ちなみに病名は，この医師の名にちなんだものである。アルツハイマー型認知症にかかると，俗にいう物忘れすなわち記憶力の低下や言語障害が見られるようになり，さらに症状が進行すると運動機能障害が生じて寝たきりとなり，やがては死に至る。アルツハイマー型認知症に侵された患者の脳神経細胞は死滅し，萎縮した脳には老人斑と呼ばれるシミのようなものが沈着し，脳神経細胞の中では神経原繊維変化と呼ばれる神経細胞の異常な変化が見られることがわかっているが，その根本的な原因は，いまだに解明されていない。

---

[2] 先方の都合により，代謝研究者にインタビューすることはできなかった。また，杉本以外のインタビュー協力者は匿名表記するという条件で，調査を実施している。
[3] 本章の記述に際し，インタビュー・データを補足する資料として，エーザイ株式会社有価証券報告書（平成5-12年度）；宮田（1999）119-178頁；桑嶋（2001）；桑嶋・高橋（2001）100-102頁；『日経ビジネス』2001年3月12日号，68-72頁を，参考にした。

したがって、アルツハイマー型認知症は、現段階では根本的な治療法が解明されていない病気なのだが、初期段階に症状を一時的に改善する治療薬は存在する。そのようなアルツハイマー型認知症治療薬は「アリセプト®」以前にもあったものの、副作用が強いことが欠点であった中、副作用が強くない治療薬として登場したのが「アリセプト®」だったのである。「アリセプト®」はまた、副作用だけでなく薬効の面でも既存の治療薬よりも効果があり、画期的な新薬であった。

2-2 探索研究の体制とプロセス

「アリセプト®」の探索研究は、以下のようなプロセスで推移した。

杉本を中心としたグループが、「アリセプト®」探索研究の第一歩を踏み出したのは、1983年のことである。当時エーザイは、1つの節目を迎えようとしてい

表9-2 「アリセプト®」研究の沿革

1982年1月	エーザイ筑波研究所開設
83年	「アリセプト®」探索研究スタート
84年4月	BNABプロジェクト立ち上げ
85年3月	BNABプロジェクト挫折
6月	BNAGプロジェクト立ち上げ
87年3月	「アリセプト®」テーマ登録（開発段階に入るにあたっての全社レベルでの承認）
96年11月	アメリカ食品・医薬品局（FDA）により承認
97年2月	「アリセプト®」アメリカで発売
99年8月	「パリエット®」アメリカ食品・医薬品局（FDA）により承認。アメリカ発売
10月	「アリセプト®」厚生省により承認
11月	「アリセプト®」日本で発売

表9-3 「アリセプト®」の売上高（調査実施時の直近5年間）

1997年度	287億8800万円
98年度	465億円
99年度	576億円
2000年度	711億2900万円
01年度	957億5900万円

（出所）エーザイ株式会社有価証券報告書より筆者作成。

表 9-4　探索研究チームにおける役割

役　割	仕事の内容
合　成	新薬のもととなる化合物をつくるリーダー
評　価 （薬理評価）	合成グループがつくった化合物が，実際に薬として効くものなのかを判定する
代　謝 （体内動態）	化合物が実際に人の身体に入ったときに，一定して体内に吸収されるかどうかに関するデータを提供する
分　析	化合物の物質としての構造的適性に関する評価を行う
安全性	化合物の毒性を判定する

た。それを象徴する出来事が，エーザイ筑波研究所の完成である。同社は，研究開発部門の活性化を図るため，当時在籍していた研究員の反対を押し切って研究施設を筑波（現，つくば市）へ移転し，規模や設備の充実した新たな研究所を設けた。移転後の研究所では，後に社長となった内藤晴夫が所長（研究１部長）に就任し，また，新卒の研究員を積極的に採用した。こうして，エーザイの研究開発部門は，新たな研究施設への移転，新研究所長の就任，新卒研究員採用の増加，という３つの要因を起爆剤として，活性化していったのである。

ところで，同社の探索研究チームにおいては，役割（グループ）が，表9-4に示されている５つに大きく分けられていた。

ただ，１つのチームがこれら５つの役割を備えて開発を行ったわけではなく，「合成」と「評価」がグループを形成してテーマを推進していくという形がとられていた。すなわち，「合成」研究員がつくった化合物の薬理作用を，「評価」研究員が評価するという体制である。したがって「合成」「評価」両グループの連携は重要なポイントとなった。一方で，これら以外の役割を担う研究員は特定のチームには属さず，複数のチームを掛け持ちして作業を行っていた。これらを図示すると図9-1のようになる。

新しい研究所の内藤研究１部長（研究所長）は，探索研究部門を６つの領域別の研究室に分けて，活性化を促した。その６つとは，感染症（１室），脳神経（２室），消化器（３室），循環器（４室），喘息・アレルギー（５室），血液（６室）であり，図9-2のような体制であった。

これが結果として，研究室間の競争意識を生み，新薬のテーマ上程を促進した。このように活気に湧く中に，脳神経系担当の研究２室に所属していた杉本のチー

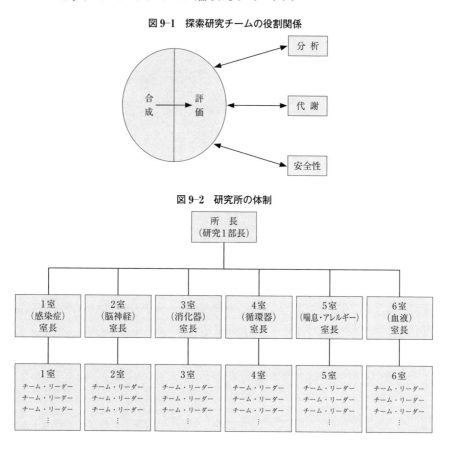

図9-1 探索研究チームの役割関係

図9-2 研究所の体制

ムもあったのである。

　チーム・リーダーの杉本は，過去に「デタントール®」という降圧剤を世に出した実績を持ち，研究員の間でも一目置かれる存在であった。しかしながら，その後のテーマでは挫折が続いており，何としても次のテーマは実現させたいと思っていたそうである。加えて，自分の母親が脳血管障害による認知症を患っていたことから，杉本は脳血管障害の治療薬の開発に対して並々ならぬ意欲を内に秘めていた。このことは当時「アリセプト®」にかかわっていた研究員の誰も知らなかったというが，こうした個人的な思いと当時の研究室間の競争意識とが相まって，杉本のテーマに賭ける強い気持ちにつながったものと考えられる。

　「アリセプト®」探索研究の基本的なアプローチは，「アセチルコリン仮説」に

基づくものであった。人間の脳には神経細胞が張り巡らされており，その間の情報伝達は神経伝達物質によってなされる。ところが，アルツハイマー型認知症患者の脳においては，これら神経伝達物質のうち記憶に関係するアセチルコリンが著しく減少しているという報告があり，これを踏まえてアセチルコリンの量を増やすことで症状の改善を図ろうとしたのが「アセチルコリン仮説」である。方法としては，神経伝達物質の一部を分解する分解酵素アセチルコリンエステラーゼの働きを止めることによって，アセチルコリンの濃度を高めようとする。

　この研究を，リーダーである杉本と新人研究者 2 名は，1982 年にスタートさせていた。アイデアは，杉本のかつての同僚で個人的にも親しくしていた研究員からもたらされたものであった。その研究員が，学会報告などで「タクリン」や「フィゾスチグミン」といった化合物がアセチルコリンエステラーゼ阻害剤として有効だとされていたことに注目したのがきっかけとなったのである。しかし，このタクリンやフィゾスチグミンには強い副作用があったため，これらの副作用を抑えて脳に浸透しやすい化合物に改良することに，研究の主眼が置かれることとなった。

　こうして，「アリセプト®」探索研究は当初，既存薬のタクリンの構造改善にアプローチした。しかし，思うような結果は得られず，挫折寸前にまで至ってしまう。

　ところが，そこに大きな転機となる出来事が起こった。それが，C35-808 の発見である。6 研究室体制になる前から杉本のチームに在籍して別テーマである高脂血症の研究をしていた評価研究員が，実験した化合物にアセチルコリン阻害作用が見られると報告してきたことがきっかけとなって発見されたもので，タクリンとは異なる構造を持つ化合物であった。とはいえ，その薬効は微々たるもので，アルツハイマー型認知症治療薬の化合物としての適性にも懐疑的にならざるをえず，普段であれば対象外として扱われるところであった。しかし，当時の杉本チームは，アルツハイマー型認知症治療薬の開発以外にも抱えていたテーマがいずれも途中で挫折してしまってテーマに枯渇しており，舞い込んできたこの化合物に賭けてみるしかない状況にあった。こうした切迫感から，杉本は化学合成によってこの化合物の薬効を高められるとし，研究 2 室の所属になった後に，BNAB という名のプロジェクトとして，「アリセプト®」探索研究を本格的に始動させ

表9-5　「アリセプト®」探索研究チームにおける評価グループの役割

インビトロ試験	試験管レベルの実験で，化合物の薬理活性について酵素反応を通じて評価する。比較的多くの検体をこなすことができる試験
インビボ試験	動物実験による試験。ターゲットとする薬に応じて，試験の種類は多様。「アリセプト®」の探索研究においては，ラットに化合物を静脈内投与する場合と直接口から含ませる場合のデータを比較し，そこから副作用である末梢神経の圧縮現象，いわゆる手足が震える症状を通じてアセチルコリン阻害反応を確認
脳内物質の濃度測定	実験に使用したラットの脳を取り出して，実際のアセチルコリンの量を測定する

たのである。

　このとき杉本は，合成研究員としてある人物に協力を依頼した。それが，同じ研究2室に所属して杉本とは盟友のような関係にあったT研究員である。当時T研究員は，自らも研究テーマを抱えていたが，杉本との信頼関係と研究2室としてプライオリティの高いテーマに力を注ぐという2点を理由に，BNABへの参加を受けいれた。

　一方，「アリセプト®」探索研究チームの評価研究員については，どのようなマネジメントがなされていたのであろうか。それを理解するためにも，まず，当時のエーザイの創薬マネジメントにおけるチーム・リーダーの位置づけと，合成研究員と評価研究員との関係について，説明しておかなければならない。

　当時，エーザイの探索研究チームで新薬のもととなる化合物を探索するにあたっては，化合物が最終的に1種に絞られる段階までのチーム・リーダーは，合成研究員が担うことになっていた。そして，化合物を1種に絞り，それが具体的な製薬の開発研究に進めることのできる化合物なのかを精査する段階では，チーム・リーダーを評価研究員が担うことになっていた。なお，評価グループの担っていた役割は，大きく分けて表9-5に示す3つであった。

　この評価グループをとりまとめていたのが，Y研究員であった。Y研究員は，評価グループの最年長であり，その妥協のない仕事ぶりから，評価のリーダー的存在としてメンバーに認識されていた。[4]

　「C35-808」というオリジナルの化合物に突破口を求めて立ち上げられたプロジェクトであるBNABは，その後，より活性の高い化合物へと合成展開を進め

4　Y研究員は，調査当時在外勤務中であったため，インタビューを実施できなかった。

た。粘り強い努力が成果に結びつき，やがて杉本が「最強の活性を持つ化合物」と自画自賛した化合物 11D189 が，T 研究員を中心にして合成される。だが，11D189 は薬理活性が強い反面，生体内利用率が悪く，この問題点を一定期間内にクリアできなかったために，1985 年 3 月，当時のエーザイの方針に則り研究 2 室室長によって BNAB プロジェクトの打ち切りが決定された。

しかし，その 3 カ月後の 1985 年 6 月に，BNAB プロジェクトは BNAG プロジェクトとして復活した。その理由は，問題は生体内利用率の改善である点が明らかであったことと，ひとえに杉本をはじめとする研究メンバーの熱意にあったといえる。

そして最終的に，当時新人であった I 研究員が，「アリセプト®」のもととなった化合物・ドネペジル塩酸塩を合成する。ドネペジル塩酸塩生成のきっかけとなったのは，「分析」の W 研究員のアドバイスであった。W 研究員は，合成された化合物の物質的な特性をコンピュータで分析し，薬に相応しい化合物にする（ドラッグ・デザイン）には物質的にどこを改善すればよいのかをアドバイスする役割を担っていた。この W 研究員のアドバイスをもとに，I 研究員が化合物を合成展開したのである。ところが，そのプロセスにも偶然が作用した面があった。I 研究員は，W 研究員から 2 度目に提案された化合物をつくった際，その原料となる化合物をたまたま普段より多くつくったので，これについても一応評価してもらうことにした。すると，W 研究員の提案によってつくった化合物よりも，こちらの原料の化合物のほうが薬理活性が強い結果となり，この瞬間に「アリセプト®」はこの世に産声を上げたのである。その誕生は，1987 年 3 月のことであった。

3 事例分析

3-1 語りの類型化

前章の事例研究に引き続き，本章においても，抽出されたフォロワーのリーダーシップにまつわる語りについて，類型化を試みた。語りの類型化は，フォロワ

表9-6 「アリセプト®」探索研究チームにおけるフォロワーの語りの類型化

出来事	カテゴリー	語りの内容	語り手	教訓
対外交渉力	感謝と共鳴	迅速なフィードバックを得るために対外部門に粘り強く交渉する	G研究員（合成） R研究員（合成） T研究員（合成） A研究員（評価） K研究員（評価） S研究員（安全性） U研究員（安全性）	合成と評価のメンバーは実験結果の迅速なフィードバックに感謝し，対外部門の研究員はリーダーの熱意に共鳴
自由闊達に議論できる場づくり	感　謝	会議では，持ち場・立場に関係なく自由に議論できる場を設けた	G研究員（合成） T研究員（合成） D研究員（合成） A研究員（評価） M研究員（評価） W研究員（分析）	自由に議論できる場があったことに感謝の念を抱く
自由裁量の余地を与えられる	感　謝	基本的なノルマは設定するものの，研究プロセスについては研究員の自由裁量に委ねた	R研究員（合成） T研究員（合成） W研究員（分析）	研究内容に関しては各研究員に任せていたことに感謝
リーダーシップの役割分担	―	合成チームではT研究員が，評価チームではY研究員が，とりまとめ役としてリーダーシップを発揮していた	G研究員（合成） R研究員（合成） H研究員（合成） D研究員（合成） I研究員（合成） T研究員（合成） A研究員（評価） O研究員（評価） M研究員（評価）	―

ーがどのような点でリーダーシップを認知したのかを意味解釈し，どういった要因がフォロワーのリーダーシップ認知に影響をもたらしたのかという観点から行った。

　類型化の対象となるフォロワーのインタビューから抽出されたリーダーシップにまつわる語りは，表9-6のように整理される。

　「アリセプト®」探索研究チームの事例におけるフォロワーの語りからは，「対外交渉力」「自由闊達に議論できる場づくり」「自由裁量の余地を与えられる」「リーダーシップの役割分担」という，4つの出来事が抽出された。これら4つの出来事を，フォロワーがどのような点でリーダーシップを認知したのかという観点から類型化したところ，「リーダーシップの役割分担」を除き，「感謝」（appreciation）と「共鳴」（agreement）という2つのカテゴリーに類型化された。感謝の語りとは，組織や集団に貢献した，あるいはフォロワーの個人的活動の遂行にメリットをもたらしたリーダーの行為に感謝し，リーダーシップを認知したということである。一方，共鳴の語りとは，E社の事例において議論したように，リーダーの考え方に賛同した，あるいはリーダーの行動に共感した出来事から，リーダーシップを認知したということを意味する。

　本事例における語りの類型化に特徴的なのは，第1に，プロジェクト単位で研究活動が実施されていたため，フォロワーの個人的な経験による語りがなく，複数のフォロワーに共有されているか，あるいは内容が共通していたということである。

　第2の特徴は，E社の事例に見受けられた，開眼に類型化される語りがないということである。この理由としては，まず，研究員はプロフェッショナルとして確立された存在であるため，ベテランであろうと若手であろうとリーダーが仕事のやり方を手取り足取り教える必要はないので，リーダーの教育的行為によってフォロワーが開眼することは考えにくいということであろう。また，研究員は基本的には研究所内での研究業務が主だった活動であり，工業現場に出向いたり顧客とやりとりしたりすることがほとんどないという職務上の特性から，研究以外の業務で開眼するということも起こりにくいと考えられる。

　第3の特徴として，メンバーによって，語りの類型化（すなわち，感謝か共鳴か）が異なるということがあった。「対外交渉力」の語りにおいて，探索研究チームの合成・評価いずれにおいても，それぞれ複数の研究員が，チーム・リーダーの杉本の対外交渉によって研究が進展したことに感謝の念を持ったことから，リーダーシップを指摘した。それに対し，対外部門であった安全性の研究員は，杉本の粘り強い交渉によって杉本のプロジェクトに賭ける思いの強さに共鳴し，リーダーシップを指摘していた。このように，同じ出来事に対しても，語り手の立場によってその類型が異なってくるというのが，第3の特徴なのである。

　第4の特徴は，「リーダーシップの役割分担」の語りが，チーム・リーダーの杉本のリーダーシップではなく，合成・評価それぞれのグループ内でインフォーマルにリーダーシップを発揮していた別の研究員のリーダーシップにまつわる語りだったということである。この語りから，チーム・リーダーはチーム全体を統

括して対外部門との折衝にあたり，合成・評価の各グループにおける対内的な相互作用に関しては主にグループ内でインフォーマルに生成したリーダーがまとめ役として機能していたことが，窺えるのである。

3-2 感謝と共鳴の語り

3-2-1 「対外交渉力」にまつわる語り

(1) 探索研究チーム・メンバーによる感謝の語りの意味解釈

　杉本がリーダーシップを発揮している場面として複数のフォロワーが語ったのが，杉本の対外交渉力である。前節でも説明したように，探索研究チームは，合成グループと評価グループを中心として構成され，その他の役割の研究員は他のチームと掛け持ちで研究を行っていた。そうした中で，杉本は対外部門との交渉に優れていたという。「アリセプト®」探索研究の立ち上げ当初からのメンバーで，当時は合成の若手研究員であったG研究員は，以下のように語っている。

　　　リーダーシップという点ですが，研究におけるリーダーシップって何種類かあると思うのですが，その中で研究者としてのリーダーシップってあると思うのですけど，杉本さんに関しては，やはり，プロジェクトを進めるときのマネジメントをする人としては，非常に優れていた人だと思うのですよ。
　　　研究1部2室という組織は，合成と薬理（評価）がいる。ただ，研究を進めていくときには，合成と薬理（評価）だけでは駄目で，分析だとか体内動態，代謝といったそういうところのデータも当然必要になってくるのです。が，分析とか体内動態（代謝）というのは，われわれの組織ではない別組織でいろんな探索研究の組織からテーマを受けて，それぞれ担当者を割り振って，それぞれのテーマに協力させるという形になっていたと思うのです。1人の研究員でも結局複数のテーマを持っているのですよ。そうすると，たとえば，われわれのテーマBNABを担当していても，それが面白くなければ後回しになっちゃうというようなことが起こると思うのですよ。
　　　ところが，杉本さんというのは，自分の組織だけじゃなくて，関係している他組織の担当者のところを頻繁にまわって，「データどうなってる，データどうなってる」という形で，しょっちゅうまわっていたのですよ。そうすると，担当し

ている人間にとっては，そのBNABというテーマのデータを非常に心待ちにしている幹部クラスの人がいるというのは，やっぱりそのテーマに賭けようというか，実験を優先してやろうという意識が強くなると思うのですよ。そういう意味で杉本さんというのは，自分の研究1部2室というだけじゃなくて，プロジェクトにかかわるすべての人に対して，うまくコントロールする技を持っていたと思います。

（中略）

杉本さんが他の人と違うところは，たとえば，安全性試験のSさんは（岐阜県の）川島というところにいるのですけど，そういうところにも行っていたのですよね。探索やっている人間は，わざわざ安研の川島までねじ込んでとかいろいろ安全性のデータに関して意見をしにいったりとか，臨床研究やるグループの東京に行ったりとか，そういうことあんまりしないのですよ。筑波の中では筑波の中でだけでやっていたのが，あっちこっちのセクションを積極的に（訪ねて）いって，働きかけていた。そういう意味では，テーマに対する情熱は人一倍だったのじゃないですかね。（合成G研究員）

当時の探索研究プロセスでは，探索研究チームの母体である合成グループが合成し，評価グループで薬効があると判定された化合物は，他の探索研究と掛け持ちしている対外部門である分析・代謝・安全性の各グループで，体内動態，化合物としての物性，副作用の度合いを判定してもらわなければならなかった。そこで，競合関係にある各探索研究チームは，掛け持ちで実験を行っている対外部門から少しでも早く実験結果のフィードバックを得るために，競って働きかけていたということが，G研究員の語りからは窺い知ることができる。

各探索研究チームが競合している中で，杉本は対外部門へ頻繁に出向き，実験の催促を行っていた。G研究員によると，杉本のようなチーム・リーダーが対外部門へ頻繁に出向くことはあまりない中で，杉本は目立って対外部門へ出向いて実験の交渉をしていたということがわかる。その行動により，対外部門の研究者へも杉本が実験のフィードバックを心待ちにしているという情熱が伝わり，より迅速なフィードバックが心がけられたという見解が示されているのである。同じ合成の若手研究員だったR研究員も，杉本の対外交渉力について語っていた。

たとえば，よくあるいちばん簡単な例でいきますと，「こういうところに問題

があるから，調べてほしい」とこちらが希望を出します。「そんなのやってられない」と相手がいいますよね。そう（は）いってもムダかどうかわからない（すなわち，有効な発見につながるかもしれない）場合がありますよね。そういうときは，よく杉本さんが説得しにいってやっていましたね。（合成 R 研究員）

　R 研究員の語りからは，対外部門が難色を示すような化合物の実験に際しても，杉本が率先して交渉にあたっていたことが窺える。杉本は，たとえ期待される結果が得られそうにない化合物であると対外部門が判断したものであっても，チーム内の要請があれば積極的に交渉を行っていたのである。
　杉本の対外交渉力に関しては，合成グループの若手研究員だった G 研究員や R 研究員だけではなく，合成グループにおける杉本の右腕でありインフォーマルなとりまとめ役として活躍（後述）した T 研究員も，以下のように語っている。

　　調整能力は，あると思うね。やっぱり，ナチュラル・ボーンなリーダーシップを持っているから，他人を惹きつけるものがありますよ。杉本さんというのは，人格的にリーダー・タイプで，哲学もあるしね。（合成 T 研究員）

　T 研究員は，杉本が，他者を惹きつける個人的な魅力を有し，かつ自らの研究者としての哲学も確立しているという見方を示している。そして，それをリーダーシップの資質と認識し，その特性の 1 つとして調整能力を指摘している。
　合成グループだけでなく評価グループからも，杉本の対外交渉力に関する語りが得られた。合成の G 研究員と同様に「アリセプト®」探索研究のスタート当初からのメンバーであった評価の A 研究員は，以下のように杉本の対外交渉力を語っている。

　　杉本さんだからということを考えると，性格的には明るい人でいろいろみんなに気軽に話しかけて，コミュニケーションを図りやすい人だったということはあげられますね。あと，化合物の安全性を見てくれという場合に，安全性をやっている人たちにとっては，どこまでできるかという限界はありますよね。数として。他の部屋のテーマもしていたりして。無理だから断るのだけど，ごり押しじゃないですけど，「これもやってくれ」って強引に（中略）入れるのは，今思えば杉本さんの長所だったのですかね。（評価 A 研究員）

　A 研究員は，「アリセプト®」探索研究チームの立ち上げ当初からの研究員だ

けあって，合成出身の杉本とは合成の研究員ほどは日常的な接点がないにもかかわらず，杉本をよく知っており，そのキャラクターを熟知している人物といえる。そのA研究員の語りで興味深いのは，杉本による対外部門との交渉でも，とりわけ安全性グループに対する交渉にのみ言及している点である。同様の見解は，同じく評価のK研究員の語りにも見られた。

> いろんなテーマから入れられてくるのですよね。安全性のセクションというのは。ですから，取捨選択というか，順位づけられて，「そんなに多く入れられても困る」とかいわれるのですけど，その辺の折衝というのは杉本さんがやっぱり（うまかった）。（評価K研究員）

評価の研究員が杉本の対外交渉力に関して安全性グループとの交渉を指摘しているのは，携わっている研究活動の特性が反映されたものと考えられる。探索研究における評価の役割は化合物の薬効を判定することにあるが，同じく探索研究で化合物の適性を判定しているのが代謝と安全性である。安全性グループでは，化合物の毒性を判定するために主として動物実験が行われる。動物実験は，1度に判定できる化合物の数も限られ，実験結果が出るまでに時間も要する。化合物の適正の判定という点で評価と安全性には共通するところがあり，評価の研究者にとってみれば，実験結果が出るのにより時間を要するはずの安全性グループから迅速なフィードバックを得られるようにチーム・リーダーが振る舞うことのインパクトは，強かったと考えられるのである。

探索研究チームのメンバーが杉本の対外交渉力をリーダーシップの発揮であると指摘するのは，迅速な実験結果のフィードバックが得られることによって研究チーム内の新たな議論が発展し，プロジェクトが推進するからであろう。杉本が研究の進捗に大いに貢献しているという観点から，探索研究チームのメンバーは杉本のリーダーシップを認識したのである。

（2） 対外部門のメンバーによる共鳴の語りの意味解釈

このように，探索研究チームにおける合成・評価それぞれの複数の研究員から，杉本の対外交渉力をリーダーシップと認知する語りが得られたわけであるが，その交渉相手となった対外部門の研究員はどのような認識を持っていたのだろうか。

当時，安全性のグループに所属していた2名の研究者からも，杉本の対外交渉力に関する語りを得ることができた。安全性グループの責任者であったS研究員は，杉本の対外交渉力に関して以下のように語った。

> 安全性S研究員：雰囲気というか，あのう割りとまあ気遣いもありましたしね。人に対してもね，思いやりもあると思います。あのう，根回しといいますかね。そういういろいろと考えて行動をとられてましたけどね。あのう，もう1つ「パリエット®」をつくられたチーム・リーダーの人が（そう）しますよね。Dさんという。
>
> 筆者：「パリエット®」って薬ですよね。
>
> S研究員：「パリエット®」は消化器の薬で，このチームと杉本さんのとが，2つが今（調査実施当時の）エーザイの商品ですけど。2人に共通しているところは，やはりわれわれのところに頼みに来るのですけど，プロファイルに合致していないものは，断るわけですよね。断ってもですね，なかなか帰らないですよ。とにかく，その，粘り強い。
>
> で，それはチーム・リーダーとして自分の仕事だという感じで，とにかく「そういうところは俺がするから，とにかく評価しろ」と，「何とかこれをやってくれ」と。時には，薬効もあやふやなものでも，そういうものも，「これはちょっと」みたいなものも，持ってこられて，粘り強さといいますか。どうやって帰そうかなと思うぐらいの。2人に共通したところなのですよね。

このように，S研究員は，杉本の粘り強い交渉に動かされたという見解を示している。また，粘り強い交渉をしたリーダーは杉本だけではなく，「アリセプト®」と並ぶエーザイのヒット商品である抗潰瘍剤の「パリエット®」のリーダーも同様であったという指摘は，興味深い。このことから，チーム・リーダーとして研究を進捗させていかなければならないという責任感に裏づけられて粘り強い交渉を行える高い対外交渉力が，成功したチーム・リーダーの特性であると考えられるのである。すなわち，安全性グループの研究員にとって杉本のリーダーシップとは，そのプロジェクトに賭ける並々ならぬ意欲を積極的に伝えられたことによって認識に至ったものということができよう。

S研究員はまた，杉本とのやりとりで印象に残っていることとして，以下のようなエピソードを語っている。

ラットの肝臓をとってきて，それ（化合物）を環流してですね，環流した肝臓から流れ出てくる代謝物を捉えて（化合物の安全性をある程度，判定することができるので），いちいち何匹も動物に投与する必要はないわけなんですよね．で，それ（判定結果）が，すぐに出てくるわけですよ．そういうやり方というのは，（杉本のチームでは）されてなかった．まあ，それはその各部屋のそういう探索代謝の担当者でやるんでしょうけども．だから，そういうところで1回，杉本さんに，「戦略的な，代謝的なアプローチがされてないじゃないですか」といったら，ものすごく怒られましたよ．「そんなことはない」といって．「馬鹿にすんな」っていって．（中略）

　で，よくわれわれの探索毒性の部屋にですね常日頃から，ときどき遊びにこられたんですけど．だから，そういう気さくな方ですけど，それなりのプライド，杉本さん自身のを持ってやられていたという気がしますけどね．（安全性S研究員）

　これは，S研究員が，探索研究チームが安全性を評価してもらいたい化合物をあまり次々と依頼してくるので，チーム内で代謝の実験によってある程度判定をして，安全性グループへの依頼を戦略的に選別してもらいたいと杉本に意見したところ，杉本が無差別に依頼しているわけではないと激昂したという話である．杉本は特段の依頼事項がないときでも頻繁に安全性グループの部屋を訪ねてよくコミュニケーションをとっていたため，S研究員も気さくな人だという印象を抱いていたが，このときに，杉本のプロジェクトに賭ける思いとプライドを強く感じたというのである．また，この語りからは，杉本が常日頃から対外部門の担当者と密なコミュニケーションをとり，インフォーマルな関係を構築しようとしていた意図と，それが対外交渉力の基礎となっていたということも，読み取ることができる．

　杉本の人柄を物語るエピソードとしてS研究員は，「アリセプト®」の探索研究プロジェクトとは別の，杉本がリーダーではなかったプロジェクトにおける，杉本の姿を語っている．

　　S研究員：（杉本については）もう大体みんなお話ししましたけど，やっぱり基本には人間性というか人格といいますか，人を思いやるというかそういう気持ちは持ってみえますね．で，チームを引っ張っていこうというような話で．
　　　次の（インタビュー調査に協力してくれる），T研究員さんがプロジェクト・

リーダー(を務める別のプロジェクト)を持っていたということがありますけど。あの人(杉本)が，T研究員のグループを見てて，同じようにですね，粘り腰でプロジェクトに対して，違うプロジェクトですけど，かなり働きかけにこられまして。そのときにいっておられたことは「T研究員を男にしてやりたいんだ」と，そういうことをおっしゃっていらしてましたけど。そういうような，ある意味で親分気質もあるんですけど。チームの人を引っ張っていきたいという気持ちはありましたよね。

筆者：「男にしてやりたい」とは。

S研究員：あるプロジェクトで，やはりそれも似たようなプロジェクトなんですけど，T研究員ご存じですけど，それが。

筆者：「アリセプト®」は関係あります(か)。

S研究員：関係ないです。(中略)違うプロジェクトで。あのう，まあ(化合物に)問題があるから，そのときは出血してたんですけど。試験を続けるかどうかで，難しかったんですけど，そういう話を漏らしてみえましたよね。

筆者：そのプロジェクトには，杉本さんはかかわってられたんですね。

S研究員：そうそう。当然，指導する立場にありましたから。

　杉本は，指導する立場にあったT研究員が受け持っていた別のプロジェクトについても，粘り強く対外交渉を行っていた。T研究員は，後述のように「アリセプト®」のプロジェクトにおいてインフォーマルなリーダーとして活躍していたことから，杉本ととくに親密な関係にあった。そのようなことから，杉本が，T研究員の主導する別のプロジェクトをも親身になってバックアップしていたことが窺えるのである。「男にしてやりたいんだ」という，科学的な厳密さを追求する創薬研究の場に対するイメージとはギャップのある，いわゆる浪花節のような表現に象徴された，杉本の人情味溢れる人柄を，S研究員は杉本との普段の付き合いの中から理解していた。

　一方，安全性グループの研究員の中でも，S研究員からの指示で「アリセプト®」探索研究チームを直接担当していたU研究員は，杉本の対外交渉力について以下のように語っている。

　　S研究員と杉本とやりあったのは，杉本自身に戦略性があったからでしょうね。ものすごくあったと思います。何とか系というリード化合物を早く見極めたかったのでしょうね。だから，無差別的にもってきたのでしょう。私は，理解してい

ましたから。私は，1回も断ったことがないはずですよ。(安全性U研究員)

　杉本が次々と化合物の依頼をしてくることに関して，S研究員は杉本に戦略性がないと意見したと語っていたが，U研究員は，杉本が戦略性を持たずに依頼をしてきているのではなく，化合物を少しでも早く見極めてプロジェクトを推進しようとしていると認識していたのである。U研究員は，こうしたリーダーの方針に納得し，共鳴して，その依頼には断らずに対応したのだという。

(3)　杉本の語りの意味解釈

　これらのフォロワーの語りから明らかになった杉本の「対外交渉力」に関するリーダーシップについて，探索研究チームの本隊に属していたフォロワーは，研究進捗に貢献する杉本の姿への感謝の意から，それを認知していた。一方，対外部門に属していたフォロワーは，プロジェクトに対する並々ならぬ意欲や情熱に共鳴して，リーダーシップを認識するに至っていた。このように，同じ出来事についても，フォロワーの立場が異なればリーダーシップを認識するポイントも異なるという点が，フォロワーからこの出来事を見たときの特徴である。

　それでは，フォロワーの語りによってこのように指摘された対外交渉力を，杉本自身はどのように捉え，どのような意図でもってそれを発揮していたのだろうか。

　まずは，探索研究チームのリーダーとして，どのように対外部門との交渉に臨んでいたかについて，杉本は以下のように語っている。

> リーダーとしてね，他の部署の情報を早くとることが絶対必要ですね。私が，他の部署に行ってデータをもらってくる。で，彼ら（チーム・メンバー）に教える。そこから，（チーム・メンバーと）交流が生まれますよね。他の部署に（行って）情報をとってきて，みんなに伝える，そこでディスカッションが生まれる。たとえば，代謝のほうに行って，動物に投与したときにバイオアベイラビリティ何パーセントかという話みたいなのをすぐ伝えることによって，「じゃあ，このデザインは，ここがまずいから，ここを変えよう」と展開できますよね。そういう意味でメッセージをもたらすのです。(杉本)

　杉本が対外交渉を重点的に行ったのは，研究を進捗させるために迅速なフィー

ドバックを得るためだったという。この点はフォロワーからも語られており，探索研究チームのフォロワーとリーダーの見解は一致している。杉本の語りで興味深いのは，実験結果に関する情報を迅速にチーム内へ伝えることにより，チームの研究活動を活性化させようという意図が窺える点である。

一方，交渉相手であった対外部門に属する研究員との人間関係の構築に関しては，杉本の意図はどのようなものだったのであろうか。この点についても，杉本は，その意図を以下のように明確に語っている。

> 他のテーマよりかは先に入れてもらうのは重要なことなのですよ。人間関係を構築しておくために，SくんとかUくんとか会ったよね。彼らのところに行って「そっちのテーマより，優先的にやってくれよ」って交渉するのですよ。そういうのは，チーム・リーダーの働きのうちに入っているのですね。それを人よりか，私がたくさんやったということがありますね。(杉本)

杉本はチーム・リーダーとして対外部門の交渉に従事する責任があるという明確な意思を持って他のチーム・リーダーよりも積極的に対外部門に足を運んでいたと述べ，自身でも安全性グループの研究員の見解と同様の認識を示した。また，杉本によれば，頻繁に対外部門へ足を運んで交渉していただけではなく，常日頃から交渉を円滑に進めるための秘訣を実践していたのだという。

> 日頃ですよ。日頃どういう付き合い方しているか。一緒に飲んで，いろんな研究の話をしたり。それから，どれだけ熱心に自分のテーマを推進しようとしているのか。それを他の部署の人が感じると，「あれだけ熱心にやっているのだから，自分たちもサポートしてやろう」と思ってくれますね。それと，いつも行っているから。行くことによって，交流が生まれて，情が移るじゃないですか。「あれだけ，杉(本)さんが一生懸命やっているので，(早く実験を)やってやろうか」という。御用聞きといっしょですよ。御用聞きというのは，飽きないように顔を出す。それで，商売するじゃないですか。これですよ。たぶん。(杉本)

杉本の語りで注目すべきは，フォーマル，インフォーマルを問わず，対外部門の研究員と積極的にコミュニケーションをとろうという意思を持っていたということである。すなわち，杉本のいう対外交渉をうまく進める秘訣とは，1つには，対外部門へ頻繁に出向くことによって，そこの研究員にプロジェクトに賭けているという自らの熱意をアピールするということである。そして，もう1つは，仕

事の場以外でも対外部門の研究員と接点を持つ,すなわちインフォーマルな人的ネットワークを築くということである。このような一連の取り組みを,杉本は「御用聞き」というメタファーを用いて表現している。こうして杉本は,対外交渉にあたってはインフォーマルな人的ネットワークを構築しながら仕事上でも積極的にコンタクトをとることで,対外部門から迅速な実験データのフィードバックを得ていた。これは安全性グループのS研究員やU研究員の語りの内容にも通じるものであることから,杉本の意図は交渉相手にも伝わっていたと考えられる。

このように,リーダーである杉本自身の語りによって,その対外交渉は,研究を進捗させるために対外交渉をうまくまとめてリーダーシップを発揮しようという意図を持って実践されていたことが,明らかになった。

(4) 「対外交渉力」にまつわる語りの意味解釈のまとめ

ここでは,対外交渉力にまつわる探索研究チーム・メンバーおよび対外部門（安全性）に属するフォロワーの語りを意味解釈した結果をもとに,再構成した語りのプロットを提示し,それらを比較検討して,この出来事におけるリーダーシップについて考察する。

まず,探索研究チーム・メンバーの語りのプロットを再構成すると図9-3のようになる。

これまでにも述べてきた通り,当時の研究所には,疾病領域別に6つの研究室があり,それぞれの研究室が複数のプロジェクトを抱えて同時並行で研究を進めているという状況であった。それゆえに,各研究チームは,競合関係にある他の研究チームを常に意識して研究活動に取り組んでいた。こうした競合関係の影響が強く出るのが,各研究室のデータの評価を掛け持ちで担当している部署からのフィードバック・データの取得であった。とりわけ,化合物の人体への安全性を判定する部門では,動物実験が主となることからフィードバックに時間を要するため,この部門からフィードバック・データを円滑に得ることができれば研究は進捗する。そこで重要な役割を果たすのがチーム・リーダーなのである。各チームのリーダーが,自らの率いるチームが開発した化合物の実験を依頼し迅速なフィードバックを得るべくいかに交渉するかに,研究の進捗は左右される。「アリ

図9-3 再構成した探索研究チーム・メンバーの語りのプロット

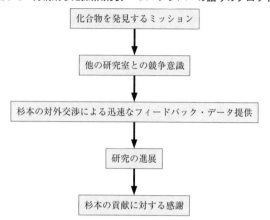

セプト®」探索研究チームの場合は, チーム・リーダーの杉本が粘り強く交渉し迅速なフィードバック・データを得ることに尽力したため, 探索研究チーム・メンバーのフォロワーは杉本の対外交渉力にリーダーシップを認めた。これは言い換えれば, 杉本の交渉力がプロジェクトの進展に大いに寄与したことに対し, メンバーが感謝の念を抱くに至ったということである。

次に, 交渉相手であった対外部門における安全性の研究員による語りをS研究員のプロットを中心に再構成すると, 図9-4のようになる。

杉本は, プロジェクトに直接関係のないときでも安全性グループの研究室にしばしば足を運んで, 個人的な信頼関係を築こうとしていた。これに対し, S研究員も, 杉本の研究者としての哲学やプロジェクトに賭ける思いを, ある程度理解していた。また, 杉本が,「アリセプト®」で自身の右腕として活躍したT研究員がリーダーを務める別のプロジェクトに関しても, T研究員のために実験の交渉を行う場面に立ち会うなどしており, このことからもS研究員は, 杉本の人柄をよく把握していた。そのような中, 杉本の依頼に対して戦略性を持つようにと意見したところ, 思いがけず杉本から感情的に反論されたことで, 杉本のプロジェクトに対する並々ならぬ思いを強く再認識して, その姿勢に共鳴したのである。また, 同じ安全性グループのU研究員も, 杉本の人柄をよく理解していたので, その意図を斟酌し, 実験へ積極的に協力していたことは, 前に述べた通

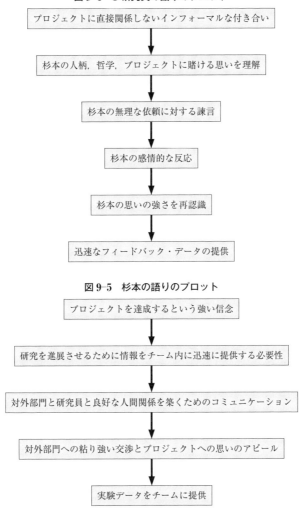

図 9-4 S 研究員の語りのプロット

図 9-5 杉本の語りのプロット

りである。

　一方，探索研究チーム・メンバーおよび安全性グループの研究員それぞれの語りに対する杉本の語りを再構成すると，図 9-5 のようになる。

　杉本は，プロジェクトのミッションを達成するという強い信念のもと，チーム・リーダーとして研究を進展させるには，必要な情報をチーム内に迅速に提供

することが必要であり，そのためには，対外部門の研究員，とりわけ安全性グループの研究員に，積極的に「アリセプト®」のプロジェクトへ貢献してもらえるようにリーダーシップを発揮することが必要であると認識していた。そこで，業務の依頼以外のときにも安全性グループの研究室へ足繁く通い，個人的な信頼関係を確立することを心がけた。また，依頼の多さに対して戦略性のなさを指摘されたときは，感情を表に出してプロジェクトに賭ける思いをアピールした。

　杉本の語りにおける一連の行動は，探索研究チームおよび安全性グループの研究員のフォロワーから指摘された語りと符合していることがわかるであろう。この場合，杉本は，プロジェクトを進展させるための交渉にまつわる一連の行動を通じ，研究の進展に貢献することによって探索研究チームのメンバーのプロジェクトに対するモチベーションを高め，安全性グループの研究員に対してはプロジェクトへのコミットメントを促すことで，リーダーシップを発揮したといえるのである。

3-3　感謝の語り

3-3-1　「自由闊達に議論できる場づくり」にまつわる語り

(1)　探索研究チーム・メンバーの語りの意味解釈

「対外交渉力」にまつわる語りと同様に，複数の研究員のフォロワーが，その役割や立場にかかわらず，語りにおいて杉本のリーダーシップを指摘した事柄に，杉本が自由闊達に議論できる場をつくり，そのことでチーム内に忌憚なく意見を述べられる雰囲気が形成されていたということがある。ただし，杉本は，こうした雰囲気をつくりながらも，単に自由な議論を促すばかりではなく，決断するときには決断するという，メリハリの利いた行動をとっており，合成のG研究員の語りでは，この点も踏まえてリーダーシップが指摘されている。

> 杉本さんは，聞く耳を持っている人なので，周りの組織からもそうですし，当然自分のグループからもそうですし，頭から否定しなくて，自分の中では（仕事の）一環として取り入れる。ただ，周りの人から見ると，杉本さんはよくいろいろ話を聞いてくれる人だなと思うのですけれども，杉本さんというのは非常に頑

固というか信念を持っている人なので，自分の中である答えを持っていると思います。(杉本は) 聞くことは聞くのだけれども，最終的な結論は自分の答えに持っていっちゃうのですよ。だけど，周りにいる人たちは，聞いてくれて，その辺を理解してくれてというふうに感じるのですよ。そういうキャラクター（を）持っている人だと思いますけど。(合成 G 研究員)

この G 研究員の語りから，杉本が，研究員たちの意見に耳を傾け自由闊達に議論できる雰囲気を醸成していたことが窺える。ただし，一方で杉本には最終的には自らの結論へと誘導していくという面があったことも指摘されている点に注意したい。この点については，杉本による語りの意味解釈の中でも議論する。次の T 研究員の語りも，同様の特徴を表している。

杉本さん自身は，トップダウンなところがあるのだけれども（完全にそうともいいきれない面がある）。だけど，そのバランスがある程度（とれているのではないか）。（つまり）杉本さんは，トップダウンではない，デモクラティックなところ（もあるのです）ね。だけど，最後のイエスかノーかというところは，自分に決めさせてくれよと。自分がそのポジションにいるのだから。(合成 T 研究員)

さらに T 研究員は，杉本についてもう 1 つ特徴を語った。

(杉本は) 感情（を）出していましたね。何をやるか，どうするかというようなことに対して意見が合わなくなって，議論になったときに本気で喧嘩ができるというかな。お茶は濁さないタイプだね。(合成 T 研究員)

T 研究員の語りにある「お茶は濁さない」という言葉から，意見の対立があれば感情を交えて本音で議論できるところが，杉本のよさだということがわかる。メンバーにとって杉本は，どのような人物で，どのように接したらよいのかがわかるので，議論しやすいリーダーであったということであろう。同じ合成の D 研究員も，当時のチーム内には持ち場・立場の関係なく自由にもののいえる雰囲気があり，実際に自分自身も積極的に発言をしたと語っている。

「アリセプト®」を開発するために，いろんな意味で杉本のグループは，非常に闊達に意見を述べられる風土であったと思います。杉本と私では十いくつも（歳が）違っているのに，非常に何をいってもですね，杉本はどういうふうに思ったかわかりませんけども，いろんなことをいっても許していただける風土では

あったと思いますね。嫌だと思ったこともあると思います。「こんな若造が何をいっているのだ」と,そういうことはたぶんあると思います。そういう意味では,自由闊達にものをいえる雰囲気は実際にその当時の合成・評価含めてですね,自由闊達に議論できる,老若男女別に分け隔てなく議論できる風土はあったと思います。(合成 D 研究員)

D 研究員の語りから,ここにおける自由闊達に意見がいえる雰囲気とは,まず第1に,年齢差を含めて研究者のダイバシティにかかわらず忌憚なく議論が交わせるということであったことがわかる。

加えて,「合成・評価含めて」と少しだけ触れられている部分からも,以下のようなことが推察される。本事例を選択した理由としてもこれまで何度か述べてきたように,創薬研究のチームは複数の専門家からなる集団であり,合成・評価のように専門分野が違えば発想法や研究を遂行するスタイルもそれぞれ異なるため,集団内でコンフリクトを抱えてしまう可能性が高く,また,集団を統括するチーム・リーダーが,研究にまつわるあらゆることに関してメンバーより優位に立っているとは限らない。したがって,ミッションの達成にあたっては,多様性を許容し,その中から生まれてくるさまざまなアイデアを統合することが不可欠だといえる。フォロワーの語りからは,杉本がそれに適切に対応できていたことが窺えるのである。

D 研究員はさらに,こういった雰囲気づくりとリーダーシップの関係について,以下のように語っている。

> 杉本にリーダーシップがあったかどうか,リーダーシップのやり方っていろいろあると思うのですよね。われわれをうまくつかいこなして,いい風土をつくるのもいいリーダーのあり方でしょうし。「これやれ,あれやれ」というやり方もあるでしょうし。たとえば,中間管理職じゃないですけど,それ(自分以外の人間)を使ってやらせるという方法もあるでしょうし。どういうやり方がいいのかわからないですけど,みんなを「やりたいのだ」という気持ちにさせることがリーダーのあり方だと思うのですけど,杉本が,そういう意味では土壌としてはつくったと思います。
>
> (中略)
>
> 合成やって,「こういうことをやったらいい」と杉本とディスカッションしたり,メンバーとディスカッションしたり,評価の人とディスカッションする。そ

ういう,まあたとえば,1つのリーダー論としては,そういう場を(中略)つくるというのは,リーダー論としてはあるのかと思います。誰かを引っ張っていくのではなくて,みんながやりやすい環境をつくるというのもリーダーのあり方だと思いますし,引っ張っていくのも1つのあり方だと思います。(合成 D 研究員)

つまり D 研究員は,リーダーのフォロワーへの直接的な行動という側面で議論すれば杉本にリーダーシップがあったかどうか判断できないが,自由闊達に議論できる場を設定したりそういった雰囲気づくりをしたりといった間接的に影響を与える行動もリーダーシップと考えるならばリーダーシップがあったといいうる,という見解を示している。D 研究員は,フォロワーの仕事が円滑に進む雰囲気を生み出す風土づくりという点に杉本のリーダーシップを認知しているのである。このような雰囲気づくりに杉本が寄与していたという見解は,評価の複数の研究員からも,以下のように語られた。

　　性格的には明るくて,とっつきやすいという感じがしますね。部下から見た場合,合成の部下の人たちも結構いいたいこともいえたし,フランクに話せる上司だったのじゃないかなと思いますね。(評価 A 研究員)

　　ディスカッションできる雰囲気というのは,ひょっとしたら杉本さんが知らず知らずのうちに演出していたのかもしれないという気はありますね。(評価 M 研究員)

この M 研究員の語りでは,以上のような議論の雰囲気づくりについてのほかに,以下のような新たな指摘もなされた。

　　合成と評価のキャッチボールがあったと思います。合成と評価の距離が今から比べると,ずっと近かった。評価の者も,合成に口を挟んだし。それを,合成の人も受けいれて,どういうような合成をするか考えたという印象を受けるのですけど。(評価 M 研究員)

M 研究員の語りにおける新たな指摘とは,すなわち,合成と評価のグループ間で緊密にコミュニケーションがとれていたということである。「アリセプト®」探索研究チームの場合,そのような雰囲気を醸成したのは杉本であると考えるのが妥当であろう。前出の合成 D 研究員の語りを議論した箇所でも少し述べたよ

うに，化合物を創り出す合成とその薬理を判定する評価は，仕事の遂行に時間差があるため本質的にコンフリクトを内包しているにもかかわらず，このチームにおいては，両グループ間で研究に関する生産的な議論が展開されていた。なお，「アリセプト®」では自由闊達に議論できる雰囲気があったという語りは，探索研究チームの研究員のみならず，他の研究チームと掛け持ちで実験を行う対外部門の研究者からも得ることができている。

> 他のところだと，強いリーダーがいたときに，相手に発言させないぐらい自分の方向にしか持っていかないという雰囲気はあったけれども，そのBNABというテーマに関しては，そういうのがない。われわれも発言したし，代謝のほうも発言したし，安全のほうも発言したし。たとえば，ドラッグ・デザインに関していっても，合成だけが考えるのではなくて，薬理（評価）の人間からアイデアが出てきたりしました。当然，私はそれが専門だから，代謝のほうも「生体内利用率をよくするのは，こうすればいいのじゃないか」と。また，物性分析のほうからも出ましたし。だから，そういう意味では，そういうことがプロジェクトの活性化につながったかなと思います。（分析 W 研究員）

このように，分析の W 研究員は，探索研究チームの多くはその権限に基づいてトップダウンで研究を進めていくが，「アリセプト®」探索研究チームではそうした形があまり見受けられなかったとしている。他のチームと比較して，「アリセプト®」の探索研究では，チーム内のディスカッションにおいて分析・代謝といったサポート的な役割のメンバーも積極的に意見を述べられていたことが，プロジェクトの活性化につながったのではないかというのである。このような，他の研究チームと掛け持ちで実験を行っている対外部門の研究員は，チーム間を比較して，より客観的な視点から「アリセプト®」探索研究チームに独特の雰囲気を指摘していると考えられよう。

これらのフォロワーの語りから，リーダーとフォロワー，担当する役割，研究員の年齢等に関係なく，研究に関していいたいことがいえる雰囲気がチームの活性化に結びついており，そのような雰囲気づくりに杉本のリーダーシップが活きていたということは，明らかなのである。

(2) 杉本の語りの意味解釈

一方，杉本は，フォロワーの語った「自由闊達に議論できる場づくり」ということに関し，当時の研究チーム内には自由度があったと認めている。杉本は，そうした雰囲気づくりについて，以下のような持論を述べた。

> 新しい研究員が，筑波研究所に入ってきましたよね。これは，たとえば，1本の木になぞらえると，植木屋が山から木を持ってきますね。で，ある庭に木を植えますよね。新しい庭木を筑波研に植えた。新人ですよね。そうすると新人がいかにうまく育ってくれる（か）とか，そこに配慮するのがマネジメントかもしれないですね。で，新人がうまく育ってくれるかどうかというのは，入ってきた新人の個性を伸ばす。どうしたら，その新人がうまく一人前の研究者として成り立ってくるのかというのは，本人のやる気をうまく引き出す。これが，一番大きなマネジメントですね。やる気を引き出して，やる気に火が点けば，これは放っておいてもどんどん仕事をするのですよ。やる気を損なうようなことをしちゃいけない。（杉本）

杉本によれば，当時の筑波研究所には若手の研究員が多く採用され，「アリセプト®」探索研究チームも若手の研究員を中心に構成されていた。杉本にとっては，その中でプロジェクトを推進するというミッションを遂行するのはもちろんのこと，その前提として，若手の研究員にパフォーマンスを発揮させることが課題であった。若手研究員の活躍なくして，プロジェクトの達成はありえなかったからである。しかし，若手とはいえプロフェッショナルな研究者であるので，スキルを高めるというよりも，研究の自由度を与えて，各々の個性を伸ばして創造性を喚起することが重要だと，杉本は考えた。そして，個性を伸ばすには研究に対するモチベーションを高めることが必要で，チーム・リーダーはそのためのマネジメントをしなければならないと考えたのである。そこで杉本が実践したのが，彼の表現でいうところの「ヨイショ」と「恫喝」であった。

> 日常の接触のあり方なのだけれども，よく私がいったのは「ヨイショ」と「恫喝」ですね。で，ヨイショというのは，褒めること。褒めるのは大事ですね。で，自分が努力していることを認知されて，「よく頑張っているな」と褒めることで，そこでやろうという気持ちが奮い立つ。これが，結構基本ですよね。日常的にそ

れをやる。それだけでは，駄目なので，ときどき恫喝を入れる必要があります。恫喝を入れるということは，引き締まります。全体が。これは，大事ですね。(杉本)

杉本のいうところの「ヨイショ」とは，褒めること，すなわちフォロワーの成果をきちんと認めることであり，「恫喝」とは，チームを引き締めることである。後者について，杉本は以下のように語っている。

> グループの中でディスカッションするときに，合成展開とかプロジェクトの展開が行き詰まっているときに，結構突き上げがくるのですよ。下からね。そのときにガツンと押さえ込む。押さえ込むというか怒鳴り散らす。いわれたらいわれっぱなしじゃなくて，怒鳴り返してやる。そうすると，シュンとなるより引き締まる。そういう場面が大事なのです。それは，通常はヨイショなのだけど，評価は認知する態度なのだけど，ときどきそれを入れることによって，メンバーが「杉さん，ここまでいうとキレるな」というのがわかるじゃないですか。それを悟らせるのが大事ですよね。(杉本)

つまり，杉本は，議論が煮詰まってメンバーが杉本を詰問したりし出すと意図的に怒鳴って議論を収拾させることを，「恫喝」と呼んでいるのである。このように，議論ができる環境をつくりながらも怒りの臨界点をメンバーに認識させることが重要であるとするのは，そうでないと延々と議論が続くことになったり，あるいは，「ヨイショ」ばかりしていてメンバーが杉本の存在を軽んじてしまえばチーム内の秩序が乱れたりといったことにつながるからである。したがって，「ヨイショ」と「恫喝」は，杉本が考えるメンバーのコントロール法であることがわかるのである。

これは，G研究員やT研究員の語った，聞く耳は持つけれども決めるところでは一歩も引かないという杉本のバランス感覚と，相通じる点であるといえよう。T研究員は，既述の通り，杉本のサブリーダーとして活躍した人物であり，G研究員も，研究チーム立ち上げ当初からのメンバーでありかつ杉本直属の合成研究員で接点も最も多い部下であった。この2名は，他のメンバーに比べて杉本のパーソナリティをよく理解していたと考えられる。したがって，彼らの語りは杉本の意図を汲み取ったものであったと解釈することもできよう。このことから，同じ出来事についてであっても，リーダーと接点の深いメンバーのほうが，よりリ

ーダーの見解に近い内容を語る可能性を指摘できる。

　こうしたリーダーの意図を,「対外交渉力」の場合と比較すると, 以下のようになる。「対外交渉力」にまつわる語りにおいて, 杉本は, チーム・リーダーとしてプロジェクトを推進させるため, 対外部門との交渉を通じて, 探索研究チームの活性化と対外部門の研究員のコミットメントを促すリーダーシップを, 意図的にとっていた。これに対し,「自由闊達に議論できる場づくり」にまつわる語りにおいては, 杉本自身の語りの中にもあるように「マネジメント」という言葉が用いられている。杉本の語りから意味解釈すると,「ヨイショ」はフォロワーの承認欲求を満たすことによってモチベーションを高めようとする行動であり,「恫喝」は上司・部下という組織階層における関係の秩序を維持するための行動である。いずれも, 杉本がそれを実践することによってフォロワーをコントロールしようという意図に基づいた行為であったために, マネジメントとされたものと解することができる。そのように考えると,「自由闊達に議論できる場づくり」とは, 杉本が意図的にリーダーシップを発揮したというよりも, フォロワーをうまくマネジメントするための行為であったと, 意味解釈できるのである。

(3) 「自由闊達に議論できる場づくり」にまつわる語りのまとめ

　図9-6に,「自由闊達に議論できる場づくり」にまつわる探索研究チーム・メンバーおよび対外部門（分析）に属するフォロワーの語りを意味解釈した結果をもとに, 再構成された語りのプロットを提示する。

　すべてがトップダウンで意思決定され, 研究員が自らの意見を表明する場がまったくないという研究室もあった中で,「アリセプト®」探索研究チームでは, 持ち場・立場に関係なく研究員に発言の機会が与えられていた。これは,「アリセプト®」探索研究に直接かかわる研究員だけでなく, 他の研究チームと掛け持ちで化合物に関するアドバイスを行う分析の研究者も同様であった。ただし, 杉本はフォロワーの意見に耳を傾けるが最終的な決定は自分で行っており, 民主的な部分と独断的な部分のバランスがとれていると指摘するメンバーもいた。メンバーの視点からは, 研究について議論する場が与えられたことによってチームが活性化し, 研究へのモチベーションが上がったので, そのような場を提供した杉本に感謝するという思いが, リーダーシップの認知へとつながったといえる。

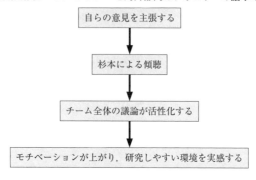

図9-6 探索研究チーム・メンバーと対外部門のフォロワーの語りのプロット

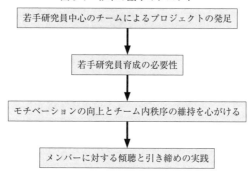

図9-7 杉本の語りのプロット

それに対する杉本の語りを再構成すると、図9-7のようなプロットに整理することができる。

当時の筑波研究所には若手研究員が多く入社し、「アリセプト®」探索研究チームも若手中心のメンバーで構成されており、プロジェクトを結実させるためには若手研究員の貢献が不可欠であった。杉本は、若手とはいってもプロフェッショナルの研究者なので、研究のスキルに口を出すよりも、いかにモチベーションを高めてプロジェクトに打ち込ませるかと、いかに組織の一員として育成していくかが鍵であると考えていた。そこで杉本は、メンバーの意見には耳を傾ける一方で、チーム内の秩序を保つために引き締めの感情を出すときは出すという方針をとって、チームをマネジメントすると同時に、若手研究員にチーム・プレーヤーとしての意識づけを行ったのである。それに対してメンバーは、杉本の教育的配慮よりも、傾聴というフォロワーのモチベーションを高める行為のほうを、リ

ーダーシップとして認知したということなのである。

3-3-2 「自由裁量の余地を与えられる」にまつわる語り

(1) 探索研究チーム・メンバーの語りの意味解釈

「自由闊達に議論できる場づくり」の語りにもあったように，当時のチームには自由度があったという。この点に関し，当時合成の若手研究員であったR研究員は，自らの研究活動を以下のように振り返っている。

> 研究所の中では，権力のある方がいらっしゃいますけど，その人の意向によってはですね「こういうことをするな」とかいろいろあるのですけど。杉本さんのときは，そういうのが出てこない。たとえば，実験やっていて図書館行って，また実験やって。そういうのは，杉本さんの場合なら自由なのですけど，ある私の上（司）の場合は実験やって図書館行くと仕事をしていないように思われるので，「実験しろ」と。そういうことをいう人はいるのですね。パソコンいじっていると，実験してないでいると。そういうことを細かくいってくる上司がいるわけですよ。（合成R研究員）

R研究員の語りからは，研究員の活動の細部にわたって干渉するタイプのチーム・リーダーもいるということがわかる。このようなチーム・リーダーと異なり，杉本は，自らの出身でもあった合成グループにおいて，研究活動の内容自体は各研究員の自由裁量に任せていたのである。

> 要するに，「もう，こっちの方向へ行け」（と）簡単に最初から，研究の段階からいわれる方もいます。杉本さんの場合ですと，最初はとにかく，どっちの方向に行ってもいい。まず，当たることが基本ですから。まあ，研究って何でもそうなのですけどね。そっちに行ったら全部正しいわけじゃなくて，逆の方向に行くのも真という場合もありますからね。（合成R研究員）

ここで語られていることは，不確実性の高い創薬研究では常に研究の方向をコントロールしていると裏目に出ることもあるので，杉本はトライ・アンド・エラーで研究を進めていくことを奨励していたものと解釈することができる。同じく合成のT研究員も，R研究員の語りに通じるような杉本像を語っている。

合成T研究員：杉本さんの場合は，原則は「どれが効くかわからないのだから，自分でやってみろよ」という要素強いですよね。まあ，それは（中略）できない化合物があると，できる化合物で代替しようという場合もあるのですよ。杉本さんは，質より量を好むタイプだから。「ノルマで5検体つくるなら，5検体つくれよ」というわけですよ。そういうところあったな。そうすると，だけどね，最初から宣言して「やろう」といっていると，ちょっと1つの化合物つくるのに1週間，1カ月かかるものもあれば1日でできるものもあるわけですよ。それによるのですね。杉本さんは，効くか効かないかは蓋を開けてみての話なので，どちらかといえば数のほう，量的なもののほうを求めていたと思いますね。

筆者：量的なものを求めた結果，成功につながったと考えていいのですか。

T研究員：単純にはいえないけどね。だけど，基本的には，そんなに下にはね，（頭ごなしな指導はしない。）杉本さんは，あの人の実力だと思うけど，人間は平等であるべきだとか，それから一所懸命やってできなければしようがないし，（だから上の発言とは矛盾するようだが）一所懸命やっていれば，アウトプットの量自体にはそんなにこだわらない人だね。だから，ある程度難しい化合物狙っていて，やさしいの10個つくる人と難しいの1個つくるのはどちらともいえないと。「君もうちょっとつくれ」とか「君もうちょっと焦点絞ってつくれ」と。そういうタイプだよね。

筆者：是々非々というか。

T研究員：あんまりグリグリやらないし。姿勢も尊重するし，かといって（手）綱も締めるし。

　ここまでにも何度か登場しているT研究員は，このプロジェクトが立ち上がる以前より杉本と親しい関係にあり，調査協力者の中で杉本を最もよく知る人物であった。そのT研究員が，メンバーの研究アプローチ，ここにおいてはとりわけ合成の研究アプローチに対する杉本の姿勢を，「自由闊達に議論できる場づくり」と同様に，いかに高いモチベーションをもって研究に打ち込んでもらうかを考えた上でのものと認識していたのである。杉本が，各メンバーの研究アプローチを過度にコントロール下に置いたり，プレッシャーをかけたりするというようなことをしなかったのも，そのためであったという。

　杉本の自由裁量の余地を与える行動に関しては，対外部門である分析のW研究員もリーダーシップを指摘している。

杉本八郎というキャラクターというのは，サイエンティストというよりも人間的な側面が強い。サイエンティストで非常に高いレベルを持っていれば，許せないことなんかはたくさんあると思いますけれども。そういう意味では，レベルは決して高くなかったので，その分，下が思うようなことはやらせると。で，そこらへんのところの自由度はあったと。(分析 W 研究員)

　W 研究員は，杉本が部下に自由裁量を与えるのは，その人間的な側面に起因する行為なのだと指摘している。そして杉本は，R 研究員や T 研究員のような合成の研究員だけでなく，合成研究のアドバイザー的な役割を果たす分析の W 研究員に対しても，自由裁量の余地を与えていたのである。

　　たとえば，テーマの進捗，要するにマネジメントには，非常にシビアな部分はあるけれども，中身に関しては，あまり関心を示してなかったのではないかなという気はしますね。それ (そう考える理由) は，私が入ったときに，CAD というコンピュータのドラッグ・デザインを「BNAG では，やりますよ」ということをいって入りました。(中略)
　　要するに，そういう新しい技術を取り入れてテーマやりますよということに関してかなり彼自身は理解があって，その代わり中身に関してはもう全部任せて (やらせる) というところですね。合成に関しても，どういうふうに合成するかということ，合成って主任研究員になると部下の合成ルートということに関しても，サイエンティスティックなディスカッションするのですよ。それがほとんど，なかったですね。合成ルートとかということで「こういうような合成がいいのじゃないか」とか。ところが，彼はそういうところに全然関心を示さず，どういうものをいつまでにつくるかと。(分析 W 研究員)

　ここで W 研究員が語っているのは，杉本から自由裁量を与えられた具体的な出来事として，化合物の構造分析を行うのにコンピュータによるドラッグ・デザインのシステムを新たに導入したいと提案したときのことである。杉本は，詳細な実験方法に関しては，担当する研究員の自由裁量に任せていたのである。
　これらの語りから，杉本が研究アプローチには一定の裁量を認めていたことがわかる。この語りは，3 名の研究員にのみ共通するものであったが，個々の研究員を尊重する姿勢について，「自由闊達に議論できる場づくり」の語りと共通するところがある。そして，前にも述べた通り，各研究員はフォロワーであると同時にプロフェッショナルな研究者であることから，「自由闊達に議論できる場づ

くり」の語りと同様に，研究者としての主体性を重んじる杉本の姿勢を好意的に評価し，それが研究の進展につながったとして杉本の貢献に感謝の意を抱いていると分析できる。そのことがリーダーシップの認知につながったのだと意味解釈できるのである。

（2） 杉本の語りの意味解釈

このように，「自由裁量の余地を与えられる」にまつわる語りでは，とりわけ合成のプロセスにおいて個々の研究員の研究アプローチを尊重する姿勢が，杉本によるリーダーシップの発揮としてフォロワーから指摘されたのであるが，杉本は，自分自身の専門である合成の研究アプローチに対する考え方を，以下のように述べている。

> 研究職というのは裁量度が高いから。それは僕のポリシーというか，やり方かもわからないですね。細かいことを実験でもって指示しない。それは，ある意味では自由放任ですよ。彼らがいって（指摘して）くれたのは，「自由をもらう」「放ったらかしてやりなさい」ということだと思います。そういうのは，僕のマネジメント。細かいことは，あまりいわなかったですね。ただ，いったのは，とにかくものを当てる，これにだけフォーカスして，当たるものをつくればいいのですから。つくる内容については，個々の研究者の中で考え出してつくればいいのだという感じで。私が考え出して，やらせた部分もあるのだけれども，自由裁量で任せていましたから。僕は，そういう意見でしたね。（杉本）

リーダーシップとして複数のフォロワーから指摘された，「自由裁量の余地を与えられる」という行為に関して杉本は，それが，成果につながるものであればそのやり方は問わないという，自らのマネジメントに対するポリシーであると述べているのである。そして，このポリシーの背景には，合成グループの活動の活性化を促す狙いがあったという。

> 合成のスピードはね，メンバーの中でうまく競争の原理が働くことがありますね。誰それがつくった化合物は，活性が出て，素晴らしい活性があったとすると，他のメンバーも自分もがんばろうということになるのですよ。この競争がうまく回ると，放っといても，仲間のメンバーがんばってくれて，結果として先に進む。だから，いい意味で，お互いに競争させるのです。これが大事でね。競争さ

せるのと同時に，やっぱり，それなりのプレッシャーをかけるのがありますね。
（杉本）

杉本が自由裁量の余地を与えていたのは，メンバー間の競争意識を刺激することによって，チームを活性化しようという意図によるものだったのである。杉本は，競争意識が刺激されれば，メンバーのパフォーマンスが促進され，結果として研究が前進すると考えていた。そのときに，各研究員の研究アプローチにまで介入していては，競争意識を醸成することができず，チーム内の活性化は難しいと考えていたのである。

(3)「自由裁量の余地を与えられる」にまつわる語りのまとめ

図9-8に，「自由裁量の余地を与えられる」にまつわる合成および対外部門（分析）に属するフォロワーの語りを意味解釈し，再構成した語りのプロットを，提示する。

「自由裁量の余地を与えられる」にまつわる語りにおいてR研究員とT研究員は，杉本が，化合物の合成で重要なのはあくまでも合成の成否であると考え，その手段にはこだわらなかったために，メンバーは自由裁量の余地が与えられたのだと解釈していた。R研究員からは，チーム・リーダーによっては図書館で調べものをしたりパソコンで作業していたりすると研究活動に直結していないと見なしてコントロールされることがあったのに対し，杉本の場合は，成果に結びつくまでのプロセスに対する姿勢が寛容であったために研究活動のしやすい環境がもたらされていたことが，杉本のリーダーシップを認知することにつながったという認識が語られた。この点に関し，杉本を最もよく知るT研究員は，それは

図9-8 合成と対外部門のフォロワーの語りのプロット

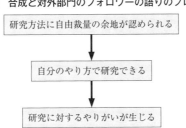

図9-9 杉本の語りのプロット

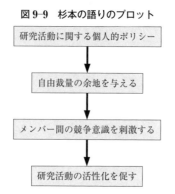

「アリセプト®」に限らず杉本の従来の仕事のスタイルであったという認識を示している。

　分析のW研究員は，その語りにおいて，自らが提案したコンピュータ・システムの導入が認められたという出来事から，杉本が探索研究の実験方法に対するこだわりがなかったと解釈していた。W研究員は，そうしたこだわりのなさから杉本が研究内容に関して自由裁量を認めたことが「アリセプト®」の成功につながったとして，それをリーダーシップの発揮と認識していた。W研究員はまた，自らは合成の研究員ではなかったにもかかわらず，化合物の合成に関しても自由裁量の余地があったとも語っている。

　一方，フォロワーによる「自由裁量の余地を与えられる」にまつわる語りに対する杉本の語りを再構成すると，図9-9のようなプロットに整理することができる。

　杉本がチームのメンバーに自由裁量の余地を与えていたのは，杉本自身の研究活動に対するポリシーによるものであった。杉本は，そもそも不確実性の高い創薬の探索研究活動においては，研究活動をリーダーがコントロールするよりも，基本的な方針だけ示してプロセスに関しては自由裁量を与えるほうが，パフォーマンスが上がると考えていた。また，自由裁量を与えられることによって，各研究員が主体的に創意工夫を凝らすようになれば，メンバー間の競争意識が刺激される。そうした競争意識をチーム内に醸成させることが，各研究員の研究スピードを向上させ，ひいてはプロジェクトを推進させることになるという持論が，杉本のポリシーの背景には存在していたのである。

すなわち杉本は，パフォーマンスを上げることを意図し，そのための研究活動に関する自らの持論を忠実に実践していたと，意味解釈できるのである。

3-4 「リーダーシップの役割分担」の語り

3-4-1 合成グループにおける「リーダーシップの役割分担」にまつわる語り

(1) 合成のメンバーの語りの意味解釈

「アリセプト®」探索研究チームにおけるリーダーシップに関して，合成・評価いずれのグループからも，チーム・リーダーの杉本とは別にインフォーマルなリーダーがいたことを指摘する語りが得られた。

合成グループでは，前出のように杉本と最も仕事経験が長い研究員のT研究員が杉本に要請されてチームに参加し，合成グループのメンバーをうまくまとめていた。この点に関して，合成のG研究員は以下のように語っている。

> T研究員というのは，われわれより年齢が上で，T研究員の持っているキャラクターもあると思うのですけど，杉本さんにとってはよきアドバイザーというか，サポート役というか。いろいろしっくりいかないような状況が仮にあっても，必ずT研究員が入ってきてそれを全部まとめてくれるという感じで。実際に，BNAGのときはわからないですけど，BNABのときは，T研究員が入ってきてから，T研究員がコントロールしてわれわれ下位の人間の合成とかドラッグ・デザインとか含めて，かなり影響を与えていたと思います。で，それを杉本さんがうまくT研究員に任せて，やらせていたというのも，当時はわからなかったのですけれども，今それなりの上に立つ立場になって考えると，あれは適任者を当てて，それをうまく杉本さんが使いこなしていた。ただ，使う，使われる関係じゃなくて，T研究員は杉本さんと友好的な関係だったから，杉本さんに対して協力的に，それでT研究員が自分のアイデアをわれわれも含めてリードしながら，アイデアを実現していくというような動き方をしていたと思います。（合成G研究員）

このようにG研究員は，合成グループにおける日常の研究活動においては，T研究員のとりまとめの影響が大きかったという。G研究員の語りからは，T研究員が，合成の若手研究員を指導し，杉本と若手研究員の間に入ってチーム活動を

円滑にする役割を担っていたことがわかる．G研究員は，杉本がT研究員をサブリーダーとし，共同で合成グループの研究活動をリードしていったと解釈しているのである．

> 合成のほうでは，T研究員という副官，非常に優秀な副官を杉本さんが得たために，プロジェクト全体が一気に進み出したと思います．少なくとも，合成サイドはそうです．（合成G研究員）

こうしてG研究員は，合成グループはT研究員というサブリーダーがいたからこそ機能したという認識をも示した．同じく合成のR研究員とH研究員も，サブリーダーとしてのT研究員に関し，以下のように語っている．

> 僕が印象に残っているのは，杉本さんは1人でやっているわけではなく，サポートしてもらっていました．T研究員は支えていた1人であると思います．当時，サブをやっていて支えていたのです．（合成R研究員）

このように，R研究員もG研究員と同様の見解を示した．さらにH研究員は，個人的にT研究員と近しい関係にあったこともあり，サブリーダーとしてのT研究員により深く言及している．

> マンパワーを集中する意味で，T研究員にお願いしたと思います．私どもは，杉本よりもT研究員のほうに歳が近いのです．じつは，T研究員は私の大学の先輩ですので，そういう意味で彼からいろいろいわれたというのが結構あるのですね．みんなの力でできたのは，確かだと思うのですけど．（リーダーが）杉本だけかといわれるとそうじゃない．T研究員とですね，杉本とわれわれ下っ端っていったらどうかわからないですけど，入りたての2年とか3年ぐらいの私とR研究員とG研究員でやっていました．そういう意味でT研究員は，杉本とわれわれ入りたての2，3年レベルの者とのうまい具合のパイプ役になっていたと思います．キャラクターも性格も明るいですし，（中略）杉本からあんまりいわれた記憶は私なんかないですね．むしろ，T研究員から「こういうものをつくったらいいのじゃないか」とそういうようにいわれた記憶は結構あります．（合成H研究員）

この語りの中で，T研究員はチーム・リーダーである杉本と若手研究員との

パイプ役になっていたという指摘がある。これまでも何度か述べたが，当時のエーザイ筑波研究所は，開設を機に積極的に新卒研究員を採用していた。それは「アリセプト®」探索研究チームにおいても例外ではなく，チーム・リーダーの役割を担う杉本のような主任研究員とそれら若手の研究員たちとは，組織階層の上でも世代の上でも親しくコミュニケーションできる間柄になかったのである。T研究員は，そのような中で世代間の溝を埋める存在として活躍していた。

合成グループに最も後から参加し，「アリセプト®」のもととなる化合物の合成に成功したI研究員も，T研究員のリーダーシップに言及している。

> 実質的には，T研究員が合成のとりまとめだったのですよ。彼が，一応とりまとめみたいな感じで。もうお会いしてわかっていると思いますけど，非常に明るいキャラクターなので，彼が引っ張っていったのですよ。私も，彼と相談していたのですよ。(合成I研究員)

I研究員が合成グループはT研究員のリーダーシップで引っ張られていたと言い切っているところが，若手研究員にとってのT研究員の存在の大きさを物語っているといえる。

このように，当時の若手研究員から指導や杉本とのパイプ役という面でリーダーシップを発揮している人物として認識されていたT研究員自身は，探索研究チームにおけるサブリーダー的な自らの役割を，どのように認識していたのであろうか。合成グループにおける当時の若手であった複数の研究員による語りに対し，T研究員は，「アリセプト®」探索研究チームに入ったときのことを以下のように語った。

> 杉本さんに聞いていただいたほうがわかりやすいと思いますけど，苦しくなると杉本さんは僕に頼んだというのはありますよね。よく，苦しいときの何とかっていっていました。まあ，僕も杉本さんに頼まれると断れないから，自分のテーマ(は)こっちに置いて，やりたくもないBNABとかBNAGやっていたのですけどね。(合成T研究員)

ここでT研究員は，自分が杉本と以前から近しい関係にあり，「アリセプト®」の探索研究以前にも杉本から応援を要請されたことがあったといっているのである。しかしT研究員は，「アリセプト®」のプロジェクトには必ずしも積極的に

参加したわけではなかったという。

> 自分の上長だし，あとまあ，組織としてね，ある程度先に進んでいるテーマ（を）上げる（実現させる）のが使命だと思うのですよ。僕は，研究者としての我を張るよりは，組織としての目標を達成するという使命感のほうが強いと思いますけどね。自分のタイプとしても。(合成T研究員)

T研究員は，杉本の頼みだから断れないというのと，組織として目標を達成するためには自らの希望を押し通すよりもテーマを実現させることに使命感を感じるタイプであったという理由から，サブリーダーの役割を引き受けたことがわかる。

(2) 杉本の語りの意味解釈

合成の若手研究員たちとサブリーダーのT研究員の語りに対し，チーム・リーダーの杉本は，T研究員に「アリセプト®」探索研究チームに入るように依頼した意図について，以下のように語っている。

> T研究員は，若手研究員のお兄さんという存在でしたね。僕とは違った形で，結構，面白いことをしょっちゅうやっていましてね，「自分なら，こうやるのだけど」と。彼なりのカリスマ性がありましたね。僕がグループのヘッドで，彼が若頭というのかな。彼は，若手研究員を引っ張っていってくれましたよね。これも大きかったね。(杉本)

杉本はT研究員について，フォロワーの若手研究員の語りにあったように，サブリーダーとして合成グループでリーダーシップを発揮してもらったことを認めている。T研究員のリーダーシップの発揮は，世代的に若手研究員と近く，杉本にはない発想法で研究を進められるという点を，杉本が見込んでのことだったということも窺える。ここで疑問なのは，なぜ杉本がサブリーダーを必要としたのかということである。杉本は，サブリーダーとしてT研究員を指名した理由について，以下のように語っている。

> 結局，僕から見れば，20歳ほど歳が違うのですよ。僕は苦にならないけど，新人で来た人から見ればすげえおじさんだよね。で，僕がばーっというと，とくに新人の場合なんかはね，反応できないのじゃないですか。そういう新人が，僕

には直接いえない愚痴とか不満とかをT研究員は，すごく吸収してくれたのですよ。彼が，若手の研究員の愚痴も注意して（聞いて）くれて，若手研究員の合成の指導も僕に代わってやってくれた。これは大きいですね。G研究員なんかは，「Tさん，Tさん」っていって，T研究員のことは慕ってましたね。H研究員も，T研究員を慕っていて。むしろ，僕よりかT研究員のほうがグループ長的存在というように彼らは思っていたかもしれないね。（杉本）

　杉本は，当時の合成研究員が若手中心のメンバーであったので，20ほども歳が違う自分との間に世代間格差が存在することを実感していた。そこで，年齢的にも彼らと近いT研究員に，合成グループをとりまとめてもらうべく参加を依頼したというわけである。T研究員は，杉本の期待に応えて若手研究員の不満を吸収し，彼らを指導した。若手研究員にとっては，T研究員は杉本以上に影響力を及ぼす存在となっていたということである。

　このように，「アリセプト®」探索研究チームにおける合成グループでは，杉本が意図的にT研究員とリーダーシップの役割分担を行っていたのである。その背景には上述のような世代間格差があった。当時の杉本には，対外部門の交渉と若手中心の合成研究員集団のとりまとめを同時にこなすことに不安があったのであろう。そこで彼は，世代間格差を埋める人材として，T研究員に白羽の矢を立てた。T研究員は杉本と個人的にも親しい間柄であったため，その依頼は，杉本の個人的なネットワークを活かしたものであったといえよう。またT研究員のほうも，組織目標を達成する使命感からその役割を了承した。

3-4-2　評価グループにおける「リーダーシップの役割分担」にまつわる語り

（1）　評価のメンバーの語りの意味解釈

　合成グループの研究員の語りの中で，チーム・リーダーの杉本以外にもT研究員のリーダーシップが指摘されたのと同様に，評価グループの研究員の語りにおいても，グループをとりまとめていたY研究員のリーダーシップが指摘された。

　「アリセプト®」探索研究チームの立ち上げ時からのメンバーであり，杉本の対外交渉力に関してそのリーダーシップを指摘したA研究員は，評価グループ

について以下のように語っている。

> 杉本さんは，合成の分野の人で。技術的な話をしても，評価の人はわからないのですよ。評価の人は，やっぱり，つくったものがどういうふうに効くかとか，アウトプットでしか判断できないところがあって。合成の人は，モノをどうやってつくるとか，どうしたらこういうモノができるとか，そういうところまで話ができるのですけど。評価の人は，合成の仕方とか全然わからないので，そういう話は全然駄目で，来たモノに対してそれが効くのか効かないのか，安全なのか，安全でないのか。そういう前提で違うわけなのですね。（評価A研究員）

A研究員の語りから，合成と評価では背景となる専門知識が異なるので，互いの仕事の内容に関して深く議論できない関係にあるということがわかる。このように，専門領域が異なる評価のグループにおいては，Y研究員がチーム内のとりまとめを行っていたのである。

> 実際問題は，もちろん杉本さんは合成のリーダーで，合成はまとめていましたし。評価はY研究員が，細かいところをまとめて。その中でも，化合物をいっぱいつくっているスクリーニングの段階では全体的に杉本さんがリーダーなのですけど。やっぱり，評価の細かいところまでは面倒見切れないと思うのですよ。そんなに。やっぱり，技術的にも十分知らないといろいろ意見いえないと思うので。（評価A研究員）

評価グループに対し，チーム・リーダーの杉本は，全体的なスクリーニングの段階ではとりまとめを行っていたものの，薬効を評価する専門的な段階になると合成出身の杉本では限界があった。そのような中，評価で最も年長であったY研究員が，率先してグループをとりまとめていた。

> Y研究員の場合は，自分で先に立って仕事をする人だったのですよ。自分で動くのですよ。マネジャーなのだけど，自分で実験をしないと気が済まない。たとえば，アセチルコリンの測定をやっていたのですけど，いろんな会議とかあって忙しくてできないときは，Y研究員は，結構，日曜日とか来てね，実験しているのですよ。すごい，自ら動いて率先してやるという人だったので。他の人は，その背中を見ているだけでついていけるというか。そういうのが，Y研究員だったのじゃないかな。（評価A研究員）

そのリーダーシップに関してA研究員が語るように，Y研究員は，手取り足

取り教えるのではなく，与えられた仕事に率先垂範して取り組む姿を評価グループの若手研究員に見せることによって，自然とグループがまとまっていたということが窺える。Y研究員の率先垂範によるリーダーシップは，とりわけ，会議で進捗が遅れた実験課題に関しては休日に出勤してでも課題はこなす姿勢によく現れている。

> Y研究員は，同じ評価のグループで，やっていることが同じということで，毎日顔を合わせているし。Y研究員とは，常にコミュニケーションがとれているので。杉本さんの場合は，だいぶ離れたところに合成の部屋があって，合成の人たちはそこにいるのだけれども。評価の人たちは，行かないと会えないので。そういう物理的環境が，結構多いのじゃないのかなと思うのですよ。（評価A研究員）

評価の研究員がY研究員のリーダーシップを指摘する理由として，A研究員は，評価グループでは，チーム・リーダーの杉本よりもY研究員とのコミュニケーションのほうが多く，杉本とは研究室も離れた場所にあって接点が少なかったことをあげている。Y研究員のリーダーシップに関しては，その他の評価研究員にも共通して認識されていた。

> 評価の中では，実際に私とか中心になってやってました。むしろ評価でのとりまとめは，Y研究員。Y研究員のマネジメントはむしろ「やれ，やれ」といわれて後ろに下がってやるほうなので，あんまり前面に出ないで，僕らが前に出てやるほうでしたよね。杉本さんは，そういうことに関してはノータッチでしたよね。そこでの活躍はほとんどないと思います。（評価O研究員）

O研究員は，A研究員と同様にY研究員が評価グループをとりまとめていたという認識を持ち，そのリーダーシップに関してもA研究員と同様の見解を示している。

> Y研究員は，自分の持ち場をしっかりやって，背中を見せながらというところがあるのですけど。だから，「これやれ，あれやれ」のマネジメントではないのですけど。それぞれ立てながら。そういうのって，結構重要なのかなと。（評価O研究員）

A研究員とO研究員は，評価グループの若手研究員の中でも中心的な存在で

あり，彼らが共通してY研究員の率先垂範にリーダーシップを認識しているという点は興味深い。そして評価グループのM研究員は，杉本とY研究員の関係について，組織編成上リーダーシップの役割分担が起こることになると指摘している。

　　杉本さんのリーダーシップということだったのですけど，薬づくりというのは，バトン・タッチなのですね。だから，1人のリーダーシップだけではなくて，テーマ登録までは杉本さんだったのですけど，それ以降はY研究員がリーダーシップとってますし。それ以降は，開発の人ですし。後は臨床系の人がリーダーになるし。杉本さん1人のリーダーシップという感じだったのですけど，それはたしかに杉本さんはカリスマ性があったし，合成を引っ張ってきて認めるところなのですけれども，その場その場でリーダーはいたのですね。(評価M研究員)

「アリセプト®」の研究プロセスにおいては，探索研究から開発段階に至るとチーム・リーダーが合成から評価にバトン・タッチされることになっており，実際にもY研究員は薬の候補となる化合物が決まった後に杉本からチーム・リーダーを引き継いでいる。こうした点を考慮すれば，探索研究がチーム・リーダーをバトン・タッチする化合物のテーマ登録以前の段階から，評価グループ内にとりまとめ役がいたことは自然であろう。

(2)　杉本の語りの意味解釈

　評価研究員が語った評価グループ内におけるY研究員のリーダーシップに関し，杉本は，探索研究チームにおける合成と評価それぞれのグループの事情について，以下のように語っている。

　　評価の人は，合成展開に口は出さないですね。出せない。たまには，出す人もいますけど，基本的には合成の話は合成の人ということで，任してくれているので。「こういうものつくったら」「ああいうものつくったら」という話はあんまり評価のほうから出てこない。で，じゃあ，合成というのは，結構薬理のことは勉強するのですよ。評価についてこれはいい，これは悪いという話（ができるように）ですよ。
　　初期の頃は合成と評価はなくて，始めたのは3人ですからね。僕とG研究員，評価でA研究員，3人ですよ。A研究員は，インビトロ（表9-5参照）のことを

やっていて．ほんとに，A研究員も入社したばかりで，G研究員も入社したばかりで，Y研究員はサブリーダーでいたのだけど．
　薬理を知っている人たちは，みんな（アルツハイマー治療薬の開発が）難しいと思っていましたよね．で，私は合成の立場だったから，そんなには深刻に考えてない．とにかく何かつくれればと．そこらへんの，立場による違いがあるかもわからない．（杉本）

このように，評価グループに関しては，課業の内容やそれを裏づける専門知識も異なることから，結果としてY研究員が評価グループのとりまとめ役となったということであろう．この点は，杉本がT研究員にサブリーダーを依頼していた合成グループとは，事情が異なるのである．

3-4-3　「リーダーシップの役割分担」にまつわる語りのまとめ

まず図9-10に，「リーダーシップの役割分担」にまつわる合成グループのフォロワーの語りを意味解釈した結果をもとに，再構成した語りのプロットを提示した．

すでに述べたように，当時のエーザイ筑波研究所は，若手の研究員を積極的に採用しており，「アリセプト®」探索研究チームも若手研究員が主力となっていた．若手とはいえ研究者としてはプロフェッショナルであり，タスクの遂行自体は何の問題もない．だが，チーム内の連携であるとか，組織への適応であるとか，もちろん，研究にまつわることに関しても，さまざまな悩みや問題を抱えていた．そのような若手研究員の対応にあたったのが，T研究員であった．若手研究員たちは，杉本よりも年齢も近く親しみやすかったT研究員を慕っており，そのことによって研究活動に伴うストレスは軽減され，円滑にプロジェクトが進展し

図9-10　合成グループのフォロワーの語りのプロット

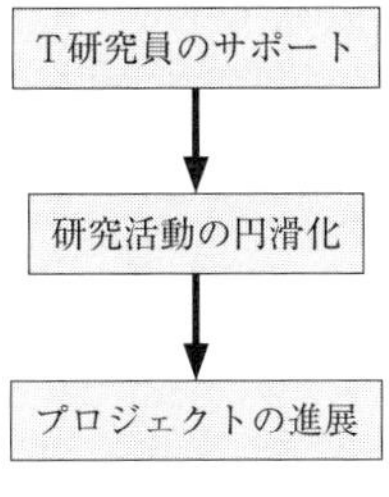

T研究員のサポート
↓
研究活動の円滑化
↓
プロジェクトの進展

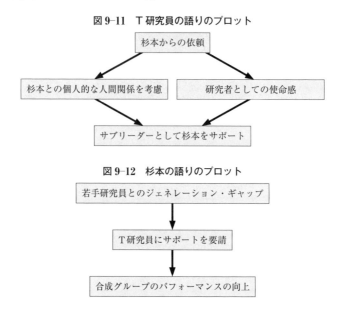

図9-11　T研究員の語りのプロット

図9-12　杉本の語りのプロット

た。そのようなT研究員の貢献に対し，フォロワーである当時の若手研究員がリーダーシップを認めたというわけである。フォロワーである若手研究員にとっては日常業務のレベルにおいてはT研究員との接点のほうが多いため，T研究員のリーダーシップを指摘することが多いのは，リーダーとの相互作用という点から見れば，むしろ自然なことといえよう。

　一方，このように若手研究員からリーダーシップを指摘されたT研究員による，サブリーダーとして振る舞った経緯にまつわる語りのプロットを再構成すると，図9-11のようになる。

　T研究員は，杉本からのサブリーダーの依頼に対して，杉本との個人的関係と研究者としての使命感という2つの理由からチームに合流することを決意し，若手研究員のサポートに徹して合成グループをとりまとめた。こうして，T研究員が合成グループの対内的なとりまとめを担当し，杉本は対外部門との交渉や研究所全体の会議でグループを代表して発言するチームの代表としての対外的な役割に従事したのである。

　合成グループにおけるリーダーシップの役割分担に対して，杉本の語りのプロットを再構成すると，図9-12のようになる。

図 9-13 評価グループのフォロワーの語りのプロット

　杉本自身もまた，若手中心に構成されたチームにおける，自分と若手研究員たちのジェネレーション・ギャップに伴うコミュニケーション上の問題を解決するために，T研究員にサブリーダーを依頼したと語っていた。

　こうして，合成グループのフォロワーの語りは，研究全体にかかわるリーダー行動に関しては杉本のリーダーシップを指摘し，日常業務におけるリーダーシップについてはT研究員のリーダーシップを認知するという形になった。そして，このようなリーダーシップの役割分担という図式は，リーダーの杉本が意図したものであったということも明らかになった。

　一方，評価グループのフォロワーの語りを意味解釈した結果をもとに再構成した語りのプロットは，図9-13のようになる。

　評価グループの場合にも合成グループと同様に，インフォーマルなリーダーが存在し，そのリーダーがサブリーダーのような存在となってグループのとりまとめを実践していた。ただし，評価グループの場合は，合成グループのように杉本が個人的な人間関係に基づいて意図的にサブリーダーを指名したというわけではない。評価グループは，研究員の役職としては当時の杉本と同じ主任研究員で，候補となる化合物が確定した後にそれを精査して開発にまで進めていく段階においてリーダー役となった，Y研究員を中心にまとまっていた。そもそも合成と評価は，専門となるバックグラウンドも，業務も，研究室も異なる集団である。このようなグループの特性上，リーダーシップの役割分担が生じるのは必然的でもあった。なお杉本は，語りにおいて，合成と評価の異質性を指摘しているが，評価のY研究員とのリーダーシップの役割分担に関しては触れていない。しかし，評価の研究員の語りは，チーム全体に関して杉本のリーダーシップを指摘するフォロワーが複数人存在し，日常業務におけるY研究員のリーダーシップに

ついては全員が指摘するという，合成グループと同じ傾向を示した．

3-5 リーダーの語り

3-5-1 矢面に立って戦う姿を見せる

チーム・リーダーの杉本による語りは，これまでも各フォロワーの語りに対する見解として考察してきたが，ここでは，それら以外のリーダーシップに関する語りについて意味解釈する．

前項までに示されているように，杉本は，個々のフォロワーの語りに対し自らの意図を明確に語っているが，そうした形でなくとも創薬における探索研究チームのリーダーに求められるリーダーシップについて，以下のように語っていた．

> 研究1部会で自分たち2室のテーマを提案しますね．そうすると（中略），（別の研究室が）攻撃するのですよ．欠点を．そうすると，バッと来たときに，前面に立って戦うのが私なのです．それは口だけですけどね．逆に，彼らが提案してきたときに思い切り叩く．そうすると，いつも2室の中で先頭切って戦っているところをみんなに見てもらう．これが大事なのですよ．これが，リーダーシップの要点．
> 彼のもとにいけば，弾の当たらないところに行く，彼のところに行けば必ず敵を撃破できるということを，部下が見る．見せることが大事．そこで，暗黙のつながりができるのですよ．で，それは2室だけじゃなくて，他のメンバー，分析とか代謝とか安全性の人たちが困ったときに僕が出ていってそれをサポートする．そうすると，そこで信頼関係が生まれるのですね．
> だから，戦っている姿をメンバーとか仲間たちに見てもらうというのは，大事で，そこから信頼関係が生まれると同時に，強いリーダーシップだという認識が出るコツですよね．だから，仕かけられたときに，すごすごと引き下がるのは駄目ですね．リーダーは．（杉本）

ここで杉本は，研究所全体の会議において，自らが率いるチーム全体，あるいは個々のフォロワー，さらには対外部門で「アリセプト®」探索研究チームのサポートをしてくれているメンバーに対し，ライバル・チームから批判があった場合，矢面に立ってそれに対処していくことが，チーム・リーダーに求められるリーダーシップなのだといっているのである．チームの利益を守るために必死で戦

っているところを見せることが，チーム・メンバーあるいはサポート・メンバーとの信頼関係を生み，強いリーダーシップを発揮しているとフォロワーから認識されることにつながっていくのだという。

　この語りからはまた，当時の研究所内には，疾病領域別に構成された各チーム間で，研究テーマとして優先されるべき立場をめぐる熾烈なやりとりがあったことも読み取れる。見方を変えれば，各研究員および研究チームがそれほどまでに鎬を削り，必死に研究開発に邁進していたということでもあり，研究所全体としては相当な活力が漲っていたであろうことが想像される。すなわち，杉本からこのような語りが生成する背景には，研究所全体の戦略が功を奏していたことがあると解されるのである。こうした中にあっては，あらゆる批判の矢面に立つ強いリーダーシップが求められると杉本は考え，自ら実践していたということである。

4　事例の考察

　前節で見たように，エーザイのアルツハイマー型認知症治療薬「アリセプト®」探索研究チームにおけるフォロワーのリーダーシップに関する語りは，「感謝と共鳴」および「感謝」に類型化することができる。そこで本節では，感謝あるいは共鳴の語り，それに「リーダーシップの役割分担」についての語りを加えた，3つのタイプの語りに関し，その特徴と成立条件，および，それらにまつわるリーダーの行為という各点に沿って，本事例を考察していく。

4-1　感謝の語りとリーダーシップ

4-1-1　感謝の語りの特徴

　本事例におけるフォロワーのリーダーシップにまつわる語りの分析で，感謝の語りに類型化されたのは，「対外交渉力」（ただし，探索研究チーム・メンバーに限定される），「自由闊達に議論できる場づくり」，「自由裁量の余地を与えられる」，という3つの語りであった。これらはいずれも，複数のフォロワーに共有されていた。

リーダーの杉本は,「対外交渉力」においては迅速なフィードバック・データの提供を実現し,「自由闊達に議論できる場づくり」においては個々のチーム・メンバーの意見をプロジェクトの方針に反映させ,「自由裁量の余地を与えられる」においては研究の方針は明示しながらも研究方法については個々のメンバーの裁量に委ねていた。フォロワーは,杉本によるこれら一連の行為によってプロジェクトが進展したと認識し,その貢献を評価してリーダーシップを認知したというのが,感謝の語りの特徴である。

「対外交渉力」では,杉本が他の研究チームからも実験依頼が殺到している対外部門と粘り強く交渉したことで,迅速な実験結果のフィードバックが得られて研究が進展したことが語られた。当時の研究所では複数のプロジェクトが鎬を削っており,研究を進捗させるには対外部門の積極的な協力が不可欠であったが,杉本はそれを引き出すことに成功したのである。結果として研究全体が進捗したため,フォロワーである探索研究チームのメンバーにとってチーム・リーダー杉本の貢献は目に見える形となり,そのことに対する感謝から杉本のリーダーシップは認められた。

しかし,「対外交渉力」の語りが探索研究チームのメンバーに限られたものであった一方で,「自由闊達に議論できる場づくり」については,対外部門である分析の担当者からも指摘があった。これに関しては,杉本がメンバーの積極的な発言を認め,チーム内のコミュニケーションを促したことで,チームが活性化したのだと語られている。自分たちの意見がチームの方針に反映されることで,フォロワーであるメンバーのモチベーションが高まり,チームの活性化につながったのである。研究室によってはチーム・リーダーからのトップダウンが主体となるところもある中で,このような場を提供した杉本に対する感謝の念が,リーダーシップの認知につながっていた。

「自由裁量の余地を与えられる」についても,「自由闊達に議論できる場づくり」と同様,分析の研究員からも指摘があった。これにもフォロワーの主体性を尊重することが大きく影響を及ぼしている。すなわち,不確実性がきわめて高い創薬研究においては,研究アプローチの方法をコントロールされるより自由裁量を与えられるほうが,メンバーにとってはやりやすいため,リーダーの杉本もフォロワーの研究員へ自由度の高い研究アプローチを認めていた。フォロワーは,

こうしたことで，研究に対するやりがいすなわち内発的なモチベーションを高められる環境を整備した杉本に対し，感謝の意からリーダーシップを認知したのである。ただし，これを語ったフォロワーの中には，杉本が自由裁量を認める代わりに進捗管理に厳格な面があったと指摘する者もあった。こうした両面性は，「自由闊達に議論できる場づくり」に関して指摘されていた，杉本の「バランス感覚」に相通じるところがある。このような指摘をした者は，杉本がフォロワーに自由裁量を与えていたのは成果につなげるためであったとして，そこにマネジメント上の意図があったことを認識していたようである。

4-1-2 感謝の語りの成立条件

　本事例の感謝の語りが成立する条件として，取り組むべきタスクについてフォロワーが熟知していたことがあげられよう。前章で議論した開眼の語りは，フォロワーがリーダーの言動から知的な刺激を受けることによりリーダーシップを認知するというものであった。これは，リーダーがフォロワーよりも経験や知識において上回っており，自らの働きかけがフォロワーにどのような効果をもたらすのかをリーダーが十分に予測できる状況下で有効であった。

　これに対して，本事例の感謝の語りは，リーダーがチーム活動に貢献している姿を観察することによって生成した認識である。ここにおいてリーダーは，フォロワーに知的刺激を促すようなアドバイスをするのではなく，フォロワーのタスク遂行の環境をバックアップする行動をとっていた。この前提には，フォロワーがリーダーのアドバイスがなくとも十分にタスクを遂行できるということがあり，もしリーダーがタスクの遂行内容について何かアドバイスするとフォロワーは却ってモチベーションを下げるという関係がある。

　したがって，感謝の語りが成立する条件は，フォロワーがタスクの遂行に関し，リーダーと同等あるいはそれ以上に経験あるいは知識を有しているということになる。その際には，リーダーが自覚的にフォロワーのタスク遂行方法へ極力容喙しないようにすることが必要である。本事例のようなプロフェッショナルからなるチームにおいては，往々にして，フォロワーであるメンバーのほうがリーダーよりもタスク遂行に精通しているため，リーダーの介入が快く思われないことがある。フォロワーを確固たるプロフェッショナルとして認めるという意識がリー

ダーにないと，不要にフォロワーのタスクに介入し，快適な環境づくりを害してしまうことになるのである。

4-1-3　感謝の語りとリーダーの行為

　感謝の語りにまつわるリーダーの行為の特徴として，これら3つの語りにおいては，リーダーである杉本がそれぞれ異なる意図を有していたことを，あげることができる。

　「対外交渉力」では，杉本は意図的にプロジェクト進展のための環境づくりに精を出していた。杉本は，リーダーのミッションはプロジェクトを進展させることであると考え，そのためには実験結果のデータのフィードバックをいかに迅速に得られるかが重要であると認識していたという。フィードバックを迅速に得て，それをチーム内に提供し，そのことによってチームのパフォーマンス向上を図るのが，リーダーの役目であると，杉本は考えていたのである。

　これに対し，「自由闊達に議論できる場づくり」の背景には，筑波研究所の本格的な立ち上げに伴い，20代の若手の研究員が積極的に採用された結果，「アリセプト®」探索研究チームも若手研究員中心のチーム構成になっていたことがある。そのような中，杉本は，プロジェクトを推進し，かつ若手研究員の成長を促そうと意図していた。そのために杉本は，チーム内のディスカッションにおいては若手研究員にも積極的な発言の場を与えたのである。そしてこのことが，フォロワーであったチーム・メンバーの若手研究員にとっては，自らの意見を発露する場を提供してくれた杉本のリーダーシップを認知することにつながった。しかし，杉本の意図としては，それは人材育成の一環だったのである。つまり，この語りにおいては，人材育成のためのリーダーの行為が，フォロワーにはリーダーシップと認知されていたということなのである。

　一方，「自由裁量の余地を与えられる」には，人材育成という側面よりも，創薬研究者としての専門性を尊重するという杉本の持論が反映されていた。創薬という不確実性の高い研究開発業務に定石となるアプローチはなく，各研究員の創意工夫に依るところが大きい。それゆえに杉本は，プロフェッショナルに対する以上，具体的なやり方には口を挟まないという姿勢を貫いた。

4–1–4　感謝の語りの論理

ここで，本事例から導き出された感謝の語りにおけるリーダーシップの論理について考察しよう。

本事例の感謝の語りにおいては，フォロワーが組織目的を遂行するにあたって，リーダーの行為によりその活動が円滑に行えるようになったのを実感することで，目的達成に向けての意識が強化されていた。前章のE社の事例における開眼の語りにも見られたように，フォロワーは自身と異なる視点をリーダーから提供されたわけではないが，意識が強化されたという点で，この2つの語りは共通している。ただ，本事例で強化されていたのは仕事に対する信念といった意味での意識ではなく，フォロワーが目的達成の可能性をより強く意識できるようになるという意味である。

一方リーダーは，そうなるように支援することがリーダーに求められる行動だと認識していた。つまり，そこには，リーダーの意図が働いていた。

こうしたリーダーとフォロワー双方の視点から，フォロワーがタスクを円滑に遂行するための活動を支援するというリーダーの行為は，フォロワーの目的遂行意識を強化し，それがまたフォロワーからリーダーシップの発揮と認識される，という論理が導き出される。しかしそれには前提があり，リーダーがフォロワーのタスク遂行に対する考え方・発想やスキルといった面にまで介入しないほうがよく，また，その行為は純粋にタスク遂行に支援的であるとフォロワーから認識されなければならない。

4–2　共鳴の語りとリーダーシップ

4–2–1　共鳴の語りの特徴

本事例のフォロワーによるリーダーシップにまつわる語りの分析で，共鳴の語りに類型化されたのは，「対外交渉力」（ただし，対外部門に属するメンバーに限定される）の語りで，これは複数のメンバーに共有されていた。

語り手である対外部門（安全性）の研究員によれば，杉本のプロジェクトに対する並々ならぬ思いに共鳴して，その実験依頼へ積極的に協力したのだという。

ここで注目すべきは，「アリセプト®」と同じくエーザイが開発した「パリエ

ット®」の探索研究チームのリーダーも，同様に対外部門との粘り強い交渉に長けていたという語りが得られたことである。複数のチームの実験を掛け持ちする安全性の研究員は，すべてのチームにフェアに対応するのが理想であるが，マンパワーの面からも十分にはできず，選択と集中を余儀なくされている。しかし，不確実性の高い創薬研究において，選択と集中に確固たるプライオリティを定めることは困難であるため，そこではチーム・リーダーの交渉力が重要な役割を果たす。そして，交渉力の決め手となるのはチーム・リーダーのプロジェクトに対する熱意であり，その熱意への共鳴によって対外部門の研究者は動かされているということが，語りの意味解釈を通じて明らかになった。

なお，前項の議論と合わせて見ると，「対外交渉力」の語り全体としては，探索研究チームと安全性グループというフォロワーの立場の違いによって，リーダーシップを認知したポイントが異なっていたことがわかる。しかし，両者の視点は補完的なものであるといえよう。なぜならば，対外部門の積極的な協力がなければプロジェクトは進捗せず，また，プロジェクトが進捗しなければ対外的な交渉の必要性は低くなっていくであろうからである。対外部門との交渉は1回きりではなく，テーマ登録に足る化合物が特定されて次の段階に至るまで続けられる。したがって，継続的に行われる対外交渉がうまくまとまって，円滑なフィードバックを得られるようになると，チーム活動はより一層活性化する。杉本はこのサイクルをつくり出すことに成功しており，その結果として，フォロワーが，その立場によってポイントは異なるものの，杉本のリーダーシップを認知するに至ったのである。

4-2-2 共鳴の語りの成立条件

本事例の共鳴の語りが成立する条件としては，まず，リーダーとフォロワーの間に相互作用が蓄積されているということが指摘できる。共鳴の語りが成立する，すなわち，フォロワーがリーダーの言動に共鳴するには，それ以前に両者の間で蓄積された相互作用を通じて，フォロワーがリーダーの考えや意図を理解できるようになっていることが必要なのである。この点に関しては，前章のE社の事例においても，時間的な蓄積が指摘されていた。

もう1つの条件は，リーダーがフォロワーに対してインパクトのあるメッセー

ジを発しているということである。相互作用によってフォロワーがリーダーはどのような人物なのかということについて基本的な認識を持っている中で，リーダーシップが認知されるには，それに足るインパクトをもたらす行為が必要となる。それが，リーダーからフォロワーの心を揺さぶるような強いメッセージを発するということであり，フォロワーは，それまでの蓄積に鑑みてそのメッセージがリーダーシップか否かを判断するのである。実際，本事例でも，杉本の行為が，「アリセプト®」のプロジェクトを何が何でも完遂させたいという強い思いと，自分の右腕であったT研究員の別のプロジェクトまで推進させようとするその人柄を示すことになり，この2点に対して共鳴が成立していた。

4-2-3 共鳴の語りとリーダーの行為

本事例の共鳴の語りにまつわるリーダーの行為の特徴は，そこに，相互作用の機会を増やし自らの思いを伝える頻度を高めることによって，フォロワーの情動的な側面を刺激しようという意図があるということである。

なお，語りではリーダーシップという言葉が直接用いられてはいなかったものの，リーダーの思いに対する情動的な共鳴を促すことを意図した行為が明確に語られていることからも，そこにはリーダーシップを発揮しようという意図があったものと考えられるのである。

また，上述のように，「アリセプト®」の杉本のみならず，「パリエット®」のチーム・リーダーも同様の行動をとっていたことから，インフォーマルな場も含め意図的に相互作用の機会を増やして親密な関係を構築し，それを土台に自らの思いに対する共鳴を促すということが，共鳴の語りを生成させるリーダー側の要因であるといえるのである。

4-2-4 共鳴の語りの論理

本事例から導出された共鳴の語りにおけるリーダーシップの論理は，基本的にはE社の事例における共鳴の語りと同一である。すなわちこれは，ごくシンプルにリーダー自らの信念に基づいた行為に対し，フォロワーが思いを同じくすることによって生成するリーダーシップなのである。ただし，E社の事例と本事例が異なるのは，E社におけるリーダーの信念は自己実現に基づいた個人的なもの

であったが，本事例ではプロジェクトの完遂という，フォロワーにとってはより共有しやすいものであったということである。プロジェクトを是が非でも完遂させたいというリーダーの思いを共有することによって，フォロワーの側もまた，プロジェクトのミッションを完遂させたいという方向へと，その意識がより強く変化していた。そして，2つの事例からは，フォロワーとリーダーの相互作用の蓄積が多ければ多いほど，共鳴の語りによるリーダーシップは生成しやすくなるであろうことが指摘できる。

4-3 「リーダーシップの役割分担」にまつわる語りとリーダーシップ

4-3-1 「リーダーシップの役割分担」にまつわる語りの特徴

本事例では，1つのチームの中に公式的なリーダーのほかにもインフォーマルなリーダーがいたということが明らかになった。具体的には，合成グループのT研究員と評価グループのY研究員である。これはすなわち，リーダーシップの役割分担が成立していたということである。

このリーダーシップの役割分担の語りの特徴は，インフォーマルに登場したリーダーの成り立ちが異なっていることである。合成グループの場合には，杉本は，自身の出身母体であったことから，以前より個人的に親しかったT研究員にグループの対内的なリーダーシップを依頼した。これに対しては，合成グループの若手からも，T研究員のリーダーシップを認知する語りが得られている。そして杉本自身は，チームの対外的な代表として，対外部門との交渉や，研究所全体の会議などにおいてパフォーマンスのアピールをしたり，他チームからの厳しい指摘の矢面に立って弁明したりといった面で，リーダーとしての役割を果たしたのである。一方，そもそも専門領域の異なる研究者から構成されていた評価グループ内の活動に関しては，リーダーの杉本がコミットする部分はほとんどなかった。その中で，研究員から一目置かれて自然にグループの中心的な存在となったのがY研究員だったのであり，フォロワーである評価グループの研究員の全員から，Y研究員の率先垂範する姿勢にリーダーシップを認知したという語りが得られた。

このように，リーダーシップの役割分担に関しては，リーダーによる指名と自

然発生という，2つの生成プロセスが観察されたことが特徴的であったといえよう。

4-3-2 「リーダーシップの役割分担」にまつわる語りの成立条件

こうしたリーダーシップの役割分担が成立する条件としては，第1に複数の専門家集団からなるチームであること，第2にリーダーが役割分担する意思を部分的にでも有していること，第3にリーダーシップの役割を担えるだけの人材がチーム内に存在することという，3点を指摘することができる。

第1の条件は，すなわち，本事例で扱った創薬研究のプロジェクト・チームなどのように，複数の専門家集団からなるチームにおいては，1人のリーダーですべての領域をカバーすることはできないため，専門が異なる集団のとりまとめについてはそれに精通した人物とリーダーシップを役割分担することで，チーム活動を円滑化できるということである。

第2の条件に関しては，合成グループのT研究員に対するリーダーシップの役割分担の依頼に関しては，杉本の意思は明確であった。また，評価グループのY研究員についても，杉本は，自身の詳しい合成と評価の違いを認識し，そのグループのサブリーダーとしてY研究員がいたことを認めている。

第3の条件に関して，まず，本事例における杉本と評価グループのY研究員のリーダーシップの役割分担は，杉本から明確な意思が伝えられたことによって起こったものではなく，適役であるベテランのY研究員の存在という，偶然の要素によって成立したものであった。ただY研究員は，立場的にも杉本と同じ主任研究員で，公式の組織編成においても開発の次のステージでは杉本を引き継いでリーダーを担った人物であり，リーダーシップの役割分担を成立させる制度上の特徴は有していた。とはいえ，実際にフォロワーがリーダーシップを認知するかどうかはまったく担保されていない状況であったため，評価グループとのリーダーシップの役割分担成立には，上述の通り偶然の要素があったことを否定できない。一方，T研究員の場合，杉本にとっては後輩として以前から懇意にしていた人物であり，両者の間のインフォーマルなネットワークで経てきた時間の蓄積を踏まえれば，杉本はその活躍を十分に予見した上でT研究員に白羽の矢を立てたのだといえる。T研究員もまた，杉本の意思を十分に汲んで期待通り

の活躍を見せた。したがってこれは，意図的に，また結果についてもある程度確信した上でのリーダーシップの役割分担であったといえよう。ただしこれには，依頼する側と受ける側による相互作用の時間的蓄積と，リーダーの意思への了解が不可欠である。

4-3-3 「リーダーシップの役割分担」にまつわる語りとリーダーの行為

　上で確認したように，リーダーシップの役割分担の特徴として，指名と自然発生という異なる生成プロセスが見られることを指摘したが，これにまつわるリーダーの行為においては，勢い指名のほうへ如実にリーダーの意図が現れることになる。杉本自身も，語りにおいてチーム内のジェネレーション・ギャップを懸念していたことからもわかるように，年齢差を抱えたチームの対内的なとりまとめと対外交渉の両方を1人で担うことに負担を感じていたことが推測されるのである。この負担を解消すべくデザインされたのが，合成グループにおけるリーダーシップの役割分担であったといえる。

4-4　リーダーの語りとリーダーシップ

4-4-1　リーダーの行為と意図

　チーム・リーダーの杉本の語りをリーダーシップを発揮する意図という観点から意味解釈すると，フォロワーがそのリーダーシップを指摘した語りに対して，リーダーシップの発揮を意図していたものもあれば，別の意図があったものもあるということがわかる。また，フォロワーの語りでは指摘されなかったが，杉本自身がリーダーシップの持論として実行している行為も存在した。
　「対外交渉力」の語りでは，フォロワーであるチーム・メンバーがリーダーシップを指摘した語りに対し，杉本からもチーム・リーダーとしてプロジェクトを推進させるための環境を整えることは重要なミッションであるとの見解が示された。したがって，この場合は，意図的にリーダーシップを発揮したものと意味解釈される。
　しかし，「自由闊達に議論できる場づくり」の語りに対しては，リーダーシップの発揮というよりも，若手社員の成長を促すという育成的な意図があったこと

が明らかになった。これに関連して、「ヨイショ」と「恫喝」により伸ばすところは伸ばし引き締めるところは引き締めてメリハリのある人間関係を構築するという取り組みからは、チーム・リーダーとメンバーの関係を意識づけするマネジメントの意図が窺えた。

「自由裁量の余地を与えられる」の語りについては、各メンバーのプロフェッショナルとしての専門性を尊重するという信念に基づいて研究プロセスに自由裁量を与える一方で、成果を求めるという、マネジメントの一環であったというのが杉本の主張である。したがって、「自由闊達に議論できる場づくり」と同様に、プロジェクトを推進させるプロジェクト・マネジャーとしての役割を遂行したのである。

4-4-2 チーム・リーダーとしての責任感

一方、フォロワーからは指摘されなかったが、杉本自身が自らのリーダーシップ行動として認識していたのが、全体会議においてプロジェクトの利益を守るということである。そこには、プロジェクトを完遂させるために、自らさまざまな批判の矢面に立ち、反対に他チームに不備があれば批判して、チームの利益を確保する。また、そうすることでチーム内およびサポート・メンバーの結束が固まるという信念があった。

このような杉本の信念は、「対外交渉力」の語りにも明瞭に見ることができた。プロジェクトを推進させるために粘り強い交渉を続けたのは、プロジェクト・リーダーとしての責任感ゆえの行動であり、また、「対外交渉力」に関してはそのことがフォロワーにも認知されていたのはここまで見てきた通りである。

なお、プロジェクトの利益を守ることについての杉本の語りにおいて、杉本は、明確にリーダーシップの意図へ言及している。すなわち、リーダーシップを発揮する意図という観点で杉本の語りを意味解釈すると、ミッションを遂行するという点に関しては、プロジェクトの責任者としてそれを意識していたということになるのである。

4-4-3 リーダーシップとマネジメント

なお、杉本の語りには、リーダーあるいはリーダーシップと表現される事柄と、

マネジメントと表現される事柄があった。前者は，上述したプロジェクト・リーダーとしての責任感に裏づけられたものである。一方，後者は，若手研究員の育成や，自由裁量とプレッシャーのバランスといった，日常的な研究活動における相互作用のあり方を意識したものなのである。

つまり杉本は，リーダーとしての責任感を反映した行動に関しては，フォロワーの語りに対してもその意図を明確に示し，フォロワーに指摘されなくとも自らのリーダーシップの持論としてそれを語った。その一方で，日常的な研究活動に関する事柄については，リーダーシップの発揮ではなく，マネジメントの実践としての意図を有していたといえるのである。

第10章

企業再建プロセスで語られるリーダーシップ

第10章 企業再建プロセスで語られるリーダーシップ

本章では，リーダーシップの重要な側面である，組織変革を導くという観点から，フェニックス電機株式会社の企業再建事例を取り上げる。1つの企業が経験した失敗と成功の両方を考察することによって，フォロワーの視点から見た組織変革とリーダーシップを，詳細に捉えることができると考えた。フェニックス電機は，ハロゲン・ランプの製造販売を主とするベンチャー企業で，順調に成長を続けたが，急速な拡大戦略が裏目に出て倒産するに至る。しかし，同社の再建のために派遣されてきた再建請負人・斉藤定一氏が大胆な組織変革を断行し，倒産から7年後には再上場を果たすことになった。このプロセスで，再建請負人である斉藤氏がどのようなリーダーシップを発揮したのかを，倒産後も同社に残留して斉藤氏のフォロワーとなった経営幹部を中心に，中核社員の視点から考察していこう。

1 調査概要

1-1 調査対象の選定理由

第8章では日常業務，前章ではプロジェクト・チームの事例を考察してきたが，リーダーシップを議論するにあたっては，もう1つ重要な課題が存在する。それが，組織変革を促すリーダーシップ，すなわち変革型リーダーシップにおける，リーダーとフォロワーの関係である。というのも，フォロワーの自発的な意識の変化を促す行為であるリーダーシップが，最も顕著に現れる場面の1つが，組織変革だからである。

組織変革にもさまざまな状況があるが，本章では企業再建の事例に注目した。これを対象事例とするメリットは，第1に倒産から再建という明確な変革のプロセスが存在すること，第2に再建前後の当事者の意識の変化が明確に考察できること，そして第3に倒産前の経営者と再建請負人という2人のリーダーを比較検討することでより詳細にフォロワーによるリーダーシップの捉え方を考察できることという，3点だといえよう。

フェニックス電機の企業再建事例は，以上の3つの利点を十分にカバーしてい

る。まず第1の点に関して，フェニックス電機は，1995年の会社更生法適用申請から2002年のJASDAQ市場への再上場という企業再建の成功事例であることから，魅力的な研究対象であるといえる。第2の点に関しては，再建を主導した斉藤氏の指揮下で再建業務に携わったのが倒産後も残留した経営幹部であったことから，フォロワーにどのような意識変化が芽生えたのかという，本書の基本的な問題意識を明らかにするのに格好の事例である。第3の点に関して，フェニックス電機は，W氏というカリスマ・ベンチャー企業家によって創業・発展して倒産した後に，大手重工メーカーの元社員である斉藤氏を再建請負人に迎え再建されたという歴史的経緯を持つ。したがって，この事例には，倒産前後で経営者の行動を比較検討できるというメリットが含まれている。

1-2 調査方法

調査の手法は，アーカイバル・データの分析および当事者へのインタビューである。インタビュー調査は，2004年7月23日〜12月9日に実施された。対象は，斉藤社長（当時）とフェニックス電機の経営幹部（3名），関連会社の社長（1名），フェニックス電機のミドル・マネジャー（3名），リーダーと呼ばれる現場の管理者（2名）の，計10名である。再建に携わった中心的なメンバー全員にインタビューした形となった。インタビュー調査の協力者と実施日程は，表10-1の通りである。はじめに中心となった経営幹部3名に対し，グループ・インタビューを実施した。インタビュー時間は，1回当たりおよそ90分であった。

具体的なインタビュー調査の手順は，以下のようなものである。まずフォロワーの側から，創業・倒産・再建に至った経験の中で象徴的な出来事について回答を得るようにした。次に，再建プロセスにおいて，リーダーの影響を受けて，そ

---

1 フェニックス電機の再建プロセスについては，栗林・小野（2005；2006）を参照。
2 斉藤定一氏は，1960年H社に入社。アメリカの現地法人（とりわけバイク事業）の立ち上げに参画し，そこでの副社長経験もある。H社を定年退職後，フェニックス電機への支援を表明していたG社に在籍していた。後に，フェニックス電機株式会社会長，また同社もグループ会社に含まれる持株会社ヘリオステクノホールディングの代表取締役を歴任。なお，以降は敬称を省略する。
3 本事例に登場する人物・企業は，斉藤およびフェニックス電機以外は匿名表記する。

表 10-1　フェニックス電機インタビュー調査日程

2004 年 7 月 23 日	経営幹部 T 氏・N 氏・O 氏（グループ・インタビュー）
9 月 23 日	経営幹部 T 氏（2 回目。単独インタビュー） ミドル・マネジャー（営業部長）Y 氏 ミドル・マネジャー U 氏 ミドル・マネジャー H 氏
10 月 7 日	経営幹部 O 氏（2 回目。単独インタビュー） 関連会社社長 L 氏
21 日	経営幹部 N 氏（2 回目。単独インタビュー） 現場リーダー M 氏 現場リーダー D 氏
12 月 9 日	斉藤社長

れまで培ってきた経験を見直すきっかけとなったり，倒産前と明らかに意識が変わったりした出来事について語ってもらった．複数名の指摘から出来事を抽出した上で，新たに関連会社の社長を 1 名加え，計 4 名の経営幹部へ個別にインタビューを実施した．

そうして，経営幹部以外にも，ミドル・マネジャーや現場リーダーも含めてフォロワーへのインタビューがすべて終了し，データを分析した後に，斉藤へのインタビューを実施した．リーダーである斉藤には，フォロワーが指摘した出来事にはどのような意図があり，さらにはその背景となった経験はどのようなものだったのかを語ってもらった．

データ分析にあたっては，インタビュー・データを文書データ化してコーディングを行い，その文書データを時系列に沿った形に整理することで事例全体を再構成した．その上で，フォロワーが既存の価値観を見直し新たな価値観に適応するようになった決定的な出来事を絞り込み，質的な分析を行っている．

2　事例の背景

フェニックス電機は，1976 年 10 月に，大手電機メーカー B 社の W 氏が同社から独立し，ハロゲン・ランプを主力商品とするランプ製造会社として創業した．W 氏は，もともと B 社のハロゲン・ランプ研究者で，ハロゲン・ランプ自動生

表10-2 フェニックス電機の沿革（創業から調査実施時期まで）

年月	出来事
1976年10月	兵庫県飾磨郡夢前町にフェニックス電機株式会社を設立し，一般照明用ハロゲン・ランプの生産・販売を開始
80年 5月	兵庫県加西市繁昌町に工場を新設
89年12月	社団法人日本証券業協会の店頭市場に登録
93年 8月	兵庫県姫路市豊富町（現所在地）に本社を移転
95年11月	神戸地方裁判所姫路支部に会社更生法に基づく会社更生手続開始を申し立て
96年 4月	会社更生手続開始決定
5月	日本証券業協会の店頭管理銘柄の登録取り消し
98年 2月	会社更生計画認可決定
7月	更生手続終結
	ISO9001を取得
99年10月	ERPシステムの導入
2000年 3月	プロジェクター用ランプの生産・販売を開始
02年12月	JASDAQ市場に上場
04年12月	第4回ポーター賞受賞

（出所）ヘリオス テクノ ホールディング株式会社ホームページ（http://www.heliostec-hd.co.jp/company/03.html）より，筆者作成。

産システムの開発に力を注ぎ，生産自動化に貢献した人物であった。

その当時，ハロゲン・ランプ製造は手作業が主であったので，自動生産システムを導入することで低コスト・大量生産を実現することができた。ところが，ハロゲン・ランプの国内需要は，業務用や自動車部品として用いられるものが主で，一般照明としての需要はほとんどなかった。規模の限られた国内のハロゲン・ランプ市場はすでに飽和状態にあり，いくら大量生産を実現して低価格のハロゲン・ランプが提供できたとしても，潤沢な利益を上げることは難しかった。そこでW氏は，一般照明用としてのハロゲン・ランプ需要が大きかったヨーロッパ市場をターゲットに，輸出中心の戦略を展開する。この戦略が功を奏してフェニックス電機は順調に成長，1989年12月には株式上場（日本証券業協会の店頭市場に登録）を果たし，成長のピークを迎えることになった。

店頭市場への登録を機にさらなる拡大路線を目指そうとしていた矢先，フェニックス電機に大きな転機が訪れる。1990年7月，当時の欧州共同体（EC）が，日本から輸入するハロゲン・ランプに対して反ダンピングの暫定課税を行うこと

表 10-3　フェニックス電機の倒産直前と倒産後 5 年間の業績（単体決算）

(単位：百万円)

	第 19 期 (1995 年 5 月期)	……	第 23 期 (1999 年 3 月期)	第 24 期 (2000 年 3 月期)	第 25 期 (2001 年 3 月期)	第 26 期 (2002 年 3 月期)	第 27 期 (2003 年 3 月期)
売上高	3,167		2,718	3,306	4,881	4,437	5,041
経常利益	−563		120	254	771	493	808
当期純利益	−2,177		180	90	673	118	422
総資産	9,406		3,421	3,951	5,381	4,688	5,441
純資産額	−8,763		1,311	2,007	2,927	2,959	3,858

(出所)　栗林・小野 (2005) 90 頁より作成。

を発表したのである。低価格戦略を展開してきたフェニックス電機にとって，この措置は輸出戦略の見直しを迫られるものであった。

　この状況を打開するために，フェニックス電機は，ヨーロッパなどで現地法人化を展開し積極的に世界の主要地に生産拠点を設立していったが，この戦略はうまくいかなかった。その主たる理由は，中国製のより低価格のハロゲン・ランプが参入してきたことで，大量生産によって低価格戦略を展開する同社のビジネス・モデルが破綻したことにある。果たしてフェニックス電機は，1995 年 11 月 10 日，神戸地方裁判所姫路支部に会社更生法に基づく会社更生手続開始申し立てを行い，事実上の倒産に至った。

　このフェニックス電機の再建のために派遣されたのが，斉藤定一であった。斉藤は，管財人代理に就任し，再建請負人として同社の再建に従事したのである。再建にあたって斉藤は，3 年以内に再上場するという大胆なビジョンを表明した。

　その手始めに，斉藤は ISO9001 の認証取得を目指すと宣言する。[4] この目的は，倒産前のワンマン経営体制から脱却するため組織における権限と責任の関係を見直すことにあった。合わせて，ERP システムも導入した。[5] これは，経営情報を全部門で共有して組織における情報処理を効率化することを意図したものであった。

　ISO9001 の認証取得と ERP システムの導入に象徴される組織構造の変革に加

　4　International Organization for Standardization（国際標準化機構）が制定している，品質管理および品質保証に関するマネジメント・システムの国際規格の 1 つ。
　5　Enterprise Resource Planning の頭文字をとった語で，一般に，統合業務アプリケーション・パッケージと呼ばれる。製造・販売・物流・会計といった，さまざまな業務を統合的に管理できるソフトウェア。

表 10-4　調査実施時期におけるフェニックス電機の概要

会社名	フェニックス電機株式会社
本社所在地	兵庫県姫路市豊富町御陰字高丸 703 番地
設　立	1976 年 10 月 5 日
資本金	2,133 百万円（連結，2005 年 3 月 31 日現在）
代表者	代表取締役社長　田原廣哉
従業員数	541 名（連結，2005 年 3 月現在）
事業内容	プロジェクター用・ランプ式リヤプロ TV 用ランプ，および一般照明用・自動車用ハロゲン・ランプの，製造・販売
年　商	5,943 百万円（連結，2003 年 3 月期） 6,571 百万円（同，2004 年 3 月期） 11,051 百万円（同，2005 年 3 月期）

（出所）　フェニックス電機株式会社ホームページ（http://www.phoenix-elec.co.jp）より，筆者作成。

え，経営幹部の主導する形で中期経営計画が作成された。そして，計画において最も重大な意思決定が，主力製品の変更であった。主力製品を，それまでのハロゲン・ランプからプロジェクター用ランプに変更したのである。このことは，当時プロジェクターの需要が大きく伸びたことも幸いして，功を奏する結果となった。こうして，フェニックス電機は 2002 年に再上場を果たし，事実上の企業再建を成し遂げたのである。また，2005 年には，再建請負人の斉藤は会長職となり，斉藤とともに再建にあたった経営幹部の 1 人である田原廣哉が社長となって事業を継承した。

3　事 例 分 析

3-1　語りの類型化

第 8 章および前章の事例研究に引き続き，本章においても，フォロワーのリーダーシップにまつわる語りを抽出し，その類型化を試みる。これまでと同様に，フォロワーがどのような点にリーダーシップを認知したのかを意味解釈し，どういった要因がフォロワーのリーダーシップ認知に影響を与えたのかという観点から，語りを類型化していく。

表 10-5 フェニックス電機の再建プロセスにおけるフォロワーの語りの類型化

出来事	カテゴリー	語りの内容	語り手	教訓
組織の立て直し	開眼	ISO9001の認証取得とERPシステムの導入によって組織構造の変革を促す	T氏 Y氏 N氏 O氏 L氏	権限・責任関係の明確化および情報共有の重要さを認識
中期経営計画の策定	開眼	経営幹部主導で中期経営計画を策定	T氏 Y氏 O氏	経営に積極的にコミットできる機会，自分たちで考えることの意義を理解
主力製品の変更	開眼	ハロゲン・ランプからプロジェクター用ランプに主力製品を変更	T氏 N氏 O氏	再建後の方向性を得心
生産ラインの公開	開眼	業界のタブーであった生産ラインの公開に踏み切る	N氏 T氏 O氏	経営をオープンにする意義を理解
創業者のカリスマ的リーダーシップ	――	創業者がカリスマ的リーダーからワンマン経営者へ変貌する	O氏 Y氏 T氏	――

　フォロワーのインタビューから抽出されて類型化の対象となった，リーダーシップにまつわる語りは，表10-5のように整理される。

　フェニックス電機の再建事例において，フォロワーが斉藤のリーダーシップを認知した出来事として語ったのは，「組織の立て直し」「中期経営計画の策定」「主力製品の変更」「生産ラインの公開」という4つである。また，これ以外にフォロワーから得られた語りに，「創業者のカリスマ的リーダーシップ」という出来事があった。ただし，以下でも述べるが，これらを語ったのは経営幹部およびミドル・マネジャーのフォロワーであった。対照的に，現場リーダーのフォロワーは，これらをリーダーシップを認知した出来事として語ることはなく，上の階層から下りてきたために従った指針としか認識していなかった。

　何にもせよ，リーダーシップの語りとして抽出された上記4つの出来事を，フォロワーがどのような点をリーダーシップと認めたのかという観点から類型化したところ，カテゴリーはすべて「開眼」(enlightenment) となった。開眼の語りは，第8章のE社電機部門人事部の事例にもよく見られたが，ある出来事におけるこれまでにない体験を通じて得た新たな知見が，その後の活動に大きく影響した場合に，リーダーシップを認知するというものである。

さらに，本事例における語りに関して特徴的であったことを，以下の4点にまとめておこう。

　第1に，第9章の「アリセプト®」探索研究チームの事例と同様に，複数のフォロワー，しかもほぼ共通のメンバーによって，語りが共有されていたということである。そのメンバーというのが，斉藤社長のもとで中心的に再建に携わった経営幹部たちなのである。

　特徴の第2は，開眼の語りの語り手が，上述の通り，フェニックス電機倒産後も同社に残留した経営幹部たちで，いずれもそれなりの仕事経験を有していたというところである。これは，第8章のE社の事例において，20代で仕事経験の浅い若手社員たちが，仕事経験そのものとして，あるいは仕事に対する考え方に影響を受けていたのとは，異なる点である。その理由として考えられるのは，本事例の語り手である経営幹部たちが，ワンマン創業者のもとで，ひたすら受動的についていく仕事経験しか持っていなかったことである。そうした者たちにとって，斉藤の言動はそれまでのリーダーとは別次元のものに映り，それが目から鱗が落ちるような経験だったがゆえに，開眼の語りとして生成したのではないだろうか。

　第3は，斉藤のリーダーシップとの対比で，創業者のリーダーシップの成否が語られているところである。フェニックス電機の創業者は，破竹の勢いで事業を成長させたが，環境変化により当初のビジネス・モデルが機能しなくなった状況を打開できずに，やがて倒産という結末を招いた。本事例のフォロワーたちは，この創業者のカリスマ的なリーダーシップとワンマン経営による破綻についても語っている。

　第4は，現場リーダー・クラスの社員たちからは，斉藤のリーダーシップを認めたという語りが得られなかったということである。彼らの語りは，新たな方針に基づいて事業を遂行した，すなわち新たなマネジメント・スタイルに適応したということに終始した。たしかに，現場リーダーたちに斉藤と直接的に接する機会はなく，両者の相互作用は，指示として下りてきた内容に基づく間接的なものであった。間接的な相互作用においてもリーダーシップを認知することは不可能ではないのだが，本事例の現場リーダーの語りからは，それは得られなかった。

3–2　開眼の語り

3–2–1　「組織の立て直し」にまつわる語り

(1)　経営幹部およびミドル・マネジャーによる語りの意味解釈

フェニックス電機再建の第一歩として，まず斉藤が目指したことは，ISO9001 の認証を取得することであった。経営幹部たちはそれが再建と関係あるとは思えずに戸惑ったが，倒産によってそれまでの価値観が否定された状況にあったこともあり，方針を受けいれざるをえなかったのだという。

> 倒産前は，営業は注文とってきたら生産管理に投げるだけ。それを前の社長が，目を通さないと気が済まない人だったから，机の上に注文書が溜まっていくの。社風は，まあWさんのワンマン経営やったから，Wさんがこういう方針を出したら，「そうですか」とついていくだけの会社だったね。（経営幹部T氏）

倒産前のフェニックス電機は，創業者W氏のワンマン経営のもとにあり，すべての意思決定がW氏によってなされ，経営幹部であろうとミドル・マネジャーであろうと社員はその指示に忠実に従っているという体制であった。
　斉藤がISO9001の認証取得を目指した背景には，この体制の打開策を求めていたことがあった。ISO9001の認証を取得するには，組織内の情報処理および情報共有の方法が標準化され，業務が効率的に処理されているかを第三者が客観的に認証しなければならないため，ワンマン体制が前提となっている組織構造を再構築する手段として有効だったのである。経営幹部のT氏は，斉藤がISO9001を導入した当時の状況を，以下のように語っている。

> 最初にいったのはね，ISOとりなさいという話。まずね。要するに，会社が潰れてしまって，誰がどの権限をもって開発している，生産している，客と交渉している，（といったことが）もう訳わからん。個人の裁量でやっているだけやと。こんなんやったら，集中も選択もできひんと。（経営幹部T氏）

T氏の語りは，当時の同社における権限と責任の曖昧さを物語るものである。

T氏は，権限と責任の曖昧さによる弊害が出た具体例として，以下のようなエピソードを語っている。

> クレーム1個発生したときに，品証（品質保証部）が相手しているのか，技術（技術部）が相手しているのか，製造（製造部）が相手しているのかわからへん。「こんなクレームが出るのは，技術が悪いからや，設計が悪いからやって品証がいっている」と。「誰が責任持ってそれを解決するのかわからへん」そういう状態に最初なってしまっていたのです。（経営幹部T氏）

T氏によれば，倒産前のフェニックス電機では，組織内の部門間で権限と責任の関係が不明確で，問題が発生した際の責任の所在をめぐり頻繁に対立が生じていたのだという。このように組織内の権限と責任の規定が曖昧であったのは，創業者W氏のワンマン経営に由来すると推察される。

また，対立は，組織として問題解決にあたるべき各部門が，互いに責任をなすりつけ合うという状態にまで至っていた。これでは，何らかの問題が発生したときに，組織的な問題解決ができない。こうした状態を招いたのは，同社に，情報を共有して組織的に学習するという習慣が欠如していたからだと考えられる。営業部長Y氏が語った以下の出来事が，組織的な情報共有の不徹底さを象徴しているといえよう。

> やっぱり，今までそういう書類の整理というのは，きちっきちっとできてないのですね。たとえば，Aさん，Bさん，Cさん，それぞれファイリングするシステムが違うのですよね。（営業部長Y氏）

書類の整理は，情報を処理するための基本的な活動であり，組織であればファイリングの方式は標準化されていてしかるべきであるが，倒産前のフェニックス電機ではそれが個人任せになっていた。情報処理が個人単位で行われているとなると，共有すべき情報が必ずしも共有されていない可能性も出てくる。そして，情報の共有度が低ければ，組織的な学習も限定的なものとなってしまう。経営幹部のN氏の語りが，この点を如実に表している。

> 1つはお互いがお互いにその問題点を問題点として，どれだけの問題かという認識がなかったという点もあるかもしれませんね，1つは。この人はこういう問題が起きたことを知っているわけですよね。で，改善に至ったと。でも，「この

問題がどんだけの影響を持っておったのや」と，事業としてね。という認識が欠けている。もちろん，これを起こした人間を見ている上司も，悪いわけですけど。上司もそれを管理に，「こういう問題があった」ということで問題認識を植えつけなかったというのはあるでしょうね。そこで，完結したということです。「はい，よかった，よかった」とこれで終わっちゃうわけですよね。(経営幹部 N 氏)

ここから，倒産前のフェニックス電機では，何か問題が発生しても，個人レベルで解決されるのみで，そこから教訓を得ることができていなかったということがわかる。部下も上司には報告していたであろうが，それ以上に問題解決に関する情報が組織として共有されることはなく，組織的な学習にもつながっていなかった。それゆえ，個人では処理しきれないような大きな問題が発生すると，T 氏の語りにもあったように責任転嫁するばかりといった状況に陥っていた。そうした状況から脱却するために，業務手続きの標準化が要求される ISO9001 の認証取得を目指すことは，有効な手段と考えられたのである。

しかし，このような問題を抱えたフェニックス電機において，ISO9001 の認証取得を目指すという動きに関し，経営幹部は当初，戸惑いを覚えたという。自身も経営幹部であった T 氏は，ISO9001 の認証取得をめぐる斉藤と経営幹部のやりとりを，以下のように語った。

「うちのランプが品質悪いのはようわかっている。今さら品質管理ですか」と。「今日，何本売るの（かということ）がメインじゃないのですか」と思ったけど。社長が，「違うんや」と。「誰がどんな権限で何をしてるのかわからんから，1 本マネジメント・システムを入れなあかんねん」と。「ああ，そうですか，そういう意味ですか」と。品質管理システムと思っているから，ああいう装置は。品質管理システムなんだけども，その通りやれば品質はようなるはずやねん，逆にいうたらな。うちの会社が何本できてわかってお客さんの注文とるわけですから，納期遅れが出るはずがないねん。トラブルがない限り。うちの会社が月々 1000 本しかできねえのに，1 万本ちゅうのをとってきて「明日，納期です」といったら，お客怒り出すわな。そうするなと。だから，「そのシステムを入れなさい」というから，「ああ，そうですか」と。(経営幹部 T 氏)

業績を決定づけるのは品質管理ではなく売り上げであると考え，したがっていかに売り上げを上げるのかに固執していた経営幹部は，単なる品質管理のシステ

ムにすぎないと思っていた ISO9001 の認証取得をなぜ目指す必要があるのか，はじめは理解できなかったのである．それに対して斉藤は，フェニックス電機を倒産に至らしめた諸問題はマネジメント・システムに起因するものであると，経営幹部を諭したわけである．すなわち，組織内の権限と責任が不明確であるから，誰が何をしているのかという情報が共有されず，それゆえに組織の各階層へ正確な経営情報が行きわたらなくなり，結果として品質の低下や納期の遅れが発生し，顧客との関係が悪化して倒産に至ったのだというのが，斉藤の考えであった．それには経営幹部も納得をしたのである．

そうして取り組まれた ISO9001 の認証取得に向けた活動によって，曖昧だった組織内の権限と責任は明確化され，業務遂行の方法が標準化され，その結果，効率的組織活動ができるようになった．そして，これら一連の出来事により，経営幹部の意識もまた，大きく変化することとなった．

> （斉藤社長のことは）ようわからんけども，まあ H 社ですべての業務をやった人．H 社で営業だけやった人とか財務だけやった人じゃなかった．1 人で入ってきたわけやから．「まあ，そこそこの人物やろう」とね．で，「ISO とりなさい」と．「この意味は，こういう意味や」と．「ああ，なるほどな」と．そういう考え方があるのかと．そんなこという経営者は，今までなかったなあと思ったね．
> （経営幹部 T 氏）

一方，同じく経営幹部であった N 氏にもまた，フェニックス電機が新たな組織として再生できるのではないかという意識の変化が訪れていた．以下のように，N 氏も，T 氏と同様に，ISO9001 の認証取得を目指したことで，個人単位の情報所有ではなく組織的な情報共有によって問題を解決できる体制が整ったことを語っている．

> 何で ISO やるのかと思った時期もあったのですけれども，ISO を入れたことによって，「ああ，そうなんか」と．今までは，喉もと過ぎれば熱さ忘れるというところがやはりあったなと．ある人は知っていて，ある人は知らないと．この人が失敗しないけど，この人が失敗する．そういう意識が，なかったですよね．ところが，倒産後というのは，当然 ISO を入れたことの効果もありますし，怒られながらもね，「こうせなあかんのや」という知識もついて，「いったん起きた問題を今後にどう反映していくんや」と，ええ勉強材料になったなということで

す。(経営幹部 N 氏)

営業部門担当の経営幹部であった O 氏にも，T 氏・N 氏と同様，ISO9001 の認証取得を目指すことで組織的活動の効率化が実現した効果を認識し，心境の変化が訪れていた。O 氏の場合は，これに加え，顧客との関係において ISO9001 の認証取得を目指すことにメリットを感じていたというのが，営業部門担当としての独特の認識であったといえる。O 氏は，ISO9001 の認証を受けることが，組織構造を立て直すだけでなく，顧客からの信頼を得るのにも貢献していると実感し，斉藤のリーダーシップを認知したのである。

> ISO をとることによって，作業の標準化，業務処理の効率化とか，ましてや今大手であると ISO はおろかね，いろんなことの括りと規制がありますから，まあ，やっぱりそういったことについていかなくちゃいけない。だから，そんなことまで社長は読んで，こんな会社が潰れてお客さんをフォローしなくちゃいけないときにね（中略），後で見ると，「社長，そこまで読んでやっているのか」と。(経営幹部 O 氏)

営業部長の Y 氏も，ISO9001 の認証を取得しているかどうかで，顧客の反応が変化すると感じたことで，その方針を打ち出した斉藤のリーダーシップを認知したという点では，その上司の O 氏と同様であった。

> 1 つの ISO をとることによって，どこを切っても同じ仕事をやっている。同じようなシステムでファイリングができていくし，後から読み返しもできるし，規格，社内規格にもなりますね。とらないと，ISO9001 番持っとるか持ってないか，やっぱりお客さんの反応が違う。大手企業の場合はありますよね。変わってきます。全員が，そちらのほうへ向かいますね。(営業部長 Y 氏)

斉藤が打ち出した組織変革のための施策は，ISO9001 の認証取得だけではなかった。後にフェニックス電機の関連会社の社長に就任した L 氏は，ISO9001 とほぼ同時に導入された ERP システムによる組織構造の変化について語っている。

> 斉藤社長がやったのは ERP を入れられた。ERP の中でいわゆる分析機能をつけて，その分析機能は全員が見られるように。たとえば原価にしたって，全部が見られるような。情報の共有化だからね。それをまた分析，いかようにもこういうふうに分析できるようになっています。(関連会社社長 L 氏)

ERPシステムは，部門横断的に経営情報を共有することによって組織的な問題解決を促す支援ツールである．L氏は，ERPシステムの導入で，実際にも情報の共有化が進み，経営状態を組織的に分析できるメリットを実感したことによる，意識の変化を語っているのである．

> 情報の共有化，もう名前のごとくで，たとえば月次なら，月次っていうものはオープンですわな．私もやろうとしてて，営業会議をやったら営業会議の議事録から何から，全部みんな見られるようにオープンにしてあります．必要な情報は，（中略）全部全員のところから見られるようになっています．（関連会社社長L氏）

これは，L氏が，自らが率いる関連会社での取り組みを語った部分である．L氏は，ERPシステムの導入に代表される斉藤による一連の組織の変革の体験，とりわけ社内の情報共有化を，関連会社の社長として実践していた．ここから，斉藤がフェニックス電機再建の手始めとして実施した組織構造の変革は，フォロワーであった経営幹部を中心とした社員に成功体験として根づき，そこから得た教訓はその後の活動にも活かされていることが窺えるのである．

(2) 斉藤の語りの意味解釈

片や斉藤は，ISO9001の認証取得とERPシステムの導入という2つの施策の意図を，どのように認識していたのであろうか．倒産直後のフェニックス電機の組織について，斉藤は以下のように語っている．

> 組織として機能してなかったですよね．やはり，もうそのワンマン経営ですべて社長が決めると．みないわれたことをいわれた通りやってるだけのことでね．（組織としての機能が）もともとなかったところにね，やはり倒産きっかけにバラバラになっていたからね．（斉藤）

すなわち，当時のフェニックス電機は，ワンマン体制の負の遺産とでもいうべき創業者の意向に従うだけのフォロワーばかりの組織だったところへ，倒産をきっかけにリーダー不在となったことで，ますますまとまりを欠いた集団になってしまっていたのである．このような現状を打開するには，思い切った組織構造の変革が必要であると斉藤は考えた．

何事にもやっぱり事業には人なのですけどね。人をまとめるのが組織ですよね。とくに方向が定まらん，自信なくして右往左往している中でね，やはり立て直していくには，もう1回組織を再構築せないかんと。その中で，みなのやる気を出してね，方向を定めねばという思いで，ISOで（組織を）横に串刺しをし，そのERPで（組織を）縦に串刺して科学的な運営をする，まあそういう発想だったのですよね。（斉藤）

ここで組織を「横に串刺し」するというのは，ISO9001の認証取得を通じ，組織内の各部門およびメンバーの権限と責任を明確化し，メンバー間で情報を共有して，組織としての基本的な機能を根づかせようとした取り組みを指している。一方，組織を「縦に串刺し」するというのは，ERPシステムの導入によって，組織階層にも経営情報の効率的な伝達経路を整備したことを指している。そして，これらが，組織のメンバーの役割意識を再定義するということにもつながった。

この語りの中で，斉藤は直接リーダーシップへ言及してはいないが，「みなのやる気を出してね，方向を定めねばという思いで」との発言は，方向性を指示してフォロワーの自発的な意識の変化を促すというリーダーシップの特性と一致するものである。したがって，斉藤の語りを意味解釈すると，ISO9001の認証取得とERPシステムの導入は，リーダーシップを発揮する意図をもって実行されたということになる。

ただ，斉藤にはリーダーシップを発揮する意図があったとはいえ，これら一連の施策がトップダウンで実行されたことには留意が必要である。トップダウンは，フォロワーの自発的な意識の変化を促すというリーダーシップの本来の意味合いからすれば，必ずしも得策とはいえないからである。にもかかわらずそうした背後には，斉藤の確かな目算を見て取ることができる。

斉藤は，ISO9001の認証取得とERPシステム導入が組織活動を活性化させるための最適な方法であり，これらの成果が短期間のうちに現れ，フォロワーの意識が変わることを明確に予測していたため，トップダウンでの導入に踏み切ることができたのであろう。

現に，これらの施策によって組織効率が改善したために，経営幹部を中心としたフォロワーの語りにも見られたように，彼らの組織に対する意識の変化が促され，結果として斉藤に対する信頼が芽生えたのである。

(3)　「組織の立て直し」にまつわる語りの意味解釈のまとめ

　ここでは，「組織の立て直し」にまつわる経営幹部およびミドル・マネジャーのフォロワーの語りを意味解釈し，それをもとに再構成した語りのプロットを検討して，この出来事におけるリーダーシップについて考察する。フォロワーの語りのプロットを再構成すると，図10-1のようになる。

　すでに見てきた通り，倒産前のフェニックス電機においては，ワンマン経営のもと，すべての意思決定が創業者に委ねられていた。それゆえに，組織として基本的な活動である，権限と責任の明確化や情報管理の標準化ができていなかった。しかし，倒産によって創業者は退場してしまい，ワンマン経営者のいう通りについてきたフォロワーたちだけが残ったという状況にあった。

　そこへ再建請負人として赴任した斉藤は，トップダウンで，ISO9001の認証取得を目指すこととERPシステムを導入することを決定した。経営幹部およびミドル・マネジャーのフォロワーは，当初，そのことに戸惑うが，それによって実際に組織活動が活性化し，業務効率も改善されていったために，成果を実感する。こうして，フォロワーの経営幹部および一部のミドル・マネジャーは，それまでは経験したことのなかった組織活動の基本を理解するきっかけを与えてくれた斉藤に，開眼のリーダーシップを認知したのである。

図10-1　再構成した経営幹部およびミドル・マネジャーのフォロワーの語りのプロット

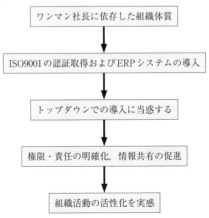

図10-2 斉藤の語りのプロット

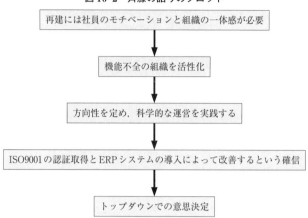

一方,経営幹部およびミドル・マネジャーのフォロワーの語りに対する斉藤の語りを再構成すると,図10-2のようになる。

斉藤は,フェニックス電機の再建のためには,社員のモチベーションを上げ,組織としての一体感を醸成することが不可欠であると認識していた。そのためには,ワンマン経営者に依存して機能不全に陥っていた組織の体質を根本的に改める必要があった。具体的には,組織内の権限と責任の関係の明確化や効率的な業務運営体制の構築である。

その手段として斉藤は,ISO9001の認証取得とERPシステムの導入を決定した。斉藤は,これによって組織の機能不全が解消されれば,その成功体験によって社員のモチベーションが上がると確信しており,また,その成果は短期間で出るであろうと予測していた。したがって,この意思決定によってフォロワーの反発を買うリスクは少ないと判断し,トップダウンで迅速に遂行した。そして実際にも,フォロワーの語りに見られたように,短期間で組織効率が改善したのを実感したフォロワーは,斉藤への信頼感を強め,再建に向けて前向きな意識を持つようになっていったのである。

3-2-2 「中期経営計画の策定」にまつわる語り

(1) 経営幹部およびミドル・マネジャーの語りの意味解釈

　上述の組織構造の変革に向けた取り組みが動き始めた後に斉藤が手がけたのが，1999 年度から 2001 年度まで 3 カ年の中期経営計画の策定であった。策定は，1998 年の 1 年間をかけて行われ，取締役・部長・次長全員の参加が義務づけられた。このプロセスにおいて，斉藤は陣頭指揮をとらず，経営幹部およびミドル・マネジャーが中心となって策定していく方式がとられた。ところが，当時の経営幹部とミドル・マネジャーには，このような経験がまったくなかったのである。

　つまり，それまでは創業者 W 氏のワンマン経営しか知らなかった経営幹部やミドル・マネジャーたちは，この中期経営計画の策定によって，はじめて経営へ主体的にかかわることになったのである。計画の策定は，倒産に至った事実認識の共有から始まった。

> 　中期計画というのを 1 年かけてつくりあげたというのは，各部署の課長以上が集まって，「今何が問題なのですか，なぜ，悪いのですか，それをはっきりしなさい」とまとめたのが中期計画。で，それをオープンのもとでやったと。現状認識，事実認識をやったの。社長が今から会社をこうするというのと次部長クラスがやろうとしていることが合うかと。「合うまでやりましょ」というのが中期計画。(経営幹部 T 氏)

> 　ともかく現状認識と。ええ。現状認識をして，何がフェニックスに足りないのか，問題なのかと。まあ，ファクトブックというのをよくつくらされました。それでもって，「今後のマーケットを予想はどうだ」と。個々のアイデアに対して。たとえば，ハロゲン・ランプのハロゲンと。そういったところから，足りないところをどう補って，どうやっていくのと。あるいは，まあ今まで生産一辺倒の，まあ「つくれば売れる」という時代のところからフェニックスはスタートしていますから。(中略) それから，やはりいかに関連部門との連携をとりながら 1 つの商品をつくり，あるいは 1 つの取り組みをしていくかと。(経営幹部 O 氏)

　すなわち，まずは倒産に至った現状に対する認識を，経営幹部ならびにミドル・マネジャーの間で総括し，共通の認識をもって再建にあたることが確認され

たのである。このような，組織の各部門を横断して全員で経営課題を認識する機会の設定は，組織内の情報共有を促進する効果を期待した，前述の ISO9001 の認証取得や ERP システムの導入とも連動した取り組みであった。したがって，ISO9001 と ERP システムが制度的あるいは構造的に情報共有を促す，いわばハード面での取り組みであったとすれば，中期経営計画の策定において経営幹部とミドル・マネジャーが現状認識について議論したことは，直接相対して意見を述べ合い，互いの認識を深めていくという，いわばソフト面での情報共有を促進する取り組みであったといえる。

しかし，中期経営計画の策定に参加したミドル・マネジャーであった営業部長のＹ氏は，それまで，経営計画を立てた経験はおろか，部門横断的に重要な経営事項を決定するような会議を催したこともなかったという。

> 当然，抵抗ありますよ。だって，今までそんな計画やったことないのに。たとえば売り上げがね，20 億（円）から 30 億，30 億から 40 億，40 億 50 億（に）なるわけないと。みな，半信半疑でトライしてきたと思うのです，中期経営計画をね。店頭市場登録なんて「ほんまに，できんのかいな」という認識のもとに「やらな，あかんねや」というところで，半信半疑だったと思いますね。（営業部長Ｙ氏）

このように，中期経営計画の策定という未体験の活動は，参加を戸惑わせるものだったのである。Ｙ氏にすれば，一度倒産した会社が計画通りに再建できるかどうか半信半疑であったため，計画策定への参画にも抵抗感を抱いたわけである。

ところが，いざ経営幹部をはじめとする中心的な社員が集まって倒産に至るまでの事実認識を互いにぶつけ合ってみると，その場はそれまでの意識を変える格好の機会となったようである。

> 中期経営計画の中で私が一番感じたのが，各部門の問題，たとえば，営業なら営業が何を問題視しているかというのが洗いざらい発言できたし，立場，立場によってどういう問題を抱えているのかが明確化されたことです。（営業部長Ｙ氏）

当初は戸惑っていたＹ氏も，実際に部門横断的に話し合う機会を持ってみると，自らの部門の問題点を発信し，他部門が抱える問題も知ることができたため，

3 事例分析

その有効性を認識していった。Y氏は，中期経営計画の策定を経験したことによる意識の変化を，以下のように語っている。

> 社員の目指す方向をはっきりと提示して，どういう運営を今この会社がしているのだというのを社員全員がわかるようなシステム（にしようと,）そういう経営ですね。会社が，儲かっているのか，儲かっていないのか。目標が変わっていくわけですけど。たとえば，3年計画があれば計画の方向に向かうのですけど，その出入り，順調に行ってるのか，行ってないのかというのが，みながわかっているかどうか。わからしめているかどうか。それによって，働いている者が喜びも感じます。苦しいときは，「がんばらなあかんぞ」という励みにもなります。そういうとこじゃないですかね。それを，中期経営に盛り込んでるし，社の方針にも打ち出してますね。そういうところで，社員もがんばれるんじゃないですか。そんな気がしますね。（営業部長Y氏）

ここでY氏は，中期経営計画の策定を通じて，経営とは，倒産前のように半ば場当たり的に目標が設定されるものではなく，社員全員が目標を共有し状況も把握しているべきものなのだという認識を得たといっているのである。ここではまた，計画を立てることで経営状態の善し悪しが判断できるようになれば，それはモチベーションの源泉になるという教訓も述べられている。

Y氏の上司であった営業部門担当経営幹部のO氏は，中期経営計画の策定を以下のように振り返った。

> 今はね，やっぱり，今はというか，そのやっぱり利益重視というかね，工場も新しいもの，新しい志向のものをね，他社と違うデザイン，品質レベルのものをね，やっぱり，つくっていこうという意識がどんどん出てきていますし。まあ，つくるほうもね，それなりのコストダウンというか，そういった取り組みもすごい積極的ですし。営業のほうもね，やっぱりそういう意識の中でやはりいい形で商売をさしていただくというのですかね。まあ，そういうところが強くなってきますよね。（経営幹部O氏）

このようにO氏は，中期経営計画の策定を通じて，倒産前の，大量生産したハロゲン・ランプを薄利多売でとにかく販売するという創業者の意向についていくだけの発想から，利益重視の発想に基づいた他社との差別化・品質管理・コストダウンへと，自身も含めてフェニックス電機の社員全員が意識を転換させてい

ったのだという認識を示している。

　さらに，経営幹部のT氏の語りでは，隠し立てをせず，腹を割って，オープンな議論ができていたということが強調されていた。

> 　たぶんね，腹割って話をしようとか，腹割って何かしようとするときは，オープンやないと話はできないじゃないですか。会議の席でいいことばっかりいう奴が集まって会議していても，「本当に，それそうなの」というときになったら，「いや，本当は僕はしたくないから」と別のことされても困るからね。だから，腹割って話すときは，全部オープンで。「きっちり，結果出るまで話をしようよ」というのが一番ね。社長がH社で何があったかしらんけど，大きな会社になるといいことばっかりいうて，実際には別の仕事をしていて，いかに楽して仕事をするのかを考えている人たちが多いと思うね。そういう人を見ているからかもね。（経営幹部T氏）

　この語りから読み取れるのは，中期経営計画の策定に関する議論をオープンな形で行うことで，各々の経営幹部がフェニックス電機の再建に積極的にコミットすることを促されていたのだということである。このようなプロセスを経て中期経営計画がまとまったことを振り返り，T氏は以下のように語っている。

> 　最終的には，（各部門の意見は）合ったけどな。資源の選択と集中をしないとそんなに優秀な技術があるわけじゃないし，優秀な人間が山ほどいるわけじゃないから，あれもこれも全部やるというわけにはいかんですよね。それを，集中させなきゃいかんということを社長は考えていたのでしょうね。（経営幹部T氏）

(2) 斉藤の語りの意味解釈

　経営幹部間の意見交換の場を設けることは，斉藤がフェニックス電機の再建のために必要と考えていたことの1つであったという。

> 　要するに，その，会社であるからいろんなファンクションがあるわけですよね。開発したり，ものつくったり，売ったりね。これが，やはり横にはつながってないのですよね，そこ（当時のフェニックス電機）は。組織としてつながってないのですよね，そこは。そうしたら，全部バラバラにいうてることをそれぞれの分野がやってるだけでね。ここはおそらくね，会議もなかったんと違うかな。だっ

て，会議やるいうたら，そのいろんなファンクションの人が集まってね，あのう，意見をつなぐ，戦わせる場も（それまでは）なかったもんね，うん。（斉藤）

　このように，斉藤は，部門間のつながりが希薄であるということを，フェニックス電機の抱える組織的な問題点と認識していた。しかも同社では，創業者のワンマン経営体制のために，各部門で経営に関する意見を交換することもままならなかったのである。

　そこで斉藤は，中期経営計画を策定する前段階として，経営幹部が徹底的に議論し，倒産に至るまでの経緯と現状を総括することが必要であると判断する。そうすることで，幹部間のみならず部門間の障壁を取り除き，全社的視点に基づいた経営に対する共通認識を持つよう，意識の変革を促した。

　また，計画策定のプロセスも，斉藤の陣頭指揮ではなく，経営幹部が自主的に複数回のミーティングや合宿を重ねることで進められていった。しかし斉藤は，倒産の一端を担った経営幹部たちに再建計画立案のすべてを任せたわけではない。斉藤は，じつは，裁判所へ提出する更生計画案はすでに作成していた。それでも私案を押しつけようとはせず，経営幹部にも自分たちで考え抜いたアイデアをつくらせ，両者をすり合わせることによって中期経営計画を策定しようとした。

　　みんなは何回も合宿やって，ミーティングをやってつくったと思っているけども，骨組みはこっちが誘導したといえば変ですが，1年かけなくても同じものはできるのです。ただね，みながその中で問題意識を共有して，課題を共有して，どうしようかということを共有することが大事なのです。出てくる中身とか数字はね，途中でちょちょと軌道修正すれば同じものになるじゃないですか。だから中期の計画をつくることが目的じゃなくて，その中でみなが問題意識を共有し，夢を共有すると，そのためにつくったのです。（斉藤）

　斉藤によれば，中期経営計画の策定には，フェニックス電機が直面している問題点および課題と，今後どのように事業を展開すれば再建ができるのかという目標を，経営幹部と共有する意図があったのだという。

　　組織的に動かない限り，みなが同じ方向に向かってね，共通の目標でね，向かってね，その連携できませんよね。たとえば，商品絞るいうても（中略）今までとは全然違った新しいジャンルですよね。大量生産から少量生産，多品少量生産

のほうにね，つくるのでしょ。新しい製品は，そういう製品ですよね。そこでね，開発の仕方も売り方もね，もののつくり方も生産管理もみなすべてが変わらないかんわけですね。そのときに，やはりそういう同じような方向向いてやろう思うとね，やはり，みなお互いがそれを理解し合ってね。バラバラにそれぞれがええことやっても何もよくならない。それをただ影響し合って支援してフィットしていかないかんわけでしょ。そういう体制をつくるには，やはり組織の立て直しから必要やったと。

　全部でね，そういう議論の中からまとめ上げた中期計画の完成というのがね，1つその答えですよね。今まで事業計画すらなかったね。月次もなかったね。そういう中で，その3年間のね，事業計画をつくるのは大変なことなんですよね。それも自主的にみなにつくらせたわけやけどね。それをつくろうと思うと，その営業が生産のこともわからなあかんしね。みながつながらんとそういうものは，でき上がらないわけですからね。それが完成した時点で，まあ組織的に動き出したという。（斉藤）

　この語りから，幹部間で課題を共有して今後の方向性をまとめることには，経営幹部の戦略構築能力を養う狙いもあったことが窺える。中期経営計画の策定をめぐって，ワンマン創業者のカリスマ的リーダーシップを受動的に受けいれてきた経営幹部たちは，目標を共有して再建へ積極的に関与し，リーダーシップも能動的に受けいれていくように仕向けられた。これはすなわち，中期経営計画の策定プロセスへ積極的にコミットさせることで，経営幹部が，ただ命令に従うだけでなく，再建を自身の問題と捉え，変わらなければならないという意識を共有することを，斉藤は何より重要と考えていたということなのである。

　　最終的にはいかに自主性を発揮できるようにするかをポイントにしてね，任したりコントロールしたりしないと。コントロールが多くなると，自主性を発揮できないし。何もかも自分らでやれいうとったら，今度はまた別の問題が出るし。その辺のバランスやと思うね。（斉藤）

　「中期経営計画の策定」は，フォロワーの経営幹部にとって，フェニックス電機の企業再建とは何かについての価値観を共有し，自分たちも積極的なコミットメントが促されるという，それまでのワンマンとは異なるタイプのリーダーシップを示された出来事であったといえよう。

(3) 「中期経営計画の策定」にまつわる語りのまとめ

ここでは，「中期経営計画の策定」にまつわるフォロワーの語りを意味解釈した結果をもとに再構成した語りのプロットを検討し，この出来事におけるリーダーシップについて考察する。フォロワーの語りのプロットを再構成すると，図10-3のようになる。

すなわち，フォロワーである経営幹部およびミドル・マネジャーにとって，中期経営計画の策定プロセスは，はじめて部門間の壁を越えてコミュニケーションをとり，自社の現状に対する認識と今後の展望について徹底的に討議する時間となった。そのことで，それまで創業者についていくだけだったフォロワーが，当事者意識をもって経営に携わるという経験を得た。結果，利益を出すにはどのようにして資源の選択と集中を行うべきかという戦略的思考を身につけ，実践するための機会ともなった。

一方，リーダーの斉藤による「中期経営計画の策定」にまつわる語りの内容を再構成すると，図10-4のようになる。

斉藤は，フェニックス電機の再建・維持発展のためには，後継者となる経営幹部やミドル・マネジャーに，方向性を示して自主的に組織を動かしていく経験を積ませなければならないと考えていた。そのための機会として，中期経営計画の

図10-3 経営幹部およびミドル・マネジャーのフォロワーの語りのプロット

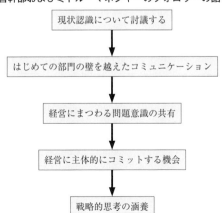

図10-4 斉藤の語りのプロット

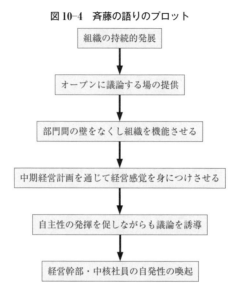

策定という場を設け、トップダウンではなくフォロワー主導で実施させた。ただ、フォロワー主導とはいえ、そのプロセスにおいて斉藤は、自らの腹案へと議論をうまく誘導していた。

かといって、それが、斉藤が自らの意図を反映させるだけのプロセスだったというのはあたらない。経営幹部やミドル・マネジャーにとっては、経営計画の策定自体がはじめての体験であったのだから、サポートもなく、それもいきなり企業再建計画を立案するのは、事実上不可能であったろう。しかし、そういう状況にあっても、トップダウンではなく対話を通じて計画策定をサポートするという遠回りをあえてしたのには、フォロワーの教育という意図が存在したのである。

3-2-3 「主力製品の変更」にまつわる語り

(1) 経営幹部の語りの意味解釈

斉藤は就任当初、既存の主力事業であったハロゲン・ランプの売れ筋商品に絞って生産・販売を行い、経営の立て直しの第一歩を踏み出したが、それだけでは満足しなかった。というのも、ハロゲン・ランプは成熟市場であったため、今後

の飛躍的な発展は望めなかったからである。そこで斉藤は，再建にあたって新たな主力製品の開発を企図する。斉藤が，中期経営計画においてハロゲン・ランプから新製品へと主力商品を移行する意向を示したときの模様を，経営幹部のT氏は以下のように振り返っていた。

> 「技術部，みな出てこい」と。「今，どんな開発やっとんじゃ」という話になるんですよね。「その中から夢のある製品を見つけろ」と。「とりあえずは，ハロゲン・ランプの売れ筋のものだけ残して商売やったらええ」と。「それでは，利益は少しだけしかでんやろ」と。「じゃあ，来年，再来年はどないすんねん」と。（経営幹部T氏）

そこで候補にあがったのが，従来の主力製品であるハロゲン・ランプをより高品質にしたもの，液晶テレビ用冷陰極放電灯，そしてプロジェクター用ランプの3つであった。

> 3つぐらい新製品らしきものは，あったのです。その1つが，ハロゲン・ランプの新製品。それは，量産ラインも目の前で調整している段階までいって（いた）。もう1種類が，液晶テレビの後ろにある細い蛍光灯，これを開発していました。そして，もう1個，プロジェクター用のランプの3つです。その3つの中でどれを選択するのかは，斉藤社長です。（経営幹部N氏）

上述のようにハロゲン・ランプ市場はすでに成熟しているという理由から，まず高品質のハロゲン・ランプが候補から脱落した。しかし，これを諦めることに関して，経営幹部の中には戸惑った者もいたという。

> われわれとしては，プロジェクター用のランプが売れるかどうかわかりませんでした。むしろ，ハロゲン・ランプのほうが，ラインもできているのになという思いもありました。（経営幹部N氏）

生産ラインはすでにできていたといっても，ハロゲン・ランプ市場がほぼ飽和状態にあったため，フェニックス電機が再び打って出るのに魅力的な市場であるとは，やはりいえなかった。

> ハロゲンの商売はというと，海外は駄目になった。どんどん落ちちゃっているのですね。年々年々。国内でもそんなステップアップで三段跳びはできないと。という状態ですわね。（経営幹部O氏）

したがって，経営幹部の中には，ハロゲン・ランプに固執することには限界があり，新製品開発をすべきだと考えている者もいた。たとえばＴ氏は，ハロゲン・ランプを主力製品から外すという斉藤の決断を歓迎した。

> たしかに，みんなそう思いますよ。電球の中にハロゲンを入れろという開発をしても，これは絶対勝てないと。(中略) それは，斉藤社長が来て捨ててくれといったので，ああよかったという気持ちだよね。(経営幹部Ｔ氏)

次に，液晶テレビ用冷陰極放電灯は，将来性からいえば有望な製品と目されたが，斉藤は，資金力が乏しく事業規模も小さいフェニックス電機が取り扱う商品ではないとして，これも却下した。

> 社長がなぜ冷陰極が駄目といってプロジェクターに決めたの(かについて)は，冷陰極は装置産業なんですよ。どういうことかというと，5億円で装置を買ってきて，それでつくればできちゃうわけです。「薄利多売の商品に手を出すのか，大きな相手を敵に回して商売するんか」と。「この会社で，体力があるのか，体力は，なかろう」。「ハロゲンは，もうええ」。「そうしたら，プロジェクターしかなかろう」ということです。(経営幹部Ｔ氏)

> われわれ，装置産業，(つまり) 機械をワンラインに入れて，1秒間になんぼできますかという，そんなところに投資したところでどうなるのか (やっていけないだろう)，というのは斉藤社長のご意見やったのです。そう説明されると，「なるほどな」と。(経営幹部Ｎ氏)

すなわち，液晶テレビ用の冷陰極放電灯を却下したのは，それが大型装置を導入すれば大量生産が可能な製品であったので，大手他社と競争になってしまえば中小企業のフェニックス電機には太刀打ちできないからであった。こうして，残ったプロジェクター用ランプを主力製品にすることとなったのである。

しかし，この決定に対し，経営幹部からは不安の声が上がった。なぜならば，プロジェクター用ランプは，倒産前から開発・販売をされていたが，不調に終わっていたからである。ただ，その当時，プロジェクターの主な用途はホーム・シアターであった。

> バブルが崩壊してしまって，プロジェクター (が) さーっと衰退していくのよ。

売れない。要するに，ホーム・シアターをつくるためのプロジェクターやったんやね。で，「折角つくったランプやけど，売れへん」という時期に会社が潰れたの。だから，プロジェクターを今からうちの柱にしようと思えへん，思わない。その前の経緯で。(経営幹部 T 氏)

このように，倒産前からプロジェクター用ランプ事業を営んでいたフェニックス電機は，バブル経済の崩壊によってプロジェクターそのものの需要が冷え込んでしまうという経験をしていたため，その将来性に疑念を抱かざるをえない状況にあった。しかし，同社は，同じく倒産前に，アメリカの大手プロジェクター・メーカーであるS社から，ビジネス向けのプロジェクターに関するオファーを受けていた。

ほんで，S社という会社は何やと。どんな会社やちゅうのがあって，プロジェクター・メーカーでは世界の大手やと。まあ，プロジェクターしかやってない会社。逆にいうたら，テレビとかそんなものやってなくて，プロジェクターだけ。そんな会社がやんの。そのとき，僕たち全然気がつかなかったけど，ホーム・シアターをつくるというコンセプトでは動いてはいないんですわ。日本の家電メーカー，O社も，R社もB社もみなホーム・シアターを，プロジェクターを使ったホーム・シアターをつくりますというコンセプトで動いていたのに対して，S社はビジネス・ツールとしてのプロジェクターやと。こうなっとるんですわ。(経営幹部 T 氏)

つまり，S社がターゲットにしていたプロジェクターの用途こそ，現在では主流となったプレゼンテーションだったのである。ただ，当時において，このことを認識するのはなかなか困難であったろう。

要するに，コンピューターがどんどん，どんどん普及してきて，ノート・パソコンの軽いやつができてきたときに，プレゼン用のツールとしてコンピュータとプロジェクターをセットにして会議システムをつくるんだと。このコンセプトは，日本にはなかったんやね。なかったし。アメリカしかないんちゃうか。だから，そのためのツールとしてのプロジェクターですよと。だから，全然違うんですわ。(経営幹部 T 氏)

無理からぬことであるが，ホーム・シアターをターゲットにプロジェクター用ランプを製造して挫折したフェニックス電機側も，S社の提案に対しては半信半

疑であった。

> S社から受注を受けて，商売し始めて，実際に月に1000万（円）なかったですからね。売り上げで。たしかに，あのときに損益分岐点が1億8000万ぐらいだったと思うのです。1億8000万のうちのわずか1000万，それも毎月あるわけじゃなくて，あったり，なかったりするわけですから，「そんなに大きな商売やないな」と。プロジェクター自身，そんなに過剰な評価をしていなかったですからね。「幻灯機のランプか」と。でも，まあこれで使ってもらえるということで，多少の救いはあるかなと。ただ，そのときにね，利益率はね，稼げたのでね。「利益率はたくさんあるな」と。「とれるな」という印象はありましたけどね。片や，ハロゲンのほうは，利益率は逆鞘になってましたからね。（経営幹部N氏）

このように，経営幹部がプロジェクター用ランプの将来性に疑問を持つ中，後述するように，プロジェクターは今後小型化していくであろうという斉藤の予測に基づいて打ち出された大胆な戦略が，付属部品のバラストを分離して販売するということだった。プロジェクターが小型化していくと，付属部品であるバラストのデザインがそのままでは不都合になってしまう。そこでバラストは切り離し，ランプのみを販売し，プロジェクターのメーカーにバラスト設計の自由を与える。そうすることによって，顧客であるプロジェクター・メーカーのニーズへ柔軟に対応でき，大手ランプ・メーカーとも差別化ができて，収益を上げられると考えたわけである。しかし，ランプ業界においては，経営幹部のN氏が以下で語っているような理由から，バラストを分離して販売することは非常識であると考えられていた。

> だって，売り上げ上げたいでしょ。セットで売ったほうが売り上げ上がるでしょ。ですから，売り上げ中心主義だったのですよ，業界全体が。要するに，自分のところでバラストつくらなくても，OEMでバラストを手に入れて，それをお客さんのところにセットで売る。薄利ですよね。でも，売り上げは上がるのです。（経営幹部N氏）

ここから，OEMによってでもバラストを調達してセット販売し，売上高を上

---

6 バラストとは，安定器のことを指す。安定器は，主として，ランプ電流を規定値に制限し，また，電源電圧を通常昇圧または始動装置（スターターなど）と組み合わせて放電始動に必要な状態（電圧など）を供給する機能を担っている（照明学会，1997，41頁）。

げることがランプ業界の常識であり，それを打ち破る上記のような発想は，フェニックス電機はおろか他企業にとっても思いもよらないことだったのがわかる。ただし，こうすると顧客であるプロジェクター・メーカーがバラストを自由に選べるようになるため，これはオープンな取引を志向する方針であるといえた。

> フェニックスは，オープンなんですよね，うちは。（標準的なバラスト提供元として）B社・C社があるのですけど，直近ですと，たとえばR社さんあたりは，その2つよりもE社のバラストを使いたいと。そうすると，われわれは別に制限，くくりをしているわけじゃないから，R社さんが使いたいならそこを使ってよろしいじゃないですかということまでありますよね。あるいは，プロジェクターのメーカーがバラストをつくりたいと。ということであれば，つくっても結構ですよと。もちろん，マッチングとかね，そういうのは協力してきますよと。ということで非常にオープンですよね。（経営幹部O氏）

プロジェクター用ランプ市場において，フェニックス電機は大手企業と競争していかなければならない状況にある。そこで生き残る術として打ち出されたバラストの分離販売は，プロジェクター・メーカーへのフレキシブルな製品提供を目指すことを意味していた。こうした主力製品の変更にまつわる意思決定に関し，経営幹部のT氏は以下のような教訓を語った。

> 僕，社長から学んだのは，経営資源をどうやって集中していって，成果に結びつけるのかというのは，常に考えるようになったと思うな。（経営幹部T氏）

この語りからは，中小企業のフェニックス電機がどのようにすれば限られた経営資源の中で大手企業と競争していけるのかということを，常に考えるように習慣づけられたという，意識の変化が窺えるのである。

> 斉藤社長の場合は，経営に絡めて，市場に絡めて，すべてをいわゆる総合した上での戦略，差別化ですよね。技術や開発の手法とかね，手順とかね，「こうせなあかん」ということで，制度を改善する。要するに設計情報を変えるとかね。いろんなトラブルを経験していきながら，今のところ至っているわけなのですけども。そのトラブルを経験しながらも，同じ経験をしても倒産後のスタンスというのは，変わったと思いますわ。要するに「どうせなあかんと」。（経営幹部N氏）

以上のN氏の語りから，斉藤によって差別化戦略の重要性を認識するように意識づけられたということがわかる。さらに注目すべきは，トラブルを経験したとしてもそれを通じて組織として次にどうするかを考えるべきという考え方で，これはすなわち経営に携わる意識が形成されたということであると理解できるのである。

> そういう面でやっぱり小さい会社でも，まあそれは営業，技術，品質保証，製造含めてね，トータル的に対応していけばね。まあ，そういうのは，一体感持って連携をしてなんていうのはね，当たり前のことですけれども。お客のわがままを聞くとかね，データはオープンにとかね，小回りを効かせるとかね。だから，そういう意識づけというのは，当たり前のことかもわからないですけれども，今までできてなかった。（経営幹部O氏）

このO氏の語りからは，組織の各部門が情報をオープンにして連帯感を持ち，顧客のニーズに細かく対応していくという意識を持つようになったということがわかる。

次で斉藤の語りを見ていくとわかるが，これらの経営幹部の語りは，いずれも，主力製品の変更に伴って斉藤がとったリーダーシップの真意を反映するものである。具体的には，中小規模のフェニックス電機が大手電機メーカーと互角に競争することはできないので，大手電機メーカーとの差別化を図った戦略を展開するように心がけなければならないこと。そのためには，組織の内外を問わず情報をオープンにして，組織内においては各部門が連携し，組織外では顧客から信頼を得る必要があること。こうした認識を持つように，意識が変化していったということなのである。

(2) 斉藤の語りの意味解釈

主力製品の変更は，経営幹部にとっては，これまでの考え方を抜本的に改める機会となり，結果的に斉藤のリーダーシップを認知した主要な出来事となった。一方，斉藤は，主力製品の変更に関していかなる意図を有していたのだろうか。まず，ハロゲン・ランプを主力製品から外すことについて，どのような認識に基づいて意思決定したのかを，以下のように語っている。

今までのやつをね，みなの思いはね，ずっとハロゲン・ランプやってて，まだ中国製品はその品質が悪いから負けへんとかね，みなそっちですよ。「中国製なんか，社長，安い半額でもやな，あんな製品の性能やったらね，まだがんばったらいける」とかね，「いや，うちの性能は悪いのは悪いけどね，これからしていったらJ社やQ社にも勝てる」とかね。私の思いは，「もう絶対駄目やと」。ハロゲン・ランプに固執しておる限りにね，絶対この工場，会社はもう1回潰れる。
　（中略）
　そら中国に勝てるはずないわね。コスト的にね。みなは中国の製品は性能が，品質が悪いから，まだ勝てるいうけどね，性能なんか上がってくるに決まっとるし，品質なんかも上がってくるに決まっとるしね。駄目なものは，駄目ですよね。
　（中略）
　安いという分野では，中国に勝てるはずないし。そりゃやっぱり事業の方向の見極めですよね。だから，それを新製品をやらん限りね，それはもう絶対駄目やと。（斉藤）

　斉藤は，ハロゲン・ランプに未練が残る社員に対し，毅然とした態度で主力製品からの決別を指示したようである。斉藤は，ハロゲン・ランプを高品質化して中国製に対抗したとしても，製品の機能からすればキャッチ・アップされるのは時間の問題であると見切っていたのである。

　他方で，プロジェクター市場については，今日のように繁栄すると判断することは斉藤にも難しかったが，プロジェクター用ランプという製品自体が技術的に発展途上にあったこともあり，付属部品のバラストを分離して販売することで差別化が可能であると考えていた。

　　同じことやってたら絶対勝たれへんわけですよね。他所と違うね，ユニークなやり方で競争戦略立てないかんでしょ。そのときに，バラストとセットというのがウィーク・ポイントになっておったわけですよ。圧倒的に強かったQ社のウィーク・ポイントというたら，バラストとセットでしか売らんということだったんですわ。性能的にもプロジェクターが小型になる中で，バラストいうたら同じ機能のものでも細長いもんもあれば，丸いもんも，真四角のもんもある。ちょっと形を変えたら自分の設計の中にうまく納まるけれども，Q社の決まったやつやったら四苦八苦せないかんわね。そこだけでもコスト以上に他所と差別化できる要素があるわけですよね。（斉藤）

ここからもわかる通り，斉藤は，今後プロジェクターが小型化していくであろうことを予測していた。そのときバラストのデザインが現状のままでは不都合になる。だからこそバラストを切り離してランプのみを販売し，プロジェクターのメーカーにバラスト設計の自由度を与えようとしたのである。そうすることで顧客であるプロジェクター・メーカーのニーズへ柔軟に対応できるようになれば，大手ランプ・メーカーとの差別化になり，競争優位も獲得できて収益も上げられると考えたわけである。

　　メーカーにしたらね，「うちのプロジェクター，こんなん設計しようと思うからこんな格好のバラストにしてくれ」とね，プロジェクターのメーカーにもそのニーズがあるなと。そういうのがヒントになっとるわけやね。「バラスト切り離せ」いうたのはね。
　　客のニーズですわ。売り手のニーズじゃなくてね，客のニーズですわ。売り手はセットにしとったほうがね，ややこしないやろけどね。ランプが悪いんかバラストが悪いんかね。絶えずそういう問題が起きる，そういう煩わしさはないし，売上高も増えるし，利益の額も増えると。だけど，「利益率はそんなんやってたら減るよ，将来バラストはどんどん値段下がるよ」と。バラスト・メーカーから見たら，参入障壁低いよね。バラストぐらい設計してできるメーカーいっぱいあるわけでしょ。ランプ側の要求仕様さえ出してくれたら。（斉藤）

このように，バラストを分離してランプのみを販売するという決定は，プロジェクター・メーカーがバラストを自由に選べるという点で，オープンな取引を志向するものであった。

プロジェクター用ランプの市場において，大手企業との競争は不可避であった。ランプ業界出身でない斉藤は，業界の常識に挑戦しないことには，中小規模のフェニックス電機は競争に勝ち抜くことはできないと考えていた。

　　業界であろうと何であろうと考える人はいるかもしらんけれども，まあ考えへんのやろな。はじめからセットで売ったほうが余分に，多少な（り）とバラストの5％でも利益がとれるし，売上高増えるしね。だから，業界の常識というよりね，やはり，日本の産業すべてね，売上高至上主義なんですよ。利益率を重視してないんですよ。だから，「利益率を重視しよう思ったらどうや」という発想ですよ。だから，ランプ業界にかかわらずね，売上高至上主義でしょ。利益率をね，

あるいは資本効率をね，追求している会社は，少ないわね。だから，そういう切り口で見たほうがわかりやすいと思いますけどね。(斉藤)

この発言からは，斉藤が，利益率よりも売上高に重きを置く価値観を問題視していたことがわかる。バラストとランプをセットで販売するというそれまでの慣習は，業界で共有されていた売上高中心主義というパラダイムを象徴するビジネス・モデルといっても過言ではなかった。すなわち，バラストを分離するという方針によって斉藤が経営幹部に要求した意識の変化とは，売上中心主義の発想に囚われず，利益重視へと視点を転換することだったのである。

(3) 「主力製品の変更」にまつわる語りのまとめ

ここでは，「主力製品の変更」にまつわるフォロワーの語りを意味解釈した結果をもとに再構成した語りのプロットを検討し，この出来事におけるリーダーシップについて考察する。フォロワーの語りのプロットを再構成すると，図10-5のようになる。

主力製品の変更の語りにおいて，フォロワーである経営幹部らは，大まかには

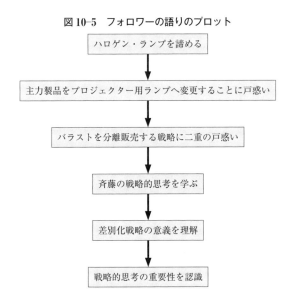

図10-5　フォロワーの語りのプロット

2つの点で，大きな意識の変化を促されていた。その1つは，創業以来の主力製品であったハロゲン・ランプから，プロジェクター用ランプへと主力製品を変更することである。そしてもう1つが，プロジェクター用ランプを販売するにあたって，付属部品のバラストを分離してランプのみ販売することであった。

前者に対し，それまでハロゲン・ランプのメーカーを自認してきた経営幹部は，多かれ少なかれ抵抗を覚えている。しかし，ハロゲン・ランプをめぐる厳しい事業環境を見れば将来は必ずしも明るくないとの認識を得るようになり，斉藤によってハロゲン・ランプと決別する方向へ意識の変化を促された。また，もう1つの主力製品候補になっていた液晶テレビ用冷陰極放電灯についても，装置産業であり規模の経済によるところが大きいので候補から外すという斉藤の説得に同意した。

残ったプロジェクター用のランプは，以前から研究開発がなされてきた製品ではあった。ただ，当初はホーム・シアター用プロジェクター向けを想定していたにもかかわらず，バブル経済崩壊とともにホーム・シアター用プロジェクター自体が廃れてしまうという事態を経験していた。また，アメリカのS社からは，ビジネスにおけるプレゼンテーション用プロジェクター向けランプの依頼を受けていたものの，当時は現在のようなプロジェクターを用いるプレゼンテーションの形式が定着していなかったため，経営幹部は半信半疑で事業を進めていた。こうした事情を抱えたプロジェクター用ランプを主力製品にしていくという意思決定は，相当な戸惑いを覚えさせるものであった。

その戸惑いは，さらに，バラストの分離販売というそれまでの業界の常識を覆す戦略によって，増幅されることになる。当時のランプ業界では，売上高を重視する考えのもと，自社で生産したランプとOEM調達したバラストをセットで販売するのが常識であった。ハロゲン・ランプを主力製品にしないのみならず，プロジェクター用ランプの生産に際してはバラストとの分離販売を行うという斉藤の方針に，経営幹部は二重に衝撃を受けたのである。

倒産によって，それまでの事業経験から得たものに関して多かれ少なかれ自己否定しなければならない状況にあり，また，再建プロセスにおいて再建請負人の意思決定に反発するというのは考えにくいことではある。したがって，いずれにしても経営幹部としては受けいれざるをえなかったであろう。ところが，彼らに

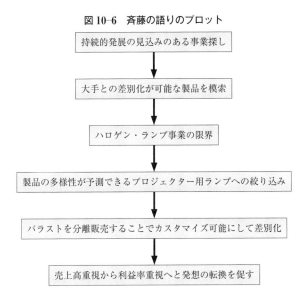

図10-6 斉藤の語りのプロット

とってこの経験は，それまでのように単にトップダウンの意思決定を受動的に受けいれるのとは異なり，むしろ戦略的思考に目覚め，中小規模のフェニックス電機が再建を成し遂げて生き残っていくための戦略とは何か，そのために必要なものは何かという観点から，経営を見直す契機となったのである。

このように，主力製品の変更は，フォロワーである経営幹部らが戦略的思考を理解するよう，リーダーである斉藤からもたらされた出来事であったといえる。創業者のカリスマ性に受動的についていくことから，戦略的思考を身につけて積極的に事業発展に貢献しなければならないということへと，まさに開眼するきっかけとなった出来事であり，こうした機会をもたらした斉藤の行動に，フォロワーはリーダーシップを認知したのである。

一方，フォロワーの語りに対するリーダー斉藤の語りを再構成すると，図10-6のようになる。

再建にあたって斉藤は，中小規模のフェニックス電機の再生とその後の持続的な事業発展は，大手企業そして新興国企業との差別化なしにはありえないと考えていた。そこでまず，中国企業の台頭も見られたハロゲン・ランプには見込みがないと判断する。そして，その他の既存製品群のうち，差別化戦略を立てられる

可能性があるものとして，プロジェクター用ランプを選択した。なぜならば，当時，プロジェクターという製品自体が向後さまざまに商品展開していくことが予測されたからである。さらに，もしそのように製品が多様な種類へと展開していくのであれば，顧客であるプロジェクター・メーカーにとって，ランプと付属製品であるバラストをセットでランプ・メーカーへ発注するインセンティブはなくなっていくと，斉藤は考えた。バラストは分離してランプ・本体とも製品間の組み合わせの選択範囲を広げたほうが，プロジェクター・メーカーの多様なニーズに応えられるはずであった。したがって，ランプのみを販売し，なおかつ，ランプのカスタマイズには積極的に応じるということが，業界でも先んじた差別化戦略になりうると，斉藤は考えたのである。

このような斉藤の方針に対し，経営幹部が当初は戸惑いを見せながらも，最終的にはその論理に納得したことは，上で見た通りである。

主力製品の変更という出来事におけるリーダーシップについて，斉藤自身はそのような意図があったと直接には語っていない。しかしながら，結果として，フォロワーである経営幹部に大きな意識の変化を促したのであるから，これはリーダーシップの発揮といいうる行為である。なお，これまでも確認してきたように，意識の変化を促したポイントは，経営の本質である利益率を重視させ，それを上げるためには戦略的思考が不可欠であることを理解させ，中小規模のフェニックス電機にとって生命線となる戦略は差別化戦略であることを認識させるという，3点であった。斉藤は意思決定プロセスの随所で，フォロワーに対して，これらの核心的なポイントへの理解を促していたのである。

3-2-4 「生産ラインの公開」にまつわる語り

(1) 経営幹部の語りの意味解釈

こうして，プロジェクター用ランプを主力製品に再出発を図ったフェニックス電機では，生産現場においても，経営幹部の意識を大きく転換させる出来事が起こっていた。それは，顧客にはもちろんのこと競合相手にも，生産ラインを公開するということである。これに関しても当然，経営幹部や現場の社員たちは戸惑いを隠せなかった。その背景には，生産技術は見せるべきものではないという，

ランプ業界に共通する意識が存在していた。

> ランプの生産技術をみんな隠したい思いがやっぱりあるんですよね。つくり方にノウハウがあるということです。自分とところの品質はこれだけいいのですよと。隠すことによってアピールしていたのですよね。生産技術が隠れているので，それはお見せできませんと。量産のために品質を確保するノウハウがありますと。だから，生産技術的なものを見せないと。（経営幹部 N 氏）

ランプの生産において最も大事なのは，品質のよいランプを量産できることにあり，そのためのノウハウは生産技術に集約されると考えられていた。したがって，生産技術の公開は，競争相手に手の内を知られてしまうことにつながり，経営にとっては致命傷になりかねない。しかしながら経営幹部たちは，この大胆な意思決定にもついていく姿勢を示すのである。

> それはもちろんみんな「エッ，そんなことまでするのですか」という話はしましたけれども。たしかに，おっしゃられることは，納得できる理由なのですよね。「公開することによって，顧客の信頼をきちんと得られるんや」と。「問題起きて，ぐちゃぐちゃ訳のわからん話してもしようがないやろ」と。「どこに責任があってどこに問題があって（ということを顧客に公開して），それをいち早く解決するのが，やっぱり先決や」という発想でしょうね。（経営幹部 N 氏）

この語りから，斉藤が生産ラインを公開しようという意図は，顧客であるプロジェクター・メーカーの信頼を得るためにはそれが必要であり，また，トラブルが起きた際には情報を公開しておいたほうが問題解決しやすいということにあり，N 氏もそれに納得したことがわかる。このことに関しては，他の経営幹部も同様の見解を示した。

> プロジェクターのランプが不良になりましたとするじゃない。で，「ランプ屋ちょっと来い」というわけだよね，中にはランプ（が）悪いのがあるかもしれんけど，ランプじゃない不良もあるわけ。「うちは，そのランプが不良じゃないと思います」というデータを山ほど出すの。「隠すな」と社長がいうから，全部出すの。そうすると，向こうもね，出さないといけない雰囲気になってくるの。（経営幹部 T 氏）

> お客さんも 1 つの機種の立ち上げということで，データとりとか検証とか結構長いのですよ。工場見せない，資料見せないという話になるとお客さんも心配を

持つのですよね。それは、生命線ですから。そうすると、やっぱり一貫してお互いキャッチボール、「うちはシステムこうなっている、こういう形でなっている」と。できるだけデータを見せながら、「お客さんが時間かけてやるのであれば、われわれのほうでやってみましょうか」とか。そういったところが商売の進め方。オープンかつ前向きな、そういうのがお客さんとの協業というのですかね、「一緒になって開発してきましょう」と。（経営幹部O氏）

ここでT氏は、ランプの不良が発生したときに、データを公表することによってプロジェクター・メーカーとのトラブルを避けるのみならず、自分たちからデータを公表することで相手側も同じようにせざるをえなくなれば、それが建設的な問題解決につながっていくというところに、斉藤の意図があったと語っているのである。O氏も、生産ライン公表に代表される斉藤のオープンな姿勢は、プロジェクター・メーカーとの信頼関係構築を意図したものだと語っているが、さらに、オープンな姿勢がプロジェクター・メーカーの製品開発をサポートすることになると指摘している点に、注目すべきであろう。

経営幹部たちは、中期経営計画の策定の際に、部門の壁を越えて、徹底的な議論を重ね、事実を認識した上で、問題点を共有し、しかるべき問題解決法を検討するという経験をし、それによって、経営においてオープンであることの重要性を認識していた。すなわち、オープンであることが信頼の醸成につながり、問題解決する上でのメリットになることを、彼らは理解していたのである。

（2）斉藤の語りの意味解釈

バラストの分離販売と同様に、生産ラインの公開という、業界の常識を180度覆す意思決定に踏み切った当の本人である斉藤は、その意図を以下のように語った。

> 製造ノウハウが漏れるのを怖がっとるけどね、漏れる以上のメリットは見せたほうがあると思います。客からの信頼でありね、やっぱり人間、見せたらね、何か一言もの言いたなるからね、相手の情報もね。まあその代わりアンテナの感度は要りますよ。（斉藤）

すなわち、その意図は、顧客との信頼醸成と経営情報の取得にあったのだとい

う。顧客との信頼醸成に関しては経営幹部の指摘にあった通りであるが，経営情報の取得という点は斉藤独自の見解である。見せることによって得られる経営情報について，斉藤は，ランプの製造工程に関する以下のようなエピソードを語っている。

> 水シールいうてね，今まで液体窒素で冷やしてたんをね，水で冷やしたほうがよう冷えるよと（聞いたので，それで）変えたわけ。だから，（ランプの製造能力が）1台持ちが今6台にまでなったんやけどね。（その）水シールもね，ある（他社の）人に見せとうときにね，チラッとヒント得たわけよ。チラッとの一言がね。「これは水でいけるはずや」（という一言がチラッとあって），それで水シールを（導入した）。みなそれ知れへんけどね。水シールという工程がね，その液体窒素で冷やしていたのを今（は）水で冷やしてます。社員の常識やったら絶対そんなん液体窒素のほうがよう冷えると思っとるわけ。（中略）みな，（水シールは）社長の思いつきや思とる。だけど，僕は，（部外者に工場を）見せて，そのヒントを得とるわけです。（斉藤）

製造工程においてランプのガラス内の温度を下げる際，あるときまでフェニックス電機は液体窒素を使用していた。ところが，工場の視察に来ていた他社の技術者が，水で冷却したほうが効率がよいと話しているのを，斉藤は耳にする。実際にも試してみたところ，その通りであったので，実施に移した結果，生産効率が向上したのだという。こうした経験から，斉藤は，生産ラインを公開することにはメリットがあるという信念を持つに至ったのであろう。

> 見せたからいうても真似できないんですよ。それなりの企業文化があってね，なかなか真似がね。ほんで，また見てみんなわかるもんやないしね。見て何が何パーセントやと，そんなヒントはいうけれども，わかるもんやないしね。（斉藤）

斉藤はまた，生産ラインを公開しただけでは，模倣されると困るような核となる技術が相手に漏洩することはないという信念も持っていた。これらの信念ゆえに，見せることによるデメリットよりもメリットのほうが大きいという判断をしていたのである。

(3) 「生産ラインの公開」にまつわる語りのまとめ

ここでは、「生産ラインの公開」にまつわるフォロワーの語りを意味解釈した結果をもとに再構成した語りのプロットを検討し、この出来事におけるリーダーシップについて考察する。フォロワーの語りのプロットを再構成すると、図10-7のようになる。

生産ラインの公開という意思決定は、バラストの分離販売と同様にランプ業界の常識を覆すものであったため、フォロワーの経営幹部は当初困惑したものの、その背後にあった真の意図に納得し、斉藤のリーダーシップを認知した。なお、フォロワーは斉藤の意図を以下のように解釈していた。生産ラインの公開により、まず、顧客からの信頼が得られ、次に、何らかの問題が生じたとき自分たちから情報を公開することで責任の所在を明らかにでき、さらには、顧客との協業も促進される。フォロワーは、斉藤とのやりとりを通じ、これらのメリットを認識するに至っていたのである。

一方、フォロワーの語りに対する斉藤の語りを再構成すると、図10-8のようになる。

それによれば、生産ラインの公開にまつわる斉藤の語りが、経営幹部の語りとほぼ対応するような形になっていることがわかる。これはすなわち、生産ラインの公開という出来事について、フォロワーはリーダーの意図を認識していたということである。ただし、両者が異なるのは、経営幹部の語りでは、その意図とし

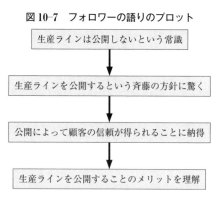

図10-7 フォロワーの語りのプロット

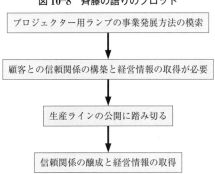

図10-8 斉藤の語りのプロット

て上述のように顧客との信頼関係や責任の所在の明確化が指摘されていたのに対し，斉藤は，それらはもちろんのこと，それ以外にも，生産ラインの公開によって得られる相手側のフィードバックにはさまざまな事業上のヒントが含まれているのだということを具体例に基づいて語っていたところである。斉藤はまた，生産ラインを公開したところで他社は容易に真似できないものだという自信を覗かせていた。斉藤によれば，同じような生産ラインを装備しても，しかるべき「組織文化」（生産ラインを動かすための人や組織の力といった意味で用いられていると思われる）が形成されなければ，同じことはできないからであるという。

なお，リーダーシップを発揮する意図については，これも主力製品の変更にまつわる語りと同様，斉藤はそのことに直接は言及していない。しかし，斉藤はやはり既存の常識を見直すようフォロワーに意識の変化を促したのであり，フォロワーもそれへ自発的に適応したことから，リーダーがリーダーシップを発揮する意図を明確に有していたわけではないが，それと同様のことを実践していたといえるのである。

3-3 「創業者のカリスマ的リーダーシップ」にまつわる語り

3-3-1 創業者のカリスマ的リーダーシップ

本項では，斉藤からフェニックス電機の創業者であったW氏へ，いったん目を転じることとしよう。W氏は，同社を創業した当時から，ランプ業界では異

端児のような存在として一目置かれていた。

> かなりエネルギッシュでね，この業界では有名ですよね。やっぱり，みなさんは一目置いてますよね。(独立開業した会社)だから。要は，うちはアウトローみたいだったですよね，実際。(中略)(W氏は)B社さん出身でしょ。B社さんにしたら，Wさんがハロゲン・ランプで，B社さんもハロゲン・ランプやってるわけですよ。まあ，輸出の比率は少ないですよね。そういう中で，大量生産，まあハロゲン・ランプで，まあ店頭公開まで持っていったと。(経営幹部O氏)

創業者W氏がランプ業界から一目置かれた理由は，当時としては珍しかったハロゲン・ランプの生産自動化に成功したことと，販売先を国内ではなく海外に求めて業績を急激に拡大していったことにあった。

> Wさんは，もうB社さん時代からハロゲンやって，もうこのハロゲンをね，やっぱり何とか世の中に広めて，まあそういうのは先鞭つけて，そういうのは他社から見れば羨望の眼差しというか，成功した方なのですよ。だから，愛着はあって，ハロゲンの神様じゃないですけど，そういう位置づけの方なのですよね。ただ，まあ商売としては，もう価格は(いくらでも)いいわ，ラインを埋めろというような感じが非常に強かった。(経営幹部O氏)

この語りから，経営幹部のO氏が，創業者W氏の独立の背景にはハロゲン・ランプを普及させるという一方ならぬ思いがあったと解釈していることがわかる。創業者W氏のハロゲン・ランプに対する思いは，フェニックス電機創業時の日常業務の中にも大いに反映されていた。営業部長のY氏は，創業当時の様子を以下のように語っている。

> もう，バイタリティありまして，社員とともに徹夜はするしね，すごい方でしたよ。要は，私から見れば，まだあの当時，あの社長は40代になってなかったんとちゃうかな。出会ったときはね。出会ったときは，37か38の方でしたね。
> 前の社長の，要は，「世界一のハロゲンの供給源になる」と。要は，世界に向かってフェニックス電機でつくったランプをですね，供給するんだと。ですから，加西と姫路でつくって，全世界に販売会社をつくって，供給源になるというような夢を持っておられた方ですね。(営業部長Y氏)

Y氏の語りからは，フェニックス電機を世界のハロゲン・ランプの供給源にするという壮大なビジョンを実現すべく，創業者W氏が社員と一緒に徹夜で業

務に励み率先垂範して事業拡大に邁進していた姿を見て取ることができる。

> まったく，不満はなかったですね。その，いわゆる，ついていったら安心できるものと，われわれも信じてましたから。私自身はね，要は。平成元（1989）年度店頭登録しましたしね。それで，われわれ現場サイドにいましたから，実質の売り上げいうのは知りませんでした。（営業部長Y氏）

Y氏は，そのような創業者W氏の姿に安心感を覚え，リーダーシップを認めていたのである。この語りからはまた，創業者W氏の壮大なビジョンが実現可能なものであり，それに向かって会社が確実に成長している証として，店頭登録が象徴的に作用していたことが窺える。

3-3-2 カリスマ的リーダーシップの挫折

ハロゲン・ランプの自動生産システムによる大量生産および低価格の実現と輸出中心の販売戦略というビジネス・モデルが機能し，破竹の勢いで成長していたフェニックス電機であったが，ヨーロッパ市場における反ダンピング法の施行によって，創業者W氏の壮大なビジョンに綻びが見え始めた。成長の最中は何をしてもうまくいくように見えていても，下り坂に入ると欠点が徐々に露呈するものである。それは戦略に限らず，リーダーシップにも影を落としてくる。

> あの人（W氏）が喋っているとね，頭の中が全部洗脳されていくような感じがしたよ。だから，反対の意見を持って話をするとき，負けそうになったとき「すいません，今日はここまでで」と逃げたことがあるけど。本当に負けるわ。弁舌というか。（経営幹部T氏）

反ダンピング法によって成長が頭打ちになったフェニックス電機の組織内では，創業者W氏のワンマン体制が目に立つようになっていく。ワンマン体制自体はそのとき始まったわけではなく創業当初からのことであったが，成長下では気に留められていなかったのである。しかし，ワンマン体制が機能しなくなり始めていたにもかかわらず，フォロワーは創業者W氏のいう通りについていった。こうしたいびつな関係を象徴する複数の出来事が，フォロワーの語りでも指摘されている。

いわゆる，あのう，お客さんからの注文は大体封書で届きますよね，社長の机の上にずっと置いてましたから。社長が，封を切ることになってましたから。注文書をね。要は，人に任していなかった。お客さんとのやりとりというのをね。要は，長い間，生産管理というのは，なかったですから。社長がお客さんとの窓口をやっていた時代がずっとあったんですね。
　(中略)
　昔はこの間の話でもありましたように，注文書をこんなに積み上げられてね，つくるのに目一杯だと。(中略)，(にもかかわらず，W氏は) 中南米ほか周ってくると，まあやっぱり一回りしてくるとね，数億のオーダーをもらってくると。で，納期督促を受けていると。(経営幹部O氏)

　ここで語られているように，創業者W氏は，顧客から大口の注文を受けるときは必ず自分自身で注文書の封を切って，直接やりとりをしていたという。経営が傾き出してからも，ヨーロッパ以外の世界各地へ自ら注文をとりにいっていたが，結果として納期に督促を受けるような事態を招いていた。
　ワンマン体制におけるトップダウンの命令は，適切であれば経営がうまくいくほうへ機能するが，歯車が狂い出すと弊害をもたらす。その典型的な例と思われるのが，フェニックス電機の関連会社の社長を務めていたL氏から語られた，トップダウンで工場のラインを止めてしまうというエピソードである。

　ワンマン社長で，向かうところ敵なしと。ものすごい勢いで乗っている会社という，まあ，数字的に見てもそうですけれどね。
　(中略)
　たとえば何かを一言，一つ頼んでも，たとえば工場のラインの中に何か少しはめ込むようなものを頼んだとしますわね，社長が「やれ」っていったら，もうそこでラインが止まってでも，そのまま流れると。そういうものは，もうへっちゃらだったんですね。(関連会社社長L氏)

　営業部長のY氏は，創業者W氏のもとで働いてきた経験を振り返り，以下のように語った。

　フェニックスのように，こういうようにね，ずっと登ってきた企業なんですよ。踊り場がなかった。いわゆる，立ち止まって，社長の経営を後ろから引っ張っていく人間がいなかった。順調なときはいいんですよね。順調なときは。どっかで，

「今度，おかしいな」と，その経営にね。おかしいなと思いましても，「それはおかしいんじゃないか」というように社長に対して声を出す人がいなかった。（営業部長Y氏）

　フェニックス電機では，創業当時の成功体験に裏づけられた創業者W氏への信頼が，やがて「W氏についていけば大丈夫」という依存心へ転換していたのである。いうなれば，協働関係が依存関係へと変化したということである。リーダーとフォロワーがこうした依存関係にあったがゆえに，リーダーの意思決定が間違っていてもそれを諌める者がおらず，リーダーの独断を許すことにつながった。これは，フォロワーの支持を一身に集めたカリスマ的リーダーシップにも，それゆえこその脆さがあることを証明するケースだといえよう。

3-3-3　「創業者のカリスマ的リーダーシップ」にまつわる語りのまとめ

　創業者のカリスマ的リーダーシップにまつわる経営幹部およびミドル・マネジャーのフォロワーの語りを見てきた。図10-9に，フォロワーの語りを意味解釈して再構成したプロットを提示している。

　上で見たように，創業者のW氏は，世界一のハロゲン・ランプ供給源になるというビジョンを掲げて，その生産自動化に成功，大量生産による安価な製品を需要の多いヨーロッパ市場をターゲットに輸出するというビジネス・モデルで，

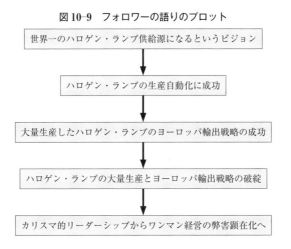

図10-9　フォロワーの語りのプロット

成功を収めた。ところが，このビジネス・モデルは，当時の欧州共同体（EC）からダンピングの制裁課税を受けたことで，破綻する。

W氏は打開策を講じるがいずれも失敗，一方，そのような中で社員は，W氏についていくだけの依存的な存在であった。ワンマン経営者と依存的な社員では，新たなビジョンおよびビジネス・モデルを打ち出すことができず，業績は悪化する一方となって，フェニックス電機は倒産を迎える。

同社では，このようなワンマン経営体制のもと，すべての意思決定が経営者のみに集中して，それ以外の社員の権限や責任の体制は曖昧になっており，組織として十分に機能しない体制ができ上がってしまっていた。また，上述のようにフォロワーがリーダーに依存していたため，経営幹部やミドル・マネジャーは経営にコミットすることが少なく，戦略的な思考を涵養できていなかった。

3-4 リーダーの語り

3-4-1 バイク事業での経験

再建請負人となった斉藤は，倒産に至ったフェニックス電機が抱えていた，上記2点の問題を認識していた。斉藤は，それを踏まえて，組織化と，社員の自主性を涵養する施策の投入に，リーダーシップを発揮していったのである。前々項で見た経営幹部やミドル・マネジャーのフォロワーの語りは，その一連の取り組みに対して，フォロワーが斉藤のリーダーシップを認知したことの現れだったといえる。

そこからもわかるように，フェニックス電機の再生にあたって，斉藤のリーダーシップは非常に重要な役割を果たしている。それらを振り返ると，斉藤のリーダーシップの根底には首尾一貫した戦略が存在することに気づかされる。それは，差別化戦略によって持続的な企業成長を図るということである。

フェニックス電機は，企業規模からいえば中堅クラスである。中堅クラスの企業が生き残るには，大手企業と何らかの差別化を行わないと勝ち目はない。斉藤は，フェニックス電機が再生するためには，ビジョンを提示し，それを実現するために差別化戦略によって資源の選択と集中を実行することが不可欠であると考えていた。

そのことを最も顕著に表す例が，プロジェクター用ランプを主力製品にしていくという意思決定であった。当時のプロジェクター用ランプのように，市場も製品自体も発展途上にあるということは，見方を変えれば，大手企業と差別化できる可能性もあるということである。実際にも，フェニックス電機は，独自の技術で開発したSHP（超高圧水銀灯）と顧客企業のニーズに応じたカスタマイズという，2つの差別化戦略を再生の原動力とした。

このように，フェニックス電機の再生は，明確なビジョンと首尾一貫した戦略を有するリーダーのリーダーシップのもとで，組織変革が実践された事例だったともいえるのである。こうした組織変革を実行できた斉藤は，どのような人物なのだろうか。斉藤はフェニックス電機再建のスポンサー企業になっていたG社から派遣されてきた。それまではH社に所属しており，つまりは大手企業のビジネスパーソンだったのである。企業再建といえば数々の実績を誇るプロの再建請負人が連想されるところであるが，斉藤がそうではなかったというのは興味深い。では，なぜ斉藤はフェニックス電機を蘇らせることができたのだろうか。それを解く鍵は，そのキャリアにありそうである。斉藤は，H社においてオートバイ事業の立ち上げに参画し，とりわけアメリカのオートバイ市場への参入では中心的な役割を担っていた。

> （H社は）オートバイでは一番後発でしょ。M社がボンとおってやね。I社が2位でやね。圧倒的に差があってね，そん中で（H社はアメリカで）セカンド・ブランドまで伸びたからね。Z社もI社も追い越した。もう圧倒的下やったからね。そん中での競争というのは，もう差別化いうかね，それは体感として残ってますよ。この分野でも，そうですわ。R社が圧倒的に強うてやね，うちは一番後発でやね。一番後発でね，ほんでここまで来たのはね，やっぱりその差別化いうかね，「他所でやってないのを何かやらないかん」いうのはいつも考えとうから。（斉藤）

斉藤によれば，後発のオートバイ・メーカーであったH社のアメリカ市場進出は容易ではなく，アメリカ市場での競争には他社との差別化を図り独自の市場地位を築くことが不可欠であったという。そして，再建時のフェニックス電機も，そのときと同じような立場にいたのだという。

要するに，（H社時代に）差別化するいうたら毎年モデルチェンジするね。「今年は黄色や，来年は赤や」ちゅうな色だけで済むけれども，やっぱり大きなメーカーはできにくい，そういうことしにくい。それと，あんまり極端なものはね。やっぱり，（大きなメーカーは）数売ろうと思たら，そのスタイルのデザインの平均的な好みに合わさないかんでしょ。小さいからできるという差別化があるわけですよね。
　だから，そういうのが原点やから，プロジェクター用のランプでもいまだに100ワット120ワットはつくってない。というのは，それやったら同質になってしまうからね。（斉藤）

　斉藤は，これまでの仕事経験で培われた競争戦略のノウハウを，フェニックス電機の再生における競争戦略として実践していた。すなわち，斉藤のキャリアに裏づけられた経営に対する発想法と，フェニックス電機の再生に求められていた再建請負人としての発想法が，非常に適合的だったのだといえよう。

3-4-2　薫陶を受けた上司の存在

　斉藤のリーダーシップの源泉には，H社時代のアメリカにおけるオートバイ事業の経験があるということがわかったが，そこではX氏という上司の存在が大きかったのだという。

　何も勉強してからやったわけやのうて，やりながら。ここでもそうで，管財人代理いうても法律の知識もあらへんしやね，バランスシートきっちりと読めへんけどね，やりながら学んどうわけやね。当時の私の上司というのはね，割合どんどん，どんどん仕事振ってきて，どんどんどんどん新しいことやらしてくれたということなんですけどね。Xさんいうて，結局その人も最後H社飛び出して，外車メーカーの日本支社の社長やったり，U社いうてコンピューターで割合大きな会社ありましたよね，そこの社長やったり。（中略）まあ影響そのものも大きいけれども，そうしてどんどんいろんなことをやらしてもらったのが，大きいですね。（斉藤）

　X氏のもとでの仕事経験によって，斉藤は経営に関するさまざまなことを学んだ。X氏のリーダーシップの特徴は，とにかく部下の斉藤に仕事，とりわけ未知の仕事を与えて，「経験の中から学ばせる」というスタイルにあったようで

ある。

　　会社の経営いうたらね，幅広い知識が要るわけやからね，経験も要るわけやからね。フェニックスというそういう業種やから経験が活かせるやのうてね，やっぱり経営，それも一番難しい経営ですね。破産会社もう1回立て直すね。そこには，経験・知識が広いほどいいわけやからね。ほんで，またそれが活かせるわけやね。（斉藤）

3-4-3　経験からの学び

こうした「経験しながら学んでいく」というスタイルが，斉藤にとって未知であった再建請負人の仕事にも活かされたのだという。

　　まあ勝算はあるけど，確信はないことのほうがね，やはり上が押さなしゃあないわけや。下は，確信のないことできひんから，怖あてね。でしょ。後で怒られたら困るからね。確信はないけど勝算あるやつはね，駄目もとでやらせるのが上なんですよ。下から積み上げとったら，なかなかできないですよ。
　　（中略）
　　だから，それはリスクとリターンですよね。下でできひん意思決定は，自分でやりますわね。それやってたらね，部下がね，自分で意思決定するようになってくるわ。この頃，「あれ，いつの間にそんなん決まっとったんや」て知らんようなこと，どんどんやってますよ。いつも上がチェックしとったら，自分で意思決定しませんわ。いわれることばっかししかしない。
　　（中略）
　　自分しか決めれんことはね，自分で決めて。みながてきることは，できるだけ自主性を発揮してもらうという。難しい表現ようせんけど。自分でやってほしいことがいつも届かんと思とったらええ。それ以上いうたら消化不良起こしよるで。
　　（斉藤）

これら一連の斉藤の語りから，フェニックス電機の再建，具体的にはフォロワーに自主性を発揮させることは，「経験しながら学んでいく」スタイルに基づくリーダーシップによっていたことがわかる。ただし，フォロワーの自主性を涵養するためにも，リーダーにしかなしえない意思決定は断行していくという姿勢を持つ必要があるのだという。斉藤のこのような姿勢は，実際にも，「組織の立て直し」や「主力製品の変更」に関する意思決定に現れていたといえる。いずれの

意思決定も，トップダウンで断行されたが，結果としてフォロワーの意識変革を促し自主性を涵養することになった。ただし，それができた背後には，「組織の立て直し」の場合は成果が十分に予測できたということがあり，「主力製品の変更」の場合にはフォロワーが納得する根拠が十分にあったということがあったのである。

以上のほかに，上記の斉藤によるリーダーシップについての持論の中で注目すべきは，3番目の引用で「自分でやってほしいことがいつも届かんと思とったらええ。それ以上いうたら消化不良起こしよるで」と語っているところである。ここで斉藤は，フォロワーの自主性を涵養するという観点から，リーダーは，自らの思いをフォロワーに伝えるにあたっては常に，フォロワーはリーダーの意図を完全に理解するわけではないことを認識しておかなければならないと，いっているのである。これはすなわち，フォロワーの自主性を促しつつ，リーダーが思いを伝えるには，粘り強く接していかなければならないということであろう。

この姿勢は，中期経営計画の作成プロセスにおけるリーダーシップに反映されていたといえる。「中期経営計画の策定」にあたって斉藤は，あらかじめ私案を持っていたにもかかわらず，あえて経営幹部主導で案を作成させ，彼らと意見をすり合わせる，斉藤の言葉を借りるならば「誘導する」ことによって，計画をまとめ上げていった。この背後には，フォロワーである経営幹部の中から自らの後継者を育成し，組織を持続的に発展させていきたいという，斉藤の意図が窺える。斉藤は，そのためにもフォロワーに，リーダーに従順なだけではなく，リーダーと思いを共有した上で自発的に経営へ関与するようになっていってもらわなければならないと，考えていたのである。

4 事例の考察

以上で見てきた，フェニックス電機の再建におけるリーダーシップに関するフォロワーの語りが，開眼の語りにのみ類型化されることは，前節の冒頭から示してきた通りである。そこで本節では，開眼の語りの特徴と成立条件，および開眼を促すリーダーの行為について分析した後，語りから得られた関連事項として，

創業者のリーダーシップと，斉藤のリーダーシップの背景についても考察する。

4-1 開眼の語りとリーダーシップ

4-1-1 開眼の語りの特徴

以下は事例の振り返りになるが，フォロワーから得られたリーダーシップについての語りは，「組織の立て直し」「中期経営計画の策定」「主力製品の変更」「生産ラインの公開」の4つであった。このいずれもが，開眼の語りに類型化されるものであり，また，複数のフォロワーによって共有されていることが，その特徴である。

「組織の立て直し」は，現場のリーダー以外，すべての経営幹部およびミドル・マネジャーから語られた。倒産前のフェニックス電機は，ワンマン経営体制のもとであらゆる意思決定が創業者に委ねられ，組織内の情報共有や権限と責任の関係といった組織としての基本的な機能は，不全の状態にあった。倒産後，再建請負人として赴任してきた斉藤は，まずこの点を改善すべく，ISO9001の認証取得とERPシステムの導入をトップダウンで進めた。この点に関して，それまで経営者の意向には受動的な姿勢で臨んでいた経営幹部やミドル・マネジャーは，倒産を経験しているので，表立った抵抗は見せなかった。しかし，この決断が，経営幹部やミドル・マネジャーが組織というものを理解する経験となっていく。つまり，これらの取り組みを実践する中で，権限と責任の関係を理解し，部署間で異なっていた情報処理の方式を統一し，他部門の情報を全社で共有するといった，組織のパフォーマンスを向上させるために必要なスキルが身についていったのである。この経験は，それまでワンマン経営者に従うだけの存在であった経営幹部やミドル・マネジャーにとっては，組織のパフォーマンスの向上をともに肌で感じる機会となった。その結果，組織の中枢を担う経営幹部やミドル・マネジャーにとって，それまでの組織のあり方を見直し，今後どのような組織をつくっていく必要があるのかをともに深く認識するきっかけとなったため，そのようなきっかけをもたらした斉藤に対し，複数のフォロワーが開眼のリーダーシップを認知したのである。

「中期経営計画の策定」は，経営幹部とミドル・マネジャーが主導して再建後

3〜5年先を目途とした中期経営計画を立案するというもので,「組織の立て直し」と同様,メンバー間で組織の壁をなくして倒産に至るまでの総括を徹底的に討議することから始まった。そして,このプロセスにおいて,次に述べる「主力製品の変更」についての決定がなされた。ここではフォロワーに,持場や立場を越えて組織のメンバー間でオープンに議論することにより,組織内で情報共有する意義を学ぶ場が提供された。このことによって,時間を共有して特定の問題に取り組んだフォロワーがともに学びを得るという効果がもたらされた。その結果,経営資源の配分および資源の選択と集中の意義を学ぶに至り,このような共同体験を通じて複数のフォロワーが斉藤のリーダーシップを認知したのである。

「主力製品の変更」とは,ハロゲン・ランプからプロジェクター用ランプに主力製品を変更したことを指すが,上述の「中期経営計画の策定」プロセスにおいても,フェニックス電機の将来を決める最大の意思決定となった。フォロワーである経営幹部とミドル・マネジャーは,斉藤とのやりとりを通じ,知識も経験も生産体制も確立されていたハロゲン・ランプから,その時点では将来性が必ずしも明確になってはいなかったプロジェクター用ランプへ,主力製品を変更するという決断に納得する。しかも,それまでランプ業界では常識とされていた付属部品のバラストをセット販売するという慣習を改め,バラストなしでランプのみを販売することにしてプロジェクター・メーカーのニーズに応えていくという戦略をとることになった。この一連の意思決定は,フォロワーに大きく意識の変化を促した。すなわち,中小規模のフェニックス電機が,いかに大手メーカーと差別化をし,持続的に発展していけるかを理解・実践する場となったのである。この意思決定は,トップダウンではなくあえて対話を通じて行われたため,フォロワーは自社の成長戦略を芯から理解し,自主性も促された。これも,「中期経営計画の策定」と同様に,複数のフォロワーによる共同体験である。こうしてフォロワーは共通して,経営の本質にかかわる重要な意思決定について,フォロワーの戦略的思考と能動性を喚起した斉藤に,リーダーシップを認知したのである。

「生産ラインの公開」も,「主力製品の変更」の語りと同様に,ランプ業界の常識を覆すもので,それまでは非公開であった工場の生産ラインをすべてオープンにするという意思決定であった。フォロワーは動揺したが,最終的には,生産ラインをオープンにすれば見にきた顧客から信頼を獲得でき,何かあったときには

責任の所在を明確にもできるためにかえってプラスであり，また，生産ラインの稼働には組織文化も関係するため見ただけで完全にコピーすることはできないという，斉藤の見解の合理性に納得した。ここでも，複数のフォロワーが実際に現場に居合わせたことによって，リーダーシップの語りが共有されていた。そうして，このような新たな気づきを促した斉藤に対し，そのフォロワーたちがともにリーダーシップを認知したのである。

4-1-2 開眼の語りの成立条件

本事例における開眼の語りの成立条件としては，E社の事例と同様に，リーダーのほうがフォロワーよりも知識や経験で上回っているということがあげられよう。これに伴って，リーダーは自らの行為がどのような結果をもたらすのかを予想できており，また，フォロワーの側にはそれを受けいれる姿勢があったということも指摘できる。

ただし，E社の事例と異なっているのは，E社の事例における開眼の語りの語り手が経験の浅い若手社員に集中していたのに対して，本事例の語り手は，経営幹部やミドル・マネジャーといった組織の中心的な役割を担うフォロワーだったということである。

フェニックス電機の事例では，ワンマン経営からの倒産というプロセスが，開眼の語りの生成に大きく影響を及ぼしていると考えられる。創業者のワンマン経営のもとで十分に機能をしていない組織において，ただ受動的についていくだけだったフォロワーにとり，倒産は，それまでのことをすべてリセットする経験となった。とはいえ，再建請負人が，創業者と同じワンマン型の人間であったら，開眼の語りは成立しなかったであろう。しかし，斉藤はそうではなく，しかも，フェニックス電機の再建のみならず，同社がその後も持続的に発展していくことを想定し，そのときに組織の中心を担うことになる経営幹部やミドル・マネジャーの育成も意図して，組織を機能させ，また，組織のあり方への理解や戦略的思考を促すための行動をとった。

フォロワーである経営幹部やミドル・マネジャーも，時間はかかったものの斉藤の意図を理解し，その意義に気づいて，それを吸収していった。経営幹部やミドル・マネジャーは，このようにして，それまで気づいていなかった思考や発想

を知り，経営環境を見極める目を涵養され，実践することで，開眼したのである。

　すなわち，フェニックス電機の事例におけるフォロワーの語りがいずれも開眼であったのは，それが，倒産に至るまでに形成されていたフォロワーの思考的な特性とその欠陥を見抜き，適切な施策を実行していったリーダーの意図によって生成したものだったからなのである。ここにおいては，フォロワーのスキルに不足する部分があり，またリーダーが，その不足部分を正確に見極める能力とそれに対して適切な施策を実行できるスキルを持っているということが条件である。

4-1-3　開眼の語りとリーダーの行為

　一方，こうした開眼の語りにおけるリーダーの行為について，斉藤がその意図を語った中に，リーダーシップという言葉は聞かれなかった。しかし，自主性という，リーダーシップの発揮にとって鍵となる概念が見られたことは，注目に値する。このことから，明確に語られてはいないが，事実上リーダーシップを発揮する意図があったと解釈することは可能であろう。

4-1-4　開眼の語りの論理

　本事例の開眼の語りにおけるリーダーシップの論理は，基本的にはE社の事例と同様である。すなわち，本事例においては後継者育成という目的もあったことから，そのための教育的意図を有したリーダーが，自らの豊富な仕事経験に基づいて，フォロワーに欠けていた組織目的遂行に不可欠な考え方・発想を示し，フォロワーもそれが実際に機能することを実感した結果，リーダーシップが生成したのである。

4-2　創業者のリーダーシップ

4-2-1　創業者の行為と意図

　意味解釈したフォロワーの語りからは，創業者のW氏について，大きく分けて2つのステージを見出すことができた。1つは創業から上場に至るまでであり，もう1つがヨーロッパへの輸出戦略が頓挫して倒産に至るまでである。前者はリーダーシップが機能していた時期，後者はリーダーシップではなく単なるワンマ

ン経営者になってしまった時期といえる。このように，同じリーダーが，フォロワーからリーダーシップを発揮していると認知されたり，単なるワンマン経営者と認知されたりする，この違いは，一体どこからくるのだろうか。リーダー自身は何も変わらず，フォロワーの認識が変化するのだろうか。

残念ながらW氏から語りを得ることは叶わず，リーダーとしての意図を直接知ることができなかったので，ここではフォロワーの語りからW氏の意図を読み取っていく。

前節で見たように，W氏は，世界一のハロゲン・ランプ供給源になるという壮大なビジョンを有していた。そのビジョンを実現すべく，ヨーロッパにターゲットを絞って安価なハロゲン・ランプを輸出するという戦略を展開し，成功した。この段階では，ビジョンを掲げるリーダーにフォロワーがついていくというリーダーシップが成立していた。ところが，輸出戦略が頓挫したことで狂いが生じ，巻き返しを図ったところ，フォロワーからワンマン経営者と認識されてしまう結果となった。しかし，フォロワーの語りからW氏の意図を読み解くと，ビジョンを実現しようとする点に変わりはなかったようなのである。

4-2-2 カリスマ経営者とワンマン経営者

上述のようなカリスマ経営者からワンマン経営者へという変遷の間に起こったことは，フォロワーのリーダーシップに対する認識の変化である。それは，リーダーがもたらすパフォーマンスが逆転したことによって生じた変化であった。

ところが，リーダーシップに対する認識は変わっても，基本的な人間関係は変わらず，フォロワーはリーダーのいうことに従うのみであった。パフォーマンスが上がっているときはついていくだけで何ら問題はなかったのであるが，パフォーマンスが低下したときも関係はそのままで，フォロワーシップを発揮してリーダーに諫言することもなく，事態はただ悪化するばかりになってしまったのである。

このような，W氏のリーダーシップにまつわるフォロワーの語りから，フォロワーが自覚的にフォローすることを選ばず，ただ受動的にリーダーについていくだけの関係が，いかに脆弱かがわかる。リーダーがいくら崇高なビジョンを打ち出したとしても，フォロワーがそのビジョンの実現に対して当事者意識をもっ

てついていく姿勢を持たない限り，両者の関係は脆く崩れ，組織の存続自体を揺るがす結果をもたらすのである。

4-3　リーダーの語りとリーダーシップ

4-3-1　リーダーの行為と意図

　フェニックス電機を再建して持続的発展に導くというミッションを携えて赴任してきた斉藤は，フォロワーの語りでわかったように，権限責任関係の曖昧さやコミュニケーション不全などといった同社の組織上の問題点と受動的な集団になってしまっていたフォロワーの育成の必要性を，見極めていた。そこで，「組織の立て直し」によって組織を機能させ，「中期経営計画の策定」によってフォロワーの能動性を喚起し，「主力製品の変更」と「生産ラインの公開」によって戦略的思考を涵養した。斉藤は，自身の語りの中ではリーダーシップという用語を口にしなかったが，これらの取り組みがいずれもフォロワーに積極的な意識の変化を促す行為であったことを考えれば，リーダーシップを意図的に発揮していたといってよい。ここまでは，前節で見た通りである。

　ここで改めて振り返ってみたいのは，以上の斉藤のリーダーシップに，複数のスタイルがあったということである。「組織の立て直し」や「生産ラインの公開」はトップダウンで進めた反面，「中期経営計画の策定」とその中に決定された「主力製品の変更」については，斉藤自身私案を持ちながらもフォロワーが自ら結論を導くようにあえて促し，両者の意見をすり合わせていくというスタイルがとられた。

　これは，斉藤が，フォロワーと直面する課題に応じて，リーダーシップ・スタイルを変化させていたということなのである。具体的には以下のようなことがいえる。まず，再建に着手したばかりでフォロワーが何もわからない状態のときに，「組織の立て直し」をトップダウンで断行した。これは，その後に向けた基礎工事にあたる取り組みでもあり，組織としては当たり前の状態を確保するというだけのものであったため，短時間での改善が確実に見込めたことによる。一方，「中期経営計画の策定」と「主力製品の変更」に関しては，フォロワーの能動性を喚起しようと，参加型のリーダーシップ・スタイルをとって，あえて遠回りを

した。最後に,「生産ラインの公開」については,「組織の立て直し」同様,トップダウンのリーダーシップ・スタイルがとられたが,このときには再建の方向性も見えてきていたため,トップダウンとはいえ,フォロワーの側がただ従うだけにとどまっていなかった。フォロワーも,リーダーの意図を汲み,常識に囚われない戦略的思考の重要性を再認識したのである。このように,同じトップダウンでも意味合いの異なることがあるということは,注目されるべきであろう。

4-3-2 仕事経験からの教訓

ここでは,以上のような斉藤のリーダーシップのルーツを確認していこう。

斉藤は,大手メーカーのH社に勤務し,種々の事業経営の経験を有していたが,とりわけバイク事業において,アメリカで最後発であった同社のシェア向上のため,他社との徹底的な差別化戦略を展開して成功していた。このことで,後発であるなどの理由から市場で中心的な地位を占められない企業が持続的に発展していくために,差別化戦略は有効であり,その徹底によってシェアの改善が見込めるということを,斉藤は学んだのである。フェニックス電機がプロジェクター用ランプ・メーカーとして再出発する際にも,大手にはできないようなプロジェクター・メーカーへの細やかな対応によって着実にパフォーマンスを上げていこうという方針が打ち出されたが,この再生の青写真は,上記の経験を反映したものであることがわかる。

また,斉藤は,H社時代の上司であるX氏から,大きな影響を受けていた。たとえば,具体的には以下のような考え方である。さまざまな仕事をして経験に幅を持たせることが重要である,フォロワーが自主的な活動をしやすい環境を整えなければならない。これらの視点を斉藤は踏襲し,そのリーダーシップ・スタイルへ大いに反映していた。

そのスタイルが,本事例のさまざまな場面でも見て取ることのできた「経験しながら学んでいく」というものであった。しかし,フォロワーに対してそれを実行するためには,リーダーがリスクをとり,また,最終的な決断の責任を負うことが重要となる。実際,斉藤の取り組みを振り返ってみれば,トップダウンによる施策の断行は,「組織の立て直し」のようにいくら成果が予測可能なものであったとしても,意図せざる結果に至る可能性が皆無ではない限り,リスクをとっ

た行動であったといえるし，また，「中期経営計画の策定」に典型的に見られたように，再建の根幹にかかわるような事項であっても，そのプロセスにおいてはフォロワーの自主性を促した上で，最終的な責任は自らが負っていた。

このように，E社のG部長と同様，斉藤のリーダーシップにも，仕事経験からの教訓とかつての上司からの薫陶が大きく影響していたことがわかるのである。

第11章

フォロワーはリーダーシップについて何を語ったのか

第8〜10章で，リーダーシップに関する状況の異なる3つの事例研究（日常業務，プロジェクト・チーム，企業再建プロセス）を展開した。それぞれにおいて，フォロワーのリーダーシップにまつわる語りとそれに対するリーダーの語りを意味解釈し，それによって，フォロワーとリーダーとの間でリーダーシップに関してどのような相互作用があったのかを考察してきたのである。

本章では，各事例で得られた語りを比較検討し，フォロワーはリーダーシップについて何を語り，それに対してリーダーはどのような意図を有していたのかということを，事例間の共通点および相違点，それぞれの関係性を生じさせる要因，そこにおける論理といった観点から，より体系的に議論していこう。

1 リーダーシップにまつわる語りの類型化

1-1 フォロワーの語りから導き出された3つのカテゴリー

3つの事例から得られたリーダーシップにまつわる語りの比較においては，フォロワーがリーダーシップを認知したと語った出来事ごとに，類型化のカテゴリーを踏まえた上で，「状況」「フォロワーの特性」「リーダーの意図」という諸要因を検討する。詳しくは以下で述べていくが，これらを整理すると，表11-1のようになる。

事例研究の各章でも見たように，フォロワーのリーダーシップにまつわる語りの類型化によって，開眼・共鳴・感謝という3つのカテゴリーが導出された。

改めて確認すると，開眼は，それまでにない体験を通じ，新たな知見を得て，その後の活動に大きく影響をもたらした出来事に，リーダーシップを認知したというものである。次に，共鳴は，リーダーの考え方に対して賛同した，あるいは，リーダーの行動に対して共感した出来事に，リーダーシップを認知したというものである。最後に，感謝は，組織や集団に貢献した，あるいは，フォロワーの個人的活動の遂行にメリットをもたらしたリーダーの行為に，リーダーシップを認知したというものである。

1 リーダーシップにまつわる語りの類型化 337

表 11-1 各事例における語りの比較検討

出来事	事例	カテゴリー	状況	フォロワーの特性	リーダーの意図
関連会社の視察	E社電機部門人事部	開眼	日常業務	若手社員	別の意図（育成）
関連会社の立て直し					
日常業務での問いかけ					
部署内の組織再編		共鳴		中堅社員	
人事業務の体系化					
対外交渉力	「アリセプト®」探索研究チーム	感謝と共鳴	プロジェクト	専門職	有り（直接的）
自由闊達に議論できる場づくり		感謝			別の意図（育成）
自由裁量の余地を与えられる					別の意図（競争心の促進）
組織の立て直し	フェニックス電機	開眼	組織変革	経営幹部，管理職	有り（間接的）
中期経営計画の策定					
主力製品の変更				経営幹部	
生産ラインの公開					

（出所）小野（2014c）17頁より，一部改訂して作成。

1-2 語りの類型化に影響する諸要因の事例間比較

　そして，上述のような語りの類型化に影響を与える要因は，表 11-1 にあげた「状況」「フォロワーの特性」「リーダーの意図」という 3 点にまとめることができそうなのである。次節以降の議論のために，ここで，それぞれの要因ごとに，各事例を比較しながら簡単に振り返っておこう。

　1 点目の「状況」について，各事例は以下のようであった。E 社電機部門人事部の事例は，日常業務が舞台となっており，他の 2 事例とは異なって，基本的に

はルーチン・ワークをこなす職場であった。一方，「アリセプト®」探索研究チームは，新薬開発という確固たるミッションに基づいたチームであり，ミッションの達成にすべてのメンバーの意識が集中していた。そして，フェニックス電機の再建事例では，倒産企業の再建請負人ならびに経営幹部とミドル・マネジャーからなる経営陣，すなわちトップ・マネジメント・チーム集団が，抜本的な組織変革に直面していた。

2点目の「フォロワーの特性」については，次の通りである。E社の事例のフォロワーは，20代の若手社員と30代の中堅社員であった。若手社員は，業務経験に乏しく，人事業務自体の捉え方も十分とはいえない。当然リーダーのG部長との仕事経験も少ないため，G部長のものの考え方や人柄も十分に理解できていない。これに対して，中堅社員は，若手社員に比べて経験値が高く，人事業務自体に対する見識も確立できていた。G部長とともにした仕事時間も長く，そのぶん若手社員よりもG部長の意図を汲み取ることもできた。一方，「アリセプト®」の事例のフォロワーは，それぞれがプロフェッショナルで，リーダーと役職は異なっても研究者という意味では同等であった。のみならず，専門領域によっては知識・経験がリーダーを上回っているフォロワーもいた。また，こうした専門領域を異にする研究者の集団だったがゆえに，それに付随するコンフリクトを常に抱えていたことも，この事例のチームの特徴であった。もう1つ，フェニックス電機の事例のフォロワーは，みな管理職で，経験も知識も有していた。しかし，その経験の中心はワンマン経営者についていくことでしかなく，しかも，倒産によってそれまで培ってきたものが否定されていたため，フォロワーたちは一からやり直そうとしていた。

3点目の「リーダーの意図」については，意図と行為を合わせてみると，次のようにいうことができる。まず，E社のG部長には，リーダーシップを発揮しようという意図はなく，そこにあったのは，自らの仕事経験に裏づけられた知識や考え方をさまざまな形でフォロワーに伝授しようという，育成の意図であった。一方，「アリセプト®」の杉本は，新薬のための化合物発見というミッション完遂を大前提に，対外交渉に関してはそれをリーダーの役目と認識して意図的にリーダーシップを発揮していた。ただし，フォロワーのリーダーシップ認知に対し，若手研究員の育成や競争意識の刺激といった，リーダーシップ発揮とは異なる意

図を語る出来事もあった。最後に，フェニックス電機の斉藤は，直接的な意図としてリーダーシップの発揮には言及しなかったが，そこで語られた，フォロワーの自発性を喚起したりといった行為は本書におけるリーダーシップの定義そのものであったため，間接的とはいえリーダーシップ発揮の意図があったということができた。

2　リーダーシップにまつわる語りの再構成

2-1　開眼の語りの再構成

　以上を踏まえて，本節では，各事例の語りを比較検討し，類型化のカテゴリーごとにフォロワーの語りを再構成していく。

　各事例研究において，開眼の語りと類型化されたフォロワーの語りを再構成すると，図11-1のようになる。

　すなわち，開眼の語りにおけるフォロワーは，それまでの仕事経験や個人の信念から，仕事に対して独自の考えをすでに形成している。そうしたところへ，リーダーに自らの仕事観を否定されるような行動をとられると，当然ながらフォロワーは当惑する。ただ，当初はそうであっても，やがてはリーダーによってもたらされた新たな知見に納得して，フォロワーは自らの考えを改め，のみならず，仕事に対する考えの幅を広げたり思考を深めたりする。こうした経験はフォロワーにとって喜びとなり，そのような機会をもたらしてくれたリーダーに対して，リーダーシップを認知するのである。

　一方，以上のような開眼の語りに対するリーダーの語りを再構成すると，図11-2のようになる。

　すなわち，開眼の語りに対するリーダーの見解には，リーダーシップを発揮する意図の有無にかかわらず，フォロワーの成長を促す教育的な側面が包含されていた。リーダーは，フォロワーの現状を観察し，フォロワー自身は課題だと気づいていないが，成長の必要な点や身につけなければならないスキルを認識する。そこでリーダーは解決策をフォロワーに示すのだが，そのことでフォロワーに当

図 11-1　開眼の語りにおけるフォロワーの語り

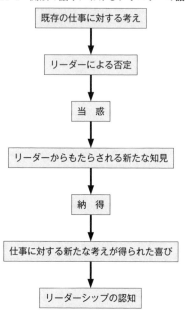

図 11-2　フォロワーの開眼の語りに対するリーダーの語り

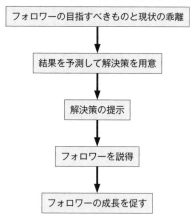

惑や反発が生じたとしても，リーダーのほうは，自らの仕事経験などからそれがフォロワーにとって最適であると確信しており，結果も十分に予測しているのである。

2 リーダーシップにまつわる語りの再構成

フォロワーが，リーダーについて，ロール・モデルを示したりトップダウンによるなどして一見強引に事を進めた印象を持ったと語ることがあったのは，各事例で見た通りである。こうしたリーダーの行動の背後には，結果に対する確信があったわけである。たとえば，E 社の G 部長がフォロワーの特性を見極めた上で接し方を変えたり，フェニックス電機の斉藤が取り組むべき課題の時間的な切迫度合いによって対処法を柔軟に変更したりしていたのは，フォロワーの成長にとって最もインパクトのある方法の確信的な選択だったといえるのである。

2-2 共鳴の語りの再構成

次に，各事例研究において共鳴の語りとして類型化されたフォロワーの語りを再構成すると，図 11-3 のようになる。

共鳴の語りにおけるフォロワーは，リーダーとの仕事経験を蓄積しており，その考え・思いやパーソナリティを理解している。したがって，リーダーシップを認知した出来事においても，リーダーのバックグラウンドから打ち出された方針の意図や思いを把握して，それに共鳴し，実現に向けて積極的に関与したのである。

一方，このような共鳴の語りに対するリーダーの語りを再構成すると，図 11-

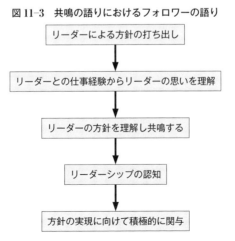

図 11-3　共鳴の語りにおけるフォロワーの語り

図11-4 フォロワーの共鳴の語りに対するリーダーの語り

4のようになる。

　共鳴の語りに対するリーダーの見解に共通していたのは，それが，リーダーシップを発揮しようという強い意図によったものではなく，むしろ，自らが仕事経験により培ってきた信念を具体的な方針として打ち出して，それを貫徹することを意図した行為であったということである。フォロワーとの関係についていえば，開眼の語りに見られたようなフォロワーの育成を促すという個別的なものではなく，職場やチーム全体の発展を意図した行為だったことも，特徴的であった。ただ，個別的なものではなかったとはいっても，E社の「人事曼陀羅」や「アリセプト®」の対外部門との交渉を思い出すとわかるように，自らの思いを実現するために必要不可欠と思われたフォロワーに対しては，とりわけ粘り強く個別に思いを伝え，理解を促していたということも，指摘しておくべきであろう。

2-3　感謝の語りの再構成

　最後に，各事例研究において感謝の語りに類型化されたフォロワーの語りを再構成すると，図11-5のようになる。

　感謝の語りに関しては，これを得られたのが「アリセプト®」の事例のみであったことが，まず特徴的である。この事例がほかと異なるのは，繰り返しになるが，フォロワーがプロフェッショナルで，仕事経験や知識においてリーダーと同等またはそれ以上であるということである。こうした場面においてリーダーの教育的な行為は必要なく，むしろ各フォロワーがタスクをより円滑に遂行できるようにするための環境整備が求められる。そこで「アリセプト®」の杉本が行ったのが，対外交渉を通じて迅速な実験データの取得に努めたり，フォロワーに自由

図11-5 感謝の語りにおけるフォロワーの語り

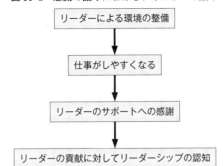

図11-6 フォロワーの感謝の語りに対するリーダーの語り

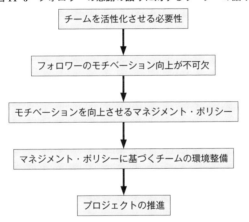

闊達な議論の場や自由裁量の余地を与えて内発的なモチベーションを喚起したりすることであった。フォロワーは，このようにして，より円滑にやりがいをもってタスクを遂行するための環境を整備してくれたリーダーに，感謝の念を抱き，リーダーシップを認知したのである。

　一方，こうした感謝の語りに対するリーダーの語りを再構成すると，図11-6のようになる。

　すなわち，ここにおいてもリーダーは，必ずしもリーダーシップを発揮したり，フォロワーから感謝を引き出すといった目的では行動していない。まずプロジェクト推進という目的の鍵となるのがフォロワーのモチベーションであると認識し，

そのためにどのようにすればフォロワーをマネジメントできるのかというのが意図であったと語られているのである。リーダーは、フォロワーがプロフェッショナルであることを十分に考慮し、そのモチベーションをうまく刺激するように、自らの仕事経験から培ってきたマネジメント・ポリシーを実践して環境整備を行った。具体的には、タスクの遂行へ過度にかかわってモチベーションを低下させることのないようにしたり、プロフェッショナルとして仕事への誇りを持っている各メンバーの競争意識を促進してそのプライドを満足させようとしたりしたのである。

3 フォロワーの視点からのリーダーシップ

3-1 フォロワーがリーダーシップを認知する論理

前節において、開眼・共鳴・感謝というカテゴリーごとに、語りの特徴をまとめた。そこから、本書の問題意識である、フォロワーがリーダーシップを認知するということに対して、どういった論理が見出せるだろうか。

開眼の語りにおけるフォロワーには、新たな知識・経験や仕事に対する考え方を得た喜びが見られた。それまで持っていなかったものが得られた、気づいていなかったことに気づかされた、受けいれられなかったことを受けいれられるようになったというように、ここでは、フォロワーにとって何らかのメリットとなるものがリーダーからもたらされるのである。すなわち、リーダーからフォロワーへ組織目的の遂行に関する新たな知見がもたらされ、フォロワーがその有益性を認識することにより、意識の変化が生成するということである。

共鳴の語りにおけるフォロワーは、自らの組織に対する思いや仕事に対する考え方とリーダーのそれとが同じであると知って、より確信を得て意識が前向きになっていた。ここにおいては、リーダーの行動を見たフォロワーが、その背後にある信念を自らも共有していることを認識し、組織目的遂行への意識がより強化されるという変化がもたらされることによって、リーダーシップが生成するのである。

感謝の語りにおけるフォロワーは，リーダーによって自らの仕事がより遂行しやすくなったことに対して謝意を抱いていた。ここでのフォロワーは，仕事の知識や経験は確立できており，組織目的も十分に把握しているため，リーダーを必要とする度合いとしては低い状態にある。それでもリーダーによって環境が整備され，結果として仕事が進展すれば，リーダーの貢献を評価して，そのための行為に対してリーダーシップを認めるのである。すなわち，フォロワーが組織目的を遂行する活動に従事する中で，その活動を円滑にするためのリーダーによる支援的な行為に対する謝意から，リーダーシップが生成しているということになる。

3-2 リーダーシップを認知するフォロワーの状態

リーダーシップを認知するフォロワーがどのような状態であるかもまた，語りのカテゴリーごとに異なっている。

開眼の語りにおいて，フォロワーは，まず第1に，仕事を遂行するにあたって解決すべき課題があるにもかかわらず，それに気づいておらず，リーダーのほうが課題を認識しているという状態にある。そのギャップが，開眼の語りにつながっていくのである。これと関連して，第2に，大きな意識の変化が求められている状態だということである。フォロワーが解決しなければならないのは，単に技術的な問題ではなく思考レベルの問題を含むものだからである。そして第3の特徴として，リーダーとの仕事経験の蓄積はあまりない状態である。リーダーとの相互作用の経験がないために，フォロワーはリーダーのことを十分に把握しておらず，だからこそ，リーダーからの問題の指摘を新奇なものと感じ，リーダーとのやりとりが目から鱗が落ちるような体験となるのである。

共鳴の語りにおいて，フォロワーは，第1に，仕事を遂行するにあたって解決すべき課題をフォロワーなりに認識しているという状態にある。それがリーダーと一致していると知ることで，自らの認識に確信を持つのである。また，このリーダーと認識が一致するということによって，フォロワーの組織目的の遂行に対する意識は強化される。抜本的な変化ではなく，強化という形で効果が現れる状態にあるということが，第2である。そして第3に，リーダーとは仕事経験の蓄積があり，リーダーとの相互作用のもとで，その仕事に対する認識を理解し，ま

た自らの認識も磨いてきたという状態にある。こうした中で，リーダーと自らのベクトルが明確に一致したり，一致を促されたりすると，共鳴の語りにつながっていくのである。

　感謝の語りにおいて，フォロワーは，まず第1に，仕事を遂行するにあたって解決すべき課題を自分で認識している。したがって，リーダーの介入は特段必要としていないが，仕事環境については改善の余地があるという状態である。第2に，フォロワーが所属する組織のメンバーは，仕事に対する認識の共有が高いレベルでできている。第3に，リーダーとの仕事経験の有無はあまり問われない。リーダーをよく知っているかどうかよりも，リーダーが組織の活動に役立っているかを重視するからである。

3-3　フォロワーのリーダーシップ認知とリーダーの意図

　最後に，フォロワーの語りに対するリーダーの語りを比較検討する。これまで幾度も指摘してきたように，フォロワーがリーダーシップであると認知したリーダーの行為について，リーダーの側は，必ずしもリーダーシップを発揮しようという意図を有していないことがあった。この観点から，以下の3つのパターン分けが可能となる。

　1つ目は，フォロワーがリーダーシップの発揮を認めた語りに対して，リーダーもリーダーシップを発揮する意図をもって行動していたというパターンである。これこそ，一部を除くほとんどのリーダーシップの既存研究が暗黙に仮定してきた関係性であるといえよう。すなわち，リーダーシップは，リーダーの意図とフォロワーの認知が合致して成立するものと考えるということである。ただし，本書の事例研究でこのパターンが見られたのは，「アリセプト®」における対外交渉力に関してだけであった。

　2つ目は，フォロワーがリーダーシップを発揮した語りに対して，リーダーは間接的にリーダーシップを発揮する意図を有していたというパターンである。具体的には，フェニックス電機の事例はすべてがこれであった。リーダーの斉藤がフォロワーに自発的な意識の変化を促そうとしたことは，斉藤自身がそれをリーダーシップの発揮と表現しなかったとしても，本書のリーダーシップの定義に鑑

みれば同種の行為であると考えて差し支えないといえるのである。

　3つ目は，フォロワーがリーダーシップの発揮であると認知したと語っているにもかかわらず，リーダーはそれとは別の意図を有していたというパターンである。これは，本書の事例研究独自の発見事実である。たしかに，フォロワーが組織現象を理解するツールとしてリーダーシップという概念を用いるという「リーダーシップの幻想」のように，実際的なリーダーの存在を介さずにリーダーシップについて考察した議論はあった。だが，たとえばE社の事例で，G部長が意図していたのはフォロワーの育成である。リーダーシップの概念の中にフォロワーの成長を促すという育成的な面を見ることは不可能ではないが，ここでは，その意図がリーダーシップの発揮とはまったく別であったことのほうに注目すべきである。「アリセプト®」の杉本も，「自由闊達に議論できる場づくり」に関してはG部長同様に育成の意図を，そして「自由裁量の余地を与える」に関してはフォロワーの競争心の喚起というマネジメントの意図をもってした行為であるとの認識を示した。後者に関しては，杉本のマネジメントの意図に対し，フォロワーは研究者としての自主性を尊重してもらえることに感謝の念を抱いてリーダーシップを認めたわけだが，リーダーにとってこれは，研究者としての自主性を尊重しつつ互いに切磋琢磨させることでパフォーマンスの向上を促すというコントロールであったのである。

　このように，リーダーシップを，フォロワーの認知とリーダーの意図という双方の観点から考察した結果，双方が直接的に合致するだけでなく，間接的に合致したり，さらには相違したりするというパターンをも見出すことができた。ここから，フォロワーがリーダーシップを認知しやすい傾向を見て取れる行為は，リーダーが本来持っていた意図を超えて，フォロワーに，より自発的な意識の変化を促す可能性を指摘することができる。ただ，それを意識して行動したとしても，必ずしもリーダーシップを認知されるわけではないことには，注意が必要である。というのも，行為はコンテキストの中にあるものだからである。コンテキストにはフォロワーに関するものもあればリーダーに関するものもあり，それらの関係性の中から行為の意図は派生してくる。その派生した意図の中に，リーダーシップと親和性が強いものがあれば，上述のようなリーダーの意図を超えた意識の変化がもたらされることがあるということなのである。

結章

本書の結論と含意，そして展望

ここまで，フォロワーの視点からリーダーシップを捉え直すという目的のもと，フォロワーの語りに注目し，フォロワーによるリーダーシップについての語りを聞いてから，語られた行為に対してどのような意図を有していたのかを今度はリーダーに聞くという分析枠組みに基づいて，事例研究を進めてきた。第8～10章の3事例の考察に加えて，前章では事例間の比較検討も行った。本章では，一連の考察から導かれた結論を述べ，本書の理論的および実践的含意を論じる。また，結びとして，最終節には今後の課題と展望を示す。

1 本研究の結論

1-1 フォロワーがリーダーシップを認知する3要因

　前章で見た通り，3事例から得られたフォロワーのリーダーシップにまつわる語りは，開眼・共鳴・感謝という3つのカテゴリーに類型化される。フォロワーは，リーダーと相互作用することにより，このいずれかの体験を通じて，リーダーシップを認知するのである。より詳しく述べれば，フォロワーのリーダーシップ認知に影響を及ぼすポイントとなるのは，何か新しいものを得ることができたという実感（開眼），および，リーダーとの思いの一致によって強化される自らの思いへの確信（共鳴），そして，リーダーの貢献への実感（感謝）という，3点である。

　開眼によるフォロワーのリーダーシップ認知は，既存研究でいわれるところの知的刺激に近いが，そのプロセスとリーダーから受けるインパクトが特徴的である。まず，開眼の語りには，そのプロセスにフォロワーの驚きや戸惑いが含まれている。すなわち，予想外の出来事がリーダーからもたらされ，フォロワーは戸惑うものの，最終的にはそのメリットを実感するというプロセスを経るのである。これはたしかに知的刺激ともいえるが，それを受ける前後のギャップが甚だしく，インパクトが大きい。そして何より，フォロワー自身が重要な何かを得たという喜びを感じている点が，知的刺激とは異なるといえよう。

　共鳴によるリーダーシップ認知も，既存のリーダーシップ研究で指摘されてき

たような，価値観やアイデンティティの一致に通じるものであるが，それのみにとどまらない特徴的な点がある。ここでは，リーダーが自らの思いを伝えた結果，それにフォロワーが共鳴するのだが，そこに至るまでに両者は仕事経験を蓄積しているのである。このことによってフォロワーはリーダーが何を考えているのかを知り，自分との共通点も認識している状態にある。こうした蓄積のあるところへ，リーダーから何らかの働きかけを受けたとき，そこに自らの考えとの共通点を見出せば共鳴に至るというわけである。したがって，これは，リーダーのことをよく知っているフォロワーならではのリーダーシップ認知のスタイルであるといえる。

感謝を通じたリーダーシップ認知に関しては，それがリーダーとフォロワーの直接的な相互作用によって生じるというよりも，自らの仕事環境がリーダーの貢献で改善されたというフォロワーの実感によって生成するということが，特徴的である。というのも，このリーダーシップ認知が，考え方や思いの変化というよりも，身の回りの環境の好転を実感することから生じているためである。このような，間接的な相互作用によって，かつ，意識の変化というよりも強化を通じてリーダーシップを認知することがあるというのは，既存のリーダーシップ研究では指摘されていない，本書独自の発見といえよう。

1-2 行為者の意図とリーダーシップ

上述の通り，本書の事例研究は，語りを通じて，フォロワーのリーダーシップ認知とそれに対するリーダーの意図の両方を明らかにするという分析枠組みに基づいている。こうしたことで，両者の比較もできるようになり，両者の組み合わせに複数のパターンが見られることも明らかになった。

詳しくは前章で述べた通りであるが，1つ目は，フォロワーが認知したリーダーシップに対して，リーダーも明確にリーダーシップを発揮する意図を持っていたというパターンである。既存のリーダーシップ研究の多くは，このパターンを暗黙の前提としているが，本書の事例研究でこれを確認できた出来事は，たった1つであった。

2つ目は，フォロワーが認知したリーダーシップに対して，リーダーが間接的

にリーダーシップを発揮する意図を有していたというパターンである。このパターンは，状況的にリーダーシップの発揮が求められるところで生成する。たとえば本書で見た企業再建も，そういった状況ということになるであろう。こうした中では，リーダーは直接意図していなくとも，結果としてその行為がフォロワーに対する積極的な意識変化の促進に帰着することがあるのである。

　3つ目は，フォロワーが認知したリーダーシップに対して，リーダーが別の意図を持っていたというパターンである。こうしたリーダーとフォロワーの認識の相違について，既存研究は明確に指摘していないが，たとえばリーダーシップの失敗事例などはここに含まれていると見られる。しかし，本書は，両者の相違がもたらすネガティブな帰結ではなく，そこにもフォロワーの育成やチームの活性化といったポジティブな意図があったことを見出した。組織目的の実現のためにリーダーがフォロワーに働きかけたこれらの行為が，フォロワーにはリーダーシップの発揮と認識されることがあるということなのである。

　フォロワーとリーダーとの間に，こういった齟齬が生じる背景には，リーダーシップという概念について，行為者の間で統一された認識が必ずしも存在していないことがあげられよう。「リーダーシップとは，かくあるもの」という基本認識に関し，リーダーとフォロワーの間に共通するものがあり，その共通項に反応する出来事があれば，意図は通じる。一方，その基本認識が異なれば，フォロワーの認知とリーダーの意図は相違するであろう。そのとき，リーダーがリーダーシップとしては意識していなかった行為が，結果としてフォロワーからはリーダーシップと見なされることがあるのである。

1-3　予想外の語りの存在

　フォロワーの語りの中には，いくつか，当初の問題意識とは異なる，予想外の結果が見られた。1つは，「アリセプト®」の事例におけるリーダーシップの役割分担にまつわる語りであり，もう1つは，フェニックス電機の事例において経営幹部とミドル・マネジャー以外の現場リーダー・クラスのフォロワーから斉藤のリーダーシップを認知したという語りが得られなかったことである。

1-3-1 「アリセプト®」探索研究チームにおけるリーダーシップの役割分担

　事例の振り返りになるが,「アリセプト®」探索研究チームにおけるリーダーシップの役割分担とは，以下のようなものであった。

　創薬の探索研究は，合成と評価という専門知識もタスクの遂行内容も異なるグループを包含している。両者の相互作用は，日常業務においては頻繁ではなく，定期的な会合の場に限られていた。また，当時のエーザイでは，新設研究所における積極的な採用活動の結果，リーダーの杉本と研究員の間にジェネレーション・ギャップが生じていた。加えて，疾病領域別の研究開発体制が敷かれて研究室間の競争意識が促進されることで，リーダーには成果を出さなければならないというプレッシャーがかかっていた。

　こうした状況下で杉本は，自らが出身であった合成グループについては信頼を置く後輩のT研究員に対内的なとりまとめを意識的に任せ，一方の評価グループについては探索研究プロセスの次段階でリーダーとなるY研究員が自然ととりまとめ役を担ったわけである。

　このように見返してみると，リーダーシップの役割分担には，創薬の探索研究チームそのものの特性と，当時のエーザイにおける研究開発チームの編成が，大きく影響を及ぼしていることがわかる。これはすなわち，組織の構造上の特性と組織が置かれている状況的な特性である。もちろん，同じような特性のもとにさえあれば，必ずリーダーシップの役割分担が生じるというわけではないだろう。したがって，「アリセプト®」についても，こうした中で，杉本とT研究員とY研究員が，ミッション達成への共通した意識のもと，直面した状況へ適切に対応したということこそが，より一層重要であるといえる。

　また，こうしたリーダーシップの役割分担の語りから，リーダーシップには，リーダーとフォロワーの相互作用という基本的な図式のみならず，タスクの特性やチームの構造そして直面する環境によって，公式・非公式を問わず複数のリーダーとフォロワーの関係が生じるなどといった，より複雑な状況がありうるということが窺い知れるのである。

1-3-2 フェニックス電機の現場リーダーの語り

　事例研究における，もう1つの予想外の結果が，フェニックス電機の現場リー

ダー・クラスのフォロワーたちから、斉藤のリーダーシップにまつわる語りを得られなかったことである。第10章では詳しく議論しなかったものの、ISO9001の認証取得や主力製品の変更といった経営幹部やミドル・マネジャーたちがリーダーシップを認知したと語った主な出来事に関する語り自体は、現場リーダーからも得られたものの、そこに斉藤のリーダーシップを認知していたわけではなかったのである。これらは、むしろ、上層部から下りてきた指示に忠実に従った出来事として語られていた。

このように、同じ出来事に対しても、フォロワーによってリーダーシップの認知が異なることがあるというのが、これらの語りを意味解釈した上での特徴である。フェニックス電機の事例に関していえば、それは、フォロワーの属する組織階層の違いから生じていると考えられる。

では、なぜ、組織階層の違いがリーダーシップの認知に影響するのであろうか。その原因は、リーダーとの直接的な相互作用の機会であるといえそうである。とりわけフェニックス電機のこの事例においては、リーダーの斉藤に、再建には経営幹部およびミドル・マネジャーの意識の変化が不可欠だという認識があった。その意図がうまく反映されて、経営幹部およびミドル・マネジャーからは開眼によるリーダーシップの認知が語られたわけである。しかし、その背後では、斉藤が、確信的にトップダウンで決断をしたり意向を伝えたりしていた。こうしたコミュニケーション・スタイルでは、直接的な相互作用によってのみ詳細な意思が伝えられるので、組織階層が離れていて間接的な関係にある者にとっては、リーダーシップが認知しにくくなるのである。

2 理論的含意

改めて確認すると、本書の事例研究は、リーダー中心にリーダーシップを考察する支配的なアプローチとは逆にフォロワーの視点を軸にし、方法論に関しても主流といえる量的調査ではなく質的調査に基づいていた。つまりは、リーダーシップの捉え方も調査方法も、既存研究が十分でなかった部分に焦点を当てたものだったといえる。こうした研究により、本書はどのような理論的貢献を果たした

であろうか。前節にまとめた結論を振り返りながら，以下4点について述べていこう。

2-1　フォロワーがリーダーシップを認知する要因

　まず第1は，語りの類型化から，開眼・共鳴・感謝という，フォロワーがリーダーシップを認知する3つの要因を抽出したことである。
　暗黙のリーダーシップ論でもフォロワーがリーダーシップを認知するプロトタイプは議論されていたが，本研究は，時間的要素を含む語りの分析によって，どの要因に類型化されるかを指摘するだけでなく，各要因のカテゴリーごとに，フォロワーがリーダーシップの認知に至るまでのリーダーとの相互作用プロセスおよびコンテキストを明らかにした。

2-2　リーダーシップにまつわる行為者の意図

　第2は，フォロワーのリーダーシップ認知と，リーダーのリーダーシップを発揮しようという意図との関係性を，明らかにしたことである。すなわち，両者は必ずしも一致しない。
　中でも興味深かったのは，リーダーの側ではリーダーシップを意図した行為ではないものを，フォロワーのほうがリーダーシップと認知することがある，すなわち，意図せざるリーダーシップの発揮とでもいうべき現象があるということである。リーダーシップを発揮しようとしたにもかかわらずフォロワーがついてこず，結果として組織をうまく導けなかったというストーリーはよく聞かれるが，それとは逆のケースなのである。ただし，この場合も，リーダーシップの発揮と何の関係もない行為がそれと認知されたわけではなく，本書の事例研究でいえば人材育成やチームの活性化など，組織目的の達成につながりフォロワーに何らかのメリットをもたらす意図に基づく行為であったことには留意が必要である。

2-3　複合的視点からリーダーシップを捉える重要性

　第3は，リーダーシップの役割分担という現象を指摘できたことである。すなわち，リーダーシップを既存研究のように特定のリーダーとフォロワーの相互作用に求めているだけでは不十分で，公式のリーダーを補う非公式的なリーダーによるリーダーシップが認められる場合があるということである。

　この現象が見出された「アリセプト®」の事例における研究対象の，組織構造上および環境上の特性は，前節で振り返った通りである。そこではまた，公式のリーダーが意図的に役割分担を実行している場合と，状況の要請から必然的にそれが生成したという場合があった。

　こうした現象は，状況やコンテキストを考慮してリーダーシップを捉えたからこそ見えてきたのだといえよう。ここから，リーダーシップを考察するにあたっては，特定のリーダーのみならず，フォロワーが認めている非公式的なリーダーシップの存在も包含するような，複合的な視点が必要であることがわかるのである。

2-4　リーダーシップを認知するフォロワーとしないフォロワー

　第4は，あるフォロワーがリーダーシップの発揮と認知した出来事があったとしても，別のフォロワーはそのように認知していなかったり，異なる現象として認知したりしている場合があるのを示したことである。

　こういった違いを生じさせる要因として，以下の3つが考えられる。1つ目は，リーダーとの仕事経験の蓄積の程度である。たとえば，E社の事例で，G部長との仕事経験の豊富なフォロワーがリーダーシップの発揮と認知した出来事について，ともにした仕事経験が少なかった若手社員はリーダーシップを認知しなかった。

　2つ目は，タスク遂行に関するリーダーへの依存度である。これが低いとリーダーシップを認知しないことがある。たとえば，「アリセプト®」の事例で，評価グループには，杉本のリーダーシップを認知しないフォロワーが複数名いた。

杉本は合成グループの出身だったこともあって，評価グループのタスク遂行に果たす役割が限られ，評価グループのメンバーは杉本に依存する度合いが低かったのである。

3つ目は，リーダーとの直接的な相互作用の頻度である。これも前節で振り返った事例であるが，フェニックス電機トップ・マネジメントのフォロワーが斉藤のリーダーシップを認知したのに対し，現場リーダーのフォロワーは認知しなかったことが，その一例である。

3　実践的含意

前節までの議論は，リーダーシップの実践に対してどのように貢献できるのであろうか，すなわち，本書の実践的含意とは何であろうか。本節では，それを，フォロワーがリーダーシップを認知する要因についての理解，リーダーシップの発揮にまつわる行為者の意図に対する自覚，フォロワーの特性と直面する状況の把握という，3つの観点から論じる。

3–1　フォロワーがリーダーシップを認知する要因についての理解

本研究は，フォロワーが，リーダーのどういった行為に対して，どのようなプロセスで，リーダーシップを認知したのかを明らかにした。語りの類型化によって導出した，開眼・共鳴・感謝という3つのリーダーシップの認知要因からは，それぞれ異なる実践的含意を得ることができる。

開眼によるフォロワーのリーダーシップ認知は，リーダーとの相互作用を通じて新しい思考法・ノウハウ・スキルなどを身につけられたという喜びからもたらされるため，リーダーシップの実践という観点からは，フォロワーが仕事を遂行することで喜びとなるようなものをもたらすことが望まれよう。ただし，この場合，喜びといっても，単なる楽しみではなく，フォロワーの成長に寄与するようなものでなければならない。フォロワーの成長に寄与するようなものは結果として組織の発展にもつながるのである。

共鳴によるフォロワーのリーダーシップ認知は，リーダーとの仕事経験の蓄積を通じ，フォロワー自身の思いとリーダーの思いが一致することによって生成していた。すなわちフォロワーは，このリーダーのもとでなら自らの信念が実現できるという確信から，リーダーシップを認めるのである。したがって，フォロワーの側にも仕事経験を通じて確固たる信念が形成されていないことには，この認知は生じない。つまり，リーダーが自らの信念を貫き通したとしてもリーダーシップの発揮に結実するとは限らないということになるが，それでも，リーダーシップの実践という観点からいえば，自らの信念を貫き通すことは必要条件として欠かせない。

感謝によるフォロワーのリーダーシップ認知は，リーダーが組織に貢献していることへの感謝の念から生成するものである。フォロワーは，タスクの遂行および成果がリーダーのバックアップによって実現したものと認めることによって，リーダーシップを認知するのである。これについてリーダーシップの実践という観点からいえることは，リーダーが目標の遂行に向けてフォロワーの目に見える形で尽力することがリーダーシップの認知につながるが，その際には，個人的な利益を追求したりフォロワーにおもねったりするのではなく組織の利益を第一に考える姿勢が，常に求められるということである。

このように，フォロワーがどの要因によってリーダーシップを認知するのかということに対する理解は，3つの要因ごとの特性とそれらが成立する条件の把握につながる。すなわち，本研究は，リーダーがフォロワーと相互作用を積み重ねる中で，どのような行動をとればフォロワーからリーダーシップの発揮と認められるのかということについて，知見をもたらすことができるのである。

3-2 リーダーシップの発揮にまつわる行為者の意図に対する自覚

第2に，リーダーシップは，本書の事例に見られたように，リーダーが意図的に発揮しなくともフォロワーがリーダーシップだと認知することがある。しかし，反対に，リーダーがリーダーシップを発揮しようと意図しても，そのように受けとめられない可能性ももちろんあるであろう。むしろ，リーダーがリーダーシップを発揮しようとし，それをフォロワーもリーダーシップの発揮と認めるという，

従来のリーダーシップ論が想定していた状況は，ほとんど見受けられないのではないだろうか。

　ここから，リーダーシップの実践に対して何かいえるとすれば，リーダーがリーダーシップを発揮しようと意図しても思い通りになるとは限らないということを，ある意味当たり前のような認識であるとはいえ，自覚する必要があるということである。リーダーは，その上でなお，上述した開眼・共鳴・感謝というフォロワーがリーダーシップを認知する要因に影響を与える行動を意図してとり，フォロワーがリーダーシップを認めて自発的に意識を変えるような相互作用を実践することが求められるのである。そして，その根本には，組織目的の実現および目標の達成に向けてフォロワーの成長を促すという原則がなければならないであろう。もしリーダーが，内に利己的な目的を秘め，表面的にはフォロワーから支持されるような行動をとってしまうと，誤った方向に組織を導く結果となるであろう。

　本書の事例研究によれば，とりわけリーダーの人材育成的な行為やフォロワーを尊重する行為が，リーダーシップとして認知されていることがわかる。当然ながら，いずれのリーダーの行動も，フォロワーの成長，プロジェクトの成就，再建の実現という，コミュニティとしての組織の発展を第一にしたものであり，個人的利益や権力を得ようといったようなものではなかったのである。

3-3　フォロワーの特性と直面する状況の把握

　第3に，同じ出来事であってもリーダーシップを認知するフォロワーもいれば，そうでないフォロワーもおり，すべてのフォロワーが納得して喜んでついてくることはむしろ珍しいといえそうだということである。リーダーシップの実践にこの含意を活かすとすれば，リーダーシップを発揮するには，何をおいてもフォロワーの特性を把握することであり，フォロワーの仕事経験，身につけているスキル，直面しているあるいは直面する可能性のある課題や状況といった，フォロワーに関連する対内的および対外的諸要素を把握した上で適切な行動をとることが，求められるということである。

　また，本書の事例研究の結論から，フォロワーのリーダーシップ認知には，リ

ーダーとの相互作用の頻度が影響を及ぼしていることが明らかとなった。ここで相互作用というのは，開眼や共鳴の語りに見られた直接的なもののみならず，感謝の語りにあったようなフォロワーの利害に直接関係するリーダーの行動を観察するといった間接的なものも含まれる。いずれにせよ，フォロワーのリーダーシップ認知には相互作用の蓄積が必要になるといえよう。

4 今後の課題と展望

　この最終節で，本書の課題について述べることとする。
　今後取り組むべき課題としては，まず，事例研究の蓄積である。本書では，状況のまったく異なる3事例を比較検討して考察を進めてきたが，今後も同じ分析枠組みに基づいて，類似した事例間でさらなる比較検討を行い，フォロワーの語りの類型化を精査する必要があろう。その際には，本書で導出された3カテゴリーのほかに新たなカテゴリーが見つかるのか，また，同じカテゴリーにおいても異なるリーダーシップの認知パターンがあるのかといったことが，論点となるだろう。
　次に，質的方法によるリーダーシップ研究を推進するからには，リーダーとフォロワーの相互作用に注目しながらも，本書によって指摘されたリーダーシップの役割分担のように，公式なリーダーシップだけではなく，非公式な関係にも目を向け，公式のリーダーシップと非公式的なリーダーシップの関係性をも意識して，より深くフィールドに入って調査することも必要であろう。
　最後に，リーダーシップにまつわる行為者の意図に関しては，より詳細な調査が必要である。リーダーシップという現象に，関連する行為者がどのような意図をもって臨んでいたのか，意図が相違した場合にはどのような結果に至るのか。本書での成果とも比較検討した上で，さらなる考察が求められている。
　繰り返しになるが，本書は，リーダーシップの既存研究の多くが基軸としたリーダーの視点や量的調査という調査方法をとらず，フォロワーの視点に基づいた質的調査を実施した。それによって，これまでのリーダーシップ研究では指摘されてこなかった理論的含意に辿り着いた反面，さらなる研究蓄積を通じて，この

アプローチによる議論の精緻化を図っていく必要がある。

　ただ，千里の道も一歩から，この研究を出発点に，行為者のインサイトにより深く入り込んで，リーダーシップという社会的現象の真なる部分を明らかにしていかなければならない。

参 考 文 献

欧文文献

Antonakis, J., Avolio, B. J. & Sivasubramaniam, N. (2003). "Context and Leadership: An Examination of the Nine-factor Full-range Leadership Theory Using the Multifactor Leadership Questionnaire," *The Leadership Quarterly*, 14: 261–295.

Antonakis, J. & House, R. J. (2002). "An Analysis of the Full-range Leadership Theory: The Way Forward," in B. J. Avolio & F. J. Yammarino eds., *Transformational and Charismatic Leadership: The Road Ahead*, Amsterdam: JAI Press, pp. 3–34.

Atkinson, R. (1998). *The Life Story Interview*, Thousand Oaks: Sage Publications.

Avolio, B. J. (2011). *Full Range Leadership Development, 2nd ed.*, Thousand Oaks: Sage Publications.

Avolio, B. J., Bass, B. M. & Jung, D. I. (1999). "Re-examining the Components of Transformational and Transactional Leadership Using the MLQ," *Journal of Occupational and Organizational Psychology*, 72: 441–462.

Avolio, B. J., Waldman, D. A. & Yammarino, F. J. (1991). "Leading in the 1990s: The Four I's of Transformational Leadership," *Journal of European Industrial Training*, 15: 9–16.

Avolio, B. J., Walumbwa, F. O. & Weber, T. J. (2009). "Leadership: Current Theories, Research, and Future Directions," *The Annual Review of Psychology*, 60: 421–449.

Avolio, B. J. & Yammarino, F. J. (2013). *Transformational and Charismatic leadership: The Road Ahead, 10th anniversary ed.*, Bingley: Emerald.

Avolio, B. J., Zhu, W., Koh, W. & Bhatia, P. (2004). "Transformational Leadership and Organizational Commitment: Mediating Role of Psychological Empowerment and Moderating Role of Structural Distance," *Journal of Organizational Behavior*, 25: 951–968.

Awamleh, R. & Gardner, W. L. (1999). "Perceptions of Leader Charisma and Effectiveness: The Effects of Vision Content, Delivery, and Organizational Performance," *The Leadership Quarterly*, 10: 345–373.

Bales, R. F., Cohen, S. P. & Williamson, S. A. (1979). *SYMLOG: A System for the Multiple Level Observation Groups*, New York: Free Press.

Barker, R. A. (2001). "The Nature of Leadership," *Human Relations*, 54: 469–494.

Barnard, C. I. (1938). *The Functions of the Executive*, Cambridge, MA: Harvard University Press.（山本安次郎・田杉競・飯野春樹訳『新訳 経営者の役割』ダイヤモンド社，1968年。）

Bass, B. M. (1985). *Leadership and Performance Beyond Expectations*, New York: Free Press.

Bass, B. M. (1998). *Transformational Leadership: Industrial, Military, and Educational Impact*,

Mahwah: Lawrence Erlbaum Associates.
Bass, B. M. (2008). *The Bass Handbook of Leadership: Theory and Research and Managerial Applications*, New York: Free Press.
Bass, B. M. & Avolio, B. J. (1990). "The Implications of Transactional and Transformational Leadership for Individual, Team, & Organizational Development," in W. A. Pasmore & R. W. Woodman eds., *Research in Organizational Change and Development, Vol. 4*, Greenwich: JAI Press, pp. 231-272.
Bass, B. M. & Avolio, B. J. (1993). "Transformational Leadership: A Response to Critiques." in M. Chemers & R. Ayman eds., *Leadership Theory and Research: Perspectives and Directions*, San Diego: Academic Press, pp. 49-80.
Bass, B. M. & Avolio, B. J. (1994). *Improving Organizational Effectiveness: Through Transformational Leadership*, Newbury Park, Thousand Oaks: Sage Publications.
Bass, B. M., Avolio, B. J., Jung, D. I. & Berson, Y (2003). "Predicting Unit Performance by Assessing Transformational and Transactional Leadership," *Journal of Applied Psychology*, 88: 207-218.
Beale, R. & Jackson, T. (1990). *Neural Computing: An Introduction*, Bristol: IOP Publishing. (八名和夫監訳『ニューラルコンピューティング入門』海文堂，1993年。)
Bennis, W. (1989). *On Becoming a Leader*, New York: Perseus Books. (芝山幹郎訳『リーダーになる』新潮社，1992年。)
Bennis, W. (2004). "The Seven Ages of the Leader," *Harvard Business Review*, 82 (Jan): 46-53.
Bennis, W. & Nanus, B. (1985). *Leaders: The Strategies for Taking Charge*, New York: Harper & Row. (小島直記訳『リーダーシップの王道』新潮社，1987年。)
Berger, P. L. & Luckmann, T. (1967). *The Social of Reality: A Treatise in the Sociology of Knowledge*, New York: Anchor Books. (山口節郎訳『現実の社会的構成——知識社会学論考』新曜社，2003年。)
Blank, W. (1995). *The 9 Natural Laws of Leadership*, New York: AMACOM.
Bligh, M. C., Kohles, J. C. & Meindl, J. R. (2004a). "Charisma under Crisis: Presidential Leadership, Rhetoric, and Media Responses before and after the September 11th Terrorist Attacks," *The Leadership Quarterly*, 15: 211-239.
Bligh, M. C., Kohles, J. C. & Meindl, J. R. (2004b). "Charting the Language of Leadership: A Methodological Investigation of President Bush and the Crisis of 9/ 11," *Journal of Applied Psychology*, 89: 562-574.
Bligh, M. C., Kohles, J. C. & Pillai, R. (2011). "Romancing Leadership: Past, Present, and Future," *The Leadership Quarterly*, 22: 1058-1077.
Bligh, M. C. & Meindl, J. R. (2004). "The Cultural Ecology of Leadership: An Analysis of Popular Leadership Books," in D. M. Messik & R. M. Kramer eds., *The Psychology of Leadership: New Perspectives and Research*, London: LEA Press, pp. 11-52.

Bligh, M. C. & Schyns, B. (2007). "The Romance Lives on: Contemporary Issues Surrounding the Romance of Leadership," *Leadership*, 3: 343-360.

Bloor, M. & Wood, F. (2006). *Keywords in Qualitative Methods: A Vocabulary of Research Concepts*, Thousand Oaks: Sage Publications.（上淵寿監訳／上淵寿・大家まゆみ・小松孝至・榊原知美・丹羽さがの・野口隆子・野坂祐子・山本良子訳『質的研究法キーワード』金子書房，2009年。）

Blumer, H. (1969). *Symbolic Interactionism*, Englewood Cliffs: Prentice-Hall.（後藤将之訳『シンボリック相互作用論』勁草書房，1991年。）

Boje, D. M. (1991a). "The Storytelling Organization: A Study of Story Performance in an Office Supply Firm," *Administrative Science Quarterly*, 36: 106-126.

Boje, D. M. (1991b). "Consulting and Change in the Storytelling Organization," *Journal of Organizational Change Management*, 4: 7-17.

Boje, D. M. (1991c). "Learning Storytelling: Storytelling to Learn Management Skills," *Journal of Management Education*, 15: 279-294.

Bono, J. E. & Judge, T. A. (2003). "Self-concordance at Work: Toward Understanding the Motivational Effects of Transformational Leaders," *Academy of Management Journal*, 46: 554-571.

Bower, G. H., Black, J. B. & Turner, T. J. (1979). "Scripts in Memory of Text," *Cognitive Psychology*, 11: 177-220.

Boyett, J. H. & Boyett, J. T. (1998). *The Guru Guide: The Best Ideas of the Top Management Thinkers*, New York: John Wiley & Sons, Inc.（金井壽宏監訳／大川修二訳『経営革命大全』日本経済新聞社，1999年。）

Brewer, M. B. & Gardner, W. L. (1996). "Who Is This 'We'? Levels of Collective Identity and Self Representations," *Journal of Personality and Social Psychology*, 71: 83-93.

Brown, J. S., Denning, S., Groh, K. & Prusak, L. (2004). *Storytelling in Organizations: Why Storytelling Is Transforming 21st Century Organizations and Management*, New York: Routledge.（高橋正泰・高井俊次監訳『ストーリーテリングが経営を変える――組織変革の新しい鍵』同文舘出版，2007年。）

Browning, L. D. (1991). "Organizational Narratives and Organizational Structure," *Journal of Organizational Change Management*, 4: 59-67.

Bruner, J. (1986). *Actual Minds, Possible Worlds*, Cambridge, MA: Harvard University Press.（田中一彦訳『可能世界の心理』みすず書房，1998年。）

Bruner, J. (1990). *Acts of Meaning*, Cambridge, MA: Harvard University Press.（岡本夏木・仲渡一美・吉村啓子訳『意味の復権――フォークサイコロジーに向けて』ミネルヴァ書房，1999年。）

Bryman, A. (1992). *Charisma and Leadership*, Thousand Oaks: Sage Publications.

Bryman, A. (2004). "Qualitative Research on Leadership: A Critical but Appreciative Review," *The Leadership Quarterly*, 15: 729-769.

Bryman, A., Bresnen, M., Breardsworth, A. & Keil, T. (1988). "Qualitative Research and the Study of Leadership," *Human Relations*, 41:13-30.

Bryman, A. & Stephens, M. (1996). "The Importance of Context: Qualitative Research and The Study of Leadership," *The Leadership Quarterly*, 7: 353-370.

Burns, J. M. (1978). *Leadership*, New York: Harper & Row.

Burns, J. M. (2003). *Transforming Leadership: A New Pursuit of Happiness*, New York: Grove Press.

Burr, V. (1995). *An Introduction to Social Constructionism*, London; New York: Routledge. (田中一彦訳『社会的構築主義への招待——言説分析とは何か』川島書店，1997年。)

Burrell, G. & Morgan, G. (1979). *Sociological Paradigms and Organisational Analysis: Elements of the Sociology of Corporate Life*, London: Heinemann. (鎌田伸一・金井一頼・野中郁次郎訳『組織理論のパラダイム——機能主義の分析枠組』千倉書房，1986年。)

Calder, B. J. (1977). "An Attribution Theory of Leadership," in B. M. Staw & G. R. Salancik eds., *New Directions in Organizational Behavior*, Chicago: St. Clair Press, pp. 179-204.

Carsten, M. K., Uhl-Bien, M., West, B. J., Patera, J. L. & McGregor, R. (2010). "Exploring Social Constructions of Followership: A Qualitative Study," *The Leadership Quarterly*, 21: 543-562.

Chaleff, I. (1995). *The Courageous Follower: Standing up to and for Our Leaders*, San Francisco: Berrett-Koehler. (野中香方子訳『ザ・フォロワーシップ——上司を動かす賢い部下の教科書』ダイヤモンド社，2009年。)

Chemers, M. M. (1997). *An Integrative Theory of Leadership*, Mahwah: Lawrence Erlbaum Associates. (白樫三四郎訳編『リーダーシップの統合理論』北大路書房，1999年。)

Chen, C. C. & Meindl, J. R. (1991). "The Construction of Leadership Images in the Popular Press: The Case of Donald Burr and People Express," *Administrative Science Quarterly*, 36: 521-551.

Clark, B. R. (1972). "The Organizational Saga in Higher Education," *Administrative Science Quarterly*, 17: 178-184.

Clifford, J. & Marcus, G. E., eds. (1986). *Writing Culture: The Poetics and Politics of Ethnography*, Berkeley: University of California Press. (春日直樹・足羽與志子・橋本和也・多和田裕司・西川麦子・和邇悦子訳『文化を書く』紀伊国屋書店，1996年。)

Conger, J. A. & Kanungo, R. N. (1987). "Toward a Behavioral Theory of Charismatic Leadership in Organizational Settings," *Academy of Management Review*, 12: 637-647.

Conger, J. A. & Kanungo, R. N. (1988). *Charismatic Leadership: The Elusive Factor in Organizational Effectiveness*, San Francisco: Jossey-Bass. (片柳佐智子・山村宣子・松本博子・鈴木恭子訳『カリスマ的リーダーシップ——ベンチャーを志す人の必読書』流通科学大学出版，1999年。)

Conger, J. A. & Kanungo, R. N. (1994). "Charismatic Leadership in Organizations: Perceived Behavioral Attributes and Their Measurement," *Journal of Organizational Behavior*, 15:

439-452.

Conger, J. A. & Kanungo, R. N. (1998). *Charismatic Leadership in Organizations*, Thousand Oaks: Sage Publications.

Conger, J. A., Kanungo, R. N. & Menon, S. T. (2000). "Charismatic Leadership and Follower Effects," *Journal of Organizational Behavior*, 21: 747-767.

Conger, J. A., Kanungo, R. N., Menon, S. T. & Mathur, P. (1997). "Measuring Charisma: Dimensionality and Validity of the Conger-Kanungo Scale of Charismatic Leadership," *Canadian Journal of Administrative Sciences*, 14: 290-301.

Costa, P. T., Jr. & McCrae, R. R. (1989). *The NEO-PI/ NEO-FFI Manual Supplement*, Odessa: Psychological Assessment Resources.

Czarniawska, B. (1998). *A Narrative Approach to Organization Studies*, Thousand Oaks: Sage Publications.

Dandridge, T. C., Mitroff, I. & Joyce, W. F. (1980). "Organizational Symbolism: A Topic to Expand Organizational Analysis," *Academy of Management Review*, 5: 77-82.

Dansereau, F. (1995). "A Dyadic Approach to Leadership: Creating and Nurturing this Approach under Fire," *The Leadership Quarterly*, 6: 479-490.

Dansereau, F., Alutto, J. A. & Yammarino, F. J. (1984). *Theory Testing in Organizational Behavior: The Varient Approach*, Englewood Cliffs: Prentice-Hall.

Dansereau, F., Jr., Cashman, J. & Graen, G. (1973). "Instrumentality Theory and Equity Theory as Complementary Approaches in Predicting the Relationship of Leadership and Turnover among Managers," *Organizational Behavior and Human Performance*, 10: 184-200.

Dansereau, F., Jr., Graen, G. & Haga, W. J. (1975). "A Vertical Dyad Linkage Approach to Leadership within Formal Organizations: A Longitudinal Investigation of the Role Making Process," *Organizational Behavior and Human Performance*, 13: 46-78.

Dansereau, F. & Yammarino, F. J., eds. (1998). *Leadership: The Multiple-level Approaches: Contemporary and Alternative*, Stamford: JAI Press.

Dansereau, F., Yammarino, F. J., Markham, S. E., Alutto, J. A., Newman, J., Dumas, M., Nachman, S. A., Naughton, T. J., Kim, K., Al-Kelabi, S. A., Lee, S. & Keller, T. (1995). "Individualized Leadership: A New Multiple-level Approach," *The Leadership Quarterly*, 6: 413-450.

Day, D. V. & Antonakis, J. (2012). *The Nature of Leadership, 2nd ed.*, Thousand Oaks: Sage Publications.

Deal, T. E. & Kennedy, A. A. (1982). *Corporate Cultures: The Rites and Rituals of Corporate Life*, Reading: Addison Wesley Longman.（城山三郎訳『シンボリック・マネジャー』岩波書店，1997年。）

Den Hartog, D. N., House, R. G., Hanges, P. J., Ruiz-Quintanilla, S. A. & Dorfman, P. W. (1999). "Culture Specific and Cross-culturally Generalizable Implicit Leadership Theories: Are the Attributes of Charismatic/ Transformational Leadership Universally Endorsed? " *The Leadership Quarterly*, 10: 219-256.

Denning, S. (2007). *The Secret Language of Leadership*, New York: John Wiley & Sons.（高橋正泰・高井俊次監訳『ストーリーテリングのリーダーシップ――組織の中の自発性をどう引き出すか』白桃書房，2012年。）

Downton, J. V. (1973). *Rebel Leadership: Commitment and Charisma in the Revolutionary Process*, New York: Free Press.

Dumdum, U. R., Lowe, K. B. & Avolio, B. J. (2002). "A Meta-analysis of Transformational and Transactional Leadership Correlates of Effectiveness and Satisfaction: An Update and Extension," in B. J. Avolio & F. J. Yammarino eds., *Transformational and Charismatic Leadership: The Road Ahead*, Amsterdam: JAI Press, pp. 35-66.

Dvir, T., Eden, D., Avolio, B. J. & Shamir, B. (2002). "Impact of Transformational Leadership on Follower Development and Performance: A Field Experiment," *Academy of Management Journal*, 45: 735-744.

Dvir, T. & Shamir, B. (2003). "Follower Developmental Characteristics as Predicting Transformational Leadership: A Longitudinal Field Study," *The Leadership Quarterly*, 14: 327-344.

Eden, D. & Leviathan, U. (1975). "Implicit Leadership Theory as a Determinant of the Factor Structure Underlying Supervisory Behavior Scales," *Journal of Applied Psychology*, 60: 736-741.

Eden, D. & Sulimani, R. (2002). "Pygmalion Training Made Effective: Greater Mastery Through Augmentation of Self-efficacy and Means Efficacy," in B. J. Avolio & F. J. Yammarino eds., *Transformational and Charismatic Leadership: The Road Ahead*, Amsterdam: JAI Press, pp. 287-308.

Ehrlich, S. B., Meindl, J. R. & Viellieu, B. (1990). "The Charismatic Appeal of a Transformational Leader: An Empirical Case Study of a Small, High-technology Contractor," *The Leadership Quarterly*, 1: 229-247.

Emerson, R. M., Fretz, R. I. & Shaw, L. L. (1995). *Writing Ethnographic Fieldnotes*, Chicago: University of Chicago Press.（佐藤郁哉・好井裕明・山田富秋訳『方法としてのフィールドノート――現地取材から物語作成まで』新曜社，1998年。）

Engle, E. M. & Lord, R. G. (1997). "Implicit Theories, Self-Schemas, and Leader-Member Exchange," *Academy of Management Journal*, 40: 988-1010.

Epitropaki, O. & Martin, R. (2004). "Implicit Leadership Theories in Applied Settings: Factor Structure, Generalizability, and Stability Over Time," *Journal of Applied Psychology*, 89: 293-310.

Epitropaki, O. & Martin, R. (2005). "From Ideal to Real: A Longitudinal Study of the Role of Implicit Leadership Theories on Leader-Member Exchanges and Employee Outcomes," *Journal of Applied Psychology*, 90: 659-676.

Etzioni, A. (1961). *A Comparative Analysis of Complex Organizations*, New York: Free Press.（綿貫譲治監訳『組織の社会学的分析』培風館，1966年。）

Evans, M. G. (1970). "The Effects of Supervisory Behavior on the Path Goal Relationship," *Organizational Behavior and Human Performance, 5: 277–298.

Fairhurst, G. T. & Hamlett, S. R. (2003). "The Narrative Basis of Leader-Member Exchange," in G. B. Graen ed., *Dealing with Diversity*, Greenwich: Information Age Publishing, pp. 117–144.

Fiedler, F. E. (1967). *A Theory of Leadership Effectiveness*, New York: McGraw-Hill.（山田雄一監訳『新しい管理者像の探求』産業能率短期大学出版部,1970 年。）

Fishbein, M. & Ajzen, I. (1975). *Belief, Attitude, Intention and Behavior: An Introduction to Theory and Research*, Reading: Addison-Wesley.

Fleishman, E. A. & Harris, E. F. (1962). "Patterns of Leadership Behavior Related to Employee Grievances and Turnover," *Personnel Psychology*, 15: 43–56.

Flick, U. (2007). *Qualitative Sozialforschung: Eine Einführung*, Reinbek bei Hamburg: Rowohlt Taschenbuch Verlag.（小田博志監訳／小田博志・山本則子・春日常・宮地尚子訳『新版 質的研究入門——〈人間の科学〉のための方法論』春秋社,2011 年。）

French, J. & Raven, B. H. (1959). "The Bases of Social Power," in D. Cartwright ed., *Studies in Social Power*, Ann Arbor: Research Center for Group Dynamics, Institute for Social Research, University of Michigan, pp. 150–167.

Gabarro, J. J. & Kotter, J. P. (1980). "Managing Your Boss," *Harvard Business Review*, 58 (Jan-Feb): 92–100.

Gabriel, Y. (1997). "Meeting God: When Organizational Members Come Face to Face with the Supreme Leader," *Human Relations*, 50: 315–342.

Gardner, H. (1995). *Leading Minds: An Anatomy of Leadership*, New York: Basic Books.（山崎康臣・山田仁子訳『20 世紀の光と影 「リーダー」の肖像——混迷の時代,彼らはなぜ人と国を動かせたのか』青春出版社,2000 年。）

Gardner, H. (2004). *Changing Minds: The Art and Science of Changing Our Own and Other People's Minds*, Boston: Harvard Business School Press.（朝倉和子訳『リーダーなら,人の心を変えなさい』ランダムハウス講談社,2005 年。）

Gardner, J. W. (1990). *On Leadership*, New York: Free Press.（加藤幹雄訳『リーダーシップの本質——ガードナーのリーダーの条件』ダイヤモンド社,1993 年。）

Gardner, W. L. (2003). "Perceptions of Leader Charisma, Effectiveness, and Integrity," *Management Communication Quarterly*, 16: 502–527.

Geertz, C. (1973). *The Interpretation of Cultures*, New York: Basic Books.（吉田禎吾・柳川啓一・中牧弘允・板橋作美訳『文化の解釈学』全 2 巻,岩波書店,1987 年。）

Gephart, R. P., Jr. (1978). "Status Degradation and Organizational Succession: An Ethnomethodological Approach," *Administrative Science Quarterly*, 23: 553–581.

Gephart, R. P., Jr. (1991). "Succession Sensemaking and Organizational Change: A Story of a Deviant College President," *Journal of Organizational Change Management*, 4: 35–44.

Gergen, K. J. (1999). *An Invitation to Social Construction*, London: Sage Publications.（東村知子訳『あなたへの社会構成主義』ナカニシヤ出版,2004 年。）

Gerstner, C. R. & Day, D. V. (1997). "Meta-analytic Review of Leader-Member Exchange Theory: Correlate and Construct Issues," *Journal of Applied Psychology*, 82: 827-844.

Ghoshal, S & Bruch, H. (2003). "Going Beyond Motivation to the Power of Volition," *MIT Sloan Management Review*, 44: 51-57.

Glaser, B. G. & Strauss, A. L. (1967). *The Discovery of Grounded Theory: Strategies for Qualitative Research*, New York: Aldine.（後藤隆・大出春江・水野節夫訳『データ対話型理論の発見——調査からいかに理論を生みだすか』新曜社, 1996年。）

Goldberg, L. R. (1981). "Language and Individual Differences: The Search for Universals in Personality Lexicons," in L. Wheeler ed., *Review of Personality and Social Psychology, Vol. 2*, Beverly Hills: Sage Publications, pp. 141-165.

Graen, G. B. & Cashman, J. (1975). "A Role-making Model of Leadership in Formal Organizations: A Developmental Approach," in J. G. Hunt & L. L. Larson eds., *Leadership Frontiers*, Kent: Kent State University Press, pp. 143-166.

Graen, G., Dansereau, F., Jr. & Minami, T. (1972). "Dysfunctional Leadership Styles," *Organizational Behavior and Human Performance*, 7: 216-236.

Graen, G. B. & Uhl-Bien, M. (1995). "Relationship-Based Approach to Leadership: Development of Leader-Member Exchange (LMX) Theory of Leadership over 25 Years: Applying a Multi-level Multi-domain Perspective," *The Leadership Quarterly*, 6: 219-247.

Green, S. G. & Mitchell, T. R. (1979). "Attributional Processes of Leaders in Leader-Member Interactions," *Organizational Behavior and Human Performance*, 23: 429-458.

Hage, J. (1972). *Techniques and Problems of Theory Construction in Sociology*, New York: John Wiley & Sons.（小松陽一・野中郁次郎訳『理論構築の方法』白桃書房, 1978年。）

Halpin, A. W. & Winer, B. J. (1957). "A Factorial Study of the Leader Behavior Descriptions," in R. M. Stogdill & A. E. Coons eds., *Leader Behavior: Its Description and Measurement*, Columbus: Ohio State University Bureau of Business Research.

Hansen, C. D. & Kahnweiler, W. M. (1993). "Storytelling: An Instrument for Understanding the Dynamics of Corporate Relationships," *Human Relations*, 46: 1391-1409.

Hara, T. (2003). *Innovation in the Pharmaceutical Industry: The Process of Drug Discovery and Development*, Cheltenham: Edward Elgar.

Hater, J. J. & Bass, B. M. (1988). "Superiors' Evaluations and Subordinates' Perceptions of Transformational and Transactional Leadership," *Journal of Applied Psychology*, 73: 695-702.

Hawes, L. C. (1991). "Organizing Narratives/ Codes/ Poetics," *Journal of Organizational Change Management*, 4: 45-51.

Heifetz, R. A. (1994). *Leadership without Easy Answers*, Cambridge, MA: Harvard University Press.（幸田シャーミン訳『リーダーシップとは何か！』産能大学出版部, 1996年。）

Heifetz, R. A. & Laurie, D. L. (1997). "The Work of Leadership," *Harvard Business Review*, 75 (Jan-Feb): 124-134.

Heifetz, R. A. & Linsky, M. (2002). *Leadership on the Line: Staying Alive through the Dangers of Leading*, Boston: Harvard Business School Press. (竹中平蔵監訳／ハーバード・MIT 卒業生翻訳チーム訳『最前線のリーダーシップ——危機を乗り越える技術』ファーストプレス, 2007 年。)

Hemphill, J. K. & Coons, A. E. (1957). "Development of the Leader Behavior Description Questionnaire," in R. M. Stogdill and A. E. Coons eds., *Leader Behavior: Its Description and Measurement*, Columbus: Ohio State University, Bureau of Business Research.

Hersey, P. & Blanchard, K. H. (1977). *Management of Organizational Behavior: Utilization of Human Resources, 3rd ed.*, Englewood Cliffs: Prentice-Hall. (山本成二・水野基・成田孜訳『入門から応用へ 行動科学の展開——人的資源の活用』生産性出版, 1978 年。)

Hogg, M. A. (1992). *The Social Psychology of Group Cohesiveness: From Attraction to Social Identity*, London: Harvester Wheatsheaf. (廣田君美・藤沢等監訳『集団凝集性の社会倫理学——魅力から社会的アイデンティティへ』北大路書房, 1994 年。)

Hogg, M. A. & Abrams, D. (1988). *Social Identifications: A Social Psychology of Intergroup Relations and Group Processes*, Routledge. (吉森護・野村泰代訳『社会的アイデンティティ理論——新しい社会心理学体系化のための一般理論』北大路書房, 1995 年。)

Hollander, E. P. (1974). "Process of Leadership Emergence," *Journal of Contemporary Business*, 3: 19–33.

Hollander, E. P. (1976). *Principles of Methods of Social Psychology, 3rd ed.*, New York: Oxford University Press.

Hollander, E. P. (1978). *Leadership Dynamics*, New York: Free Press.

Hollander, E. P. (1992). "Leadership, Followership, Self, and Others," *The Leadership Quarterly*, 3: 43–54.

Homans, G. C. (1950). *The Human Group*, New York: Harcourt, Brace and World. (馬場明男・早川浩一訳『ヒューマン・グループ』誠信書房, 1959 年。)

Homans, G. C. (1974). *Social Behavior: Its Elementary Forms*, New York: Harcourt, Brace, Jovanovich. (橋本茂訳『社会行動——その基本形態』誠信書房, 1978 年。)

House, R. J. (1971). "A Path Goal Theory of Leader Effectiveness," *Administrative Science Quarterly*, 16: 321–339.

House, R. J. (1977). "A 1976 Theory Charismatic Leadership," in J. G. Hunt & L. L. Larson eds., *Leadership: The Cutting Edge*, Carbondale: Southern Illinois University Press, pp. 189–207.

House, R. J., Hanges, P. J., Javidan, M., Dorfman, P. W. & Gupta, V., eds. (2004). *Culture, Leadership, and Organizations: The GLOBE Study of 62 Societies*, Thousand Oaks: Sage Publications.

House, R. J. & Shamir, B. (1993). "Toward the Integration of Transformational, Charismatic, and Visionary Theories," in M. Chemers & R. Ayman eds., *Leadership Theory and Research: Perspectives and Direction*, San Diego: Academic Press, pp. 81–107.

Howell, J. M. & Shamir, B. (2005). "The Role of Followers in the Charismatic Process: Relationships and Their Consequences," *Academy of Management Review*, 30: 96-112.

Jackson, B. & Guthey, E. (2007). "Putting the Visual into the Social Construction of Leadership," in B. Shamir, R. Pillai, M. C. Bligh & M. Uhl-Bien eds., *Follower-centered Perspectives on Leadership: A Tribute to the Memory of James R. Meindl*, Greenwich: Information Age Publishing, pp. 167-186.

Johnson, G. (1990). "Managing Strategic Change; The Role of Symbolic Action," *British Journal of Management*, 1: 183-200.

Jones, M. O. (1991). "What If Stories Don't Tally with the Culture?" *Journal of Organizational Change Management*, 4: 27-34.

Judge, T. A. & Piccolo, R. F. (2004). "Transformational and Transactional Leadership: A Meta-analytic Test of Their Relative Validity," *Journal of Applied Psychology*, 89: 755-768.

Jung, D. I. & Sosik, J. J. (2002). "Transformational Leadership in Work Groups the Role of Empowerment, Cohesiveness, and Collective-efficacy on Perceived Group Performance," *Small Group Research*, 33: 313-336.

Kanter, R. M. (1983). *The Change Master: Innovation for Productivity in the American Corporation*, New York: Simon & Schuster.(長谷川慶太郎監訳『ザ・チェンジ・マスターズ――21世紀への企業変革者たち』二見書房，1984年。)

Kanter, R. M. (2003). "Leadership and the Psychology of Turnarounds," *Harvard Business Review*, 81 (Jun): 58-67.

Kark, R. & Shamir, B. (2002). "The Dual Effect of Transformational Leadership: Priming Relational and Collective Selves and Further Effects on Followers," in B. J. Avolio & F. J. Yammarino eds., *Transformational and Charismatic Leadership: The Road Ahead*, Amsterdam: JAI Press, pp. 67-91.

Kark, R., Shamir, B. & Chen, G. (2003). "The Two Faces of Transformational Leadership: Empowerment and Dependency," *Journal of Applied Psychology*, 88: 246-255.

Keller, T. (1999). "Images of the Familiar: Individual Differences and Implicit Leadership Theories," *The Leadership Quarterly*, 10: 589-607.

Kellerman, B. (2008). *Followership: How Followers Are Creating Change and Changing Leaders*, Boston: Harvard Business Press.

Kellerman, B. (2012). *The End of Leadership*, New York: Harper Business.(板谷いさ子訳『ハーバード大学特別講義 リーダーシップが滅ぶ時代』ソフトバンククリエイティブ，2013年。)

Kelley, R. (1988). "In Praise of Followers," *Harvard Business Review*, 66 (Nov-Dec): 142-148.

Kelley, R. (1992). *The Power of Followership*, New York: Doubleday.(牧野昇監訳『指導力革命――リーダーシップからフォロワーシップへ』プレジデント社，1993年。)

Kelman, H. C. (1961). "Processes of Opinion Change," *Public Opinion Quarterly*, 25: 57-78.

Kenney, R. A., Schwartz-Kenney, B. M. & Blascovich, J. (1996). "Implicit Leadership Theories: Defining Leaders Described as Worthy of Influence," *Personality and Social Psychology*

Bulletin, 22: 1128–1143.

Kets De Vries, M. F. R. (1993). *Leaders, Fools, and Impostors: Essays on the Psychology of Leadership*, San Francisco: Jossey-Bass.（金井壽宏訳『会社の中の権力者，道化師，詐欺師——リーダーシップの精神分析』創元社，1998年。）

Kets De Vries, M. F. R. (1995). *Life and Death in the Executive Fast Lane: Essays on Irrational Organizations and Their Members*, San Francisco: Jossey-Bass.（金井壽宏・岩坂彰訳『会社の中の「困った人たち」——上司と部下の精神分析』創元社，1998年。）

Kets De Vries, M. F. R. & Miller, D. (1984). *The Neurotic Organization: Diagnosing and Changing Counterproductive Styles of Management*, San Francisco: Jossey-Bass.（渡辺直登・尾川丈一・梶原誠監訳『神経症組織——病める企業の診断と再生』亀田ブックサービス，1995年。）

Kotter, J. P. (1982). *The General Managers*, New York: Free Press.（金井壽宏・加護野忠男・谷光太郎・宇田川富秋訳『ザ・ゼネラル・マネジャー——実力経営者の発想と行動』ダイヤモンド社，1984年。）

Kotter, J. P. (1985). *Power and Influence*, New York: Free Press.（加護野忠男・谷光太郎訳『パワーと影響力——人的ネットワークとリーダーシップの研究』ダイヤモンド社，1990年。）

Kotter, J. P. (1996). *Leading Change*, Boston: Harvard Business School Press.（梅津祐良訳『企業変革力』日経BP社，2002年。）

Kotter, J. P. (1999). *John P. Kotter on What Leaders Really Do*, Boston: Harvard Business School Press.（DIAMONDハーバード・ビジネス・レビュー編集部＝黒田由貴子＝有賀裕子訳『リーダーシップ論——人と組織を動かす能力 第2版』ダイヤモンド社，2012年。）

Kouzes, J. M. & Posner, B. Z. (1993). *Credibility: How Leaders Gain and Lose It, Why People Demand It*, San Francisco: Jossey-Bass.（岩下貢訳『信頼のリーダーシップ——こうすれば人が動く「6つの規範」』生産性出版，1995年。）

Kouzes, J. M. & Posner, B. Z. (2010). *The Truth about Leadership: The No-fads, Heart-of-the-matter Facts You Need to Know*, San Francisco: Jossey-Bass.（渡辺博訳『リーダーシップの真実——どんな時代でも人々がリーダーに求めていること』生産性出版，2011年。）

Kouzes, J. M. & Posner, B. Z. (2012). *The Leadership Challenge: How to Make Extraordinary Things Happen in Organizations, 5th ed.*, San Francisco: Jossey-Bass.（関美和訳『リーダーシップ・チャレンジ 原書第5版』海と月社，2014年。）

Lapierre, L. M. & Carsten, M. K. (2014). *Followership: What Is It and Why Do People Follow?* Bingley: Emerald.

Latham, G. P. (2007). *Work Motivation: History, Theory, Research, and Practice*, Thousand Oaks: Sage Publications.（金井壽宏監訳／依田卓巳訳『ワーク・モティベーション』NTT出版，2009年。）

Leonard, D. & Swap, W. (2005). *Deep Smarts: How to Cultivate and Transfer Enduring Business Wisdom*, Boston: Harvard Business School Press.（池村千秋訳『「経験知」を伝える技

術──ディープスマートの本質』ランダムハウス講談社,2005年。)

Lewin, K., Lippitt, R. & White, R. K. (1939). "Patterns of Aggressive Behavior in Experimentally Created 'Social Climates'," *The Journal of Social Psychology*, 10: 269-299.

Likert, R. (1961). *New Patterns of Management*, New York: McGraw-Hill. (三隅二不二訳『経営の行動科学──新しいマネジメントの探究』ダイヤモンド社,1964年。)

Likert, R. (1967). *The Human Organization: Its Management and Value*, New York: McGraw-Hill. (三隅二不二訳『組織の行動科学──ヒューマン・オーガニゼーションの管理と価値』ダイヤモンド社,1968年。)

Lofland, J. & Lofland, L. H. (1995). *Analyzing Social Settings: A Guide to Qualitative Observation and Analysis, 3rd ed.*, Belmont; London; Tokyo: Wadsworth Publishing Company. (進藤雄三・宝月誠訳『社会状況の分析──質的観察と分析の方法』恒星社厚生閣,1997年。)

Lord, R. G. (1985). "An Information Processing Approach to Social Perceptions, Leadership and Behavioral Measurement in Organizations," in B. M. Staw & L. L. Cummings eds., *Research in Organizational Behavior, Vol. 7*, Greenwich: JAI Press, pp. 87-128.

Lord, R. G. & Brown, D. J. (2004). *Leadership Processes and Follower Self-identity*, Mahwah: Lawrence Erlbaum Associates.

Lord, R. G., Brown, D. J. & Freiberg, S. J. (1999). "Understanding the Dynamics of Leadership: The Role of Follower Self-concepts in the Leader/ Follower Relationship," *Organizational Behavior and Human Decision Processes*, 78: 167-203.

Lord, R. G., Brown, D. J., Harvey, J. L. & Hall, R. J. (2001). "Contextual Constraints on Prototype Generation and Their Multilevel Consequences for Leadership Perceptions," *The Leadership Quarterly*, 12: 311-338.

Lord, R. G., Foti, R. J. & DeVader, C. L. (1984). "A Test of Leadership Categorization Theory: Internal Structure, Information Processing, and Leadership Perceptions," *Organizational Behavior and Human Performance*, 34: 343-378.

Lord, R. G., Foti, R. J. & Phillips, J. S. (1982). "A Theory of Leadership Categorization," in J. G. Hunt, U. Sekaran & C. A. Schriesheim eds., *Leadership: Beyond Establishment Views*, Carbondale: Southern Illinois University Press, pp. 104-121.

Lord, R. G. & Maher, K. J. (1990). "Perceptions of Leadership and their Implications in Organizations," in J. S. Carroll ed., *Applied Social Psychology and Organizational Settings*, Hillsdale: Lawrence Erlbaum Associates, pp. 129-154.

Lord, R. G. & Maher, K. J. (1991). *Leadership and Information Processing: Linking Perceptions and Performance*, Boston: Unwin Hyman.

Lowe, K. B., Kroeck, K. G. & Sivasubramaniam, N. (1996). "Effectiveness Correlates of Transformational and Transactional Leadership: A Meta-analytic Review of the MLQ Literature," *The Leadership Quarterly*, 7: 385-425.

Martin, J. (1982). "Stories and Scripts in Organizational Settings," in A. Hansdorf & A. Isen eds., *Cognitive Social Psychology*, New York: Elsevier, pp. 255-305.

Martin, J., Martha, S. F., Mary, J. H. & Sim, B. S. (1983). "The Uniqueness Paradox in Organizational Stories," *Administrative Science Quarterly*, 28: 438-453.

Martin, J. & Powers, M. (1983). "Organizational Stories: More Vivid and Persuasive than Quantitative Data," in B. M. Staw ed., *Psychological Foundations of Organizational Behavior, 2nd ed.*, Glenview: Scott, Foresman, pp. 161-168.

Martinko, M. J. & Gardner, W. L. (1987). "The Leader/ Member Attribution Process," *Academy of Management Review*, 12: 235-249.

McCall, M. W., Jr., Lombardo, M. M. & Morrison, A. M. (1988). *The Lessons of Experience: How Successful Executives Develop on the Job*, New York: Free Press.

McCall, M. W., Jr. (1998). *High Flyers: Developing the Next Generation of Leaders*, Boston: Harvard Business School Press.（金井壽宏監訳『ハイ・フライヤー——次世代リーダーの育成法』プレジデント社，2002年。）

McNamee, S. & Gergen, K. J. (1992). *Therapy as Social Construction*, London; Thousand Oaks: Sage Publications.（野口裕二・野村直樹訳『ナラティヴ・セラピー——社会構成主義の実践』金剛出版，1997年。）

Meindl, J. R. (1990). "On Leadership: An Alternative to the Conventional Wisdom," in B. M. Staw & L. L. Cummings eds., *Research in Organizational Behavior, Vol. 12*, Greenwich: JAI Press, pp. 159-203.

Meindl, J. R. (1993). "Reinventing Leadership: A Radical, Social Psychological Approach," in J. K. Murnighan ed., *Social Psychology in Organizations: Advances in Theory and Research*, Englewood Cliffs: Prentice Hall, pp. 89-118.

Meindl, J. R. (1995). "The Romance of Leadership as a Follower-Centric Theory: A Social Constructionist Approach," *The Leadership Quarterly*, 6: 329-341.

Meindl, J. R. & Ehrlich, S. B. (1987). "The Romance of Leadership and the Evaluation of Organizational Performance," *Academy of Management Journal*, 30: 91-109.

Meindl, J. R., Ehrlich, S. B. & Dukerich, J. M. (1985). "The Romance of Leadership," *Administrative Science Quarterly*, 30: 78-102.

Meyer, J. W. (1984). "Organizations as Ideological Systems," in T. J. Sergiovanni & J. E. Corbally eds., *Leadership and Organizational Culture: New Perspectives on Administrative Theory and Practice*, Urbana: University of Illinois Press, pp. 186-205.

Mintzberg, H. (1973). *The Nature of Managerial Work*, New York: Harper & Row.（奥村哲史・須貝栄訳『マネジャーの仕事』白桃書房，1993年。）

Mintzberg, H. (1989). *Mintzberg on Management*, New York: Free Press.（北野利信訳『人間感覚——行き過ぎた合理主義への抗議』ダイヤモンド社，1991年。）

Mitroff, I. I. & Kilmann, R. H. (1975). "Stories Managers Tell: A New Tool for Organization Problem Solving," *Management Review*, 64: 18-28.

Morgan, G., Frost, P. J. & Pondy, L. R. (1983). "Organizational Symbolism," in L. R. Pondy, P. J. Frost, G. Morgan & T. C. Dandridge eds., *Organizational Symbolism*, Greenwich: JAI

Press, pp. 3-35.

Mumford, M. D., Dansereau, F. & Yammarino, F. J. (2000). "Followers, Motivations, and Levels of Analysis: The Case of Individualized Leadership," *The Leadership Quarterly*, 11: 313-320.

Nye, J. L. & Forsyth, D. R. (1991). "The Effects of Prototype-based Biases on Leadership Appraisals: A Test of Leadership Categorization Theory," *Small Group Research*, 22: 360-375.

Offermann, L. R., Kennedy, J. K., Jr. & Wirtz, P. W. (1994). "Implicit Leadership Theories: Content, Structure, and Generalizability," *The Leadership Quarterly*, 5: 43-58.

Organ, D. W., Podsakoff, P. M. & MacKenzie, S. B. (2006). *Organizational Citizenship Behavior: Its Nature, Antecedents, and Consequences*, Thousand Oaks: Sage Publications. (上田泰訳『組織市民行動』白桃書房, 2007年。)

Parry, K. W. (1998). "Grounded Theory and Social Process: A New Direction for Leadership Research," *The Leadership Quarterly*, 9: 85-105.

Parry, K. W. & Hansen, H. (2007). "The Organizational Story as Leadership," *Leadership*, 3: 281-300.

Pastor, J. C., Mayo, M. & Shamir, B. (2007). "Adding Fuel to Fire: The Impact of Followers' Arousal on Ratings of Charisma," *Journal of Applied Psychology*, 92: 1584-1596.

Pastor, J. C., Meindl, J. R. & Mayo, M. C. (2002). "A Network Effects Model of Charisma Attributions," *Academy of Management Journal*, 45: 410-420.

Pentland, B. T. (1999). "Building Process Theory with Narrative: From Description to Explanation," *Academy of Management Review*, 24: 711-724.

Peters, T. J. & Austin, N. K. (1985). *A Passion of Excellence*, Random House. (大前研一訳『エクセレント・リーダー――超優良企業への情熱』講談社, 1985年。)

Peters, T. J. & Waterman, R. H. (1982). *In Search of Excellence*, New York: Harper & Row. (大前研一訳『エクセレント・カンパニー――超優良企業の条件』講談社, 1983年。)

Pettigrew, A. M. (1979). "On Studying Organizational Cultures," *Administrative Science Quarterly*, 24: 570-581.

Pfeffer, J. (1977). "The Ambiguity of Leadership," *Academy of Management Review*, 2: 104-112.

Phillips, J. S. & Lord, R. G. (1981). "Causal Attributions and Perceptions of Leadership," *Organizational Behavior and Human Performance*, 28: 143-163.

Piccolo, R. F. & Colquitt, J. A. (2006). "Transformational Leadership and Job Behaviors: The Mediating Role of Core Job Characteristics," *Academy of Management Journal*, 49: 327-340.

Pillai, R. & Meindl, J. R. (1998). "Context and Charisma: A 'Meso' Level Examination of the Relationship of Organic Structure, Collectivism, and Crisis to Charismatic Leadership," *Journal of Management*, 24: 643-664.

Pillai, R. & Williams, E. A. (1998). "Does Leadership Matter in the Political Arena? Voter Perceptions of Candidates Transformational and Charismatic Leadership and the 1996 U. S. Presidential Vote," *The Leadership Quarterly*, 9: 397-416.

Pillai, R., Williams, E. A., Lowe, K. B. & Jung, D. I. (2003). "Personality, Transformational Leadership, Trust, and the 2000 U. S. Presidential Vote," *The Leadership Quarterly*, 14: 161-192.

Pondy, L. R. (1978). "Leadership Is a Language Game," in M. W. McCall, Jr. & M. M. Lombardo eds., *Leadership: Where Else Can We Go?* Durham: Duke University Press, pp. 87-101.

Pondy, L. R., Frost, P. J., Morgan, G. & Dandridge, T. C., eds. (1983). *Organizational Symbolism*, Greenwich: JAI Press.

Quinn, R. E. (1996). *Deep Change: Discovering the Leader within*, San Francisco: Jossey-Bass. (池村千秋訳『ディープ・チェンジ──組織変革のための自己変革』海と月社, 2012年。)

Riggio, R. E., Chaleff, I. & Lipman-Blumen, J., eds. (2008). *The Art of Followership: How Great Followers Create Great Leaders and Organizations*, San Francisco: Jossey-Bass.

Rush, M. C., Thomas, J. C. & Lord, R. G. (1977). "Implicit Leadership Theory: A Potential Threat to the Internal Validity of Leader Behavior Questionnaires," *Organizational Behavior and Human Performance*, 20: 93-110.

Salancik, G. R. & Meindl, J. R. (1984). "Corporate Attributions as Strategic Illusions of Management Control," *Administrative Science Quarterly*, 29: 238-254.

Scandura, T. A., Graen, G. B. & Novak, M. A. (1986). "When Managers Decide Not to Decide Autocratically: An Investigation of Leader-Member Exchange and Decision Influence," *Journal of Applied Psychology*, 71: 579-584.

Schatzman, L. & Strauss, A. L. (1973). *Field Research: Strategies for a Natural Sociology*, Englewood Cliffs: Prentice-Hall. (川合隆男監訳『フィールド・リサーチ──現地調査の方法と調査者の戦略』慶應義塾大学出版会, 1999年。)

Schein, E. H. (1985). *Organizational Culture and Leadership*, San Francisco: Jossey-Bass. (清水紀彦・浜田幸男訳『組織文化とリーダーシップ』ダイヤモンド社, 1989年。)

Schriesheim, C. A., Castro, S. T. & Cogliser, C. C. (1999). "Leader-Member Exchange (LMX) Research: A Comprehensive Review of Theory, Measurement and Data-analytic Practices," *The Leadership Quarterly*, 10: 63-113.

Schyns, B., Felfe, J. & Blank, H. (2007). "Is Charisma Hyper-romanticism? Empirical Evidence from New Data and a Meta-analysis," *Applied Psychology*, 56: 505-527.

Schyns, B. & Meindl, J. R., eds. (2005). *Implicit Leadership Theories: Essays and Explorations*, Greenwich: Information Age Publishing.

Selznick, P. (1957). *Leadership in Administration*, New York: Harper & Row. (北野利信訳『組織とリーダーシップ』ダイヤモンド社, 1963年。)

Shamir, B. (1991). "Meaning, Self and Motivation in Organizations," *Organization Studies*, 12: 405-424.

Shamir, B. (1992). "Attribution of Influence and Charisma to the Leader: The Romance of Leadership Revisited," *Journal of Applied Social Psychology*, 22: 386-407.

Shamir, B., House, R. J. & Arthur, M. B. (1993). "The Motivational Effects of Charismatic Leadership: A Self-concept Based Theory," *Organization Science*, 4: 577-594.

Shamir, B., Pillai, R., Bligh, M. C. & Uhl-Bien, M. (2007). *Follower-centered Perspectives on Leadership: A Tribute to the Memory of James R. Meindl*, Greenwich: Information Age Publishing.

Shamir, B., Zakay, E., Breinin, E. & Popper, M. (1998). "Correlates of Charismatic Leader Behavior in Military Units: Subordinates' Attitudes, Unit Characteristics, and Superiors' Appraisals of Leader Performance," *Academy of Management Journal*, 41: 387-409.

Sheldon, K. M. & Elliot, A. J. (1999). "Goal Striving, Need Satisfaction, and Longitudinal Well-being: The Self-concordance Model," *Journal of Personality and Social Psychology*, 76: 482-497.

Shondrick, S. J. & Lord, R. G. (2010). "Implicit Leadership and Followership Theories: Dynamic Structures for Leadership Perceptions, Memory, and Leader-Follower Processes," in G. P. Hodgkinson & J. K. Ford eds., *International Review of Industrial and Organizational Psychology, 2010 Vol. 25*, Chichester: Wiley-Blackwell, pp. 1-33.

Slatter, S. & Lovett, D. (1999). *Corporate Turnaround, Rev. ed.*, London: Penguin.（ターンアラウンド・マネジメント・リミテッド訳『ターンアラウンド・マネジメント――企業再生の理論と実務』ダイヤモンド社，2003年。）

Sosik, J. J. (2006). "Full Range Leadership: Model, Research, Extensions, and Training," in R. J. Burke & C. L. Cooper eds., *Inspiring Leaders*, London: Routledge, pp. 33-66.

Stogdill, R. M. (1948). "Personal Factors Associated with Leadership: A Survey of the Literature," *The Journal of Psychology*, 25: 35-71.

Stogdill, R. M. (1974). *Handbook of Leadership: A Survey of Theory and Research*, New York: Free Press.

Stone, E. F. (1978). *Research Methods in Organizational Behavior, 5th ed.*, Santa Monica: Goodyear Publishing.（鎌田伸一・野中郁次郎訳『組織行動の調査方法』白桃書房，1980年。）

Strauss, A. L. (1959). *Mirrors and Masks: The Search for Identity*, Glencoe: Free Press.（片桐雅隆監訳『鏡と仮面――アイデンティティの社会心理学』世界思想社，2001年。）

Strauss, A. & Corbin, J. (1990). *Basics of Qualitative Research: Grounded Theory Procedures and Techniques*, Thousand Oaks: Sage Publications.（南裕子監訳／操華子・森岡崇・志自岐康子・竹崎久美子訳『質的研究の基礎――グラウンデッド・セオリーの技法と手順』医学書院，1999年。）

Sy, T. (2010). "What Do You Think of Followers? Examining the Content, Structure, and Consequences of Implicit Followership Theories," *Organizational Behavior and Human Decision Processes*, 113: 73-84.

Tichy, N. M. & Cardwell, N. (2002). *The Cycle of Leadership: How Great Leaders Teach Their Companies to Win*, New York: Harper Business.（一條和夫訳『リーダーシップ・サイクル――教育する組織をつくるリーダー』東洋経済新報社，2004年。）

Tichy, N. M. & Cohen, E. (1997). *The Leadership Engine: How Winning Companies Build Leaders at Every Level*, New York: Harper Business.（一條和生訳『リーダーシップ・エン

ジン――持続する企業成長の秘密』東洋経済新報社,1999年。)
Tichy, N. M. & Devanna, M. A. (1986). *The Transformational Leader*, New York: John Wiley & Sons.(小林薫訳『現状変革型リーダー――変化・イノベーション・企業家精神への挑戦』ダイヤモンド社,1988年。)
Turner, J. C., Hogg, M. A., Oakes, P. J., Reicher, S. D. & Wetherell, M. (1987). *Rediscovering the Social Group: A Self-categorization Theory*, Oxford; New York: Blackwell.(蘭千壽・磯崎三喜年・内藤哲雄・遠藤由美訳『社会集団の再発見――自己カテゴリー化理論』誠信書房,1995年。)
Uhl-Bien, M. & Graen, G. B. (1992). "Leadership-making in Self-managing Professional Work Teams: An Empirical Investigation," in K. E. Clark, M. B. Clark & D. P. Campbell eds., *Impact of Leadership*, Greensboro: Center for Creative Leadership, pp. 379-387.
Uhl-Bien, M. & Pillai, R. (2007). "The Romance of Leadership and the Social Construction of Followership," in B. Shamir, R. Pillai, M. C. Bligh & M. Uhl-Bien eds., *Follower-centered Perspectives on Leadership: Tribute to the Memory of James R. Meindl*, Greenwich: Information Age Publishing, pp. 187-209.
Van Maanen, J. (1988). *Tales of the Field: On Writing Ethnography*, Chicago: University of Chicago Press.(森川渉訳『フィールドワークの物語――エスノグラフィーの文章作法』現代書館,1999年。)
Vroom, V. H. & Yetton, P. W. (1973). *Leadership and Decision-making*, Pittsburgh: University of Pittsburgh Press.
Walumbwa, F. O., Avolio, B. J. & Zhu, W. (2008). "How Transformational Leadership Weaves Its Influence on Individual Job Performance: The Role of Identification and Efficacy Beliefs," *Personnel Psychology*, 61: 793-825.
Wang, X. H. & Howell, J. M. (2010). "Exploring the Dual-level Effects of Transformational Leadership on Followers," *Journal of Applied Psychology*, 95: 1134-1144.
Wang, X. H., & Howell, J. M. (2012). "A Multilevel Study of Transformational Leadership, Identification, and Follower Outcomes," *The Leadership Quarterly*, 23: 775-790.
Weber, M. (1921). *Wirtschaft und Gesellschaft*, Tüebingen: J. C. B. Mohr.(世良晃志郎訳『支配の諸類型』創文社,1970年;濱嶋朗訳『権力と支配』講談社,2012年。)
Weick, K. E. (1969). *The Social Psychology of Organizing*, Reading: Addition-Wesley.(2nd ed.: 1979;遠田雄志訳『組織化の社会心理学』原著第2版,文眞堂,1997年。)
Weick, K. E. (1995). *Sensemaking in Organizations*, Thousand Oaks: Sage Publications.(遠田雄志・西本直人訳『センスメーキング イン オーガニゼーションズ』文眞堂,2001年。)
Weiner, B. (1979). "A Theory of Motivation for Some Classroom Experiences," *Journal of Educational Psychology*, 71: 3-25.
Weiner, B. (1980). *Human Motivation*, New York: Holt, Rinehart, and Winston.(林保・宮本美沙子監訳『ヒューマン・モチベーション――動機づけの心理学』金子書房,1989年。)
White, M. & Epston, D. (1990). *Narrative Means to Therapeutic Ends*, New York: W. W. Nor-

ton.（小森康永訳『物語としての家族』金剛出版，1992 年。）
Whyte, W. F. (1993). *Street Corner Society: The Social Structure of an Italian Slum, 4th ed.*, Chicago: University of Chicago Press.（奥田道大・有里典三訳『ストリート・コーナー・ソサエティ』有斐閣，2000 年。）
Wilkins, A. L. (1983). "Organizational Stories as Symbols Which Control the Organization," in L. Pondy., P. Frost., G. Morgan & T. Dandredge eds., *Organizational Symbolism*, Greenwich: JAI Press, pp. 81-92.
Wilkins, A. L. (1984). "The Creation of Company Cultures: The Role of Stories and Human Resource Systems," *Human Resource Management*, 23: 41-60.
Wilkins, A. L. & Thompson, M. P. (1991). "On Getting the Story Crooked and Straight," *Journal of Organizational Change Management*, 4: 18-26.
Wilson, B. R. (1975). *The Noble Savages: The Primitive Origins of Charisma and Its Contemporary Survival*, Berkeley: University of California Press.（山口素光訳『カリスマの社会学——気高き未開人』世界思想社，1982 年。）
Wu, J. B., Tsui, A. S. & Kinicki, A. J. (2010). "Consequences of Differentiated Leadership in Groups," *Academy of Management Journal*, 53: 90-106.
Yin, R. K. (1994). *Case Study Research: Design and Methods, 2nd ed.*, Thousand Oaks: Sage Publications.（近藤公彦訳『ケース・スタディの方法 第 2 版』千倉書房，1996 年。）
Yukl, G. (2013). *Leadership in Organizations, 8th ed.*, Boston: Pearson Education.
Zaleznik, A. (1977). "Managers and Leaders: Are They Different?" *Harvard Business Review*, 55（May-Jun): 67-78.
Zhu, W., Avolio, B. J. & Walumbwa, F. O. (2009). "Moderating Role of Follower Characteristics with Transformational Leadership and Follower Work Engagement," *Group & Organization Management*, 34: 590-619.

邦文文献

浅野智彦（2001）．『自己への物語論的接近——家族療法から社会学へ』勁草書房。
新睦人編（2006）．『新しい社会学のあゆみ』有斐閣。
新睦人・大村英昭・宝月誠・中野正大・中野秀一郎（1979）．『社会学のあゆみ』有斐閣。
新睦人・中野秀一郎編（1989）．『社会学のあゆみ PART II——新しい社会学の展開』有斐閣。
飯野春樹編（1979）．『バーナード経営者の役割』有斐閣。
飯野春樹（1992）．『バーナード組織論研究』文眞堂。
池田謙一・唐沢穣・工藤恵理子・村本由紀子（2010）．『社会心理学』有斐閣。
石井淳蔵（1993）．『マーケティングの神話』日本経済新聞社。
石川淳志・佐藤健二・山田一成編（1998）．『見えないものを見る力——社会調査という認識』八千代出版。
一條和生・徳岡晃一郎・野中郁次郎（2010）．『MBB：「思い」のマネジメント——知識創造経営の実践フレームワーク』東洋経済新報社。

稲垣保弘 (2002).『組織の解釈学』白桃書房。
稲垣保弘 (2013).『経営の解釈学』白桃書房。
井上達彦 (2014).『ブラックスワンの経営学――通説をくつがえした世界最優秀ケーススタディ』日経 BP 社。
上田泰 (2003).『組織行動研究の展開』白桃書房。
梅田悦生 (2002).『奇跡の新薬開発プロジェクト』講談社。
占部都美 (1974).『近代組織論〔Ⅰ〕バーナード＝サイモン』白桃書房。
大島尚編 (1986).『認知科学』新曜社。
太田肇 (1993).『プロフェッショナルと組織――組織と個人の「間接的統合」』同文舘出版。
太田肇 (1994).『日本企業と個人――統合のパラダイム転換』白桃書房。
太田肇 (2011).『承認とモチベーション』同文舘出版。
小野善生 (2000).「組織における物語の研究――その理論的考察」神戸大学大学院経営学研究科修士論文。
小野善生 (2001a).「フォロワーのリーダーシップ認識過程についての研究――部下の物語るリーダーシップ素朴理論の分析」神戸大学大学院経営学研究科博士課程モノグラフシリーズ, #0104。
小野善生 (2001b).「フォロワーのリーダーシップ認識に関する研究――部下が語る上司のリーダーシップ物語の分析」『六甲台論集 経営学編』第 48 巻第 2 号, 73-90 頁。
小野善生 (2002).「現場で語られるリーダーシップの分析」『六甲台論集 経営学編』第 49 巻第 1 号, 1-19 頁。
小野善生 (2003).「フォロワーの語りから構成されるリーダーシップの分析」神戸大学大学院経営学研究科博士論文。
小野善生 (2004a).「エーザイ――アルツハイマー型痴呆症治療薬の開発プロセスと組織マネジメント」『一橋ビジネスレビュー』編集部編『ビジネス・ケースブック No.3』東洋経済新報社, 241-265 頁。
小野善生 (2004b).「リーダーシップ論におけるフォロワー主体アプローチの展開――フォロワーの語りを分析対象とするリーダーシップ研究方法の提示」『彦根論叢』第 347 号, 93-110 頁。
小野善生 (2004c).「リーダーシップの役割分担とチーム活動活性化の関係についての考察――エーザイ株式会社アルツハイマー型痴呆症治療薬『アリセプト』探索研究チームの事例より」『経営行動科学』第 17 巻第 3 号, 185-196 頁。
小野善生 (2005).「リーダーシップの役割分担に関する考察」日本経営学会編『経営学論集 第 75 集 日本企業再生の課題』千倉書房, 136-137 頁。
小野善生 (2006).「『独立』を喚起するリーダーシップ」『京の発言』第 3 号, 32-34 頁。
小野善生 (2007a).「リーダーシップ行動の再検討――エーザイ株式会社アルツハイマー型認知症治療薬『アリセプト』探索研究チームの事例研究」『日本経営学会誌』第 19 号, 3-14 頁。
小野善生 (2007b).「企業再生に導くリーダーシップの研究――フェニックス電機株式会社企業再建プロセスの事例分析」『組織科学』第 40 巻第 4 号, 65-75 頁。

小野善生 (2007c).「フォロワーの能動性に着目したリーダーシップの研究——フェニックス電機株式会社における企業再建プロセスの事例より」『彦根論叢』第367号, 33-53頁。

小野善生 (2009).「フォロワーの視点によるリーダーシップ研究の可能性」『組織科学』第43巻第2号, 27-37頁。

小野善生 (2010).「リーダーシップにおけるフォロワーの責任」『Business Insight』第18巻第3号, 6-9頁。

小野善生 (2011a).「フォロワーシップの観点からみる東海バネ工業株式会社のマネジメント」『Business Insight』第19巻第2号, 8-11頁。

小野善生 (2011b).「リーダーシップ論における相互作用アプローチの展開」『関西大学商学論集』第56巻第3号, 41-53頁。

小野善生 (2012a).「暗黙のリーダーシップ理論がフォロワーのリーダーシップ認知に及ぼす影響」『関西大学商学論集』第57巻第1号, 1-19頁。

小野善生 (2012b).「リーダーシップの幻想に関する研究の発展と展望」『関西大学商学論集』第57巻第3号, 49-66頁。

小野善生 (2013).「フォロワーシップ論の展開」『関西大学商学論集』第58巻第1号, 73-91頁。

小野善生 (2014a).「フォロワーの視点から見たカリスマ的・変革型リーダーシップ」『関西大学商学論集』第58巻第4号, 53-87頁。

小野善生 (2014b).「リーダーシップとナラティブ——リーダーシップ研究におけるナラティブ・アプローチの可能性についての考察」『関西大学商学論集』第59巻第2号, 33-63頁。

小野善生 (2014c).「フォロワーはリーダーシップについて何を語るのか」『組織学会大会論文集』第3巻第2号, 14-20頁。

加護野忠男 (1988a).『組織認識論』千倉書房。

加護野忠男 (1988b).『企業のパラダイム変革』講談社。

加護野忠男 (1999).『「競争優位」のシステム——事業システムの静かな革命』PHP研究書。

加護野忠男・井上達彦 (2004).『事業システム戦略——事業の仕組みと競争優位』有斐閣。

笠谷和比古 (1988).『主君「押込」の構造——近世大名と家臣団』平凡社。

笠谷和比古 (2001).『武士道その名誉の掟』教育出版。

梶田叡一編 (1994).『自己意識心理学への招待——人とその理論』有斐閣。

片岡登 (2010).『リーダーシップの意味構成——解釈主義的アプローチによる実践理論の探求』白桃書房。

片桐雅隆 (2000).『自己と「語り」の社会学——構築主義的展開』世界思想社。

加藤雅人・雲梯振多郎・金沢優 (2009).「意味論的カテゴリーのプロトタイプ構造と家族的類似性」『情報研究 関西大学総合情報学部紀要』第31号, 1-37頁。

金井壽宏 (1981).「組織におけるリーダーシップと期待理論」『国民経済雑誌』第143巻第6号, 66-93頁。

金井壽宏 (1986).「組織におけるリーダーシップとコンティンジェンシー理論」『神戸大学経営学部研究年報』第32巻, 129-169頁。

金井壽宏 (1989).「変革型リーダーシップ論の展望」『神戸大学経営学部研究年報』第35巻,

143-276 頁。

金井壽宏 (1990).「エスノグラフィーにもとづく比較ケース分析――定性的研究方法への一視角」『組織科学』第 24 巻第 1 号，46-59 頁。

金井壽宏 (1991).『変革型ミドルの探求――戦略・革新指向の管理者行動』白桃書房。

金井壽宏 (1993).『ニューウェーブ・マネジメント――思索する経営』創元社。

金井壽宏 (1994).『企業者ネットワーキングの世界――MIT とボストン近辺の企業者コミュニティの探求』白桃書房。

金井壽宏 (1996).「経営における理念（原理・原則），経験，物語，議論――知っているはずのことの創造と伝達のリーダーシップ」神戸大学経営学部ディスカッション・ペーパー，#9655。

金井壽宏 (1998).「リーダーとマネジャー――リーダーシップの持論（素朴理論）と規範の探求」『国民経済雑誌』第 177 巻第 4 号，65-78 頁。

金井壽宏 (1999a).『経営組織』日本経済新聞社。

金井壽宏 (1999b).『中年力マネジメント――働き方ニューステップ』創元社。

金井壽宏 (2002a).『仕事で「一皮むける」――関経連「一皮むけた経験」に学ぶ』光文社。

金井壽宏 (2002b).『あなたの生き方を変える――生きがいを求めるあなたに』学生社。

金井壽宏 (2004).『組織変革のビジョン』光文社。

金井壽宏 (2005).『リーダーシップ入門』日本経済新聞社。

金井壽宏・小野善生 (2002).「リーダーシップを分担する」『リーダーシップ・ストラテジー』第 1 巻第 3 号，64-73 頁。

金井壽宏＝佐藤郁哉＝クンダ，G.＝ヴァン-マーネン，J. (2010).『組織エスノグラフィー』有斐閣。

金井壽宏・古野庸一 (2001).「『一皮むける経験』とリーダーシップ開発――知的競争力の源泉としてのミドルの育成」『一橋ビジネスレビュー』第 49 巻第 1 号，48-67 頁。

金井壽宏・森岡正芳・高井俊次・中西眞知子編 (2009).『語りと騙りの間――羅生門的現実と人間のレスポンシビリティー（対応・呼応・責任）』ナカニシヤ出版。

唐沢穣・池上知子・唐沢かおり・大平英樹 (2001).『社会的認知の心理学――社会を描く心の働き』ナカニシヤ出版。

河合隼雄 (1993).『物語と人間の科学』岩波書店。

川喜田二郎 (1967).『発想法――創造性開発のために』中公新書。

北野利信編 (1977).『経営学説入門』有斐閣。

木下康仁 (1999).『グラウンデッド・セオリー・アプローチ――質的研究の再生』弘文堂。

久慈利武 (1988).『現代の交換理論』新泉社。

栗林宏行 (2002).「トップ・リーダーの交代による組織変革――フェニックス電機の会社再建の事例研究」神戸大学大学院経営学研究科修士論文。

栗林宏行・小野善生 (2005).「企業再建における一考察――フェニックス電機の会社更生の事例より」『Business Insight』第 13 巻第 4 号，88-102 頁。

栗林宏行・小野善生 (2006).「フェニックス電機――企業再建へのプロセス」『一橋ビジネスレ

ビュー』第 53 巻第 4 号，98-110 頁。

桑嶋健一（2001）.「研究開発と意思決定のプロセス」桑嶋健一・高橋伸夫『組織と意思決定』朝倉書店，90-109 頁。

桑嶋健一・高橋伸夫（2001）.『組織と意思決定』朝倉書店。

経営行動科学学会編（2011）.『経営行動科学ハンドブック』中央経済社。

小池和男・洞口治夫編（2006）.『経営学のフィールド・リサーチ——「現場の達人」の実践的調査手法』日本経済新聞社。

『神戸新聞』2002 年 1 月 1 日朝刊.「挑戦 企業再生のドラマ 復活のベクトル」。

『神戸新聞』2002 年 1 月 3 日朝刊.「挑戦 企業再生のドラマ 運命の日」。

『神戸新聞』2002 年 1 月 4 日朝刊.「挑戦 企業再生のドラマ 始動」。

『神戸新聞』2002 年 1 月 5 日朝刊.「挑戦 企業再生のドラマ 救済の手」。

『神戸新聞』2002 年 1 月 6 日朝刊.「挑戦 企業再生のドラマ 新社長」。

『神戸新聞』2002 年 1 月 7 日朝刊.「挑戦 企業再生のドラマ 母のスクラップ帳」。

『神戸新聞』2002 年 1 月 8 日朝刊.「挑戦 企業再生のドラマ 新商品誕生」。

『神戸新聞』2002 年 1 月 9 日朝刊.「挑戦 企業再生のドラマ 若い力」。

『神戸新聞』2002 年 1 月 10 日朝刊.「挑戦 企業再生のドラマ 創業者」。

『神戸新聞』2002 年 1 月 11 日朝刊.「挑戦 企業再生のドラマ 近づく夢」。

国分康孝（1984）.『リーダーシップの心理学』講談社。

小森康永・野口裕二・野村直樹編（1999）.『ナラティヴ・セラピーの世界』日本評論社。

戈木クレイグヒル滋子（2006）.『グラウンデッド・セオリー・アプローチ——理論を生みだすまで 改訂版』新曜社。

戈木クレイグヒル滋子（2008）.『実践グラウンデッド・セオリー・アプローチ——現象をとらえる』新曜社。

齊藤勇編（1987）.『対人社会心理学重要研究集 1——社会的勢力と集団組織の心理』誠信書房。

坂下昭宣（1985）.『組織行動研究』白桃書房。

坂下昭宣（1992）.「組織文化とシンボリック・マネジャー」『国民経済雑誌』第 165 巻第 4 号，85-104 頁。

坂下昭宣（1999）.「組織シンボリズム研究の視圏」『国民経済雑誌』第 179 巻第 6 号，33-47 頁。

坂下昭宣（2000）.『経営学への招待 改訂版』白桃書房。

坂下昭宣（2002）.『組織シンボリズム論——論点と方法』白桃書房。

坂田桐子・淵上克義編（2008）.『社会心理学におけるリーダーシップ研究のパースペクティブ I』ナカニシヤ出版。

坂部恵（1990）.『かたり』弘文堂。

桜井厚（2002）.『インタビューの社会学——ライフストーリーの聞き方』せりか書房。

佐藤郁哉（1984）.『暴走族のエスノグラフィー——モードの叛乱と文化の呪縛』新曜社。

佐藤郁哉（2002a）.『フィールドワークの技法——問いを育てる，仮説をきたえる』新曜社。

佐藤郁哉（2002b）.『組織と経営について知るための実践フィールドワーク入門』有斐閣。

佐藤郁哉（2006）.『フィールドワーク——書を持って街へ出よう 増訂版』新曜社。

佐藤郁哉（2008）.『質的データ分析法——原理・方法・実践』新曜社。
白樫三四郎（1976）.「リーダーシップ論におけるコンティンジェンシー理論」『組織科学』第 10 巻第 4 号，36-45 頁。
白樫三四郎（1981）.「リーダーシップのコンティンジェンシー論」『組織科学』第 15 巻第 3 号，24-32 頁。
白樫三四郎編著（1997）.『社会心理学への招待』ミネルヴァ書房。
鈴木竜太（2002）.『組織と個人——キャリア発達と組織コミットメントの変化』白桃書房。
鈴木竜太（2013）.『関わりあう職場のマネジメント』有斐閣。
住原則也・三井泉・渡邊祐介編／経営理念継承研究会著（2008）.『経営理念——継承と伝播の経営人類学的研究』PHP 研究所。
照明学会編（1997）.『大学課程 照明工学 新版』オーム社。
対人行動学研究会編（1986）.『対人行動の心理学』誠信書房。
田尾雅夫（1991）.『組織の心理学』有斐閣。
田尾雅夫（1993）.『モチベーション入門』日本経済新聞社。
高尾義明（2005）.『組織と自発性——新しい相互浸透関係に向けて』白桃書房。
高橋伸夫編著（1997）.『組織文化の経営学』中央経済社。
高橋伸夫編（2000）.『超企業・組織論——企業を超える組織のダイナミズム』有斐閣。
高橋正泰（1998）.『組織シンボリズム——メタファーの組織論』同文舘出版。
田中堅一郎（2004）.『従業員が自発的に働く職場をめざすために——組織市民行動と文脈的業績に関する心理学的研究』ナカニシヤ出版。
田中雅子（2006）.『ミッションマネジメントの理論と実践——経営理念の実現に向けて』中央経済社。
谷口智彦（2006）.『マネジャーのキャリアと学習——コンテクスト・アプローチによる仕事経験分析』白桃書房。
丹野義彦（2003）.『性格の心理——ビッグファイブと臨床からみたパーソナリティ』サイエンス社。
中島祥吉（2001）.『薬を知りたい——創薬プロジェクトの現場から』丸善。
中野卓・桜井厚編（1995）.『ライフヒストリーの社会学』弘文堂。
那須壽編（1997）.『クロニクル社会学——人と理論の魅力を語る』有斐閣。
奈須正裕（1989）.「Weiner の達成動機づけに関する帰属理論についての研究」『教育心理学研究』第 37 巻第 1 号，84-95 頁。
奈須正裕（1994）.「Weiner の達成関連感情に関する帰属理論の背景と展開」『国際経営論集』第 7 号，67-99 頁。
『日経ビジネス』2001 年 3 月 12 日号.「技術＆イノベーション——21 世紀のエジソンたち 杉本八郎氏［エーザイ創薬第一研究所所長］」68-72 頁。
日本コミュニケーション学会編（2011）.『現代日本のコミュニケーション研究——日本コミュニケーション学の足跡と展望』三修社。
沼上幹（2000）.『行為の経営学——経営学における意図せざる結果の探究』白桃書房。

野口雅弘（2011）.『官僚制批判の論理と心理——デモクラシーの友と敵』中央公論新社.
野口裕二編（2009）.『ナラティヴ・アプローチ』勁草書房.
野田智義・金井壽宏（2007）.『リーダーシップの旅——見えないものを見る』光文社.
野中郁次郎（1980）.『経営管理』日本経済新聞社.
野中郁次郎（1990）.『知識創造の経営——日本企業のエピステモロジー』日本経済新聞社.
野中郁次郎・加護野忠男・小松陽一・奥村昭博・坂下昭宣（1978）.『組織現象の理論と測定』千倉書房.
野中郁次郎・紺野登（2007）.『美徳の経営』NTT出版.
野中郁次郎・紺野登（2012）.『知識創造のプリンシプル——賢慮資本主義の実践論』東洋経済新報社.
野中郁次郎・遠山亮子・平田透（2010）.『流れを経営する——持続的イノベーション企業の動態理論』東洋経済新報社.
橋本茂（2005）.『交換の社会学——G・C・ホーマンズの社会行動論』世界思想社.
Harvard Business Review 編／Diamond ハーバード・ビジネス・レビュー編集部訳（2002）.『リーダーシップ』ダイヤモンド社.
日野健矢（2010）.『リーダーシップとフォロワー・アプローチ』文眞堂.
開本浩矢（2006）.『研究開発の組織行動——研究開発技術者の業績をいかに向上させるか』中央経済社.
福原義春（1998）.『部下がついてくる人——体験で語るリーダーシップ』日本経済新聞社.
藤井一弘編著（2011）.『バーナード』文眞堂.
藤井貞和（1997）.『物語の起源——フルコト論』筑摩書房.
藤田結子・北村文編（2013）.『現代エスノグラフィー——新しいフィールドワークの理論と実践』新曜社.
藤本隆宏・安本雅典編著（2000）.『成功する製品開発——産業間比較の視点』有斐閣.
藤原武弘編著（2009）.『社会心理学』晃洋書房.
淵上克義（2002）.『リーダーシップの社会心理学』ナカニシヤ出版.
船津衛（1976）.『シンボリック相互作用論』恒星社厚生閣.
船津衛・安藤清志編著（2002）.『自我・自己の社会心理学』北樹出版.
船津衛・宝月誠編（1995）.『シンボリック相互作用論の世界』恒星社厚生閣.
古川久敬（1988）.『組織デザイン論——社会心理学的アプローチ』誠信書房.
古野庸一・リクルートワークス研究所編（2005）.『リーダーになる極意』PHP研究所.
堀岡正義・高取吉太郎（1975）.『新薬論』南山堂.
松尾睦（2006）.『経験からの学習——プロフェッショナルへの成長プロセス』同文舘出版.
松尾睦（2009）.『学習する病院組織——患者志向の構造化とリーダーシップ』同文舘出版.
松岡正剛（1996）.『知の編集工学』朝日新聞社.
三隅二不二（1966）.『新しいリーダーシップ——集団指導の行動科学』ダイヤモンド社.
三隅二不二（1978）.『リーダーシップ行動の科学』有斐閣.
三隅二不二（1986）.『リーダーシップの科学——指導力の科学的診断法』講談社.

箕浦康子編著 (1999). 『フィールドワークの技法と実際——マイクロ・エスノグラフィー入門』ミネルヴァ書房.
箕浦康子編著 (2009). 『フィールドワークの技法と実際 II——分析・解釈編』ミネルヴァ書房.
宮田親平 (1999). 『ハゲ，インポテンス，アルツハイマーの薬』文藝春秋.
森岡正芳 (2002). 『物語としての面接——ミメーシスと自己の変容』新曜社.
やまだようこ編 (1997). 『現場（フィールド）心理学の発想』新曜社.
やまだようこ編著 (2000). 『人生を物語る——生成のライフストーリー』ミネルヴァ書房.
やまだようこ編 (2007). 『質的心理学の方法——語りをきく』新曜社.
山辺茂編 (1997). 『創薬の企画と経営』南山堂.
山本眞理子・外山みどり・池上知子・遠藤由美・北村英哉・宮本聡介編 (2001). 『社会的認知ハンドブック』北大路書房.
好井裕明 (2006). 『「あたりまえ」を疑う社会学——質的調査のセンス』光文社新書.
好井裕明・三浦耕吉郎 編 (2004). 『社会学的フィールドワーク』世界思想社.

索　引

事項索引

アルファベット

ALS　83, 86, 87
Four I's　59
GLOBE　102
in-group　83, 88
LBDQ, Form XII　→リーダー行動記述 12 次元質問票
LMX　→リーダーシップの交換モデル
LPC 尺度　27
MLQ　15, 59, 62, 74, 113
out-group　84, 88
PM 理論　24
VDL　83, 86, 88, 90

あ　行

厚い記述　5
アプレンティス　123
暗黙のフォロワーシップ論　105, 132, 134
暗黙のリーダーシップ論〔ILT〕　2, 12, 92, 94, 95, 105, 108, 110, 134
　――の内容　100
育成（の意図）〔教育（的意図）〕　200, 201, 207, 266, 272, 300, 329, 338, 347
意識の強化　206, 345, 351
依存関係　321
依存的・無批判的な考え方　127
意味解釈　149
意味付与行為　10, 146
因子分析法　96
インタビュー法　147
インパクトのあるメッセージ　268
インフォーマル〔非公式的〕なリーダー　224, 251, 261, 270, 356

エピソード　147
オハイオ州立研究　23

か　行

開眼　159, 199, 205, 223, 282, 326, 336, 339, 344, 345, 350, 357
　――の語りにおけるリーダーの行為　201, 330
　――の語りの成立条件　200, 329
過剰に幻想化した気分　113
語り　10, 146, 147
　――の類型化　158, 221, 223, 281, 336
　共有されている――　159, 212, 223, 283
　フォロワーの――　6, 9, 10, 13, 145
　リーダーの――　6
価値観やアイデンティティの一致　351
価値命題　79
活性化　249
カテゴリー化（理論）　100, 132
カリスマ　38
　――の日常化　39
カリスマ型リーダーシップ　40, 45
カリスマ現象　113
カリスマ性　99
カリスマ的支配　39
カリスマ的リーダー　46, 152
カリスマ的リーダーシップ　7, 12, 38-40, 59, 74, 78, 113, 115, 283, 321
　――の行動測定尺度　48
　――のステージ・モデル　47
　コンガー＝カヌンゴの――測定尺度　48, 50
環境の不確実性　213
関係の質　86
関係の秩序の維持　243

索　引

感　謝　222, 223, 263, 336, 342, 345, 346, 350, 351, 358
　　──の語りにおけるリーダーの行為　266
　　──の語りの成立条件　265
監督方式　25
管理者　8
危機感　116
危機的な状況　41
企業再建　152, 276
技術的挑戦　31
帰属理論　92
規範的影響　79
9因子モデル　62
教育（的意図）　→育成（の意図）
教育経験　104
凝集性　79
強制的パワー　21
業績主義の報酬　59, 61
協働関係　321
共　鳴　159, 203, 223, 267, 336, 341, 344, 345, 350, 358
　　──の語りにおけるリーダーの行為　205, 269
　　──の語りの成立条件　204, 268
　　情動的な──　269
近代組織論　6, 7
クリティカル・シンキング　125
　　独自の──　127, 130
薫　陶　208, 324, 334
経営管理のシステム　25
経営者　8
傾　聴　244
経路─目標理論　27
権限受容説　7
行為者の背景　75
行為（者）の意図　4, 5
　　関係性から派生する──　347
交換型リーダーシップ　29, 40, 43, 45, 58, 61
公式権限説　7
公正さ　79
構造づくり　23, 28
行動アプローチ　7, 12, 23, 78, 110
合法的支配　39

高　揚　117
交流型リーダーシップ　8
個人主義者　130
個人的目標　123
鼓舞型リーダーシップ　40, 45
鼓舞する動機づけ　60
個別配慮　59, 61
個別リーダーシップ　86-88, 90
コムラド　124
孤立型フォロワー　127
コントロール　243, 347
コンフリクト　338

さ　行

再建請負人　280
再認過程　97
　　──自動的処理過程　98
サブリーダー　252
支　援　125, 130, 131
時間的要素　75
自己一貫性　52
自己概念　51
　　関係性レベルの──　56
　　関係レベルの──　64
　　個人レベルの──　64
　　集合的レベルの──　57
　　集団レベルの──　64
　　フォロワーの──　55, 57, 64, 74
自己価値　52
自己効力感　55, 71
自己実現　122
自己調和　69
仕事経験　196, 207, 283, 324, 334, 338
　　──の蓄積　341, 351, 356
　　フォロワーの──　204
　　リーダーと共有した──〔時間〕の長さ　204, 205
仕事に対する造詣　200
自己否定　33
自己評価　88
自己表現　52
自己変革　122
支持関係の原理　25

事項索引 391

資質アプローチ　12, 23, 78
自主性　330
システム 4　25
自尊心　52
実行者　130
質的調査　→定性的研究
実務型フォロワー　128
自動的処理過程　97
支配の 3 類型　39
社会的影響力　3, 12, 21, 79
社会的現象　115
社会的交換　3, 24, 29, 78, 81
社会的伝染プロセス　115
社会的ネットワーク　116
従業員中心的監督行動　25
集合的アイデンティティ　55
　組織における複合的な──　56
従属者　130
集団効力感　55, 68
集団の意思決定　25
集団に対する社会的アイデンティティ　64
自由放任型リーダーシップ　→放任型リーダーシップ
手段的効力感　71
受動的なフォロワー〔モード P のフォロワー〕　28, 30, 74, 331
受動的フォロワーシップ　125, 132
順応型フォロワー　128
状　況　337
状況アプローチ　12, 27
状況的好意性　27
消極的関与　127
消極的フォロワー　128
情報処理　97, 109
初期リーダーシップ研究　23, 28
職務中心的監督行動　25
自利利他の発想　202
持　論　6, 193, 207, 250, 272, 274, 326
心的活力　50, 68
心的変化　90
信　念　273, 342, 358
　リーダーの──に基づいた行動　205
信　奉　209, 212

特定のリーダーを──しているフォロワー　151
シンボリックな表現　105
シンボル　146
信　頼　79, 80
推論過程　97
　──統制過程　98
ステレオタイプ　97
成功命題　79
成熟したパートナーシップ　84
正統的パワー　21
積極的関与　125, 127, 131
積極的フォロワーシップ　125, 132
専門家集団　14
専門的パワー　21
戦略的思考　311
相互作用
　間接的な──　8, 90, 283, 351
　直接的な──　8, 90, 354, 357
　フォロワー間の──　116, 119
　リーダーとの〔フォロワーとリーダーの〕──　4, 8, 81, 89, 143, 201, 206, 261, 268, 270, 336, 345, 350, 358
　リーダーとの──の頻度　359
相互作用アプローチ　12, 78, 89, 92, 143
相互互恵関係　85
組織階層の違い　354
組織現象のコンテキスト　111
組織市民行動　53, 55, 85
組織成果　153
組織道徳の創造　7
組織の一体感　33
組織の構造上の特性　353
組織の状況的な特性　353
組織の存続　39
組織文化　146
組織変革　40, 80, 152, 276, 323, 338
組織目的の達成　355

た　行

多元的重複集団　8
タスク構造　86
タスク志向　56

タスク遂行環境の整備〔バックアップ〕　265, 343
タスクの不確実性　151
他人　84
知人　84
知的刺激　59, 61, 209, 265, 350
定型的業務　163
　　──におけるリーダーシップ　38
ディサイプル　123
定性的研究〔質的調査〕　5, 75, 144, 360
定量的研究〔調査〕　5, 75, 144
適応共鳴理論〔ART〕　106
適応的挑戦　31, 32
出来事　147
伝統的支配　39
同一化　123
同一的パワー　21
統制過程　97
同調性　80
特異性─信頼理論　8, 80, 89
トップダウン　290, 326, 332
トップ・マネジメント・チーム集団　338
ドリーマー　124

な 行

二重レベルの効果　65
日常業務　151, 157, 337
人間関係　123
認知革命　146
認知過程　97
認知タイプ　97
認知的構造　95
能動的なフォロワー〔モードＡのフォロワー〕　30
能動的フォロワーシップ　125, 132

は 行

媒体　146
配慮　23, 28
パーソナリティ　104
パートナー　130
パワー　3, 12, 20, 21, 35, 79
反逆のリーダーシップ　40

非カリスマ的リーダー　46
非公式的なリーダー　→インフォーマルなリーダー　358
ビジョン　48, 331
ビッグ・ファイブ理論　104
非定型的業務におけるリーダーシップ　38
一皮むけた経験　145
非日常的な状況　39
批判　125, 130, 131
フォーク・サイコロジー　146
フォロワー　2, 3, 122
　　──がリーダーシップを受けいれる態度　30
　　──像　94
　　──の誤りに対するリーダーの態度　25
　　──の位置づけ〔存在〕　20, 23, 26-28, 38, 74, 75, 78, 142, 145
　　──の外部環境に対する認識　73
　　──の語り　6, 9, 10, 13, 145
　　──の個人レベルの相違　89
　　──の自己概念　55, 57, 64, 74
　　──の仕事経験　204
　　──の自主性〔自発性〕　325, 339
　　──の自発的な意識の変化　4, 20, 35, 151, 165, 206
　　──の状態　345
　　──の成長　357
　　──の積極的適応　32
　　──の先入観　110
　　──のタイプ　127
　　──の特性　73, 206, 208, 338, 359
　　──のメリット　355
　　──のモチベーション　24, 51, 243, 244, 343
　　──の役割知覚　73
　　──へのインパクト　201
　　複数のリーダーと──の関係　353
　　リーダーと──の一対一の交換関係　86, 88
　　リーダーと──の交換関係　90
　　リーダーと──の組織階層上の距離　70
　　リーダーと──の二者関係　83
　　リーダーと──の認識の相違　352
フォロワーシップ　13, 73, 118, 122, 124, 137, 331
　　──・アンチ・プロトタイプ　134

事 項 索 引　393

――・スタイル　130, 137
――・プロトタイプ　134
フォロワー主体アプローチ　2, 6, 92, 108, 111, 118, 143, 145
フォロワーの（リーダーシップ）認知　→リーダーシップの認知
服　従　3, 22, 35, 79
フルレンジ・リーダーシップ　58, 59, 62
――のプロセス・モデル　73
フレーム調整　52
プロジェクト・チーム　151, 213
プロジェクト・マネジャー　273
プロトタイプ特性　99, 100, 102, 105, 111
プロフェッショナル　152, 338
変革型リーダーシップ　12, 38, 42, 43, 45, 58, 59, 61, 63, 64, 74, 78, 81, 113, 152, 276
――の受容　67
（多様化された）個人に焦点を当てた――　65, 66
集団に焦点を当てた――　65, 66
報酬的パワー　21
放任型〔自由放任型〕リーダーシップ　59, 63
ボス・マネジメント　125
翻訳プロセス　105

ま 行

マネジメント　31, 45, 125, 243, 248, 273, 274, 347
マネジャー　44
――としての自己実現　193
ミシガン研究　8, 25
ミッション　151, 338
ミドル・マネジャー　9
無関心圏　7
メタファー　117
メディア　117
メンティ　123
メントール　123
メンバーの専門性　213
目的遂行意識　267
モチベーション　207, 292
　外発的な――　26
　内発的な――　26, 265

フォロワーの――　24, 51, 243, 244, 343
モード A のフォロワー　→能動的なフォロワー
モード P のフォロワー　→受動的なフォロワー
模範的フォロワー　125, 127, 130

や 行

役割モデリング　40, 52
勇敢なフォロワー　125, 129, 130
勇　気　129
有能性　80

ら 行

ライフウェイ　124
理想化された影響　60, 61
理想主義者　47
リーダー　2, 44, 122
　――がもたらすパフォーマンス　331
　――像　117
　――と共有した仕事経験〔時間〕の長さ　204, 205
　――としての責任感　274
　――と（フォロワー）の認識の一致　345
　――と（フォロワー）の認識の相違　352
　――とフォロワーの一対一の交換関係　86, 88
　――とフォロワーの交換関係　90
　――とフォロワーの組織階層上の距離　70
　――とフォロワーの二者関係　83
　――とフォロワーの人間関係　150
　――に対する個人的アイデンティティ　64
　――の意図　147, 204, 330, 338, 347
　――の意図を超えた意識の変化　347
　――の影響力　99
　――の確信的な行動　207, 341
　――の語り　6
　――への依存度　356
　フォロワーの誤りに対する――の態度　25
　複数の――とフォロワーの関係　353
リーダー行動記述 12 次元質問票〔LBDQ, Form XII〕　23, 96
リーダーシップ　2-4, 6, 12, 20, 35, 44, 78, 122, 123, 143, 151, 273, 330
　――測定尺度　15, 96

394　索　引

　　——に対する認識　331
　　——についての基本認識　352
　　——の意味解釈　144
　　——の起点　147
　　——の継承　173
　　——の構造　86
　　——の国際比較　102
　　——のコンティンジェンシー理論　27
　　——の実践　357
　　——の社会的構成　114, 118
　　——の持論　6, 193, 272, 274, 326
　　——の成否　2, 74
　　——の特性　99
　　——を取り巻く状況　150
　　フォロワーが——を受けいれる態度　30
リーダーシップ偉人説　23
リーダーシップ開発論　5, 145
リーダーシップ形成モデル　83, 84, 87, 90
リーダーシップ原因帰属　92, 98, 110
リーダーシップ研究　2, 3, 14, 142
　　——の方法　5
リーダーシップ行動特性　23
リーダーシップ・スタイル　27, 332
　　Hi-Hi 型——　24
　　課業関係志向的——　27
　　参加型の——　332
　　人間関係志向的——　27
リーダーシップの幻想　2, 12, 108, 110, 111, 118, 143, 347
　　——尺度〔RLS〕　113

リーダーシップの交換モデル〔LMX〕　12, 71, 81, 83, 84, 90
リーダーシップの認知〔フォロワーの（リーダーシップ）認知〕　9, 51, 90, 92, 94, 147, 159, 200, 204, 209, 336, 344, 347, 350
　　——の相違　354, 356
　　——〔認識〕のポイント　231, 268
　　——の要因　355
リーダーシップの発揮　4, 6, 32, 312, 338
　　——が必要な〔求められる〕状況　31, 352
　　——の意図　165, 194, 200, 204, 206, 270, 272, 273, 290, 330, 346, 359
　　意図せざる——　355
　　間接的な——の意図　339
リーダーシップの役割分担　223, 255, 261, 270, 353, 356
　　——におけるリーダーの行為　272
　　——の生成プロセス　271
　　——の成立条件　271
リーダー主体アプローチ　2, 6, 111, 114
ルーチン・ワーク　338
例外による管理　59, 61, 64
連結ピン（機能）　8, 26
ロイヤリスト　124
ロール・モデル　60
ロワー・マネジャー　9

わ　行

ワーク・エンゲイジメント　73
ワンマン経営〔体制〕　283, 319, 329, 330

人名等索引

A

Alutto, J. A.　88
Antonakis, J.　45, 62
Arthur, M. B.　51, 52, 54, 64
Avolio, B. J.　59, 62, 70, 71, 73
Awamleh, R.　114

B

Barnard, C. I.　6
Bass, B. M.　15, 58, 59, 61, 62, 68
Beale, R.　106
Bennis, W.　49, 145
Blank, H.　114
Blascovich, J.　95
Bligh, M. C.　109, 110, 114, 116, 117
Bono, J. E.　69
Brown, D. J.　56, 64
Bruner, J.　146
Bryman, A.　144, 146
Burns, J. M.　8, 24, 29, 42, 43, 45, 58, 74

C

Calder, B. J.　92, 94, 110
Carlyle, T.　23
Carsten, M. K.　124, 125, 132–134, 138
Cashman, J.　87
Chaleff, I.　125, 129, 130, 133, 137
Chemers, M. M.　8, 23
Chen, C. C.　117
Chen, G.　65, 68
Clark, B. R.　146
Colquitt, J. A.　71, 73
Conger, J. A.　45–48, 50, 51

D

Dansereau, F.　83, 86–89
Den Hartog, D. N.　102
DeVader, C. L.　95

Downton, J. V.　40, 45
Dukerich, J. M.　108, 110, 115
Dumdum, U. R.　62
Dvir, T.　67, 68

E

Eden, D.　71, 95–97, 110, 115
Ehrlich, S. B.　98, 108, 110, 111, 113, 115
Elliott, A. J.　69
Engle, E. M.　95
Epitropaki, O.　95, 101
Epston, D.　146
Evans, M. G.　27

F

Fairhurst, G. T.　146
Felfe, J.　114
Fiedler, F. E.　27
Fleishman, E. A.　24
Forsyth, D. R.　99
Foti, R. J.　95
Freiberg, S. J.　56, 64
French, J.　21
Frost, P. J.　146

G

Gabarro, J. J.　125
Gardner, W. L.　114
Geertz, C.　5, 146
Gephart, R. P., Jr.　146
Gergen, K. J.　146
Graen, G. B.　82–88
Guthey, E.　118

H

Haga, W. J.　83
Halpin, A. W.　23
Hamlett, S. R.　146
Harris, E. F.　24

Hater, J. J.　61
Heifetz, R. A.　3, 7, 30–32, 34
Hollander, E. P.　8, 80, 89
Homans, G. C.　78–80, 89
House, R. J.　7, 27, 40, 41, 45, 46, 51, 52, 54, 62, 64, 102
Howell, J. M.　56, 57, 66

J

Jackson, B.　118
Jackson, T.　106
Judge, T. A.　62, 63, 69
Jung, D. I.　68

K

Kanungo, R. N.　45–48, 50, 51
Kark, R.　56, 64, 65, 68
Keller, T.　104
Kelley, R.　68, 122, 125, 127, 129, 130, 133, 137
Kennedy, J. K., Jr.　95, 100, 101, 104
Kenney, R. A　95
Kinicki, A. J.　65
Kohles, J. C.　109, 110, 114, 116
Kotter, J. P.　44, 45, 125, 145
Kroeck, K. G.　62, 63

L

Laurie, D. L.　30–32
Leviathan, U.　95–97, 110, 115
Likert, R.　8, 25
Linsky, M.　30–32
Lombardo, M. M.　145
Lord, R. G.　56, 64, 95–98, 105, 106, 134
Lowe, K. B.　62, 63

M

MacKenzie, S. B.　53
Maher, K. J.　97, 98
Martin, J.　146
Martin, R.　95, 101
Mayo, M. C.　116
McCall, M. W., Jr.　5, 145
McNamee, S.　146

Meindl, J. R.　13, 95, 98, 105, 108–111, 113–118
Menon, S. T.　50
Minami, T.　87
Mintzberg, H.　144
Morgan, G.　146
Morrison, A. M.　145
Mumford, M. D.　89

N

Nanus, B.　49, 145
Novak, M. A.　82
Nye, J. L.　99

O

Offermann, L. R.　95, 100, 101, 104
Organ, D. W.　53

P

Pastor, J. C.　116
Pettigrew, A. M.　144
Piccolo, R. F.　62, 63, 71, 73
Pillai, R.　109, 110, 114, 116, 117, 133
Podsakoff, P. M.　53
Pondy, L. R.　146

R

Raven, B. H.　21
Rush, M. C.　96, 97

S

Scandura, T. A.　82
Schein, E. H.　146
Schwartz-Kenney, B. M.　95
Schyns, B.　95, 105, 114
Shamir, B.　51, 52, 54–57, 64, 65, 67, 68, 99, 117
Sheldon, K. M.　69
Shondrick, S. J.　105, 106, 134
Sivasubramaniam, N.　62, 63
Sosik, J. J.　68, 73
Stogdill, R. M.　23, 24
Sulimani, R.　71
Sy, T.　134, 136, 138

T

Thomas, J. C.　96, 97
Tsui, A. S.　65
Turner, J. C.　51

U

Uhl-Bien, M.　83–88, 133

V

Viellieu, B.　113

W

Waldman, D. A.　59
Walumbwa, F. O.　71, 73
Wang, X. H.　66
Weber, M.　21, 38–41, 74, 115, 116
Weick, K. E.　146
White, M.　146
Whyte, W. F.　146
Wilkins, A. L.　146
Williams, E. A.　116
Winer, B. J.　23
Wirtz, P. W.　95, 100, 101, 104
Wu, J. B.　65

Y

Yammarino, F. J.　59, 88, 89

Yukl, G.　20–22, 64

Z

Zaleznik, A.　43, 45
Zhu, W.　71, 73

あ–ら行

小野善生　277
片岡登　145
金井壽宏　5, 27, 30, 145
栗林宏行　277
桑嶋健一　215
小森康永　146
高橋伸夫　215
谷口智彦　5, 145
野口裕二　146
野中郁次郎　21
野村直樹　146
橋本茂　78
開本浩矢　50
淵上克義　8
古野庸一　5, 145
三隅二不二　24
宮田親平　215
リクルートワークス研究所　5

● 著者紹介

小野 善生（おの・よしお）

1974 年生まれ
1997 年，滋賀大学経済学部卒業
2003 年，神戸大学大学院経営学研究科博士課程修了
同 　年，滋賀大学経済学部助手
関西大学商学部准教授等を経て，
2014 年より，滋賀大学経済学部准教授。博士（経営学）

専攻：組織行動論，リーダーシップ論

主要著作：

『最強のリーダーシップ理論集中講義』（日本実業出版社，2013 年）
『まとめ役になれる！ リーダーシップ入門講座』（中央経済社，2011 年）
「I.S.T──成長を持続させるマネジメント」（『一橋ビジネスレビュー』第 57 巻第 3 号，2009 年）
「企業再建に導くリーダーシップの研究──フェニックス電機株式会社企業再建プロセスの事例分析」（『組織科学』第 40 巻第 4 号，2007 年）
「リーダーシップ行動の再検討──エーザイ株式会社アルツハイマー型認知症治療薬『アリセプト』探索研究チームの事例研究」（『日本経営学会誌』第 19 号，2007 年）
『リーダーシップ』（ファーストプレス，2007 年）

フォロワーが語るリーダーシップ
──認められるリーダーの研究
What Constitutes Leadership from Followers' Perspectives:
A Study of Leaders from Followers' Narratives

2016 年 12 月 25 日　初版第 1 刷発行

著　者	小　野　善　生
発行者	江　草　貞　治
発行所	株式会社　有　斐　閣

〒101-0051
東京都千代田区神田神保町 2-17
電話 (03)3264-1315 〔編集〕
　　 (03)3265-6811 〔営業〕
http://www.yuhikaku.co.jp/

印刷・株式会社理想社／製本・牧製本印刷株式会社
Ⓒ 2016, Yoshio Ono. Printed in Japan
落丁・乱丁本はお取替えいたします。
★定価はカバーに表示してあります。
ISBN 978-4-641-16487-1

|JCOPY| 本書の無断複写（コピー）は，著作権法上の例外を除き，禁じられています。複写される場合は，そのつど事前に，(社)出版者著作権管理機構（電話03-3513-6969, FAX03-3513-6979, e-mail:info@jcopy.or.jp）の許諾を得てください。